“十三五”国家重点出版物出版规划项目
现代机械工程系列精品教材
一流本科专业一流本科课程建设系列教材

汽车液压与气压传动

第4版

主　编　安永东　齐晓杰　王　强
副主编　吴　涛　曹艳玲
参　编　王　鹏　郭秋霞　江明泉

机械工业出版社

本书是“十三五”国家重点出版物出版规划项目。

全书共十章，第一章介绍了液压与气压传动和液力技术的基本理论；第二章介绍了液压传动的流体力学基础；第三~六章介绍了液压元件的工作原理及结构组成；第七章以汽车液压系统为主介绍了液压基本回路的种类和工作特性；第八章介绍了汽车液力传动及液力传动装置的工作原理及结构组成，此章为选学内容；第九章介绍了汽车典型液压系统及其设计步骤和方法；第十章介绍了气压传动系统的工作原理及结构组成，以及汽车典型气动系统。全书最后附加了复习思考题答案与提示（部分），以便读者使用。

本书是围绕汽车来介绍液压系统、气压系统以及液力传动系统的工作原理及结构组成的，是汽车类专业学生学习液压与气压传动技术的理想教材，同时也可作为有关工程技术人员的参考用书。

本书配有电子课件 PPT，可登录 www.cmpedu.com 下载。本书还配有部分知识点的动画和课程思政视频，请扫书中二维码进行观看。

图书在版编目（CIP）数据

汽车液压与气压传动/安永东，齐晓杰，王强主编．—4 版．—北京：机械工业出版社，2023.7

“十三五”国家重点出版物出版规划项目　现代机械工程系列精品教材　一流本科专业一流本科课程建设系列教材

ISBN 978-7-111-73398-0

Ⅰ.①汽…　Ⅱ.①安…②齐…③王…　Ⅲ.①汽车-液压传动-高等学校-教材②汽车-气压传动-高等学校-教材　Ⅳ.①U463.2

中国国家版本馆 CIP 数据核字（2023）第 115508 号

机械工业出版社（北京市百万庄大街 22 号　邮政编码 100037）

策划编辑：宋学敏　　　　责任编辑：宋学敏　章承林

责任校对：潘　蕊　张　征　　封面设计：张　静

责任印制：李　昂

河北宝昌佳彩印刷有限公司印刷

2023 年 12 月第 4 版第 1 次印刷

184mm×260mm · 17 印张 · 418 千字

标准书号：ISBN 978-7-111-73398-0

定价：55.00 元

电话服务　　　　　　　　　网络服务

客服电话：010-88361066　　机　工　官　网：www.cmpbook.com

010-88379833　　机　工　官　博：weibo.com/cmp1952

010-68326294　　金　　书　　网：www.golden-book.com

封底无防伪标均为盗版　　机工教育服务网：www.cmpedu.com

序

汽车被称为“改变世界的机器”。由于汽车工业具有很大的产业关联度，因而被视为一个国家经济发展水平的重要标志。我国汽车工业自2009年以来产销量连续保持全球第一，它正在成为拉动国民经济增长的动力源。汽车工业的繁荣使汽车及其相关产业的人才需求量大幅度增长。相应地，作为汽车工业人才培养主要基地的高等院校也得到了长足发展。据不完全统计，迄今全国开办汽车类专业的高等院校已达百余所。

从未来发展趋势看，打造我国自主品牌、开发核心技术是我国汽车工业的必然选择，但我国当前汽车工业还处在以技术引进、加工制造为主的阶段，这就要求在人才培养方面既要具有前瞻性，又要与我国实际情况相结合。在注重培养具有自主开发能力的研究型人才的同时，应大力培养知识、能力、素质结构具有鲜明的“理论基础扎实，专业知识面广，实践能力强，综合素质高，有较高的科技运用、推广、转换能力”特点的应用型人才。这也意味着对我国高等教育的办学体制、机制、模式和人才培养理念等提出了全新的要求。

为了满足新形势下对汽车类高等工程技术人才培养的需求，在中国机械工业教育协会车辆工程学科教学委员会的领导下，成立了教材编审委员会，确定了多个系列的普通高等教育规划教材。其中，为了解决高等教育应用型人才培养中教材短缺、滞后等问题，组织编写了普通高等教育汽车类专业规划教材。

本系列教材在学科体系上适应普通高等院校培养应用型人才的需求；在内容上注重介绍新技术和新工艺，强调实用性和工程概念，减少理论推导；在教学上强调加强实践环节。此外，本系列教材力求突出以下特点：

1）全面性：目前本系列教材包括汽车设计与制造、汽车运用与维修、汽车服务工程、物流工程等专业方向，今后还将扩展专业领域，更全面地涵盖汽车类专业方向。

2）完整性：对于每一个专业方向，今后还将根据行业变化完善教材体系。

3）优质性：在教材编审委员会的领导下，优化每一本教材的规划、编审、出版和修订过程，使教材的生产过程逐步实现优质和高效。

4）服务性：根据需要，为教材配备PPT课件和教学辅助教材，举办新教材讲习班，在相应网站开设研讨专栏等。

相信本系列教材的出版将对我国汽车类专业的高等教育产生积极的影响，为我国汽车行业应用型人才培养模式的创新做出有益的探索。由于我国汽车工业正处于快速发展阶段，对人才不断提出新的要求，这也就决定了高等教育的人才培养模式和教材建设将处于不断变革之中。我们衷心希望更多的高等院校加入到本系列教材建设的队伍中来，使教材体系更加完善，以便更好地为培养汽车类专业高等教育人才服务。

中国汽车工程学会 常务理事

中国机械工业教育协会
车辆工程学科教学委员会 副主任

林 逸

前　言

本书第3版出版后，获得了广大师生的好评和认可，为适应现代汽车的最新发展，贯彻落实习近平总书记关于高等教育的系列重要论述精神，特此再版。本书第1版解决了针对汽车专业的液压与气压传动技术教材的有无问题；第2版在第1版的基础上进行了内容上的精简，弱化理论推导，强化工程实践内容，更突出实践应用；第3版主要引入了当时最新的国家标准，同时也增加了一些最新的汽车液压技术，并采用了二维码链接视频、动画的形式，帮助学生更好地理解和掌握相关知识。本次对第3版的修订包括根据GB/T 786.1—2021对图形符号的修改，以及结合课程内容适当地引入了课程思政内容，如大国工匠、国之重器等方面取得的重大成就，并通过二维码链接的形式进行展现，激发学生的学习兴趣，加强爱国主义教育。

液压、气压及液力技术是机械设备中发展最快的技术之一。随着现代汽车在安全、节能、舒适、快捷方面的要求越来越高，液压、气压及液力技术作为一种重要的传动形式，与电子技术、控制技术、互联网技术相结合，在现代汽车上的应用越来越广泛。例如，汽车的自动变速器、防抱制动系统（ABS）、驱动防滑系统（ASR）、主动悬架、液压助力转向等装置都应用了液压、气压及液力技术。液压、气压及液力技术在汽车上的应用具有结构紧凑，多阀组合，与机械、电子、计算机高度结合等特点，其复杂性已超出了在其他机械设备上的应用。

本书对于全面提高汽车类专业学生和工程技术专业人员在汽车液压、气压传动方面的技术水平，加速现代汽车技术向更高水平发展具有重要意义。

对于汽车设计与制造类专业方向，要求学生重点掌握液压传动的基本原理和应用特点，液压油的类型、特点和选用；应用流体力学知识进行计算、分析和解决液压传动中较为复杂的问题；掌握液压元件的结构原理、功能用途、型号规格、特性特点，并会选用液压元件和进行相应的计算；熟练识读液压系统图，分析回路组成、工作原理和特

点；正确分析液压系统的工作原理、工作过程和工作特点；根据工作要求和执行机构运动情况正确选择液压元件和液压回路，并进行有关计算；指导安装与维护设计中复杂的液压系统。

对于汽车维修类及交通运输类专业方向，要求学生重点掌握液压传动的基本原理和应用特点，液压油的类型、特点和选用；应用流体力学知识进行基本的计算和分析；掌握液压元件的结构原理、功能、型号、规格、特性、特点和用途，会选用液压元件；熟练识读液压系统图，能根据执行元件的工况分析液压传动系统的回路组成、工作原理和特点，为汽车液压系统故障诊断和分析奠定基础；进行基本的液压计算和系统设计。

对于汽车营销、商务类专业方向，要求学生重点掌握液压传动的基本原理和应用特点，掌握液压元件的结构、原理、功能、型号、规格、特点、用途和选用；会识读液压系统图，了解其回路组成及特点。

本书共十章，黑龙江工程学院齐晓杰编写第一章；黑龙江工程学院安永东编写第三章，第五章的第一、二节，第六章的第一、二节；黑龙江工程学院王强编写第六章的第三~五节，第九章的第四~六节，第十章；西华大学吴涛编写第四章，第五章的第三、四节，第九章的第一~三节；河南科技大学曹艳玲编写第二章、第七章；广汽丰田哈尔滨龙晟先锋店江明泉编写第八章；哈尔滨远东理工学院王鹏编写附录及制作配套课件；哈尔滨远东理工学院郭秋霞编写复习思考题答案与提示（部分）。本书课程思政由安永东、王强统稿完成。

本书自再版以来受到诸多高校同仁的鼓励和肯定，对本书提出了许多宝贵意见，同时也得到了中国石油大学（华东）娄晖、江苏大学于英、西京学院张建路及哈尔滨工程大学同仁的诸多指导，在此一并表示感谢。

由于编者水平有限，错误和疏漏之处在所难免，竭诚希望广大读者提出宝贵意见。

编　者

目 录

第一章　液压与气压传动和液力技术概述

1. 教学目标

1）通过本章的学习，应对汽车液压、气压和液力传动有初步的认识。

2）掌握液压、气压和液力传动的工作原理及结构组成，认识其特点及应用。

3）熟悉液压油的物理性能，掌握汽车常用液压油的正确选用。

4）了解液压、气压和液力传动在汽车上的应用。

2. 教学要点

知识要点	掌握程度	相关知识
液压、气压和液力传动的工作原理及组成	掌握液压传动的工作原理、特点及应用；了解气压传动、液力传动的工作原理、特点及应用，液力偶合器、液力变矩器的组成；掌握液压、气压系统图的规定	我国液压、气压和液力传动技术的发展；国外液压、气压和液力传动技术的发展；液压、气动图形符号国家标准
液压油的主要性能及选用	熟悉液压油的主要物理性能（密度、黏度、可压缩性等）和要求；了解汽车液压油的选用特点	液压油的品种和技术性能
液压、气压和液力传动在汽车上的应用及特点	了解液压、气压和液力传动在汽车上的具体应用情况及各自的应用特点	汽车、工程车辆等液压、气压和液力传动技术的应用

思政融入点 1-1

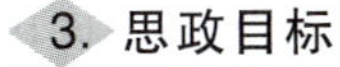

3. 思政目标

增强学生民族自豪感和技术自信，培养学生崇尚科学的精神。

思政融入点 1-1 视频

液压与气压传动和液力技术是现代机械设备中高速发展的重要技术，特别是与微电子、计算机技术相结合，使其进入了一个新的发展阶段，目前已广泛应用在以汽车行业为代表的各工业领域。近年来微电子、计算机技术的飞跃发展，液压、气压和液力零部件的制造技术进一步提高，使得液压与气压传动和液力技术不仅在基本的传动形式上占有重要地位，而且还以优良的静态、动态性能成为一种重要的控制手段。

思政融入点
1-2

液压与气压传动和液力技术的发展，极大地促进了汽车技术和汽车工业的高速发展，使得现代汽车成为机、电、液、计算机一体化的高新技术产物，汽车技术已成为现代科学技术和物质文明的发展标志。目前，技术先进的汽车上已广泛采用液压与气压传动和液力技术进行传动或控制，其燃料供给、机械润滑等系统也大量借鉴了液压传动技术。因此，加强针对汽车的液压与气压传动和液力技术的学习与研究，对于科学合理地设计、制造、使用、维护和维修汽车具有重要意义。

第一节 液压、气压和液力传动的工作原理及组成

一、液压传动的工作原理、系统组成及特点

1. 液压传动的工作原理

思政融入点
1-2 视频

液压传动是利用密闭系统中的受压液体来传递运动和动力的一种传动方式。图1-1所示为常见液压千斤顶的工作原理图。小液压缸1、大液压缸6、油箱4以及它们之间的连通油路构成一个系统，里面充满液压油。放油阀5关闭时，系统密闭。当提起杠杆时，小液压缸1的柱塞上移，其油腔密封容积增大，形成部分真空；此时单向阀2封住通向大液压缸6的油路，油箱4的油液在大气压的作用下经过吸油管路推开单向阀3进入小液压缸油腔，完成一次吸油。接着，压下杠杆，小液压缸1的柱塞下移，其油腔密封容积减小，油液压力升高，单向阀3自动关闭，压力油推开单向阀2经油路流入大液压缸6内。由于大液压缸6的油腔也是一个密闭的容积，所以进入的油液因受挤压而产生的作用力就推动大液压缸6的柱塞上升，并将重物向上顶起一段距离。这样反复提、压杠杆，就可以使重物不断上升，达到起重的目的。将放油阀5旋转90°，在重物重力作用下，大液压缸的油液排回油箱，柱塞可下降到原位。

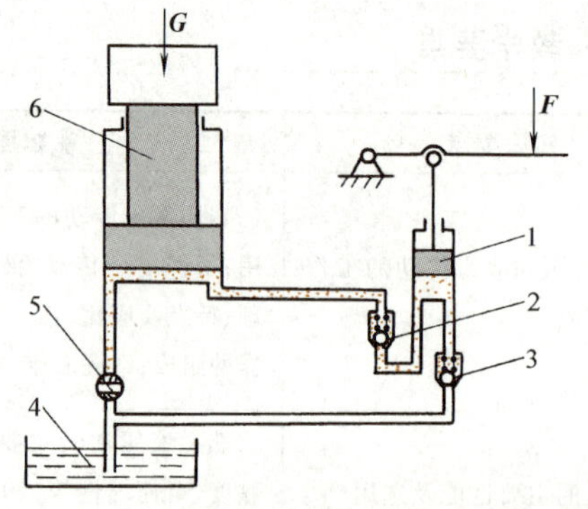

图1-1 液压千斤顶的工作原理图

1—小液压缸 2、3—单向阀
4—油箱 5—放油阀 6—大液压缸

从上述内容可以看出：液压千斤顶是一个典型的液压传动装置。分析其工作过程可知，液压传动是以液体作为工作介质来传动的，它依靠密闭容积的变化传递运动，依靠液体内部的压力（由外界负载引起）传递动力。液压传动装置本质上是一种能量转换装置，它先将机械能转换为便于输送的液压能，随后又将液压能转换为机械能而做功。

2. 液压传动系统的组成

以自卸汽车车厢举倾机构为例，说明液压传动系统的组成。如图1-2所示，液压缸6中的活塞杆与汽车车厢铰接。当液压泵8运转，换向阀阀芯4处于图中所示位置时，车厢举倾

机构不工作，即液压泵输出的压力油经单向阀 7、换向阀 5 中的油道 a 及回油管返回油箱。由于液压缸 6 活塞的上、下腔均与油箱连通，故此时液压缸处于不工作状态。

在外力作用下，推动换向阀阀芯 4 右移，换向阀油道 a 与液压泵供油路关闭。从液压泵输出的压力油经换向阀的油道 b 进入液压缸活塞下腔，推动液压缸活塞上移，通过活塞杆实现车厢的举升。

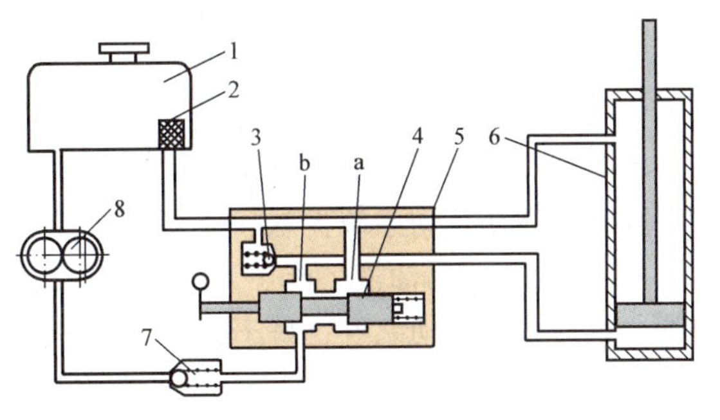

图 1-2　车厢举倾机构的液压传动系统结构简图

1—油箱　2—过滤器　3—限压阀　4—换向阀阀芯　5—换向阀　6—液压缸　7—单向阀　8—液压泵　a、b—油道

为了防止液压系统过载，在液压缸 6 进油路上装有限压阀 3。当系统油压超过一定值时，限压阀开启，一部分压力油通过限压阀返回油箱，系统油压则不再升高。

当外力去除后，在换向阀阀芯右侧弹簧力的作用下，换向阀阀芯 4 返回到原来位置（图中所示位置）。此时，液压缸活塞下腔通过换向阀与回油路连通。液压缸活塞下腔压力油返回油箱，车厢在自重作用下下降。

综上所述，通常可以将液压系统分成以下四个组成部分：

（1）动力元件　液压泵，把机械能转换成液体液压能的装置。

（2）执行元件　液压缸、液压马达，把液体的液压能转换成机械能的装置。

（3）控制元件　对系统中油液的压力、流量或流动方向进行控制或调节的装置，如图 1-2 中的限压阀、换向阀和单向阀等。

（4）辅助元件　除上述三个部分以外的其他装置，如图 1-2 中的油箱、过滤器、油管、管接头及密封件等。

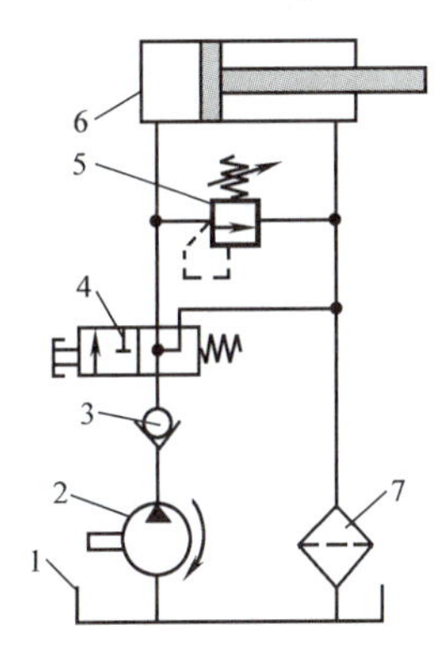

图 1-3　车厢举倾机构的液压系统图

1—油箱　2—液压泵　3—单向阀　4—换向阀　5—限压阀　6—液压缸　7—过滤器

液压传动系统就是按机器的工作要求，选择上述不同的液压元件，用管路将它们组合在一起，使之完成一定工作循环的整体。图 1-2 中的换向阀 5 和限压阀 3 在制造时做成了一个结构，可节省材料和空间，减少阀间的连接油管，又称组合阀。

图 1-2 所示为用各液压元件和管路的结构简图表示的一种半结构式的工作原理图。它直观性强，容易理解，但绘制起来比较麻烦。图 1-3 所示为用反映各液压元件功能的符号表示，并用通路连接起来的，与图 1-2 所示的液压系统工作原理图相同。使用这些图形符号，可使液压系统图简单明了、便于绘制。

3. 液压传动的特点

液压传动与其他传动形式相比有以下特点：

1）功率密度（即单位体积所具有的功率）大，结构紧凑，质量小。

思政融入点 1-3

思政融入点 1-3 视频

2）传动平稳，能实现无级调速，且调速范围大。

3）液压元件质量小、惯性矩小、变速性能好；可实现高频率的换向，因而在汽车电控系统中经常与微电子技术结合，组成性能好、自动化程度高的传动及控制系统。例如：汽车电控液力自动变速器、汽车防抱制动系统、汽车制动力分配系统等。此外，液压传动系统控制、调节简单、省力，操作方便。

4）传动介质为油液，液压元件具有自润滑作用，有利于延长液压元件的使用寿命；同时液压传动系统也易于实现自动过载保护。

5）液压元件易于实现标准化、系列化和通用化，有利于组织生产和设计。

但液压传动也有不足，如液压传动效率较低、速比不如机械传动准确、工作时受温度影响较大、不宜在很高或很低的温度条件下工作，液压元件的制造精度要求较高、造价较高，液压传动系统出现故障时不易找出原因等。

二、气压传动的工作原理、系统组成及特点

1. 气压传动的工作原理

如同充足气体的轮胎可以承受很高的压力一样，密闭系统内的压缩空气也可以进行能量传递。气压传动就是以压缩空气为工作介质来传递运动和动力的一种传动方式。它依靠密闭系统内气体密度增加、压力增强来形成压力能传递动力；依靠密闭容积的变化或气体膨胀，消耗气体的压力能来传递运动。

图 1-4 所示为剪切机的气压传动系统工作原理，图示位置为工料被剪前的情况。当工料

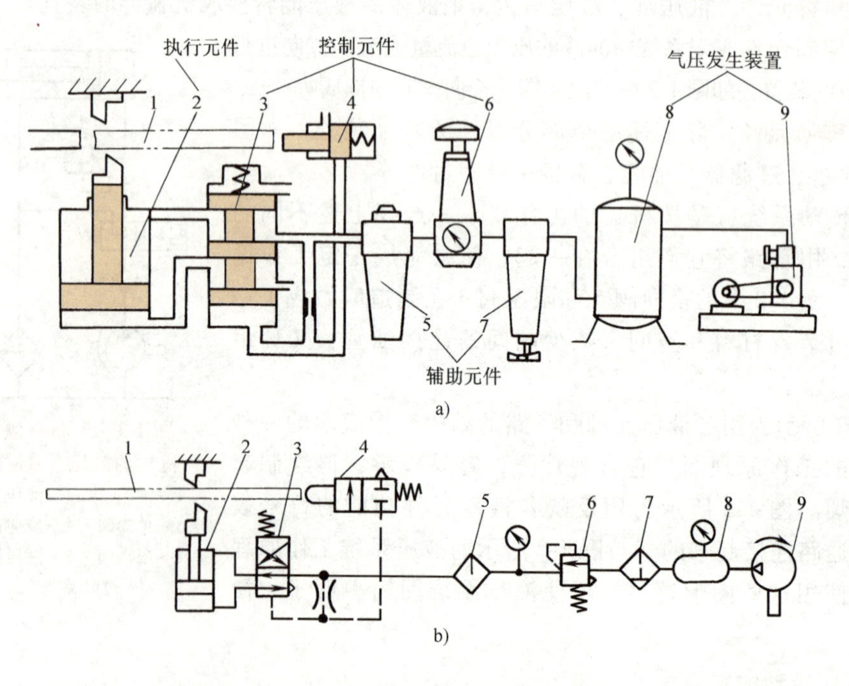

图 1-4 剪切机的气压传动系统工作原理

a）结构原理 b）气动系统

1—工料 2—气缸 3—气控换向阀 4—机动阀 5—油雾器 6—减压阀 7—空气过滤器 8—储气罐 9—空气压缩机

1 由上料装置（图中未画出）送入剪切机并到达规定位置时，机动阀 4 的顶杆受压而使阀内通路打开，气控换向阀 3 的控制腔与大气相通，阀芯受弹簧力作用而下移，由空气压缩机 9 产生并储存在储气罐 8 中的压缩空气，经空气过滤器 7、减压阀 6 和油雾器 5 及气控换向阀 3，进入气缸 2 的下腔，从而推动气缸活塞向上运动，带动剪刃将工料 1 切断。同时，气缸上腔的压缩空气通过气控换向阀 3 排入大气。工料剪下后，即与机动阀脱开，机动阀复位，所在的排气通道被封闭，气控换向阀 3 的控制腔气压升高，迫使阀芯上移，气路换向，气缸活塞带动剪刃复位，准备第二次下料。可以看出，该气动系统的工作原理是利用空气压缩机将电动机输出的机械能转变为空气的压力能，具有压力能的压缩空气经剪切机构克服切断工料的阻力又转换为机械能而做功；同时，由于气控换向阀的控制作用使压缩空气的通路不断改变，气缸活塞方可带动剪切机构频繁地实现剪切与复位的动作循环。

图 1-4a 所示为剪切机气压传动系统的结构原理，图 1-4b 所示为用图形符号表示的剪切机气动系统。不难看出，气压传动图形符号和液压图形符号有很明显的一致性和相似性，但也存在很大区别，例如：气动元件向大气排气，就不同于液压元件回油接入油箱的表示方法。

2. 气压传动系统的组成

由图 1-4 可见，典型的气压传动系统常由以下四部分组成：

（1）气压发生装置　气压发生装置主体部分是空气压缩机。它将原动机（如电动机）输出的机械能转变为气体的压力能，为各类气动设备提供动力。

（2）执行元件　执行元件包括各种气缸和气马达。它的功用是将气体的压力能转变为机械能，供给机械部件。

（3）控制元件　控制元件包括各种阀类。例如：各种压力阀、流量阀、方向阀和逻辑元件等，用以控制压缩空气的压力、流量和流动方向以及执行元件的工作程序，以保证执行元件实现预定的运动规律。

（4）辅助元件　辅助元件是使压缩空气净化、干燥、润滑、消声以及用于元件间连接所需的装置，以保持气动系统可靠、稳定和持久地工作。例如：各种过滤器、干燥器、消声器、油雾器及管件等。

3. 气压传动的特点

与机械、液压、电气传动相比，气压传动的特点是：

1）以空气为工作介质，来源方便，用后排气处理简单，不污染环境。

2）由于空气流动损失小，压缩空气可集中供气，远距离输送。

3）与液压传动相比，气压传动系统维护简单、管路不易堵塞，且不存在介质变质、补充和更换等问题。

4）气动动作迅速、反应快、工作环境适应性强，可安全可靠地应用于易燃易爆场所。

5）气动装置结构简单、轻便、安装维护容易、压力等级低，故使用安全。

6）气动系统能够实现过载自动保护。

但气压传动也存在着一定的缺点，如受气体可压缩性的影响，气缸动作速度-负载特性差；因工作压力较低（一般为 0.4~0.8MPa），气动系统输出力较小；因工作介质空气本身没有润滑性，需另加装置进行给油润滑；气动系统排气有较大的噪声等。

三、液力传动的工作原理、结构形式及特点

1. 液力传动的工作原理

液力传动与液压传动一样都是以液体作为工作介质进行传动的，但传动方式不同。液压传动是以密闭系统内的受压液体来传递能量的，而液力传动是通过液体循环流动过程中的动能来传递能量的。

液力传动装置可看成是一台离心式水泵和一台涡轮机的组合体，但只采用了它们的核心，即泵轮、涡轮，有时还有导轮。将它们紧密地组合成一个整体，使工作液体在这些叶轮中循环流动来达到传动的目的。图 1-5 所示为液力传动的工作原理。发动机 1 带动离心泵叶轮 2 将液体从储水池 9 中吸入，获得动能；由离心泵叶轮打出的高速液体由连接管路 3、导向装置 4 进入涡轮机，冲击涡轮机叶轮 5，从而使涡轮机旋转，并由输出轴 6 输出机械能驱动工作机构运动。很明显，离心泵是将发动机的机械能转换成液体动能的主要装置，涡轮机是将液体动能重新转换成机械能的装置。因此，通过离心泵与涡轮机的组合，实现了能量的传递。

因为离心泵与涡轮机的效率低，再加上管路的损失，系统总效率一般低于 0.7，故不宜直接应用。为了提高效率，设法将离心泵工作轮（泵轮）和涡轮机工作轮（涡轮）尽量靠近，取消中间的连接管路和导向装置，从而形成了液力传动的基本形式之一——液力偶合器（图 1-6），这样不但简化结构，而且效率有了很大提高。

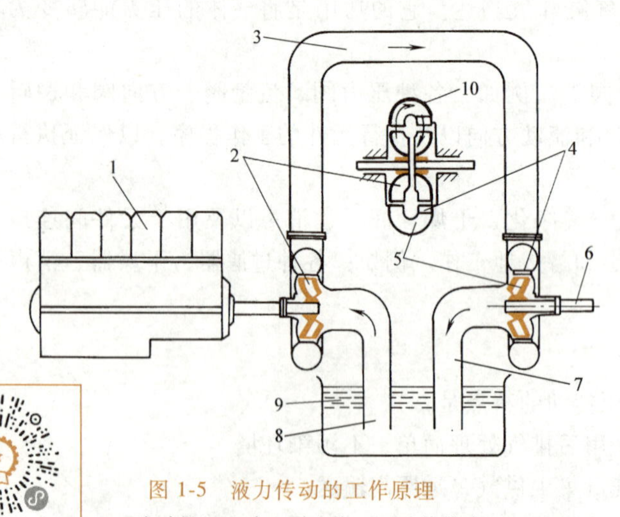

图 1-5 液力传动的工作原理

1—发动机 2—离心泵叶轮 3—连接管路 4—导向装置 5—涡轮机叶轮 6—输出轴 7—出水管 8—进水管 9—储水池 10—液力变矩器模型

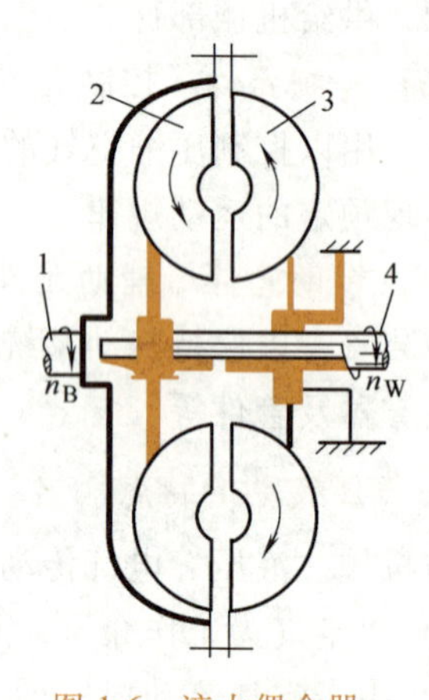

图 1-6 液力偶合器

1—输入轴 2—涡轮 3—泵轮 4—输出轴 n_B—泵轮转速 n_W—涡轮转速

2. 液力传动的结构形式

如上所述，液力传动的基本结构包括：

（1）能量输入部件（一般称泵轮） 它接收发动机传来的机械能，并将其转换为液体的动能。

（2）能量输出部件（一般称涡轮） 它将液体的动能转换为机械能而输出。

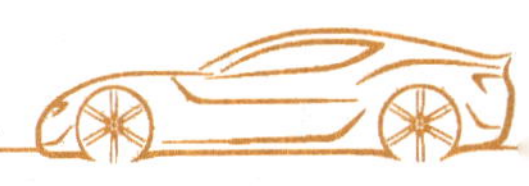

如果液力传动装置只有上述两个部件，则称这一传动装置为液力偶合器，如图 1-6 所示。

如果除上述两个部件之外，还有一个固定的导流部件（它可装在泵轮的出口处或入口处），则称这个液力传动装置为液力变矩器，如图 1-7 所示。

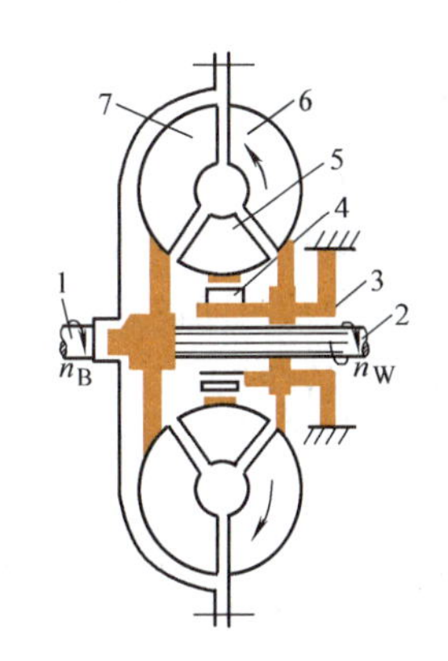

图 1-7　液力变矩器

1—输入轴　2—输出轴　3—导轮轴　4—单向离合器　5—导轮　6—泵轮　7—涡轮　n_B—泵轮转速　n_W—涡轮转速

为了扩大液力元件的使用范围，可将液力偶合器或液力变矩器与各种机械元件组合成一个整体，称为液力机械元件（液力机械偶合器或液力机械变矩器）。

应该指出的是，液力偶合器只起传递转矩的作用，而不能改变转矩的大小；而液力变矩器能根据需要无级地改变传动比与转矩比，即具有变矩的作用。

3. 液力传动的特点

液力传动与其他传动形式相比有以下特点：

1）自动适应性能好。液力变矩器能在一定范围内自动地适应外载变化，实现无级变矩、变速调节。

2）防振、隔振性能强。液力传动的工作介质是液体，故能吸收并减少来自发动机和机械传动系统的振动，且能延长机械的使用寿命。

3）可带载起动，并具有稳定、良好的低速运行性能。

4）简化机械操纵，易于实现自动控制。

液力传动与机械传动相比也有一定的缺点，即液力传动系统的效率较低，经济性较差；且其结构复杂、造价高。

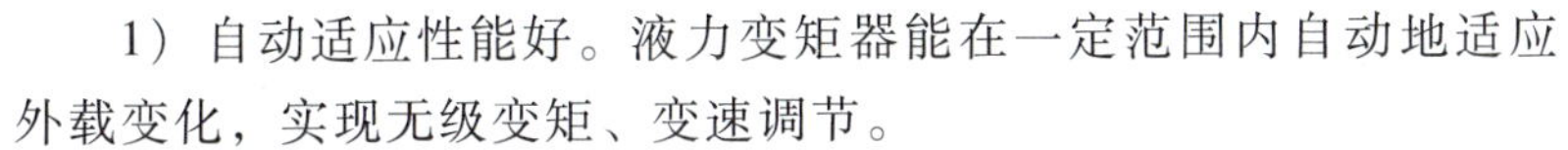

第二节　液压油的主要性能及选用

一、液压油的物理特性

1. 液体的密度

液体单位体积的质量称为密度，通常用 ρ 表示，即

$$\rho=\frac{m}{V} \tag{1-1}$$

式中　m——液体质量（kg）；

　　　V——液体体积（m^3）。

液压油的密度随压力的增加而加大，随温度的升高而减小。一般情况下，由压力和温度引起的这种变化都较小，可将其近似地视为常数。

2. 液体的黏性

液体在外力作用下流动（或有流动趋势）时，分子间的内聚力要阻止分子相对运动而产生一种内摩擦力，这种现象称为液体的黏性。液体只有在流动（或有流动趋势）时才会呈现出黏性，静止的液体是不呈现黏性的。

黏性使流动液体内部各处的速度不相等，如图 1-8 所示，两平行平板间充满液体，下平

板不动，而上平板以速度 u_0 向右平动。由于液体的黏性，紧靠下平板和上平板的液层速度分别为 0 和 u_0，而中间各液层的速度则视它距下平板的距离按线性规律变化。

试验测定指出，液体流动时相邻液层间的内摩擦力 F 与液层间的接触面积 A、液层间的速度梯度 $\mathrm{d}u/\mathrm{d}y$ 成正比，即

$$F=\mu A\frac{\mathrm{d}u}{\mathrm{d}y} \tag{1-2}$$

式中 μ——比例常数，称为黏度。

图 1-8 液体黏性示意图

若以 τ 表示切应力，即单位面积上的内摩擦力，则

$$\tau=\frac{F}{A}=\mu\frac{\mathrm{d}u}{\mathrm{d}y} \tag{1-3}$$

式（1-3）为牛顿液体内摩擦定律。在流体力学中，把黏度 μ 不随速度梯度变化而发生变化的液体称为牛顿液体；反之称为非牛顿液体。除高黏度或含有特殊添加剂的油液外，一般液压油均可视为牛顿液体。

流体黏性的大小用黏度来衡量。常用的黏度有动力黏度、运动黏度和相对黏度。

（1）动力黏度 μ 动力黏度简称黏度，可由式（1-3）导出，即

$$\mu=\tau\left(\frac{\mathrm{d}u}{\mathrm{d}y}\right)^{-1} \tag{1-4}$$

动力黏度的物理意义是：液体在单位速度梯度下流动时，液层间单位面积上产生的内摩擦力。动力黏度 μ 又称绝对黏度。动力黏度 μ 的单位为 Pa·s（帕·秒）或 $\mathrm{N\cdot s/m^2}$。

例 1-1 如图 1-9 所示，面积为 $64\mathrm{cm}^2$、质量为 0.8kg 的平板，在水平倾斜成 12°、厚度为 0.5mm 的液层上以 0.5m/s 的等速度自由下滑，求此液体的动力黏度。

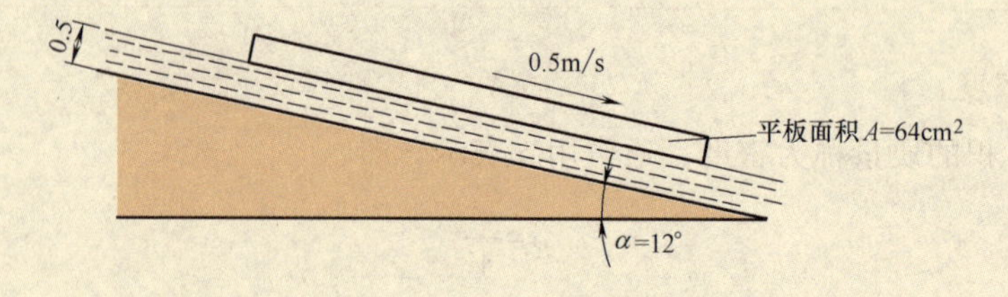

图 1-9 例 1-1 图

解 设平板的质量为 m，平板重力沿速度方向的分量为 $mg\sin\alpha$，由式（1-3）有

$$F=\tau A=mg\sin\alpha=\mu A\frac{\mathrm{d}u}{\mathrm{d}y}$$

则液体的动力黏度为

$$\mu=\frac{mg\sin\alpha}{A\mathrm{d}u/\mathrm{d}y}=\frac{0.8\times9.8\times0.2079}{64\times10^{-4}\times0.5/(0.5\times10^{-3})}\mathrm{Pa\cdot s}=0.255\mathrm{Pa\cdot s}$$

(2) 运动黏度 ν 　动力黏度 μ 与液体密度 ρ 之比称为运动黏度，即

$$\nu=\frac{\mu}{\rho} \tag{1-5}$$

运动黏度 ν 没有明确的物理意义。因在理论分析和计算中常遇到动力黏度 μ 与液体密度 ρ 的比值，为方便而用 ν 表示。其单位中有长度和时间的量纲，故称为运动黏度。运动黏度 ν 的单位为 m^2/s。

工程中常用运动黏度 ν 作为液体黏度的标志。机械油的牌号就是用机械油在 40℃ 时的运动黏度 ν 的平均值来表示的，例如：L-AN10 全损耗系统用油是指其在 40℃ 时的运动黏度 ν 的平均值为 $10mm^2/s$。

(3) 相对黏度（条件黏度） 　相对黏度是以液体黏度与蒸馏水黏度的相对值表示的黏度。因测量条件不同，各国采用的相对黏度也各不相同。我国采用恩氏黏度（用°E 表示），美国采用赛氏黏度 SSU，英国采用雷氏黏度 R。

恩氏黏度用恩氏黏度计测定，其方法是：将 200mL 温度为 t（以℃为单位）的被测液体装入黏度计的容器，经其底部直径为 2.8mm 的小孔流出，测出液体流尽所需时间 t_1，再测出 200mL 温度为 20℃ 的蒸馏水在同一黏度计中流尽所需时间 t_2，这两个时间的比值即为被测液体在温度 t 下的恩氏黏度，即

$$^{\circ}E_{t}=\frac{t_1}{t_2} \tag{1-6}$$

工业上常用 20℃、50℃、100℃ 作为测定恩氏黏度的标准温度，其相应恩氏黏度分别用 $^{\circ}E_{20}$、$^{\circ}E_{50}$、$^{\circ}E_{100}$ 表示。

恩氏黏度与运动黏度间的换算关系式为

$$\nu=\left(7.31^{\circ}E_{t}-\frac{6.31}{^{\circ}E_{t}}\right)\times10^{-6} \tag{1-7}$$

液体的黏度随液体的压力和温度的变化而变化。对液压油来说，压力增大时，黏度增大；但在一般液压系统使用的压力范围内，增大的数值很小，可以忽略不计。液压油黏度对温度的变化十分敏感，温度升高，黏度下降。这个变化率的大小直接影响液压油的使用，其重要性不亚于黏度本身。

3. 可压缩性

液体受压力作用而体积缩小的性质称为液体的可压缩性。可压缩性用体积压缩系数 κ 表示，并定义为单位压力变化下的液体体积的相对变化量，即

$$\kappa=-\frac{1}{\Delta p}\frac{\Delta V}{V_0} \tag{1-8}$$

式中　Δp——压力增大量（Pa）；

ΔV——体积减小量（m^3）；

V_0——液体初态的体积（m^3）。

由于压力增大时，液体的体积减小，因此式（1-8）右端加一负号，以使 κ 成为止值。

体积压缩系数 κ 的单位为 m^2/N。常用液压油的体积压缩系数 $\kappa=(5\sim7)\times10^{-10}m^2/N$。

液体的体积压缩系数 κ 的倒数称为液体的体积模量，即 $K=1/\kappa$。液压油的体积模量为 $(1.4\sim1.9)\times10^9\mathrm{N/m^2}$。

4. 其他性质

液压油还有其他一些性质，如稳定性（热稳定性、氧化稳定性、水解稳定性、剪切稳定性等）、抗泡沫性、抗乳化性、缓蚀性、润滑性以及相容性（对所接触的金属、密封材料、涂料等不起作用便是相容性好，否则便是不好）等，都对它的选择和使用有重要影响。

二、液压油的性能要求及选用

1. 对液压油性能的要求

不同的工作机械、不同的使用情况对液压油的性能要求有很大的差别。汽车使用环境的复杂性和负荷变化的多样性，要求所使用的液压油具备以下的性能：

1）流动点和凝固点低，闪点（明火能使油面上的油蒸气闪燃，但油本身不燃烧时的温度）和燃点高。

2）合适的黏度，一般 $\nu=(11.5\sim41.3)\times10^{-6}\mathrm{m^2/s}$ 或 $°E_{50}=2\sim5.8$ 时具有较好的黏温特性。

3）良好的润滑性。

4）对热、氧气具有良好的稳定性。

5）抗泡沫性好，抗乳化性好，缓蚀性和抗腐蚀性好。

6）对所接触的材料（金属、橡胶等）有良好的相容性。

2. 液压油的选用

液压系统通常采用矿物油，常用的有机械油、精密机床液压油、汽轮机油等。

汽车上所使用的液压油根据液压系统的使用性能和工作环境等因素确定液压油的品种。当品种确定后，主要考虑油液的黏度。油液黏度的确定主要考虑系统工作压力、环境温度及工作部件的运动速度。当系统的工作压力、环境温度较高，工作部件运动速度较低时，为了减少泄漏，宜采用黏度较高的液压油；当系统工作压力、环境温度较低，而工作部件运动速度较高时，为了减少功率损失，宜采用黏度较低的液压油。当液压油的某些性能指标不能满足某些系统较高的要求时，可在油中加入各种改善其性能的添加剂——抗氧化、抗泡沫、抗磨损、缓蚀以及改进黏温特性的添加剂，使之适用于特定的场合。

如汽车自动变速器所用的液压油，其工作温度一般为 50～80℃，工作压力一般为 0.5～1.0MPa。在其所使用的液压油中往往添加抗氧化剂、抗磨剂等。

（1）汽车常用液压油 汽车液压系统使用的液压油若无特殊要求，可使用国家标准规定的液压油。液压油的代号表示方法为：类别-品种-牌号。通常情况下，可按国家标准规定的润滑剂类（L 类）和液压油组（H 组）中的分类来选取。汽车液压系统常用的液压油品种主要有：L-HL、L-HM、L-HV 和 L-HR 等，L-HL 是一种精制矿物油，是防锈和抗氧化型的润滑油，常用于低压系统和传动装置中，在 0℃以上环境中使用；L-HM 是抗磨型液压油，它适用于低、中、高压系统，适用的环境温度为-5～60℃；L-HV 是低温抗磨型液压油，适用于环境温度变化大或工作条件恶劣的低、中、高压液压系统，如野外作业的工程车辆、军车等；L-HR 也是低温抗磨型液压油，性能与 L-HV 液压油相似，只是在黏温特性方面略有改善。

液压油的牌号由 40℃时的运动黏度表示，其运动黏度一般有 $10mm^2/s$、$15mm^2/s$、$22mm^2/s$、$32mm^2/s$、$46mm^2/s$、$68mm^2/s$、$100mm^2/s$、$150mm^2/s$ 八个级别，也就是八个牌号；北方常用的液压油牌号为 22、32，南方常用的液压油牌号为 46。例如：代号 HM-46 为 46 号抗磨、防锈和抗氧化型液压油。

（2）液力传动油　汽车液力传动油又称自动变速器油，通用型液力传动油呈紫红色，有些呈淡黄色，它是汽车自动变速器和动力转向系统中的工作介质，不仅起到传递力的作用，还起着对齿轮、轴承等摩擦副的润滑、冷却作用。

国外液力传动油的分类是按照 ASTM（美国材料试验学会）和 API（美国石油学会）的分类方案，将液力传动油分为 PTF-1、PTF-2 和 PTF-3 三类。我国目前液力传动油尚无国家标准，现行标准为中国石化总公司的企业标准，该标准将液力传动油分为 6 号液力传动油和 8 号液力传动油两种。8 号液力传动油具有良好的黏温特性、抗磨性和较低的摩擦因数，接近于 PTF-1 级油，适用于轿车、轻型货车的自动变速器。6 号液力传动油比 8 号液力传动油具有更好的耐磨性，但黏温特性稍差，它接近于 PTF-2 级油，适用于内燃机车和重型货车的多级变矩器和液力偶合器。液力传动油的选用必须严格按照车辆使用说明书的规定，选用合适的液力传动油。对于无说明书的车辆，轿车、轻型货车应选用 8 号液力传动油；而重型货车、工程机械的液力传动系统，则可选用 6 号液力传动油。

（3）汽车制动液　汽车制动液是一种用于汽车液压制动系统或离合器液压操纵机构中传递液压力的工作介质。由于汽车制动系统的可靠性直接影响到行车安全，因此要求制动液必须安全可靠、质量高、性能好，并且要在各种条件下四季通用。对汽车制动液的性能要求还有：优良的高温抗气阻性、良好的低温流动性和黏温特性、与橡胶良好的适应性、对金属的低腐蚀性、良好的化学安定性及抗泡沫性等。

汽车制动液按其组成和特性不同，一般分为醇型、矿物油型和合成型三类。其中合成型制动液是目前广泛应用的主要品种，由基础液、润滑剂和添加剂组成。按其基础液的不同，合成型制动液有醇醚制动液、酯制动液和硅油制动液三种。醇醚制动液基础液的主要成分为己二醚类，其性能稳定，成本低，是目前用量最大的一种制动液；酯制动液因其沸点高，主要用于湿热环境下；硅油制动液具有高性能，但其成本较高，目前尚未普及应用，只在军车等车辆上使用。

我国按照 GB 12981—2012《机动车辆制动液》将汽车用制动液分成 HZY3、HZY4 和 HZY5 三种产品。汽车用制动液一般根据使用环境条件和车辆速度性能来选用。环境条件主要是指气温、湿度和道路条件等，在湿热条件下，一般应选用 HZY3 或 HZY4 合成制动液。高速车辆或常在市区行驶的车辆，汽车制动液工作温度较高，应使用级别较高的制动液。

第三节　液压、气压和液力传动在汽车上的应用及特点

1. 液压传动在汽车上的应用及特点

现代汽车向着驾驶方便、运行平稳、乘用舒适、安全可靠、节能环保的方向发展，液压、气压传动和液力传动的特点与之相适应，因此得到越来越多的应用。例如：电控液力自动变速器、电控悬架装置、电控防抱制动装置、气压式挂车制动装置、液压或气压式转向助

力装置、自卸汽车举升机构及发动机燃料供给、机械润滑系统等。由于液压、气压传动和液力传动的工作特点不同，因此在传动、控制、介质传输等方面的应用和特点也各有不同。

利用液压传动可实现动力远程传递、电气控制信号转换、发动机燃料传输，机械系统润滑也是利用液压传动原理实现的。与其他传动情况相比，在汽车上应用液压传动技术具有一定特点。由于汽车整体结构限制和轻量化的要求，系统结构紧凑、元件组合性强，有时具有非系统性，与电气结合，能够对汽车的运行状况进行控制，如液压式电子控制动力转向系统是在液压传动动力转向系统的基础上增设电子控制装置而构成的。该系统能够根据汽车行驶条件的变化，对助力的大小实行控制，使汽车在停车状态时得到足够大的助力，提高转向系统的操纵性。当车速增加时助力逐渐减小，进入高速状态时则无助力，使操纵有一定的“路感”，提高操纵稳定性。另外，液压系统一般具有工作压力不高、流量不大等特点。

2. 气压传动在汽车上的应用及特点

气压传动与液压传动一样，主要用于实现动力远程传递、电气控制信号转换等。由于气压传动的工作介质是气体，因此工作安全，系统泄漏时环境污染小。但受气体可压缩性大的影响，系统灵敏性不如液压传动，如液压式汽车制动装置的制动滞后时间是0.2s，而气压式汽车制动装置的制动滞后时间是0.5s。同时，系统噪声大，自润滑性差。

3. 液力传动在汽车上的应用及特点

液力传动主要采用液力变矩器或液力偶合器实现发动机与变速器的离合与变速，如图1-10所示。液力变矩器具有对外负载的自动适应性，使车辆起步平稳，加速迅速、均匀，其减振作用降低了传动系统的动载和扭振，延长了传动系统的使用寿命，提高了乘坐舒适性、行驶安全性、通过性以及车辆的平均速度。然而，液力变矩器存在着效率不够高、变矩范围有限的问题。因此，很少使用单个液力变矩器，而须串联或并联一个定轴式或者旋转轴式机械变速器，以扩大变速和变矩范围。目前，高级轿车大都采用液力机械传动，其主要着眼点在其舒适性及操作轻便性。城市大客车因要经常停车、起步、加速，换档相当频繁，对操纵方便的要求就显得更为突出。越野汽车为了获得稳定的驱动力和良好的通过性，采用液力机械传动的日益增多。载重为25～80t的矿用自卸汽车，因其功率大，传动系统既要传递大转矩，又要易于换档变速，且道路条件复杂，故大多数都采用液力机械传动。

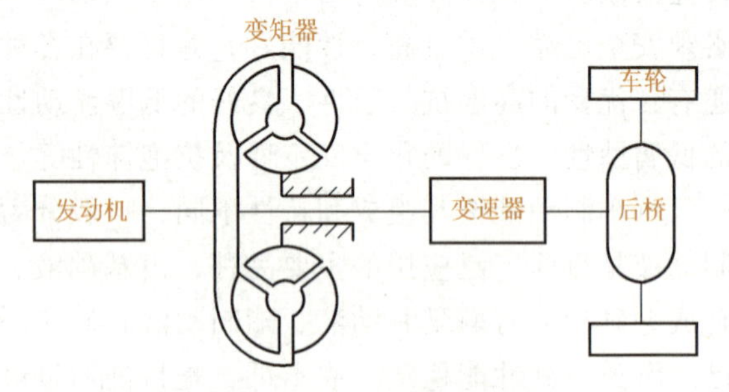

图1-10 汽车液力传动示意图

目前，随着我国民用汽车的大量发展和汽车高新技术在中、低档汽车中的大量使用，液压、气压传动和液力传动与控制技术在汽车上的应用将会越来越广泛。其发展趋势是：

1）控制方面：与微电子技术和计算机技术结合，组成控制系统执行单元，向着精密、复杂、耐用、灵敏、高可靠性的方向发展。

2）传动方面：适合大、中型汽车传动的要求，工作更可靠，操作更方便、舒适，且性能稳定，无泄漏。

3）燃料、润滑油传输方面：向着供给精确、稳定、可靠，无泄漏，无污染的方向发展。

4）元件加工制造方面：向着精度高、组合（多元件功能）性强、工作灵敏、安全可靠、寿命长的方向发展。

思政融入点 1-4

思政融入点 1-4 视频

思政融入点 1-5

思政融入点 1-6

思政融入点 1-6 视频

复习思考题

1-1　简述液压、气压传动和液力传动的工作原理与系统组成。

1-2　液压油主要有哪些物理特性？汽车上使用的液压油主要有哪些种类？牌号有哪几种？如何选取？

1-3　液压、气压传动和液力传动在汽车上有哪些具体应用？

1-4　某液压油体积为 $200cm^3$，密度 $\rho=900kg/m^3$，在 50℃时，流过恩氏黏度计所需时间 $t_1=153s$，而 20℃时，$200cm^3$ 的蒸馏水流过恩氏黏度计所需时间 $t_2=51s$，问该液压油的恩氏黏度°E_{50}、运动黏度 ν 及动力黏度 μ 各为多少？

第二章　液压传动的流体力学基础

1. 教学目标

1）掌握汽车液压传动中流体静力学、流体动力学的基本知识。

2）重点掌握连续性方程、伯努利方程和动量方程及其应用。

3）掌握液体在流动时的压力损失和流经小孔、缝隙时的流量特性。

4）了解液压冲击和空穴现象。

5）为以后学习、分析、使用及设计液压传动系统打下必要的理论基础。

2. 教学要点

知识要点	掌握程度	相关知识
流体静力学知识	掌握液体静压力的概念及特性，理解压力传递的原理及等压面的概念；熟练使用液体静力学方程解决问题，掌握液体对固体壁面上作用力的计算	压力的表示方法及其单位换算，绝对压力和相对压力的概念
流体动力学知识	理解流体动力学的基本概念，掌握流动液体的连续性方程、伯努利方程和动量方程，并能熟练应用	液体静力学知识，液体的流动状态、流量和平均流速的概念，液体流动时的物质不灭定律、能量守恒定律和动量定理，微积分等数学知识
液体流动时的压力损失与流经小孔或缝隙时的流量	理解两种流态和雷诺数的概念；会应用连续性方程、伯努利方程和动量方程分析流体在管道和小孔、缝隙中的压力损失及压力-流量特性	液体在管道、小孔及缝隙中的压力-流量特性，流体压力损失及应用分析，影响泄漏的因素
液压冲击和空穴现象	理解液压冲击和空穴现象产生的原因及危害，掌握减小危害的方法	液压技术发展现状及存在的问题

3. 教学提示

在学时允许的情况下，本章部分内容可采用翻转课堂或讨论式教学。如在学生自己准备物质不灭定律、能量守恒定律、动量定理和其他相关流体力学知识的情况下，共同研讨连续性方程、伯努利方程和动量方程的推导；共同分析液体在管道中的压力损失与流经小孔或缝隙时的压力-流量特性；分析泄漏及危害现象产生的原因。

4. 思政目标

增强学生民族自信，深植爱国主义情怀，引导学术创新，弘扬科学家精神。

流体力学是研究流体在外力作用下平衡和运动规律的一门学科。它涉及许多方面的内容，本章主要介绍与液压传动有关的流体力学基本内容，为以后学习、分析、使用及设计液压传动系统打下必要的理论基础。

第一节　流体静力学基础

流体静力学主要讨论液体在静止时的平衡规律以及这些规律在工程上的应用。这里所说的静止，是指液体内部质点之间没有相对运动，至于盛装液体的容器，不论它是静止还是运动的，都与它没有关系。

1. 液体的压力和计量单位

液体单位面积上所受的法向力称为静压力。这一定义在物理学中称为压强，但在液压传动中习惯称为压力，压力通常以 p 表示。

当液体面积 ΔA 上作用有法向力 ΔF 时，液体内某点处的压力为

$$p=\lim_{\Delta A\to 0}\frac{\Delta F}{\Delta A} \tag{2-1}$$

若法向力 F 均匀地作用在面积 A 上，则压力可表示为

$$p=\frac{F}{A}$$

静止液体的压力有如下特性：

1）液体的压力沿着内法线方向作用于承压面。

2）静止液体内任一点的压力在各个方向上都相等。

由此可知，静止液体总是处于受压状态，并且其内部的任何质点都是受平衡压力作用的。

我国法定的压力单位为帕斯卡，简称帕（Pa），$1\text{Pa}=1\text{N/m}^2$。工程实际中也采用兆帕（MPa）和巴（bar），$1\text{bar}=10^5\text{Pa}=0.1\text{MPa}$。在液压传动中，因单位 Pa 太小，通常采用 MPa 作为液体压力单位。

工程和试验中还常会遇到如下单位换算：

$1\text{bar}=1.02\text{kgf/cm}^2=0.987\text{atm}$（标准大气压）$=750\text{mmHg}$（0℃时的汞柱高）。

2. 重力作用下静止液体中的压力分布

如图 2-1a 所示，密度为 ρ 的液体在容器内处于静止状态，其外加压力为 p_0。为求任意深度 h 处的内压力 p，可以从液面往下假想一个垂直小液柱作为研究对象。设液柱的底面积为 ΔA，高为 h，如图 2-1b 所示。

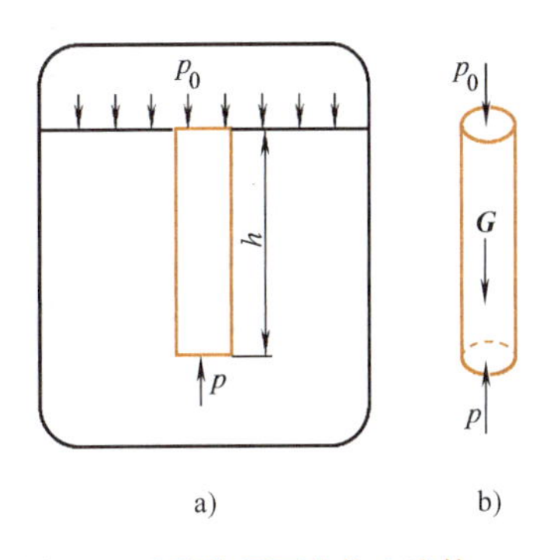

图 2-1　重力作用下的静止液体

由于液柱处于平衡状态，于是有

$$p\Delta A=p_0\Delta A+G$$

这里，G 为液柱重力，且 $G=\rho gh\Delta A$，则有

$$p\Delta A=p_0\Delta A+\rho gh\Delta A$$

将上式简化后得

$$p=p_0+\rho gh \tag{2-2}$$

式（2-2）称为液体静力学基本方程式。由此可知，重力作用下的静止液体，其压力分布有如下特征：

1）静止液体内任一点处的压力都由两部分组成：一部分是液面上的压力 p_0，另一部分是该点以上液体自重所形成的压力，即 ρg 与该点距离液面深度 h 的乘积。当液面上只受大气压力 p_a 作用时，液体内任一点处的压力为

$$p=p_a+\rho gh \tag{2-3}$$

思政融入点 2-1

2）静止液体内的压力随液体深度呈线性规律变化。

3）距离液面深度相同处各点压力都相等。压力相等的各点组成了等压面，在重力作用下静止液体中的等压面为一水平面。

3. 压力的表示方法

思政融入点 2-1 视频

根据度量基准的不同，液体压力分为绝对压力和相对压力两种。式（2-3）所示的压力 p，其值是以绝对真空为基准来度量的，称为绝对压力；而式中超过大气压的那部分压力 $p-p_a=\rho gh$，其值是以大气压力 p_a 为基准来度量的，称为相对压力。在地球的表面上，一切受大气笼罩的物体，大气压力的作用都是自相平衡的。因此，一般压力表在大气中的读数为零，用压力表测得的压力数值显然是相对压力，因此，相对压力又称为表压力。在液压技术中，不特别指明时，压力均指相对压力。如果液体中某点的绝对压力小于大气压力，这时，比大气压力小的那部分数值称为真空度。如图 2-2 所示，以大气压力为基准计算时，基准以上的正值是表压力，基准以下的负值是真空度。例如：当液体内某点的绝对压力为 0.2×10^5Pa 时，其相对压力为 $p-p_a=(0.2\times10^5-1\times10^5)$ Pa $=-0.8\times10^5$Pa，即该点的真空度为 0.8×10^5Pa。

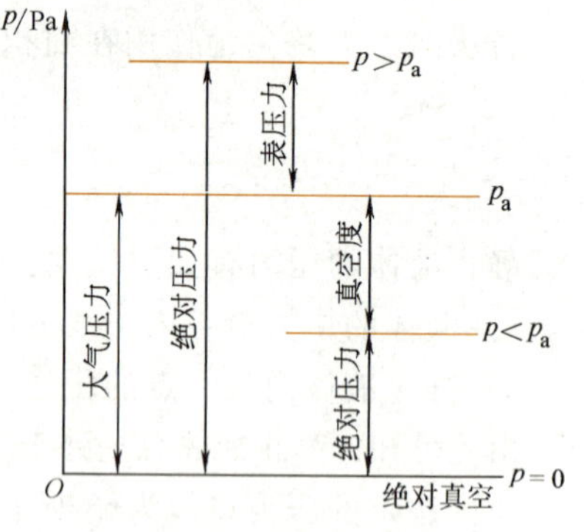

图 2-2 绝对压力、相对压力及真空度

例 2-1 如图 2-3 所示，容器内充满油液。已知油液密度 $\rho=900\text{kg/m}^3$，活塞上的作用力 $F=10\text{kN}$，活塞的面积 $A=1\times10^{-2}\text{m}^2$。假设活塞的重量忽略不计，试求活塞下方深度为 $h=0.5\text{m}$ 处的压力。

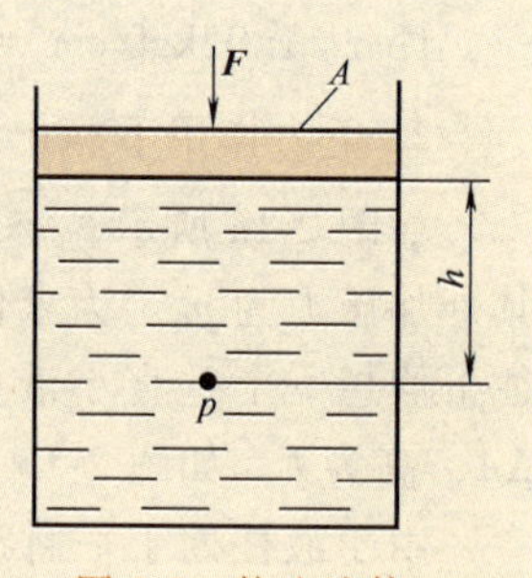

图 2-3 静止液体内的压力

解 依据式（2-2），活塞与液体接触面上的压力为

$$p_0=\frac{F}{A}=\frac{10000}{1\times10^{-2}}\text{Pa}=1\times10^6\text{Pa}=1\text{MPa}$$

所以深度为 h 处的液体压力为

$$p=p_0+\rho gh=(1\times10^6+900\times9.8\times0.5)\ \text{Pa}$$
$$=1.0044\times10^6\text{Pa}\approx10^6\text{Pa}=1\text{MPa}$$

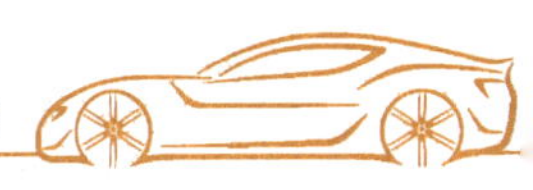

由这个例子可以看出，在液体受外界压力作用的情况下，由液体自重所形成的那部分压力 ρgh 相对甚小，在液压系统中可以忽略不计，从而可以近似地认为在整个液体内部各处的压力是相等的。以后在分析液压传动系统的压力时，一般都采用此结论。

4. 静止液体内压力的传递

图 2-3 所示为密闭容器内的静止液体，当外力 $\boldsymbol{F}$ 变化引起外加压力发生变化时，则液体内任一点的压力将发生同样大小的变化。即在密闭容器内，施加于静止液体上的压力将以等值传递到液体内各点。这就是静压力传递原理，或称帕斯卡原理。

在图 2-3 中，活塞上的作用力 $\boldsymbol{F}$ 是外加负载，A 为活塞横截面面积，根据帕斯卡原理，容器内液体的压力 p 与负载 $\boldsymbol{F}$ 之间总是保持着正比关系，且各点处压力的变化值相等。在不考虑活塞和液体重力引起压力变化的情况下，则

$$p=\frac{F}{A} \tag{2-4}$$

由此可见，液体内的压力是由外界负载作用所形成的，即系统的压力大小取决于负载。这是液压传动中一个很重要的基本概念。

例 2-2　图 2-4 所示为相互连通的两个液压缸。已知大液压缸内径 $D=120\text{mm}$，小液压缸内径 $d=20\text{mm}$，大活塞上放置物体的质量为 6000kg。试求在小活塞上应施加多大的力 F，才能使大活塞顶起重物。

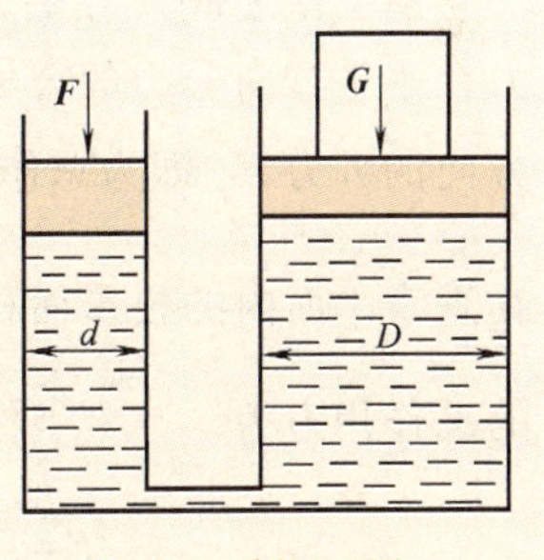

图 2-4　例 2-2 图

解　根据帕斯卡原理，由外力产生的压力在两缸中相等，即

$$\frac{F}{\frac{\pi d^2}{4}}=\frac{G}{\frac{\pi D^2}{4}}$$

故为了顶起重物，应在小活塞上施加的力为

$$F=\frac{d^2}{D^2}G=\frac{d^2}{D^2}mg=\frac{20^2}{120^2}\times 6000\times 9.8\text{N}=1633\text{N}$$

本例也说明了液压千斤顶等汽车液压起重机械的工作原理，体现了液压装置的力的放大作用。

5. 液体静压力作用在固体壁面上的力

在液压传动中，由于不考虑由液体自重产生的那部分压力，液体中各点的静压力可看作是均匀分布的。液体和固体壁面相接触时，固体壁面将受到总液压力的作用。

1）当固体壁面为平面时，压力油作用在该平面上。静止液体对该平面的总作用力 F 等于液体压力 p 与该平面面积 A 的乘积，其方向与该平面垂直，即

$$F=pA$$

2）当固体壁面为曲面时，压力油作用在该曲面上。曲面上各点所受的静压力的方向是变化的，但大小相等。

如图 2-5 所示液压缸缸筒，为求压力油对右半部缸筒内壁面在 x 方向上的作用力，可在

内壁面上取一微小面积 $dA=lds=lrd\theta$（l 和 r 分别为缸筒的长度和半径），则压力油作用在这块面积上的力 dF 的分量 dF_x 为

$$dF_x=\cos\theta dF=p\cos\theta dA=plr\cos\theta d\theta$$

由此得压力油对缸筒内壁面在 x 方向上的作用力为

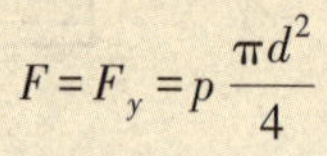

$$F_x=\int_{-\frac{\pi}{2}}^{\frac{\pi}{2}}dF_x=\int_{-\frac{\pi}{2}}^{\frac{\pi}{2}}plr\cos\theta d\theta=2plr=pA_x$$

式中　A_x——缸筒右半部内壁面在 x 方向上的投影面积，$A_x=2rl$。

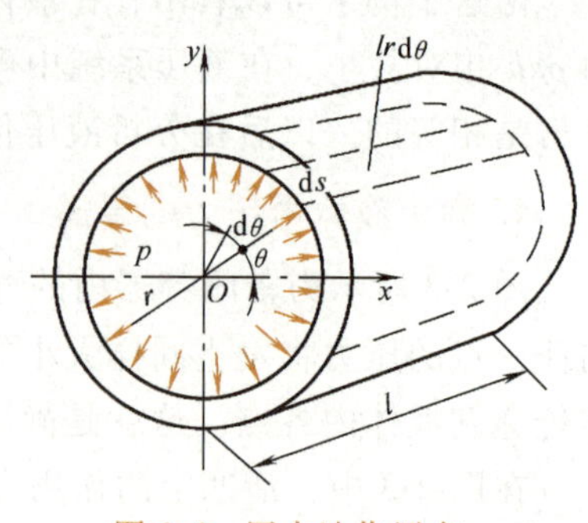

图 2-5　压力油作用在缸筒内壁面上的力

由此可知，曲面在某一方向上所受的液压力，等于曲面在该方向的投影面积和液体压力的乘积。

例 2-3　图 2-6 所示的锥阀阀口直径为 d，在锥阀的部分圆锥面上有油液作用，各处压力均为 p。求油液对锥阀阀芯的总作用力。

解　由于阀芯左右对称，油液作用在阀芯上的力在水平方向分力的合成结果为零，即 $F_x=0$；垂直方向的分力 $\boldsymbol{F}_y$ 即为总作用力，油液作用部分圆锥面在垂直平面内的投影面积为$\dfrac{\pi d^2}{4}$，则油液对锥阀阀芯的总作用力为

$$F=F_y=p\frac{\pi d^2}{4}$$

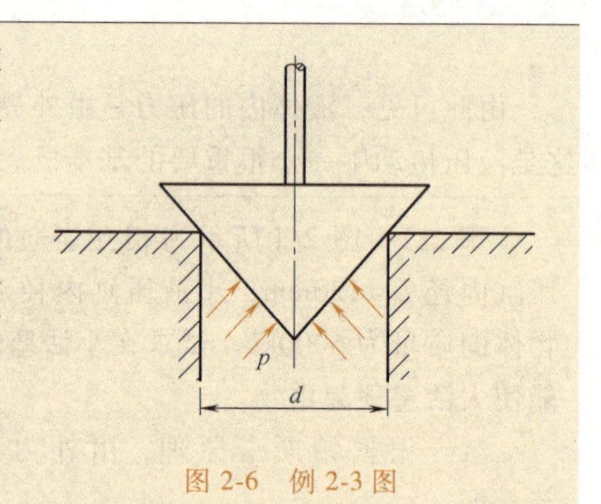

图 2-6　例 2-3 图

第二节　流体动力学基础

本节主要讨论液体的流动状态、运动规律及能量转换等问题，具体包括连续性方程、伯努利方程和动量方程三个基本方程，这些都是流体动力学的基础及液压传动中分析问题和设计计算的理论依据。

一、基本概念

1. 理想液体、恒定流动和一维流动

实际液体具有黏性，研究液体流动时，必须考虑黏性的影响。但由于这个问题非常复杂，所以在开始分析时可以假设液体没有黏性，然后考虑黏性的作用，并通过试验验证的办法对理想结论进行补充或修正。这种办法也可以用来处理液体的可压缩性问题。一般把既无黏性又不可压缩的假想液体称为理想液体。

液体流动时，若液体中任一点处的压力、速度和密度等参数都不随时间而变化，则这种流动称为恒定流动（或称定常流动、非时变流动）；反之，只要压力、速度或密度中有一个

参数随时间变化，就称为非恒定流动（或称非定常流动、时变流动）。

当液体做线性流动时，称为一维流动；当液体做平面或空间流动时，称为二维或三维流动。一维流动最简单，严格意义上的一维流动要求液流截面上各点的速度矢量完全相同，液体的运动参数是一个坐标的函数，这种情况在现实中极为少见。一般常把封闭容器内流动的液体按一维流动分析，再用试验数据对计算结果进行修正。

2. 流线、流管和流束

流线是流场中的一条条曲线，它表示在同一瞬时流场中各质点的运动状态。流线上每一质点的速度矢量与这条曲线相切，因此流线代表了某一瞬时一群流体质点的流速方向，如图 2-7a 所示。在非恒定流动时，液流通过空间点的速度随时间变化，因而流线形状也随时间变化；在恒定流动时，流线形状不随时间变化。由于流场中每一质点在每一瞬时只能有一个速度，所以流线之间不可能相交，流线也不可能突然转折，它只能是一条光滑的曲线。

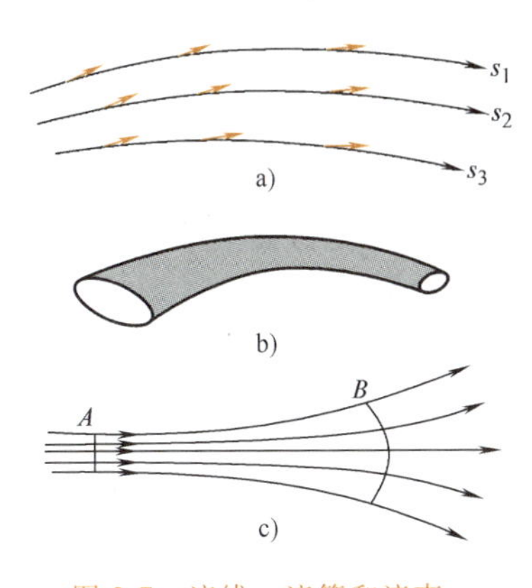

图 2-7　流线、流管和流束

a）流线　b）流管　c）流束

在流场中画一不属于流线的任意封闭曲线，沿该封闭曲线上的每一点作流线，由这些流线组成的表面称为流管，如图 2-7b 所示。流管内的流线群称为流束，如图 2-7c 所示。根据流线不会相交的性质，流管内外的流线均不会穿越流管，故流管与真实管道相似。将流管截面无限缩小趋近于零，便获得微小流管或微小流束。微小流束截面上各点处的流速可以认为是相等的。

流线彼此平行地流动称为平行流动，流线间夹角很小，或流线曲率半径很大的流动称为缓变流动。平行流动和缓变流动都是一维流动。

3. 通流截面、流量和平均流速

流束中与所有流线正交的截面称为通流截面（或通流断面），如图 2-7c 中的 A 面和 B 面，截面上每点处的流动速度都垂直于这个面。

单位时间内流过某通流截面的液体体积称为体积流量（简称流量），常用 q_V 表示，即

$$q_V = \frac{V}{t} \tag{2-5}$$

式中　q_V——流量（L/min）；

V——液体的体积（L）；

t——流过液体体积 V 所需的时间（min）。

由于实际液体具有黏性，因此液体在管道内流动时，通流截面上各点的流速是不相等的。管壁处的流速为零，管道中心处流速最大，流速分布如图 2-8 所示。若要求得流经整个通流截面 A 的流量，可在通流截面 A 上取一微小流束的截面 dA，则通过 dA 的微小流量为

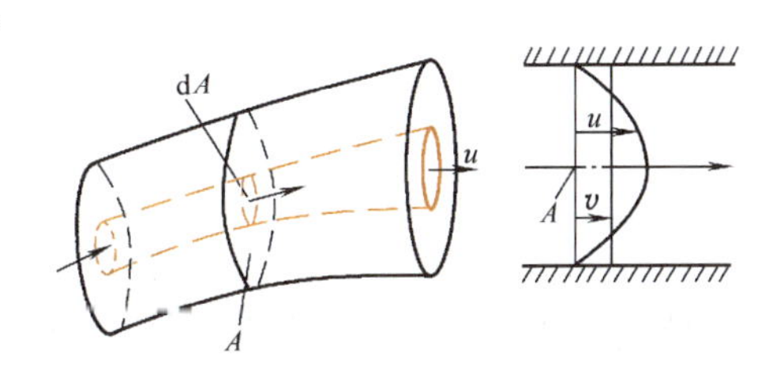

图 2-8　流量和平均流速

$$dq_V = u dA$$

对上式进行积分，便可得到流经整个通流截面 A 的流量为

$$q_V = \int_A u dA \tag{2-6}$$

对于实际液体的流动，由于黏性力的作用，整个通流截面上各质点的速度 u 一般是不相等的，其分布规律也难以知道（图 2-8），故按式（2-6）积分计算流量是不便的。因此，提出一个平均流速的概念，即假设通流截面上各质点的流速均匀分布，液体以平均流速 v 流过此截面的流量等于以实际流速流过的流量，即

$$q_V = \int_A u dA = vA$$

由此得出通流截面上的平均流速为

$$v = \frac{q_V}{A} \tag{2-7}$$

在工程实际中，平均流速 v 才具有应用价值。液压缸工作时，活塞运动的速度就等于缸内液体的平均流速，因而可以根据式（2-7）建立活塞平均流速 v 与液压缸有效作用面积 A 和流量 q_V 之间的关系。当液压缸有效作用面积一定时，活塞平均流速决定于输出液压缸的流量。

二、连续性方程

在管中做稳定流动的理想液体，既不能增多也不能减少，即符合物质不灭定律。因此，在单位时间内通过任意截面的液体质量一定是相等的，此即液体的连续性原理。连续性方程是物质不灭定律在流体力学中的一种表达形式。

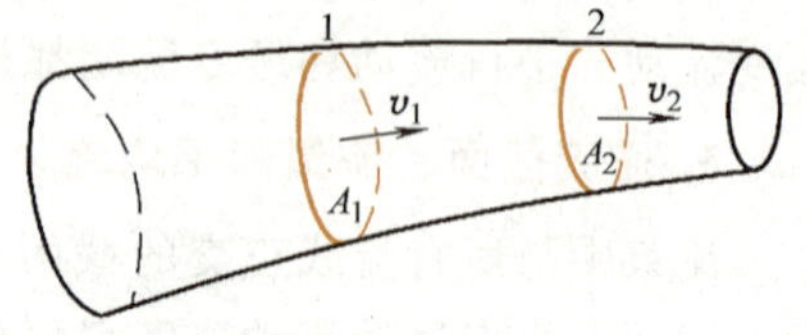

图 2-9 液流的连续性原理

设液体在图 2-9 所示的管道中做恒定流动。若任取的 1、2 两个通流截面的面积分别为 A_1 和 A_2，并且在这两个截面处的液体密度和平均流速分别为 ρ_1、v_1 和 ρ_2、v_2，则根据液流的连续性原理，在单位时间内流过两个截面 1 和 2 的液体质量相等，即

$$\rho_1 v_1 A_1 = \rho_2 v_2 A_2$$

当忽略液体的可压缩性时，$\rho_1 = \rho_2$，则得

$$v_1 A_1 = v_2 A_2$$

$$q_V = vA = 常数 \tag{2-8}$$

结论：在密闭管路内做恒定流动的理想液体，不管平均流速和通流截面沿流程怎样变化，流过各个截面的流量是不变的，因此，在管道中流动的液体，其平均流速 v 和通流截面的面积 A 成反比。

例 2-4　如图 2-10 所示，由液压缸无杆腔输入油液，活塞在油液压力的作用下推动活塞杆外伸。液压缸缸筒内径 $D=100\text{mm}$。若输入液压缸无杆腔的液体流量 $q_1=40\text{L/min}$，求液压缸活塞杆外伸的运动速度。

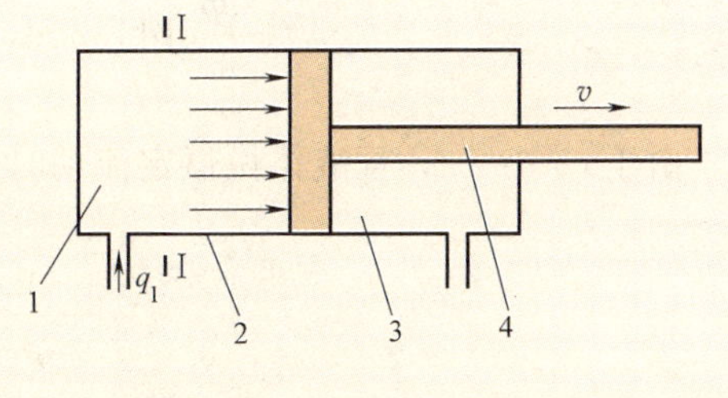

图 2-10　例 2-4 图

1—无杆腔　2—缸体　3—有杆腔　4—活塞杆

解　液压缸缸筒的截面面积 $A=\frac{\pi D^2}{4}$。由于液体的可压缩性非常小，可看作是不可压缩的，因此，活塞杆外伸的运动速度就是无杆腔任意过通流截面 I — I 上液体的平均流速。当活塞杆做外伸运动时，在通流截面 I — I 上流过的平均流量 $q_2=Av$。根据不可压缩液体的连续性方程，输入液压缸的流量 q_1 应等于在通流截面 I — I 上流过的平均流量 q_2，即 $q_1=q_2=Av$，因此，液压缸活塞杆外伸的运动速度 v 为

$$v=\frac{q_1}{A}=\frac{(40\times10^{-3}/60)\,\text{m}^3/\text{s}}{(\pi\times0.1^2/4)\,\text{m}^2}=0.085\text{m/s}$$

三、伯努利方程

思政融入点 2-2

思政融入点 2-2 视频

液压系统是利用压力油的流动来传递能量的。伯努利方程是能量守恒定律在流体力学中的一种表达形式。

1. 理想液体的运动微分方程

设理想液体在管道内做恒定流动，在液流的微小流束上取出一段通流截面积为 $\text{d}A$、长度为 $\text{d}s$ 的微元体，微元体积 $\text{d}V=\text{d}A\text{d}s$，微元体沿流线的运动速度 $u=f_1(s,t)$，作用在微元体通流截面上的压力 $p=f_2(s,t)$，如图 2-11 所示。

（1）作用在微元体两端截面上的力

$$p\text{d}A-\left(p+\frac{\partial p}{\partial s}\text{d}s\right)\text{d}A=-\frac{\partial p}{\partial s}\text{d}s\text{d}A$$

式中　$\frac{\partial p}{\partial s}$——沿流线方向的压力梯度。

（2）作用在微元体上的重力

$$\rho g\text{d}s\text{d}A$$

（3）微元体的惯性力

$$ma=\rho\text{d}s\text{d}A\frac{\text{d}u}{\text{d}t}=\rho\text{d}s\text{d}A\left(u\frac{\partial u}{\partial s}+\frac{\partial u}{\partial t}\right)$$

式中　u——微元体沿流线的运动速度（m/s），$u=\frac{\text{d}s}{\text{d}t}$。

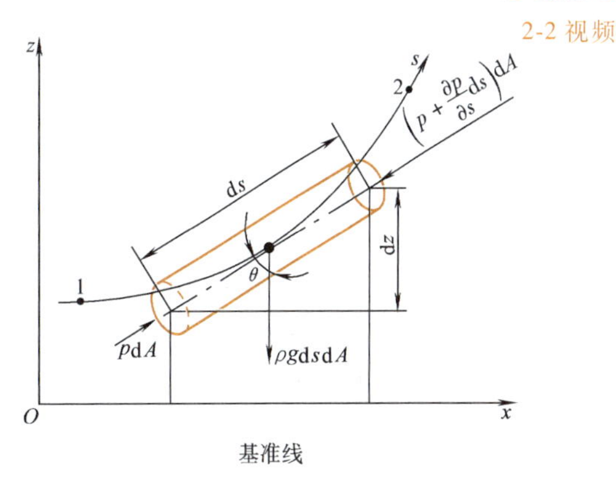

图 2-11　理想液体的一维流动

根据牛顿第二定律 $\sum F=ma$ 有

$$-\frac{\partial p}{\partial s}\mathrm{d}s\mathrm{d}A-\rho g\mathrm{d}s\mathrm{d}A\cos\theta=\rho\mathrm{d}s\mathrm{d}A\left(u\frac{\partial u}{\partial s}+\frac{\partial u}{\partial t}\right)$$

由于 $\cos\theta=\frac{\partial z}{\partial s}$，且液体做恒定流动时，$\frac{\partial u}{\partial t}=0$，代入上式，整理后可得

$$-\frac{1}{\rho}\frac{\partial p}{\partial s}-g\frac{\partial z}{\partial s}=u\frac{\partial u}{\partial s} \tag{2-9}$$

这就是理想液体沿流线做恒定流动时的运动微分方程，即欧拉方程，它表示单位质量的液体的力平衡方程。

2. 理想液体的能量方程

将式（2-9）沿流线从截面 1 积分到截面 2（图 2-11），便可得到微元体流动时的能量关系式，即

$$\int_1^2\left(-\frac{1}{\rho}\frac{\partial p}{\partial s}-g\frac{\partial z}{\partial s}\right)\mathrm{d}s=\int_1^2\frac{\partial}{\partial s}\left(\frac{u^2}{2}\right)\mathrm{d}s$$

移项后整理得

$$\frac{p_1}{\rho}+z_1g+\frac{u_1^2}{2}=\frac{p_2}{\rho}+z_2g+\frac{u_2^2}{2} \tag{2-10}$$

式中 $\frac{p_1}{\rho}$、$\frac{p_2}{\rho}$——单位质量液体的压力能，也称比压能；

$\frac{u_1^2}{2}$、$\frac{u_2^2}{2}$——单位质量液体的动能，也称比动能；

z_1g、z_2g——单位质量液体的位能，也称比位能。

由于截面 1、2 是任意取的，故式（2-10）也可写成

$$\frac{p}{\rho}+zg+\frac{u^2}{2}=\text{常数} \tag{2-11}$$

式（2-10）或式（2-11）就是理想液体微小流束做恒定流动时的伯努利方程或能量方程。

因此，理想液体能量方程的物理意义是：理想液体做恒定流动时具有压力能、位能和动能三种形式的能量，在任一截面上这三种能量之间可以相互转换，但三者之和为一定值，即能量守恒。

思政融入点 2-3

3. 实际液体的能量方程

实际液体在管道内流动时，由于液体存在黏性，会产生摩擦力而消耗能量；同时，管道局部形状和尺寸的变化会使液流产生扰动，也消耗一部分能量。因此，实际液体在流动过程中，会产生能量损失，设单位质量的液体产生的能量损失为 h_wg。另外，由于实际液体在管道通流截面上的速度分布不均匀，在用平均流速代替实际流速计算动能时，必然会产生误差。为此，引入动能修正系数。

因此，实际液体流动的伯努利方程为

$$\frac{p_1}{\rho}+\frac{\alpha_1 v_1^2}{2}+z_1 g=\frac{p_2}{\rho}+\frac{\alpha_2 v_2^2}{2}+z_2 g+h_{\mathrm{w}} g \tag{2-12}$$

式中　α_1、α_2——截面1、2上的动能修正系数，层流时 $\alpha=2$，湍流时 $\alpha=1$；

$h_{\mathrm{w}} g$——单位质量液体从截面1流到截面2过程中的能量损失（$\mathrm{m \cdot m/s^2}$），h_{w} 称为阻力水头损失。

式（2-12）的物理意义是单位质量液体的能量守恒。

在应用式（2-12）时，必须注意 p 和 z 应为通流截面的同一点上的两个参数，特别是压力参数 p 的度量基准应该一样，如用绝对压力就都用绝对压力，用相对压力就都用相对压力。为方便起见，通常把这两个参数都取在通流截面的轴心处。

在液压系统的计算中，通常将式（2-12）写成另外一种形式，即

$$p_1+\rho g h_1+\frac{1}{2}\rho\alpha_1 v_1^2=p_2+\rho g h_2+\frac{1}{2}\rho\alpha_2 v_2^2+\Delta p \tag{2-13}$$

式中　h_1、h_2——液体在流动时的不同高度（m）；

Δp——液体流动的压力损失（Pa）。

伯努利方程揭示了液体流动过程中的能量变化规律。它指出，对于流动的液体来说，如果没有能量的输入和输出，则液体内的总能量是不变的。它是流体力学中一个重要的基本方程，不仅是进行液压传动系统分析的基础，而且还可以利用该方程对多种液压问题进行研究和计算。

例2-5　计算图2-12所示液压泵吸油口处的真空度。假设油箱液面压力为 p_1，液压泵吸油口处的绝对压力为 p_2，液压泵吸油口距油箱液面的高度为 h。

解　以油箱液面为基准，并定为1—1截面，液压泵的吸油口处为2—2截面。取动能修正系数 $\alpha_1=\alpha_2=1$，对截面1—1和2—2建立实际液体的伯努利方程，则有

$$\frac{p_1}{\rho}+\frac{v_1^2}{2}=\frac{p_2}{\rho}+hg+\frac{v_2^2}{2}+h_{\mathrm{w}} g$$

图2-12所示油箱液面与大气接触，故 p_1 为大气压力，即 $p_1=p_{\mathrm{a}}$；v_1 为油箱液面下降速度，由于 $v_1<<v_2$，故 v_1 可近似为零；v_2 为液压泵吸油口处液体的流速，它等于液体在吸油管内的流速；h_{w} 为吸油管路的阻力水头损失。因此，上式可简化为

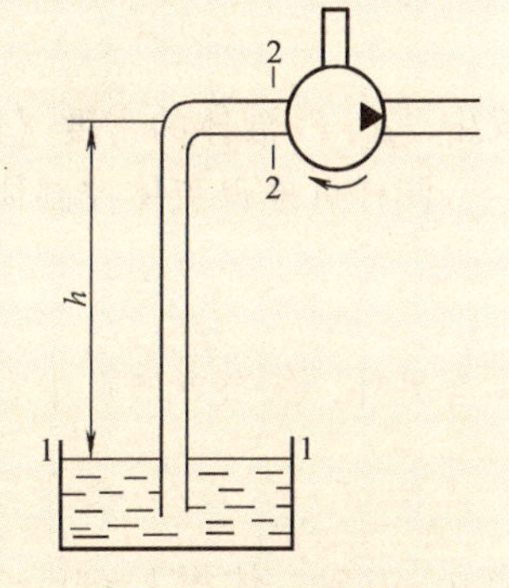

图2-12　例2-5图

$$\frac{p_{\mathrm{a}}}{\rho}=\frac{p_2}{\rho}+hg+\frac{v_2^2}{2}+h_{\mathrm{w}} g$$

所以液压泵吸油口处的真空度为

$$p_{\mathrm{a}}-p_2=\rho g h+\frac{1}{2}\rho v_2^2+\rho g h_{\mathrm{w}}=\rho g h+\frac{1}{2}\rho v_2^2+\Delta p$$

由此可见，液压泵吸油口处的真空度由三部分组成：把油液提升到高度 h 所需的压力、将静止液体加速到 v_2 所需的压力和吸油管路的压力损失。

四、动量方程

动量方程是动量定理在流体力学中的具体应用。用动量方程来计算液流作用在固体壁面上的力比较方便。动量定理指出：作用在物体上合外力的大小等于物体在力作用方向上的动量变化率，即

$$\sum F=\frac{\mathrm{d}I}{\mathrm{d}t}=\frac{\mathrm{d}(mv)}{\mathrm{d}t} \tag{2-14}$$

式中 $\sum F$——作用在液体上所有外力的矢量和（N）；

I——液体的动量（kg · m/s）；

v——液流的平均流速（m/s）。

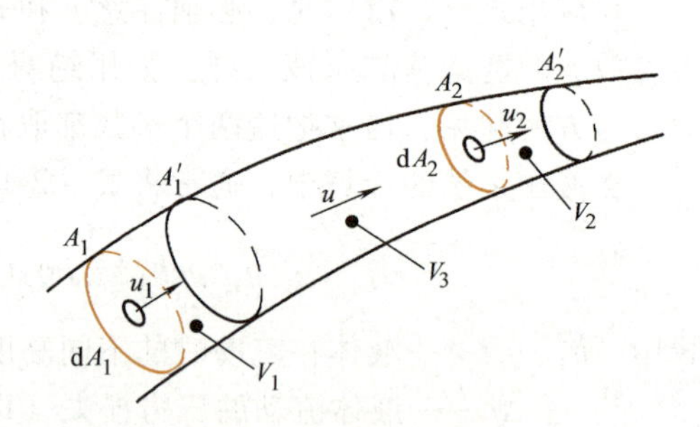

图 2-13 动量方程推导

将动量定理应用于流体时，在任意 t 时刻从流管中任取出一个被通流截面 A_1 和 A_2 围起来的部分为流体控制体积 V，如图 2-13 所示，其中截面 A_1 和 A_2 称为控制表面。在此控制体积内取一微小流束，其在 A_1、A_2 上的通流截面为 $\mathrm{d}A_1$、$\mathrm{d}A_2$，流速为 u_1、u_2。设流体控制体积 A_1—A_2 段液体在 t 时刻的动量为 $I_{A_1A_2(t)}$，经 $\mathrm{d}t$ 时刻后移动到新的位置 A_1'— A_2'，设 $t+\mathrm{d}t$ 时刻动量为 $I_{A_1'A_2'(t+\mathrm{d}t)}$，则在 $\mathrm{d}t$ 时间内流体控制体积中液体质量的动量变化为

$$\begin{aligned}\mathrm{d}\left(\sum I\right) &= I_{A_1'A_2'(t+\mathrm{d}t)} - I_{A_1A_2(t)} \\ &= I_{A_1'A_2(t+\mathrm{d}t)} - I_{A_1'A_2(t)} + I_{A_2'A_2(t+\mathrm{d}t)} - I_{A_1A_1'(t)}\end{aligned} \tag{2-15}$$

流体控制体积 V_2 中液体在 $t+\mathrm{d}t$ 时刻的动量为

$$I_{V_2(t+\mathrm{d}t)}=\int_{V_2}\rho u_2\mathrm{d}V=\int_{A_2}\rho u_2\mathrm{d}A_2u_2\mathrm{d}t$$

式中 ρ——液体的密度（$\mathrm{kg/m^3}$）。

同样可推得流体控制体积 V_1 中液体在 t 时刻的动量为

$$I_{V_1(t)}=\int_{V_1}\rho u_1\mathrm{d}V=\int_{A_1}\rho u_1\mathrm{d}A_1u_1\mathrm{d}t$$

另外，式（2-15）中右边的第一、二项为

$$I_{A_1'A_2(t+\mathrm{d}t)}-I_{A_1'A_2(t)}=\mathrm{d}\left(\int_{V_3}\rho u\mathrm{d}V_3\right)$$

当 $\mathrm{d}t\to 0$ 时，体积 $V_3\approx V$，将以上关系代入式（2-14）和式（2-15），得

$$\sum F=\frac{\mathrm{d}}{\mathrm{d}t}\left(\int_V\rho u\mathrm{d}V\right)+\int_{A_2}\rho u_2^2\mathrm{d}A_2-\int_{A_1}\rho u_1^2\mathrm{d}A_1$$

若用流管内液体的平均流速 v 代替截面上的实际流速 u，其误差用一动量修正系数 β 予以修正，且不考虑液体的可压缩性，即 $A_1v_1=A_2v_2=q_V$（而 $q_V=\int_A u\mathrm{d}A$），则上式经整理后可写成

$$\sum F=\frac{\mathrm{d}}{\mathrm{d}t}\left(\int_V\rho u\mathrm{d}V\right)+\rho q_V(\beta_2v_2-\beta_1v_1) \tag{2-16}$$

其中，动量修正系数 β 等于实际动量与按平均流速计算出的动量之比，即

$$\beta=\frac{\int_m u\mathrm{d}m}{mv}=\frac{\int_V u(\rho u\mathrm{d}V)}{(\rho vA)v}=\frac{\int_A u^2\mathrm{d}A}{v^2} \tag{2-17}$$

式（2-16）为流体力学中的动量定律。等式左边 $\sum F$ 为作用于控制体积内液体上外力的矢量和；而等式右边第一项是使控制体积内的液体加速（或减速）所需的力，称为瞬态力，等式右边第二项是由于液体在不同控制表面上具有不同速度所引起的力，称为稳态液动力。

对于做恒定流动的液体，式（2-16）右边第一项等于零，于是有

$$\sum F=\rho q_V(\beta_2 v_2-\beta_1 v_1) \tag{2-18}$$

式中　v_1、v_2——液流在前、后两个通流截面上的平均流速（m/s）；

β_1、β_2——动量修正系数，湍流时 $\beta=1$ 时，层流时 $\beta=\frac{4}{3}$，为简化计算，通常均取 $\beta=1$。

必须注意，式（2-16）和式（2-18）均为矢量方程式，在应用时可根据具体要求向指定方向投影，列出该方向上的动量方程，然后再进行求解。例如：在 x、y、z 各方向的动量方程可写成如下形式

$$\begin{aligned} F_x&=\rho q_V(\beta_2 v_{2x}-\beta_1 v_{1x})\\ F_y&=\rho q_V(\beta_2 v_{2y}-\beta_1 v_{1y})\\ F_z&=\rho q_V(\beta_2 v_{2z}-\beta_1 v_{1z}) \end{aligned} \tag{2-19}$$

工程问题中往往要求液流对通道固体壁面的作用力，即动量方程中 F 的反作用力 F'，称为稳态液动力。在 x、y、z 各方向的稳态液动力计算公式为

$$\begin{aligned} F'_x&=-F_x=\rho q_V(\beta_1 v_{1x}-\beta_2 v_{2x})\\ F'_y&=-F_y=\rho q_V(\beta_1 v_{1y}-\beta_2 v_{2y})\\ F'_z&=-F_z=\rho q_V(\beta_1 v_{1z}-\beta_2 v_{2z}) \end{aligned} \tag{2-20}$$

例 2-6　求图 2-14 所示滑阀阀芯所受的轴向稳态液动力。

解　取进、出油口之间的液体为研究体积，并根据式（2-20）计算两轴向稳态液动力，即

$$\begin{aligned} F'_x&=\rho q_V[\beta_1 v_1\cos 90°-(-\beta_2 v_2\cos\theta)]\\ &=\rho q_V\beta_2 v_2\cos\theta \end{aligned}$$

取 $\beta_2=1$，得稳态液动力

$$F'_x=\rho q_V v_2\cos\theta$$

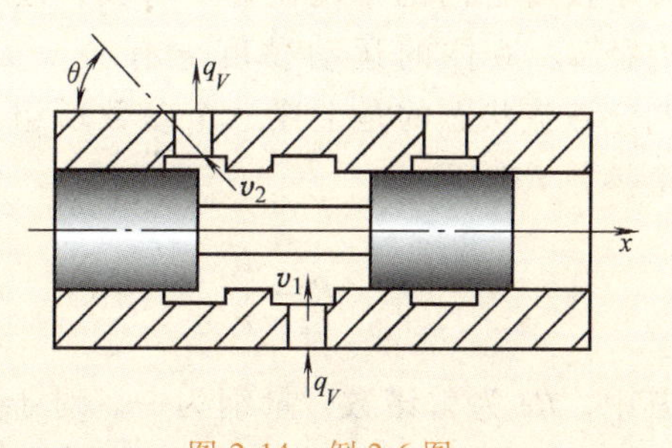

图 2-14　例 2-6 图

当液流反方向通过该阀时，同理可得相同的结果。因为所得 F'_x 均为正值，所以在上述两种情况下的 F'_x 方向都向右。可见在上述情况下，作用在滑阀阀芯上的稳态液动力总是使阀门趋于关闭。轴向稳态液动力对液压系统的工作性能是不利的，它增大了移动滑阀所需的操纵力，降低了滑阀工作的灵敏度，有时还会引起系统的振动。因此，在工作性能要求较高的液压系统中，往往采取一定的措施来消除轴向稳态液动力的影响。

第三节 液体流动时的压力损失

实际液体具有黏性，流动时会产生阻力。为了克服阻力，流动液体需要损耗一部分能量。这种能量损失可归纳为式（2-13）中的 $\Delta p=\rho g h_w$ 项，它具有压力的量纲，通常称为压力损失。在液压系统中，压力损失使液压能转变为热能，将导致系统的温度升高。因此，在设计液压系统时，要尽量减少压力损失。这种压力损失与液体的流动状态有关，因此，本节介绍液体流经圆管、接头和阻尼孔时的流动状态，进而分析液体流动时所产生的能量损失，即压力损失。压力损失可分为两类：沿程压力损失和局部压力损失。

一、两种流态和雷诺数

液体的流动有两种状态，即层流和湍流（又称紊流），这两种流动状态的物理现象可以通过一个试验观察出来，这就是雷诺试验。

试验装置如图 2-15 所示。水箱 3 由进水管不断供水来保持水箱的水面高度恒定。小水箱 1 内盛有红颜色的水，将开关 2 打开后，红色水即经细导管 4 流入水平玻璃管 5 中。调节阀门 6 的开度，使玻璃管中的液体缓慢流动，这时红色水在水平玻璃管 5 中呈一条明显的直线，这条红线和清水不相混杂，表明管中的液体质点做直线流动，没有做横向运动，液流是分层的，层与层之间互不干扰，液体的这种流动状态称为层流。调节阀门 6，使水平玻璃管中的液体流速逐渐增大。若流速增大至某一值时，可看到红线开始抖动且呈波纹状，表明层流状态受到破坏，液流开始紊乱。若继续加大管中水流速，红色水流便和清水完全混合，红线便完全消失，表明液体质点除沿管道做直线运动外，还做横向运动，呈现紊乱混合状态，这时液体的流动状态称为湍流。如果将阀门 6 逐渐关小，就会看到相反的过程。

试验还可证明，液体在圆管中的流动状态不仅与管内的平均流速 v 有关，还与管道内径 d、液体的运动黏度 ν 有关。实际上，判定液流状态的是上述三个参数所组成的一个参数 Re，即

$$Re=\frac{dv}{\nu} \tag{2-21}$$

其中，Re 为雷诺数，量纲为一。对于通流截面相同的管道来说，若液流的雷诺数 Re 相同，它的流动状态就相同。

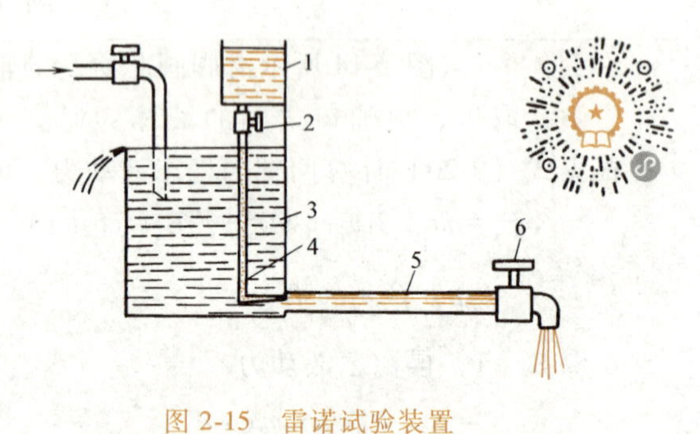

图 2-15 雷诺试验装置

1—小水箱 2—开关 3—水箱
4—细导管 5—水平玻璃管 6—阀门

液流由层流转变为湍流时的雷诺数和由湍流转变为层流时的雷诺数是不同的，后者的数值较前者小，所以一般都用后者作为判断液流状态的依据，称为临界雷诺数，记作 Re'。当液流的实际雷诺数 Re 小于临界雷诺数 Re' 时，为层流；反之，为湍流。常见液流管道的临界雷诺数由试验求得，见表 2-1。

表 2-1 常见液流管道的临界雷诺数 Re'

管道	Re'	管道	Re'
光滑金属圆管	2320	带环槽的同心环状缝隙	700
橡胶软管	1600~2000	带环槽的偏心环状缝隙	400
光滑的同心环状缝隙	1100	圆柱形滑阀阀口	260
光滑的偏心环状缝隙	1000	锥阀阀口	20~100

雷诺数的物理意义：雷诺数是液流的惯性力对黏性力的量纲为一的比值。当雷诺数大于临界雷诺数时，液体的惯性力起主导作用，液体处于湍流状态；当雷诺数小于临界雷诺数时，黏性力起主导作用，液体处于层流状态。

对于非圆截面的管道，Re 可用下式计算

$$Re=\frac{d_H v}{\nu} \tag{2-22}$$

式中 d_H——通流截面的水力直径（m），可按下式求得

$$d_H=\frac{4A}{x} \tag{2-23}$$

式中 A——通流截面的面积（m^3）；

x——湿周长度，即通流截面上与液体相接触的管壁周长（m）。

水力直径的大小反映了管道通流能力的大小。水力直径大，意味着液流和壁的接触周长短，管壁对液流的阻力小，通流能力大。水力直径大，即使通流面积小也不容易堵塞。在面积相等但形状不同的所有通流截面中，圆形的水力直径最大。

二、沿程压力损失

液体在等径直管中流动时因黏性摩擦而产生的压力损失，称为沿程压力损失。液体的流动状态不同，所产生的沿程压力损失也有所不同。

1. 层流时的沿程压力损失

层流时液体质点做有规律的流动，因此可以探讨其流动状况，并导出沿程压力损失的计算公式。

(1) 通流截面上的流速分布规律 如图 2-16 所示，液体在等径水平直管中流动，其流态为层流。在液流中取一段与管轴重合的微小圆柱体作为研究对象，设其半径为 r，长度为 l，作用在两端面的压力分别为 p_1 和 p_2，作用在侧面的内摩擦力为 F_f，液流在做匀速运动时处于受力平衡状态，故有

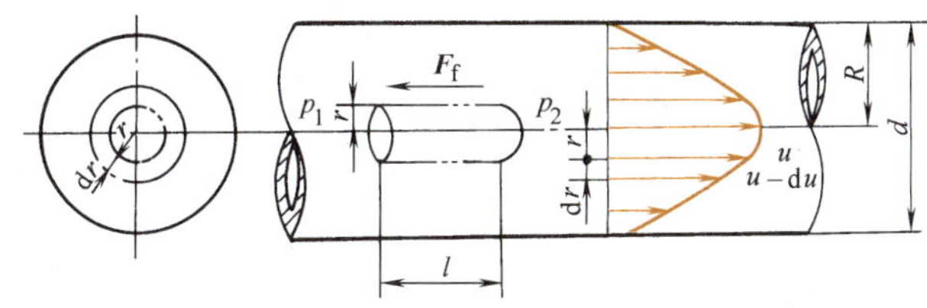

图 2-16 圆管中的层流

$$(p_1-p_2)\pi r^2=F_f$$

式中 F_f——内摩擦力（N），$F_f=-2\pi r l\mu \mathrm{d}u/\mathrm{d}r$（负号表示流速 u 随 r 的增大而减小）。

若令 $\Delta p=p_1-p_2$，则将 F_f 代入上式整理可得

$$\mathrm{d}u=-\frac{\Delta p}{2\mu l}r\mathrm{d}r$$

对上式积分，并应用边界条件，当 $r=R$ 时，$u=0$，得

$$u=\frac{\Delta p}{4\mu l}(R^2-r^2) \tag{2-24}$$

由式（2-24）可见，管内液体质点的流速在半径方向上按抛物线规律分布。最小流速在管壁 $r=R$ 处，$u_{\min}=0$；最大流速在管轴 $r=0$ 处，$u_{\max}=\frac{\Delta p}{4\mu l}R^2=\frac{\Delta p}{16\mu l}d^2$。

（2）通过管道的流量 对于半径为 r、宽度为 $\mathrm{d}r$ 的微小环形通流截面，面积 $\mathrm{d}A=2\pi r\mathrm{d}r$，所通过的流量为

$$\mathrm{d}q_V=u\mathrm{d}A=2\pi ur\mathrm{d}r=2\pi\frac{\Delta p}{4\mu l}(R^2-r^2)r\mathrm{d}r$$

于是积分可得

$$q_V=\int_0^R 2\pi\frac{\Delta p}{4\mu l}(R^2-r^2)r\mathrm{d}r=\frac{\pi R^4}{8\mu l}\Delta p=\frac{\pi d^4}{128\mu l}\Delta p \tag{2-25}$$

（3）管道内的平均流速 根据平均流速的定义，可得

$$v=\frac{q_V}{A}=\frac{1}{\frac{\pi d^2}{4}}\frac{\pi d^4}{128\mu l}\Delta p=\frac{d^2}{32\mu l}\Delta p \tag{2-26}$$

将式（2-26）与 $u_{\max}$ 比较可知，平均流速 v 为最大流速 $u_{\max}$ 的 $\frac{1}{2}$。

（4）沿程压力损失 由式（2-26）整理后得沿程压力损失为

$$\Delta p_\lambda=\Delta p=\frac{32\mu lv}{d^2}$$

从上式可以看出，当直管中液流为层流时，沿程压力损失的大小与管长、流速、黏度成正比，而与管径的二次方成反比。适当变换上式，沿程压力损失的计算公式可改写为

$$\Delta p_\lambda=\frac{64\nu}{dv}\frac{l}{d}\frac{\rho v^2}{2}=\frac{64}{Re}\frac{l}{d}\frac{\rho v^2}{2}=\lambda\frac{l}{d}\frac{\rho v^2}{2} \tag{2-27}$$

式中 λ——沿程阻力系数。对于圆管层流，理论值 $\lambda=64/Re$。考虑到实际圆管截面可能有变形，靠近管壁处的液层可能冷却，因而在实际计算时，对金属管取 $\lambda=75/Re$，橡胶管 $\lambda=80/Re$。

式（2-27）是在水平管的条件下推导出来的。由于液体自重和位置变化所引起的压力变化很小，可以忽略，故此公式也适用于非水平管。

2. 湍流时的沿程压力损失

湍流时计算沿程压力损失的公式在形式上与层流相同，即

$$\Delta p_\lambda=\lambda\frac{l}{d}\frac{\rho v^2}{2} \tag{2-28}$$

但式中的沿程阻力系数 λ 除与雷诺数 Re 有关外，还与管壁的粗糙度有关，即 $\lambda=f$（Re，

Δ/d)，式中 Δ 为管壁的绝对粗糙度，它与管径 d 的比值 Δ/d 称为相对粗糙度。

对于光滑管，$\lambda=0.3164Re^{-0.25}$；对于粗糙管，λ 的值可以根据不同的 Re 和 Δ/d 从相关设计手册查取。

管壁的绝对粗糙度 Δ 与管道的材料有关，一般计算可参考下列数值：钢管 $\Delta=0.04\text{mm}$，铜管 $\Delta=0.0015\sim0.01\text{mm}$，铝管 $\Delta=0.0015\sim0.06\text{mm}$，橡胶软管 $\Delta=0.03\text{mm}$。

三、局部压力损失

液体流经管道的弯头、管接头、突变截面以及阀口、滤网等局部装置时，液流会产生旋涡，并发生强烈的紊动现象，由此造成的压力损失称为局部压力失。当液体流过上述各种局部装置时，流动状况极为复杂，影响因素较多，局部压力损失值不易从理论上进行分析计算。因此，局部压力损失的阻力系数一般要通过试验来确定。局部压力损失的大小可按如下公式计算

$$\Delta p_{\zeta}=\zeta\frac{\rho v^{2}}{2} \tag{2-29}$$

式中　ζ——局部阻力系数。

各种局部装置的 ζ 值可查有关手册。表 2-2 所列是由试验确定的不同几何形状的局部阻力系数 ζ 值。

表 2-2　局部阻力系数 ζ 值

名　　称	结构或工作条件	ζ 值
阀门	不转角或转角较小时	0.5~1，2.5~3
压力阀	转角为 90°时	2.4~2.6
换向阀或单向阀	—	2~4
油流扩大	油流入液压缸、蓄能器、过滤器	0.8~0.9
油流收缩	设收缩前、后的断面面积分别为 A、A_1	$0.5\sim(1-A_1/A)$
吸油口	—	0.5~1
回油口	—	1~2
油管均匀弯曲	—	0.12~0.15
直通管接头	—	0.1~0.15
直角管接头	—	2
三通管接头	—	主油流 0.1~0.2

液体流过各种阀类的局部压力损失，可用式（2-29）计算。但因阀内的通道结构复杂，如果按此公式计算比较困难，故阀类元件局部压力损失 Δp_{ζ} 的实际计算常用下列公式

$$\Delta p_{\zeta}=\Delta p_{n}\left(\frac{q_{V}}{q_{Vn}}\right)^{2} \tag{2-30}$$

式中　q_{Vn}——阀的额定流量（m^3/s）；

Δp_{n}——阀在额定流量 q_{Vn} 下的压力损失（Pa），可从阀的产品样本或设计手册中查出；

q_{V}——通过阀的实际流量（m^3/s）。

液体流经各种阀类的局部压力损失可从阀类的技术资料或产品说明书中查取或由试验确定。

我国设计的各种阀类在额定流量时的局部压力损失为

单向阀：$(1\sim1.5)\times10^5\text{Pa}$。

换向阀（$q_{V\text{n}}<63\text{L/min}$）：$(1.5\sim2)\times10^5\text{Pa}$。

换向阀（$q_{V\text{n}}>63\text{L/min}$）：$(2\sim3)\times10^5\text{Pa}$。

节流阀：$(2\sim2.5)\times10^5\text{Pa}$。

调速阀（$q_{V\text{n}}<100\text{L/min}$）：$(2\sim3)\times10^5\text{Pa}$。

四、总压力损失

整个管路系统中的总压力损失应为所有沿程压力损失和局部压力损失之和，即

$$\sum\Delta p=\sum\Delta p_\lambda+\sum\Delta p_\zeta=\sum\lambda\frac{l}{d}\frac{\rho v^2}{2}+\sum\zeta\frac{\rho v^2}{2} \tag{2-31}$$

应当注意，利用式（2-31）进行简单相加，只有在各局部阻力之间有足够距离时才是正确的。因为当液流遇到一个局部阻力之后，要在直管中流过一段距离才能稳定；否则，若液流在不定时又流过另一阻力处，它们之间就会发生相互干扰，这时阻力系数就可能比正常情况大2~3倍。一般要求在两个局部阻力之间直管的长度 $l>(10\sim20)d_0$，其中 d_0 为管子内径。

在设计液压系统时，必须考虑到油液在系统中流动时所产生的压力损失。这关系到系统所需要的供油压力、允许流速、管道的尺寸和布置等。如果液压执行元件所需要的有效工作压力为 p（工），则考虑到系统中的压力损失，液压泵输出油液的调整压力 p（调）应为

$$p（调）=p（工）+\Delta p（总）$$

管路系统中的压力损失将导致传动效率降低，油温升高，泄漏增加。在设计管路时应尽量缩短管道长度，避免不必要的弯头和管道截面突变，以减少压力损失。同时，液体在管道中的流速在不加大结构尺寸的情况下应有一定的限制。

在中、高压液压系统中，常取下列流速范围

吸油管道：$v=0.5\sim1.5\text{m/s}$。

回油管道：$v\leqslant3\text{m/s}$。

压油管道：$v=3\sim6\text{m/s}$。

阀口：$v=5\sim8\text{m/s}$。

例2-7 在图2-17所示的液压系统中，已知泵的流量 $q_V=1.5\times10^{-3}\text{m}^3/\text{s}$，液压缸内径 $D=100\text{mm}$，负载 $F=40\text{kN}$，回油腔压力近似为零，液压缸的进油管是内径 $d=25\text{mm}$ 的钢管，总长即为管的垂直高度 $H=4\text{m}$，进油路总的局部阻力系数 $\sum\zeta=7.0$，液压油的密度 $\rho=900\text{kg/m}^3$，工作温度下的液压油运动黏度 $\nu=46\text{mm}^2/\text{s}$。试求：①进油路的压力损失；②泵的供油压力。

解 ①计算进油路的压力损失。进油管内的流速为

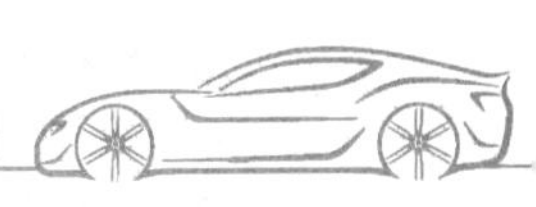

$$v_1=\frac{q_V}{\frac{\pi}{4}d^2}=\frac{1.5\times10^{-3}}{\frac{\pi}{4}\ (25\times10^{-3})^2}\text{m/s}=3.06\text{m/s}$$

则 $Re=\frac{v_1 d}{\nu}=\frac{3.06\times25\times10^{-3}}{46\times10^{-6}}=1663<2320$（为层流）

沿程阻力系数 $\lambda=\frac{75}{Re}=\frac{75}{1663}=0.045$

故进油路的压力损失为

$$\sum\Delta p=\lambda\frac{H}{d}\left(\frac{\rho v_1^2}{2}\right)+\sum\zeta\left(\frac{\rho v_1^2}{2}\right)$$

$$=\left(0.045\times\frac{4}{25\times10^{-3}}+7.0\right)\frac{900\times3.06^2}{2}\text{Pa}$$

$$=0.06\times10^6\text{Pa}=0.06\text{MPa}$$

图 2-17　例 2-7 图

② 求泵的供油压力。泵的出口油管断面 1—1 和液压缸进口后的断面 2—2 之间的伯努利方程为

$$p_1+\rho g h_1+\frac{1}{2}\rho\alpha_1 v_1^2=p_2+\rho g h_2+\frac{1}{2}\rho\alpha_2 v_2^2+\Delta p_w$$

写成 p_1 的表达式，即

$$p_1=p_2+\rho g(h_2-h_1)+\frac{1}{2}\rho\ (\alpha_2 v_2^2-\alpha_1 v_1^2)\ +\Delta p_w$$

式中　　　p_2——液压缸的工作压力（Pa）；

$\rho g(h_2-h_1)=\rho gH$——单位体积液体的位能变化量（Pa）；

$\frac{1}{2}\rho(\alpha_2 v_2^2-\alpha_1 v_1^2)$——单位体积液体的动能变化量（Pa）。

$$p_2=\frac{F}{\frac{\pi}{4}D^2}=\frac{40000}{\frac{\pi}{4}\ (100\times10^{-3})^2}\text{Pa}=5.1\times10^6\text{Pa}=5.1\text{MPa}$$

$$\rho gH=900\times9.8\times4\text{Pa}=0.035\times10^6\text{Pa}=0.035\text{MPa}$$

因液压缸的速度

$$v_2=\frac{q_V}{\frac{\pi}{4}D^2}=\frac{1.5\times10^{-3}}{\frac{\pi}{4}\ (100\times10^{-3})^2}\text{m/s}=0.19\text{m/s}$$

又 $\alpha_1=\alpha_2=2$，则

$$\frac{1}{2}\rho(\alpha_2 v_2^2-\alpha_1 v_1^2)=\frac{1}{2}\times900(2\times0.19^2-2\times3.06^2)\text{Pa}=-0.08\times10^6\text{Pa}=-0.08\text{MPa}$$

进油路总的压力损失

$$\sum\Delta p=\Delta p_w=0.06\text{MPa}$$

故泵的供油压力为

$$p_1=(5.1+0.035-0.08+0.06)\text{MPa}=5.12\text{MPa}$$

从该例的 p_1 计算式可看出，在某些液压传动系统中，由液体位置高度变化和流速变化所引起的压力变化量相对很小，计算时一般可将 $\rho g(h_2-h_1)$ 和 $\frac{1}{2}\rho(\alpha_2 v_2^2-\alpha_1 v_1^2)$ 两项忽略不计。因此，p_1 的表达式可以简化为如下形式

$$p_1=p_2+\sum\Delta p \tag{2-32}$$

式（2-32）虽为一近似公式，但在液压传动系统的设计计算中得到普遍的应用。

第四节 液体流经小孔或缝隙的流量

在液压系统中，经常遇到液体流经阀的小孔或缝隙的情况。常利用液体流经阀的小孔或缝隙来控制流量和压力，以达到调速和调压的目的。液压元件的泄漏也属于缝隙流动。因此，研究小孔或缝隙的流量，了解其影响因素，对正确分析液压元件和系统的工作性能、合理设计液压系统是很有必要的。

一、液体流过小孔的流量

小孔按孔的长度和直径之比可分为三种：当小孔的长径比 $l/d<0.5$ 时，称为薄壁孔；当 $l/d>4$ 时，称为细长孔；当 $0.5<l/d<4$ 时，称为短孔。

1. 薄壁孔的流量计算

图 2-18 所示为进口边做成薄刃式的典型薄壁孔。由于惯性作用，液流通过小孔时会发生收缩现象，在小孔的后方出现收缩最大的通流截面 A_e，然后扩大，这一收缩和扩大的过程便产生了局部能量损失。对于薄壁孔，当小孔前通道直径与小孔直径之比 $d_1/d\geqslant 7$ 时，流束的收缩作用不受小孔前通道内壁的影响，这时的收缩称为完全收缩；反之，当 $d_1/d<7$ 时，小孔前通道对液流进入小孔起导向作用，这时的收缩称为不完全收缩。现对小孔前通流截面 1—1 和小孔后通流截面 2—2 之间列伯努利方程，由于 $A_1=A_2$，故 $v_1=v_2$，又 $z_1=z_2$，并设动能修正系数 $\alpha_1=\alpha_2=1$，则

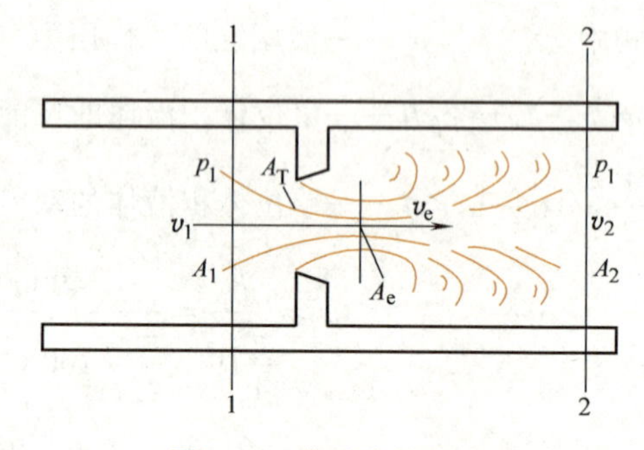

图 2-18 薄壁孔的液流

$$\frac{p_1}{\rho g}=\frac{p_2}{\rho g}+\sum h_\zeta \tag{2-33}$$

式中 $\sum h_\zeta$——局部能量头损失（m），它包括截面突然减小时的局部压力头损失 $h_{\zeta1}$ 和截面突然增大时的局部压力头损失 $h_{\zeta2}$ 两部分，即

$$h_{\zeta1}=\zeta\frac{v_e^2}{2g}$$

经查《液压传动设计手册》得　　$h_{\zeta2}=\left(1-\frac{A_e}{A_2}\right)\frac{v_e^2}{2g}$

由于 $A_e \leqslant A_2$，所以

$$\sum h_\zeta = h_{\zeta1}+h_{\zeta2}=\zeta\frac{v_e^2}{2g}+\left(1-\frac{A_e}{A_2}\right)\frac{v_e^2}{2g}=(\zeta+1)\frac{v_e^2}{2g}$$

将上式代入伯努利方程，则有

$$v_e=\frac{1}{\sqrt{1+\zeta}}\sqrt{\frac{2}{\rho}(p_1-p_2)}=C_v\sqrt{\frac{2}{\rho}\Delta p}$$

式中　Δp——小孔前后的压差（Pa），$\Delta p=p_1-p_2$；

C_v——小孔速度系数，$C_v=\frac{1}{\sqrt{1+\zeta}}$。

由此可得通过薄壁孔的流量公式为

$$q_V=A_e v_e=C_v C_c A_T\sqrt{\frac{2}{\rho}\Delta p}=C_q A_T\sqrt{\frac{2}{\rho}\Delta p} \tag{2-34}$$

式中　A_T——小孔通流截面的面积（m^2），$A_T=\pi d^2/4$；

C_q——流量系数，$C_q=C_v C_c$；

C_c——收缩系数，$C_c=A_e/A_T=d_e^2/d_0^2$。

C_c、C_v 和 C_q 的数值可由试验确定。当液流完全收缩（管道直径与小孔直径之比 $d_1/d\geqslant 7$）时，当 $Re\leqslant10^5$ 时，C_v、C_c、C_q 与 Re 之间的关系如图 2-19 所示，或按下列关系计算

$$C_q=0.964Re^{-0.05}\quad(Re=800\sim5000) \tag{2-35}$$

当 $Re>10^5$ 时，它们可被认为是不变的常数，计算时可取平均值 $C_c=0.61\sim0.63$，$C_v=0.97\sim0.98$，这时 $C_q=0.6\sim0.62$；当液流不完全收缩（管道直径与孔直径之比 $d_1/d\leqslant7$）时，流量系数增大到 $C_q=0.70\sim0.80$，具体数值见表 2-3。当孔口不是薄刃式而是带棱边或小倒角时，C_q 值将更大。

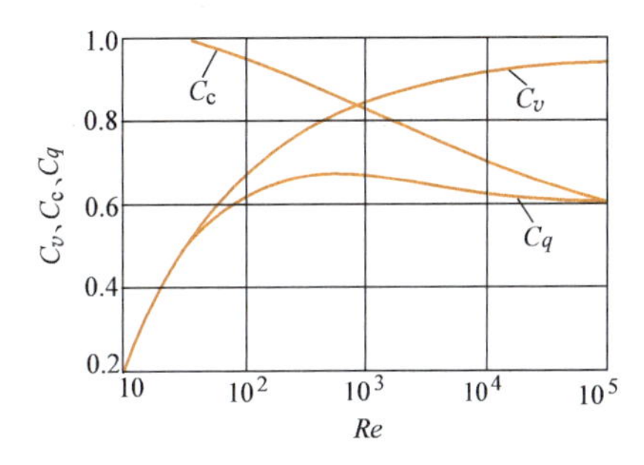

图 2-19　薄壁孔的 C_v、C_c、C_q 与 Re 的关系曲线

由式（2-34）可知，通过薄壁孔的流量 q_V 与小孔前后压差 Δp 的二次方根及小孔通流截面的面积 A_T 成正比，而与黏度无关。薄壁孔由于流程很短，流量对油温的变化不敏感，因而流量稳定，宜作节流孔用。但薄壁孔加工困难，因此实际应用较多的是短孔。

表 2-3　不完全收缩时流量系数 C_q 的值

$\frac{A_T}{A_1}$	0.1	0.2	0.3	0.4	0.5	0.6	0.7
C_q	0.602	0.615	0.634	0.661	0.696	0.742	0.304

2. 短孔和细长孔的流量计算

流经短孔的流量可用薄壁孔的流量式（2-34）计算，但流量系数 C_q 不同，可由图 2-20 查出。由图中可知，当 $Re>2000$ 时，一般取 $C_q=0.8\sim0.82$。由于短孔比薄壁孔加工容易，因此特别适合于用作固定节流器。

流经细长孔的液流，由于黏性而流动不畅，故多为层流。其流量计算可以应用前面推出的管道层流流量式（2-25），即 $q_V=\pi d^4\Delta p/(128\mu l)$。细长孔的流量和油液的黏度有关，当油温变化时，油液的黏度变化，因而流量也随之发生变化。这一点和薄壁孔特性大不相同。纵观各小孔流量公式，可以归纳出一个通用公式，即

$$q_V=KA_T\Delta p^m \tag{2-36}$$

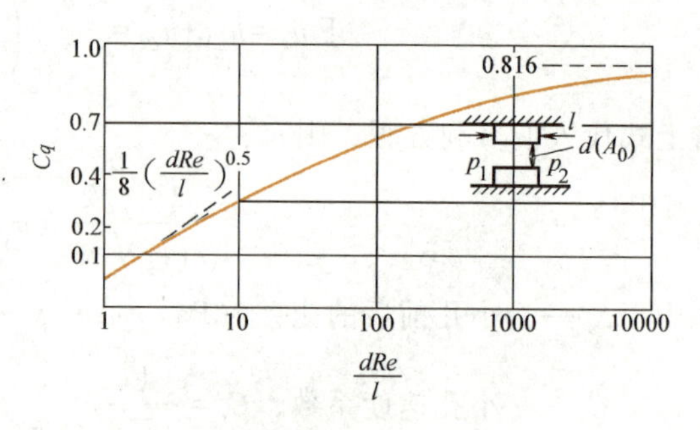

图 2-20 短孔流量系数

式中 A_T、Δp——小孔通流截面的面积（m^2）和两端压差（Pa）；

K——由孔的形状、尺寸和液体性质决定的系数，细长孔的 $K=d^2/(32\mu l)$，薄壁孔和短孔的 $K=C_q\sqrt{2/\rho}$；

m——由孔的长径比决定的指数，薄壁孔的 $m=0.5$，细长孔的 $m=1$。

通用式（2-36）常用于分析小孔的流量压力特性。

二、液体流过缝隙的流量

在液压装置的各零件之间，特别是有相对运动的各零件之间，一般都存在缝隙（或称间隙）。油液流过缝隙就会产生泄漏，这就是缝隙流量。由于缝隙通道狭窄，液流受壁面的影响较大，故缝隙液流的流态均为层流。

缝隙流动有两种状况：一种是由缝隙两端的压差造成的流动，称为压差流动；另一种是形成缝隙的两壁面做相对运动所造成的流动，称为剪切流动，这两种流动经常同时存在。

1. 液体流过平行平板缝隙的流量

图 2-21 所示为平行平板缝隙的流动，设缝隙厚度为 h，宽度为 b，长度为 l，且 $l>>h$，$b>>h$，两端的压力为 p_1 和 p_2。从缝隙中取出一微小的平行六面体 $b\mathrm{d}x\mathrm{d}y$，其左右两端所受的压力为 p 和 $p+\mathrm{d}p$，上下两侧面所受的摩擦力为 $\tau+\mathrm{d}\tau$ 和 τ，则受力平衡方程为

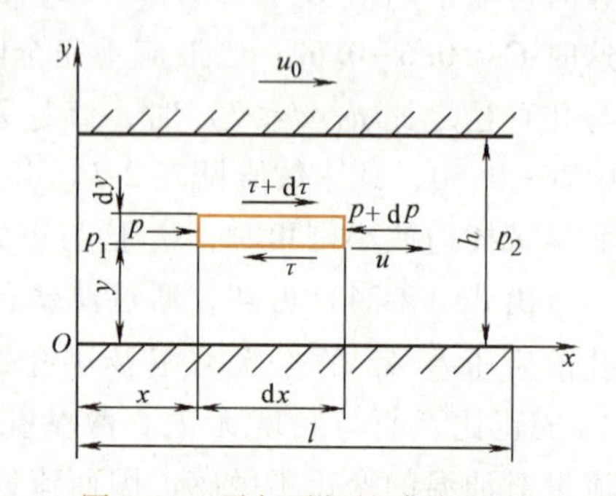

图 2-21 平行平板缝隙的流动

$$pb\mathrm{d}y+(\tau+\mathrm{d}\tau)b\mathrm{d}x=(p+\mathrm{d}p)b\mathrm{d}y+\tau b\mathrm{d}x$$

整理后得

$$\frac{\mathrm{d}\tau}{\mathrm{d}y}=\frac{\mathrm{d}p}{\mathrm{d}x}$$

由于 $\tau=\mu\frac{\mathrm{d}u}{\mathrm{d}y}$，上式可化为

$$\frac{\mathrm{d}^2u}{\mathrm{d}y^2}=\frac{1}{\mu}\left(\frac{\mathrm{d}p}{\mathrm{d}x}\right)$$

将上式对 y 两次积分得
$$u=\frac{1}{2}\left(\frac{\mathrm{d}p}{\mu\mathrm{d}x}\right)y^2+C_1y+C_2 \tag{2-37}$$

当液流做层流流动时，压力 p 沿 x 方向的变化率 $\mathrm{d}p/\mathrm{d}x$ 是一常数，有

$$\frac{\mathrm{d}p}{\mathrm{d}x}=\frac{p_2-p_1}{l}=-\frac{p_1-p_2}{l}=-\frac{\Delta p}{l}$$

则
$$u=-\frac{\Delta py^2}{2\mu l}+C_1y+C_2 \tag{2-38}$$

式（2-38）中的 C_1、C_2 为积分常数，式（2-38）即为缝隙流动流速的通式，下面以不同边界条件下的速度求不同条件下的流量。

在计算液体流过平行平板缝隙的流量时，平板缝隙可以由固定的两平行平板形成，也可由相对运动的两平行平板形成。

（1）液体流过固定的两平行平板缝隙（压差流动）的流量　对于由压差引起的流动，$p_1>p_2$，$\Delta p=p_1-p_2$，将边界条件 $y=0$，$u=0$；$y=h$，$u=0$ 分别代入式（2-38）中得

$$C_1=\frac{h\Delta p}{2\mu l},\quad C_2=0$$

将 C_1、C_2 代入式（2-38）中便有

$$u=\frac{\Delta p}{2\mu l}(h-y)y \tag{2-39}$$

由此得液体在固定的两平行平板缝隙中做压差流动时的流量为

$$q_V=\int_0^h ub\mathrm{d}y=b\int_0^h\frac{\Delta p}{2\mu l}(h-y)y\mathrm{d}y=\frac{bh^3}{12\mu l}\Delta p \tag{2-40}$$

从上式可以看出，在压差作用下，流过固定的两平行平板缝隙的流量与缝隙厚度 h 的三次方成正比，这说明液压元件内缝隙的大小对其泄漏量的影响是很大的。因此，为了减少平板缝隙的泄漏量，就必须减小 h，由式（2-40）可求出流过平板缝隙的压力损失为

$$\Delta p=\frac{12\mu lq_V}{h^3b} \tag{2-41}$$

（2）液体流过相对运动的两平行平板缝隙（剪切流动）的流量　由液体的黏性流动特性可知，当一平板固定，另一平板以速度 u_0 做相对运动时，即使 $\Delta p=0$，由于液体存在黏性，紧贴于动平板上的油液以速度 u_0 运动，紧贴于固定平板上的油液则保持静止，中间各层液体的流速呈线性分布，即液体做剪切流动。

当 $y=0$、$u=0$ 时，代入式（2-38）中得 $C_2=0$；当 $y=h$ 时，$u=\pm u_0$，$\Delta p=0$，代入式（2-38）得 $C_1=\pm\frac{u_0}{h}$。将 C_1、C_2 代入式（2-38）便有

$$u=\pm\frac{u_0}{h}y \tag{2-42}$$

则
$$q_V=\int_0^h ub\mathrm{d}y=-\int_0^h\frac{u_0}{h}by\mathrm{d}y=\pm\frac{u_0}{2}bh \tag{2-43}$$

式中　u_0——平行平板间的相对运动速度。“±”号的确定方法：当长平板相对于短平板移动的方向和压差方向相同时取“+”号，方向相反时取“-”号。

式（2-43）即为液体在平行平板缝隙中做剪切流动时的流量。

（3）液体流过相对运动的两平行平板缝隙（既有压差流动，又有剪切流动）的流量　流量应为压差流量和剪切流量的代数和，即将式（2-40）和式（2-43）相加，则有

$$q_V=\frac{bh^3}{12\mu l}\Delta p\pm\frac{1}{2}u_0bh \tag{2-44}$$

此外，如果将泄漏所造成的功率损失写成

$$P_1=\Delta pq_V=\Delta p\left(\frac{bh^3}{12\mu l}\Delta p\pm\frac{u_0}{2}bh\right)$$

由此可得如下结论：缝隙 h 越小，泄漏功率损失也越小。但是，并不是 h 越小越好。h 的减小会增大液压元件中的摩擦功率损失，缝隙 h 有一个使这两种功率损失之和达到最小的最佳值。

2. 液体流过圆环缝隙的流量

在液压元件中，如液压缸的活塞和缸孔之间、液压阀的阀芯和阀孔之间，都存在圆环缝隙。圆环缝隙有同心和偏心这两种情况，它们的流量公式不同。

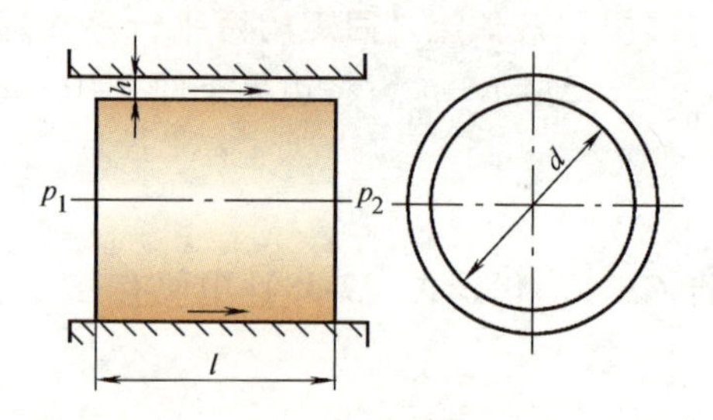

图 2-22　同心圆环缝隙间的流动

（1）流过同心圆环缝隙的流量　图 2-22 所示为同心圆环缝隙间的流动，其圆柱体直径为 d，缝隙厚度为 h，缝隙长度为 l。如果将圆环缝隙沿圆周方向展开，就相当于一个平行平板缝隙。因此，只要用 $b=\pi d$ 替代式（2-44）中的 b，就可得内、外表面之间有相对运动的同心圆环缝隙的流量公式，即

$$q_V=\frac{\pi dh^3}{12\mu l}\Delta p\pm\frac{1}{2}\pi dhu_0 \tag{2-45}$$

当相对运动速度 $u_0=0$ 时，即为内、外表面之间无相对运动的同心圆环缝隙流量公式，即

$$q_V=\frac{\pi dh^3}{12\mu l}\Delta p \tag{2-46}$$

（2）流过偏心圆环缝隙的流量　若圆环的内、外圆不同心，偏心距为 e（图 2-23），则形成偏心圆环缝隙。其流量公式为

$$q_V=\frac{\pi dh^3\Delta p}{12\mu l}(1+1.5\varepsilon^2)\pm\frac{1}{2}\pi dhu_0 \tag{2-47}$$

式中　h——内、外圆同心时的缝隙厚度（m）；

d——内圆柱直径（m）；

ε——相对偏心率，即偏心距 e 和同心圆环缝隙厚度 h 的比值，$\varepsilon=e/h$。

由式（2-47）可以看到，当 $\varepsilon=0$ 时，它就是同心圆环缝隙的流量公式；当 $\varepsilon=1$ 时，即在最大偏心情况下，其压差流量为同心圆环缝隙压差流量的 2.5 倍。可见，在液压元件中，为了减少圆环缝隙的泄漏，就要减小偏心量，即要提高液压

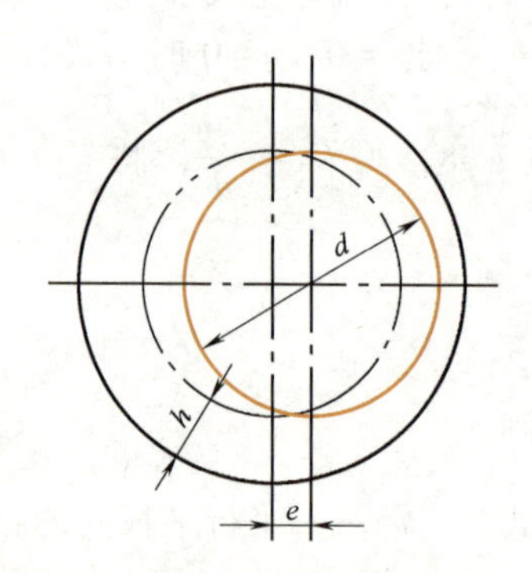

图 2-23　偏心圆环缝隙间的流量

元件圆柱表面的配合精度。

（3）流过圆环平面缝隙的流量　图 2-24 所示为圆环平面缝隙间的流动，图中圆环与平面缝隙之间无相对运动，液体自圆环中心向外辐射流出。设圆环的大、小半径分别为 r_1 和 r_2，圆环与平面间的缝隙值为 h，则由式（2-39）可得在半径为 r、距离下平面 z 处的径向速度为

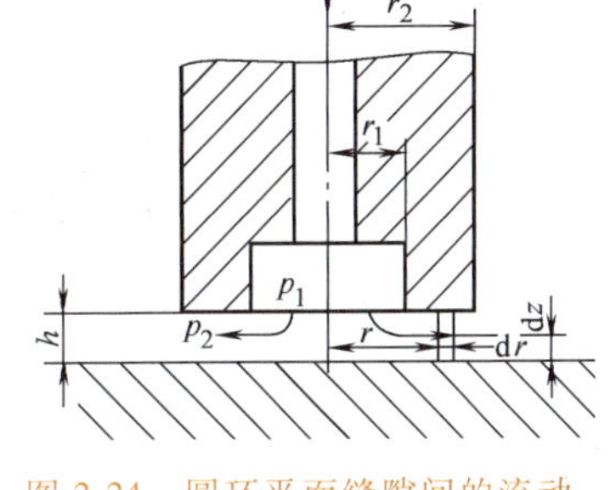

图 2-24　圆环平面缝隙间的流动

$$u_r=-\frac{1}{2\mu}(h-z)z\frac{\mathrm{d}p}{\mathrm{d}r}$$

通过的流量为

$$q_V=\int_0^h u_r 2\pi r\mathrm{d}z=-\frac{\pi rh^3}{6\mu}\frac{\mathrm{d}p}{\mathrm{d}r}$$

即

$$-\frac{\mathrm{d}p}{\mathrm{d}r}=\frac{6\mu q_V}{\pi rh^3}$$

对上式积分，得

$$p=-\frac{6\mu q_V}{\pi h^3}\ln r+C$$

当 $r=r_2$ 时，$p=p_2$，求出 C，代入上式得

$$p=-\frac{6\mu q_V}{\pi h^3}\ln\frac{r_2}{r}+p_2$$

又当 $r=r_1$ 时，$p=p_1$，所以圆环平面缝隙的流量公式为

$$q_V=\frac{\pi h^3}{6\mu\ln\frac{r_2}{r_1}}\Delta p \tag{2-48}$$

例 2-8　图 2-25 所示为一滑阀，阀体与阀套同心，因为加工误差使阀体带有一定锥度，造成阀体与阀套的两端缝隙不同，$h_1=0.10\times10^{-3}\text{m}$，$h_2=0.15\times10^{-3}\text{m}$。已知阀套孔径 $d=20\times10^{-3}\text{m}$，阀体长度 $l=20\times10^{-3}\text{m}$。滑阀的进出口压差 $\Delta p=p_1-p_2=8\text{MPa}$，液体的黏度 $\mu=0.1\text{Pa}\cdot\text{s}$。求通过滑阀缝隙的流量。

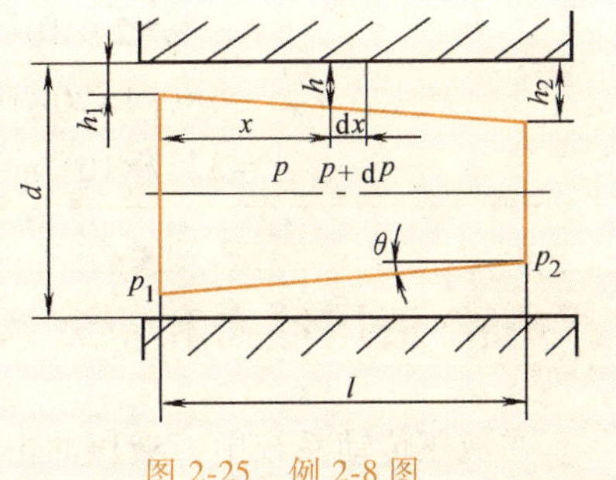

图 2-25　例 2-8 图

解　该题虽然因阀体带有锥度而使阀套与阀体之间的缝隙成为圆锥环缝隙，但仍可应用同心圆环缝隙的流量式（2-45）进行计算，不过式中的缝隙值 h 沿阀芯轴线方向有变化，需进行一些处理。

令阀体圆锥半角为 θ，$\Delta p=p_1-p_2$，并设距阀体左端面为 x 距离处的缝隙为 h，压力为 p，则由图 2-25 可知，$h=h_1+x\tan\theta$，$-\dfrac{\Delta p}{l}=\dfrac{\mathrm{d}p}{\mathrm{d}x}$。

将这些关系式代入式（2-40）中，有

$$q_V=-\frac{\pi d\ (h_1+x\tan\theta)^3}{12\mu}\frac{\mathrm{d}p}{\mathrm{d}x}$$

因此

$$\mathrm{d}p=-\frac{12\mu q_V}{\pi d\ (h_1+x\tan\theta)^3}\mathrm{d}x$$

对上式进行积分有

$$p=-\int\frac{12\mu q_V}{\pi d}(h_1+x\tan\theta)^{-3}\mathrm{d}x=\frac{6\mu q_V}{\pi d\tan\theta}\frac{1}{(h_1+x\tan\theta)^2}+C$$

积分常数 C 可利用边界条件：当 $x=0$ 时，$p=p_1$，求得

$$C=p_1-\frac{6\mu q_V}{\pi d\tan\theta}\frac{1}{h_1^2}$$

把上式及 $h=h_1+x\tan\theta$ 代入前式中得

$$p=p_1-\frac{6\mu q_V}{\pi d\tan\theta}\left(\frac{1}{h_1^2}-\frac{1}{h^2}\right)$$

由图 2-25 可知，当 $x=l$ 时，$h=h_2$，并将 $\tan\theta=\dfrac{h_2-h_1}{l}$一起代入上式中得

$$p_2=p_1-\frac{6\mu q_V}{\pi d\tan\theta}\left(\frac{1}{h_1^2}-\frac{1}{h_2^2}\right)=p_1-\frac{6\mu q_V l}{\pi d}\left(\frac{h_2+h_1}{h_1^2h_2^2}\right)$$

由此求出流体流过圆锥环缝隙的流量为

$$q_V=\frac{\pi d}{6\mu l}\frac{(h_1h_2)^2}{h_1+h_2}\Delta p$$

把已知数代入上式中，则有

$$\begin{aligned}q_V&=\frac{\pi\times20\times10^{-3}}{6\times0.1\times20\times10^{-3}}\times\frac{(0.1\times10^{-3}\times0.15\times10^{-3})^2}{0.1\times10^{-3}+0.15\times10^{-3}}\times8\times10^6\mathrm{m^3/s}\\&=37.7\times10^{-6}\mathrm{m^3/s}\end{aligned}$$

第五节 液压冲击和空穴现象

在液压传动系统中，液压冲击和空穴现象会给系统的正常工作带来不利影响，因此需要了解这些现象产生的原因，并采取措施加以防治。

一、液压冲击

在液压系统中，由于某种原因，系统的压力在某一瞬间会突然急剧上升，形成很高的压

力峰值，这种现象称为液压冲击，如图 2-26、图 2-27 所示。

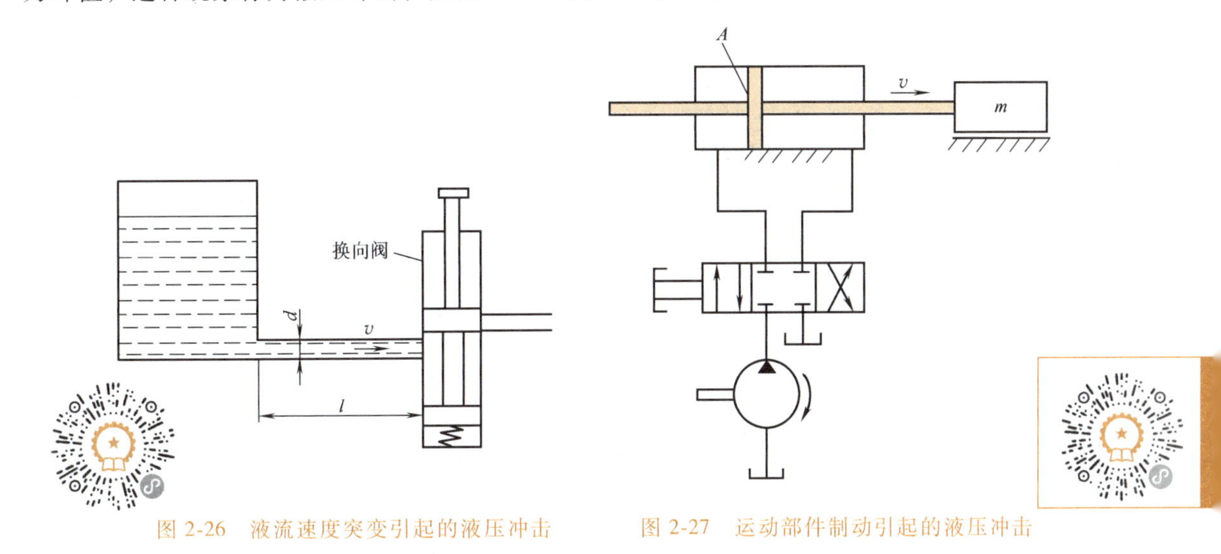

图 2-26　液流速度突变引起的液压冲击　　图 2-27　运动部件制动引起的液压冲击

1. 液压冲击产生的原因

产生液压冲击的原因很多。在阀口突然关闭或当运动机构质量大且速度较高时，突然制动或换向，液体在系统中的运动就会受阻。由于液体的惯性，从受阻端开始，它的动能立即逐层转变为液体的挤压能，使压力突然升高；液体的能量转换过程迅速传递到后面的各层液体，形成压力波，在液体中迅速传播。当压力波传递到管道的端头时又将反射过来，一直回传到开端的液体层，使压力波在充满油液的管道内来回传播振荡，这种压力波习惯上称为冲击波。在这一振荡过程中，由于液体受到摩擦力以及液体和管壁的弹性作用不断消耗能量，振荡逐渐衰减且趋向稳定。产生液压冲击的实质是以速度 v 运动的液体瞬间停下来，由速度决定的动能变成了以压力体现的挤压能。

2. 液压冲击的危害

当系统产生液压冲击时，瞬时的压力峰值有时要比正常工作的压力大很多倍。这往往会产生机械振动、噪声，使管接头松动；有时还会引起某些液压元件的误动作，降低系统的工作性能。严重时会造成油管、密封装置及液压元件的损坏；产生空穴、气蚀现象。

3. 冲击压力

假设系统的正常工作压力为 p，产生液压冲击时的最大压力，即压力冲击波第一波的峰值压力为

$$p_{\max}=p+\Delta p \tag{2-49}$$

式中　Δp——冲击压力的最大升高值（Pa）。

由于液压冲击是一种非定常流动，动态过程非常复杂，影响因素很多，故精确计算其值是很困难的。下面介绍两种产生液压冲击情况下 Δp 值的近似计算公式。

（1）管道阀口关闭时的液压冲击　如图 2-26 所示，设管道截面面积为 A，长度为 l，管道中液体的流速为 v，密度为 ρ，当电磁换向阀通电，阀口关闭时，流速为零，压力冲击波在 l 长度内传播的时间为 t_l，则由动量方程得

$$\Delta pA=\rho lA\frac{v}{t_l}$$

整理得

$$\Delta p=\rho\frac{l}{t_l}v=\rho cv \tag{2-50}$$

式中 c——压力冲击波在管中的传播速度（m/s），$c=l/t_l$。

应用式（2-50）时，需先知道 c 值的大小，而 c 值不仅与液体的体积模量 K 有关，而且还与管道材料的弹性模量 E、管道的内径 d 及壁厚 δ 有关，c 值可按下式计算

$$c=\sqrt{\frac{K'}{\rho}}=\frac{\sqrt{\frac{K}{\rho}}}{\sqrt{1+\frac{d}{\delta}\frac{K}{E}}} \tag{2-51}$$

式中 K'——计及管壁弹性后的液体等效体积模量（Pa）。

在液压传动中，c 值一般在 890～1420m/s 之间。

若流速 v 不是突然降为 0，而是降为 v_1，则式（2-50）可写为

$$\Delta p=\rho c\ (v-v_1) \tag{2-52}$$

设压力冲击波在管中往复一次的时间为 t_c，$t_c=2l/c$。当阀门关闭时间 $t<t_c$ 时，压力峰值很大，称为直接冲击，其 Δp 值可按式（2-49）或式（2-52）计算。

当 $t>t_c$ 时，压力峰值较小，称为间接冲击，这时可按下式计算

$$\Delta p=\rho c\ (v-v_1)\ \frac{t_c}{t} \tag{2-53}$$

把各种情况下关闭液流通道时管内液压冲击的压力升高值归纳于表 2-4 中。

表 2-4 关闭液流通道时管内液压冲击的压力升高值

阀门关闭情况	液压冲击的压力升高值 Δp
瞬时全部关闭液流（$t\leqslant t_c$）（$v_1=0$）	$\Delta p=\rho cv$
瞬时部分关闭液流（$t\leqslant t_c$）（$v_1\neq0$）	$\Delta p=\rho c(v-v_1)$
逐渐全部关闭液流（$t>t_c$）（$v_1=0$）	$\Delta p=\rho cvt_c/t$
逐渐部分关闭液流（$t>t_c$）（$v_1\neq0$）	$\Delta p=\rho c(v-v_1)t_c/t$

不论哪一种情况，如果知道冲击压力的最大升高值 Δp，由式（2-49）便可求得出现冲击时管道中的最高压力。

（2）运动部件制动时的液压冲击 如图 2-27 所示，设总质量为 $\sum m$ 的运动部件在制动时的减速时间为 Δt，速度减小值为 Δv，液压缸有效作用面积为 A，则根据动量定理得

$$\Delta pA\Delta t=\sum m\Delta v$$

所以

$$\Delta p=\frac{\sum m\Delta v}{A\Delta t} \tag{2-54}$$

式（2-54）中忽略了阻尼和泄漏等因素，计算结果偏大，但比较安全。

4. 减小液压冲击的措施

液压冲击的有害影响是多方面的，在设计和安装使用液压系统时应采取必要措施，以减

小液压冲击。分析式（2-53）、式（2-54）中 Δp 的影响因素，可以归纳出减小液压冲击的主要措施有：

1）延长换向阀换向时间，如在电液换向阀中安装双向阻尼器控制阀芯的移动速度，从而控制换向时间。实践证明，运动部件制动换向时间若能大于 0.2s，液压冲击就会大为减轻。

2）在液压元件的结构上采取一些措施，如在液压缸中设置节流缓冲装置，在换向阀阀芯的封油台肩上加工各种切口，以减小流速的突然变化。

3）在易产生液压冲击的地方，设置限制压力升高的溢流阀或蓄能器。

4）尽量缩短管路长度，减少管路弯曲或采用橡胶软管，利用其弹性吸收液压冲击。

二、空穴现象

在液压系统中，当某处的压力低于空气分离压时，原先溶解在液体中的空气就会分离出来，导致液体中出现大量气泡的现象，称为空穴现象。如果液体中的压力进一步降低到饱和蒸气压，液体将迅速汽化，产生大量蒸气泡，这时的空穴现象将会更加严重。

空穴现象多发生在阀口和液压泵的进口处。由于阀口的通道狭窄，液流的速度增大，压力则大幅度下降，以致产生空穴现象。当泵的安装高度过大，吸油管直径太小，吸油阻力太大，或泵的转速过高，造成进口处真空度过大时，也会产生空穴现象。

空穴现象是一种有害的现象，它主要有以下几方面的危害：

1）液体在低压部分产生空穴现象后，到高压部分气泡又重新溶解于液体中，周围的高压液体迅速填补原来的空间，形成无数微小范围内的液压冲击，这将引起噪声、振动等有害现象。

2）液压系统受到空穴引起的液压冲击而造成零件的损坏。另外，由于析出空气中有游离氧，对零件具有很强的氧化作用，会引起元件的腐蚀，这称为气蚀作用。

3）空穴现象使液体中带有一定量的气泡，从而引起流量的不连续及压力的波动。严重时甚至断流，使液压系统不能正常工作。

为减小空穴和气蚀的危害，通常采取下列措施：

1）减小孔口或缝隙前后的压降。一般希望孔口或缝隙前后的压力比值 $p_1/p_2<3.5$。

2）降低泵的吸油高度，适当加大吸油管直径，限制吸油管的流速，尽量减小吸油管路中的压力损失（如及时清洗过滤器或更换滤芯等）。对于自吸能力差的泵要安装辅助泵供油。

3）管路要有良好的密封，防止空气进入。

4）提高液压零件的抗气蚀能力，采用抗腐蚀能力强的金属材料，减小零件表面粗糙度值。

复习思考题

2-1　什么是压力？压力有哪几种表示方法？液压系统的工作压力与外界负载有什么关系？

2-2　解释如下概念：恒定流动、非恒定流动、通流截面、流量、平均流速。

2-3 伯努利方程的物理意义是什么？该方程的理论式和实际式有什么区别？

2-4 管路中的压力损失有哪几种？其值与哪些因素有关？

2-5 由液流的连续性方程可知，通过某截面的流量与压力无关；而通过小孔的流量却与压差有关。这是为什么？

2-6 如图2-28所示，连通器中存有水和另一种液体，已知水的密度 $\rho_1=1000\text{kg/m}^3$，$h_1=60\text{cm}$，$h_2=75\text{cm}$，求另一种液体的密度 ρ_2。

2-7 液压千斤顶柱塞的直径 $D=34\text{mm}$，活塞的直径 $d=13\text{mm}$，每压下一次小活塞的行程为22mm，杠杆长度如图2-29所示。问：

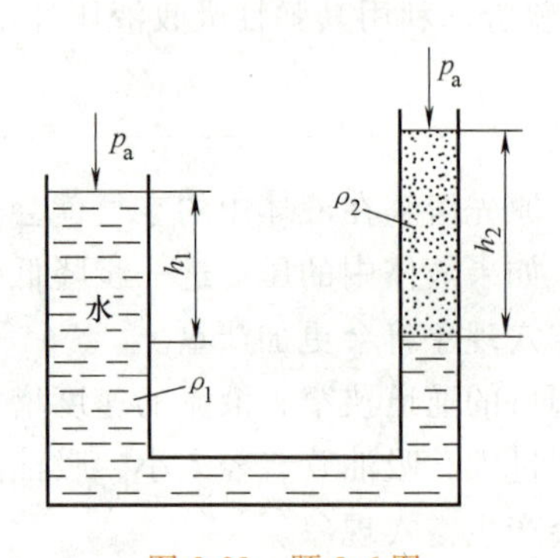

图2-28 题2-6图

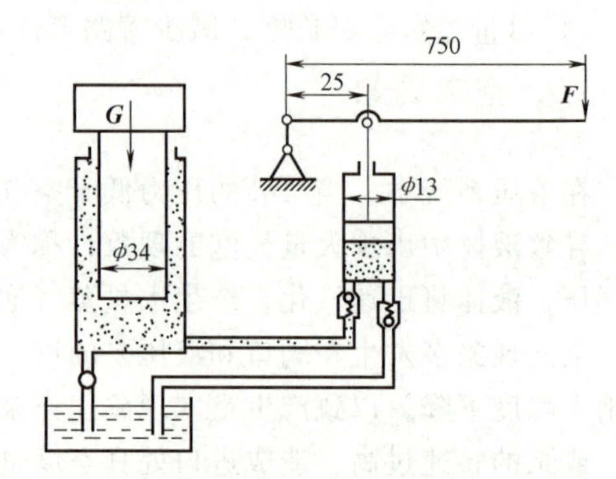

图2-29 题2-7图

1）在杠杆端点处应加多大的力 F 才能将重力 $G=5\times10^4\text{N}$ 的重物顶起？

2）此时密封容积中的液体压力等于多少？

3）杠杆上下动作一次，重物的上升量为多少？

2-8 图2-30所示液压机构中，活塞面积 $A_1=10\text{cm}^2$，$A_2=50\text{cm}^2$，液压缸Ⅱ上的摩擦负载为 F_f，不考虑液压缸Ⅰ、Ⅱ本身的摩擦力，在液压缸Ⅰ的活塞杆上施加作用力 $\boldsymbol{F}$，试分析计算：

1）当 $F_f=5000\text{N}$、$F=500\text{N}$ 及 $F_f=5000\text{N}$、$F=2000\text{N}$ 时，两液压缸活塞的运动情况及两液压缸中的压力各为多少？

2）为推动重块，在液压缸Ⅰ活塞杆上应施加多大的力 F？

3）如果已测出液压缸Ⅰ的运动速度 $v_1=50\text{cm/min}$，那么重块运动速度 v_2 应为多少？

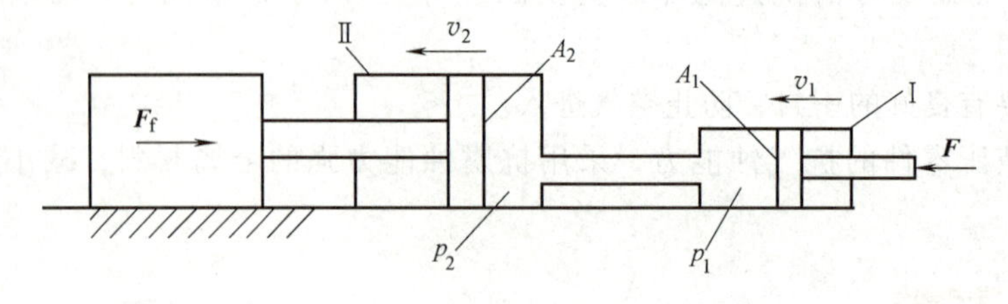

图2-30 题2-8图

2-9 在图2-31所示的液压装置中，$d_1=20\text{mm}$，$d_2=40\text{mm}$，$D_1=75\text{mm}$，$D_2=125\text{mm}$，$q_{V1}=25\text{L/min}$。求 v_1、v_2、q_{V2} 各为多少？

2-10 如图2-32所示，油管水平放置，截面1—1、2—2处的内径分别为 $d_1=5\text{mm}$、

$d_2=20\text{mm}$，在管内流动的油液密度 $\rho=900\text{kg/m}^3$，运动黏度 $\nu=20\text{mm}^2/\text{s}$。不计油液流动的能量损失，试问：

1）截面1—1和截面2—2哪一处压力较高？为什么？

2）若管内通过的流量 $q_V=30\text{L/min}$，两截面间的压差 Δp 为多少？

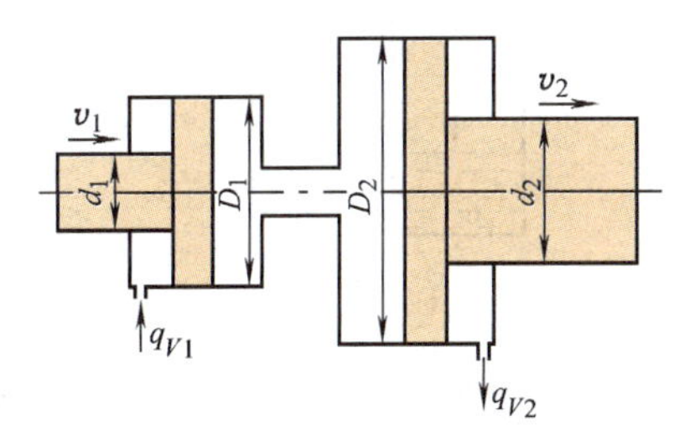

图 2-31　题 2-9 图

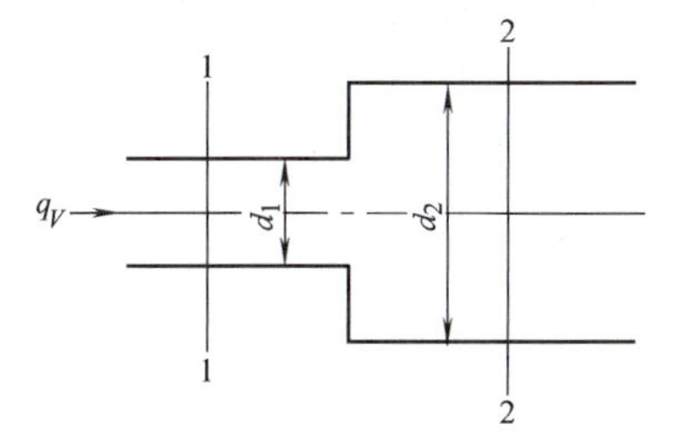

图 2-32　题 2-10 图

2-11　在液压制动装置（图 2-33）中，设制动主缸 3 的直径 $d=25.4\text{mm}$，制动轮缸 4 的直径 $D=32\text{mm}$。现根据制动要求，制动轮缸活塞推杆 2 作用在制动蹄 5 上的制动力 $F_2=3159\text{N}$，制动踏板 1 的传动比 $L_1/L_2=5.5$。求驾驶人需踩在制动踏板上的力 F_0。

2-12　某溢流阀如图 2-34 所示。阀芯为圆锥形，阀座孔径 $d=10\text{mm}$，阀芯最大直径 $D=15\text{mm}$。当油液压力 $p_1=8\text{MPa}$ 时，压力油克服弹簧力顶开阀芯而溢油，出油腔有背压 $p_2=2\text{MPa}$。试求阀内弹簧的预紧力。

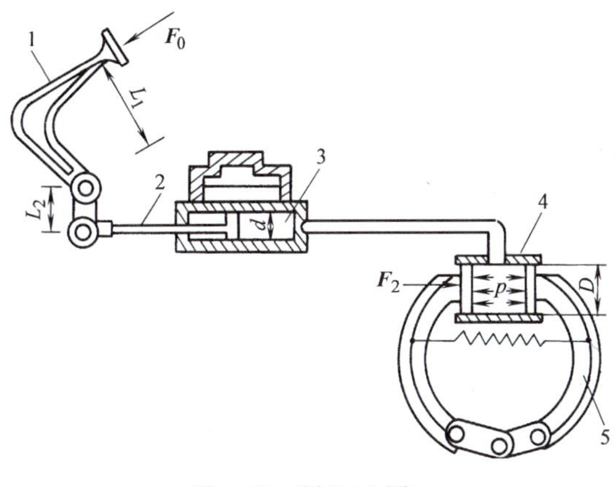

图 2-33　题 2-11 图

1—制动踏板　2—推杆　3—制动主缸　4—制动轮缸　5—制动蹄

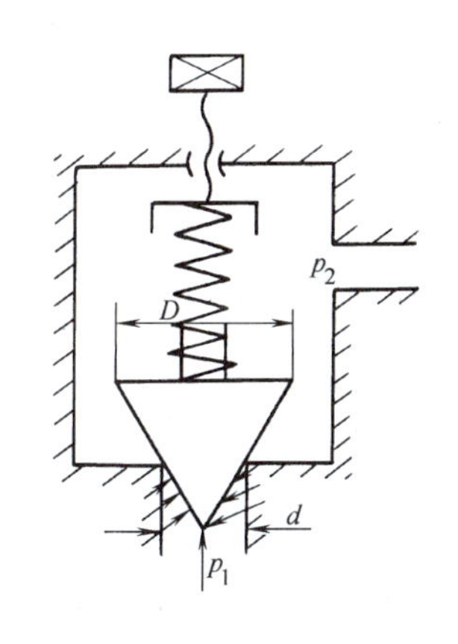

图 2-34　题 2-12 图

2-13　推导图 2-35 所示文丘利流量计的流量公式。

2-14　图 2-36 所示液压泵的流量 $q_V=60\text{L/min}$，吸油管的直径 $d=30\text{mm}$，管长 $l=2\text{m}$，液压油过滤器的压降 $\Delta p=0.01\text{MPa}$（不计其他局部损失）。液压油在室温时的运动黏度 $\nu=142\text{mm}^2/\text{s}$，密度 $\rho=900\text{kg/m}^3$，空气分离压 $p_a=0.04\text{MPa}$。求泵的最大安装高度 H_{max}。

2-15　水平放置的光滑圆管由两段组成（图 2-37），直径分别为 $d_1=10\text{mm}$ 和 $d_2=6\text{mm}$，每段长度 $l=3\text{m}$。液体密度 $\rho=900\text{kg/m}^3$，运动黏度 $\nu=0.2\times10^{-4}\text{m}^2/\text{s}$，通过流量 $q_V=18\text{L/min}$，管道突然缩小处的局部阻力系数 $\xi=0.35$。试求管内的总压力损失及两端的压差（注：局部损失按断面突变后的流速计算）。

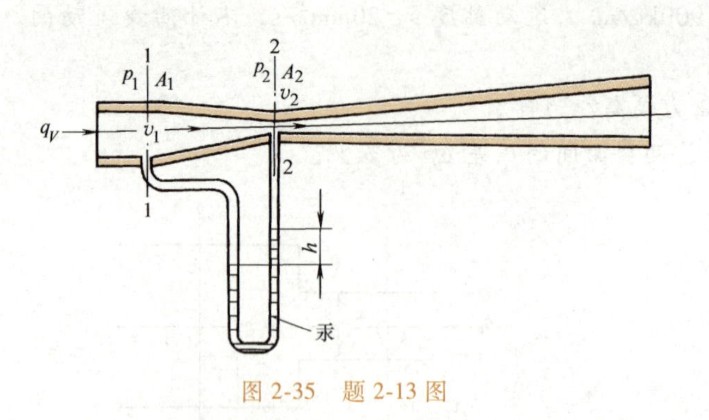

图 2-35 题 2-13 图

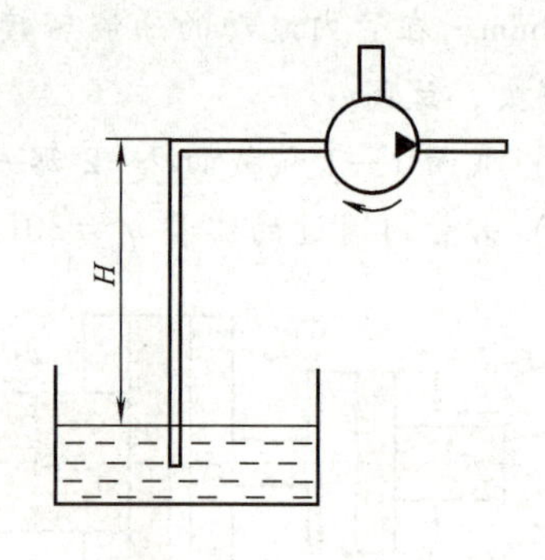

图 2-36 题 2-14 图

2-16 如图 2-38 所示，油在喷管中的流动速度 $v_1=6\text{m/s}$，喷管直径 $d_1=5\text{mm}$，油的密度 $\rho=900\text{kg/m}^3$。喷管前端置一挡板，问在下列情况中管口射流对挡板壁面的作用力 F 是多少？

1）当壁面与射流垂直时（图 2-38a）。

2）当壁面与射流成 60°角时（图 2-38b）。

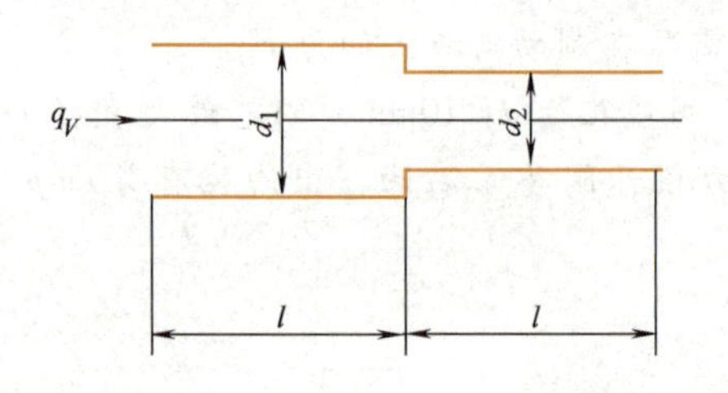

图 2-37 题 2-15 图

图 2-38 题 2-16 图

2-17 图 2-39 所示柱塞直径 $d=19.9\text{mm}$，缸套直径 $D=20\text{mm}$，长 $l=70\text{mm}$。柱塞在力 $F=40\text{N}$ 的作用下向下运动，并将油液从缝隙中挤出。若柱塞与缸套同心，油液的黏度 $\mu=7.84\times10^{-3}\text{Pa}\cdot\text{s}$，求：

1）柱塞下落 0.1m 所需的时间。

2）当柱塞和缸孔完全偏心时，下落 0.1m 所需的时间。

2-18 图 2-40 所示液压系统从蓄能器 A 到电磁阀 B 的距离 $l=4\text{m}$，管径 $d=20\text{mm}$，壁厚 $\delta=1\text{mm}$，钢的弹性模量 $E=2.2\times10^5\text{MPa}$，油液的体积模量 $K=1.33\times10^3\text{MPa}$，密度 $\rho=900\text{kg/m}^3$，管路中油液先以 $v=5\text{m/s}$、$p_0=2.0\text{MPa}$ 流经电磁阀。求当阀瞬间关闭 0.02s 和 0.05s 时，在管路中达到的最大压力各为多少？

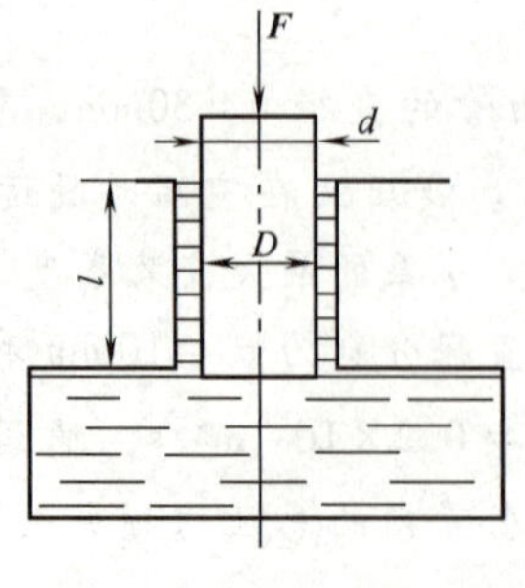

图 2-39 题 2-17 图

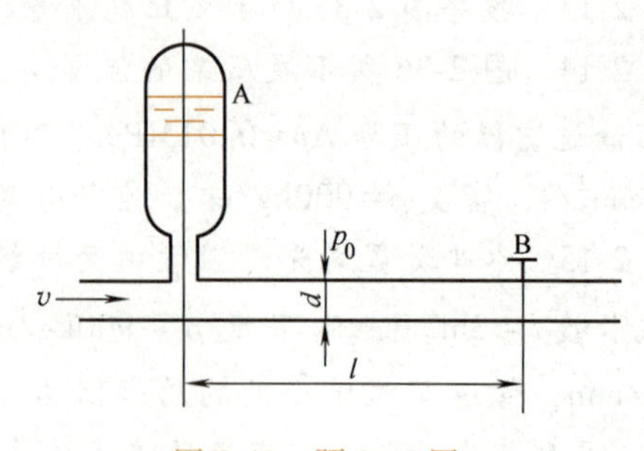

图 2-40 题 2-18 图

第三章　液压泵和液压马达

1. 教学目标

1）掌握液压泵和液压马达的结构原理、基本参数和工作特性方面的知识。

2）能合理计算和选用液压泵和液压马达的性能参数。

3）会进行必要的液压传动装置校核。

2. 教学要点

知识要点	掌握程度	相关知识
液压泵和液压马达基础知识	掌握液压泵和液压马达的工作原理及性能参数，熟悉其分类和图形符号	流体力学的基本知识、机械结构和传动的相关知识、液压与气压元件图形符号国家标准
齿轮泵、叶片泵、柱塞泵及液压马达的结构特点与工作原理	掌握齿轮泵、叶片泵、柱塞泵及典型液压马达的结构和工作原理；理解其排量、流量等性能并会计算；理解外啮合齿轮泵结构上存在的问题和解决问题的措施	外、内啮合齿轮泵，$CB\text{-}Z_2$ 型高压齿轮泵，单、双作用叶片泵，外反馈限压式变量叶片泵，YB 型叶片泵，斜轴式轴向柱塞泵等的结构、工作特性和工程应用
液压泵和液压马达的选用	会比较不同液压泵、液压马达的性能，初步掌握选用方法；了解液压泵和液压马达的安装使用要求	液压泵和液压马达的特点及选用

3. 思政目标

培养学生严谨认真的工作态度、一丝不苟的工匠精神，树立正确的世界观。

在液压系统中，液压泵和液压马达都是能量转换装置。液压泵是把驱动电动机的机械能转换成液压系统中油液的压力能，供系统使用；液压马达是把输入油液的压力能转换成机械能，使工作部件克服负载而对外做功。因此，就工作原理而言，大部分液压泵和液压马达是可逆的。

第一节 液压泵

一、液压泵的工作原理

液压泵（容积泵）的工作原理如图 3-1 所示。当偏心轮 1 由电动机带动沿图示方向旋转时，柱塞 2 做往复运动。当柱塞右移时，密封工作腔 4 的容积逐渐增大而形成局部真空，油箱中的油液在大气压力作用下，通过单向阀（吸油阀）5 进入密封工作腔 4 中，这是吸油过程；当柱塞左移时，密封工作腔 4 的容积逐渐减小，使腔内液体的压力升高，打开单向阀（压油阀）6 进入系统，这是压油过程。随着偏心轮连续地旋转，液压泵就不断地吸油和压油。

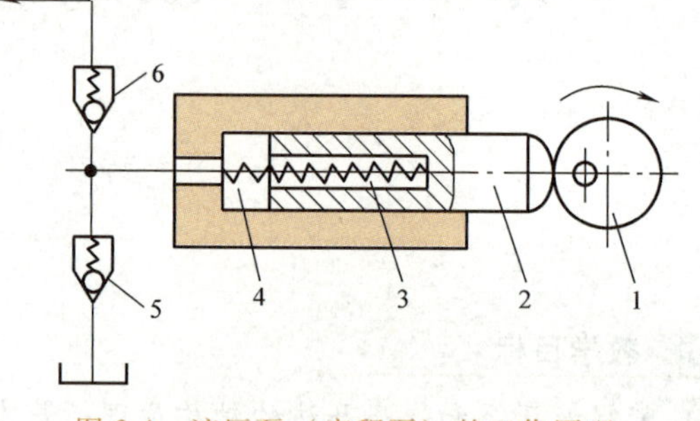

图 3-1 液压泵（容积泵）的工作原理

1—偏心轮 2—柱塞 3—弹簧

4—密封工作腔 5—单向阀（吸油阀）

6—单向阀（压油阀）

由此可见，液压泵是靠密封工作腔的容积变化进行工作的，其输出流量的大小由密封工作腔的容积变化的大小来决定，所以这种液压泵称为容积泵。液压传动系统中使用的液压泵和液压马达都是容积式的。

二、液压泵的性能参数

1. 输出压力和额定压力

液压泵的输出压力是指其工作时的压力，额定压力是指液压泵在正常工作条件下，按试验标准的规定，能连续运转的最高压力。液压泵的输出压力超过额定压力就是过载。

2. 排量和流量

液压泵的排量是指泵轴转一转时，密封工作腔容积的变化量，即在无泄漏的情况下，泵轴转一转所能排出的液体体积。排量用 V 表示，单位为 L/r。

液压泵的理论流量是指泵在单位时间内理论上可排出的液体体积，用 q_{Vt} 表示。当液压泵的转速为 n 时，它的理论流量等于排量 V 与转速 n 的乘积，即

$$q_{Vt}=Vn \tag{3-1}$$

由于存在泄漏，液压泵输出的实际流量小于理论流量，实际流量与理论流量的比值称为容积效率 η_V，即

$$\eta_V=\frac{q_V}{q_{Vt}}=\frac{q_{Vt}-\Delta q_V}{q_{Vt}}=1-\frac{\Delta q_V}{q_{Vt}} \tag{3-2}$$

式中 q_V——液压泵输出的实际流量（L/min）；

Δq_V——液压泵的泄漏量（L/min）。

在一定范围内，液压泵的泄漏量随其工作压力的增高而线性增大，所以液压泵的容积效率随其工作压力升高而降低。液压泵的额定流量是指在额定转速和额定压力下输出的流量。

3. 功率和总效率

液压泵是将机械能转换成液压能的能量转换装置。在理想情况下，机械能全部转变为液压能，则输入功率等于输出功率，即理论功率是

$$P_t = T_t\omega = pq_{Vt} \tag{3-3}$$

式中　P_t——理论功率（W）；

T_t——液压泵的理论转矩（N·m）；

ω——液压泵的角速度（rad/s）；

p——液压泵的输出压力（Pa）。

将式（3-1）代入式（3-3）中，得

$$T_t = \frac{pV}{2\pi} \tag{3-4}$$

实际上，由于液压泵内有各种机械和液压摩擦损失，它的理论转矩 T_t 应小于输入的实际转矩 T，两者的比值称为液压泵的机械效率，即

$$\eta_m = \frac{T_t}{T} = \frac{T-\Delta T}{T} = 1-\frac{\Delta T}{T} \tag{3-5}$$

式中　ΔT——液压泵的损失转矩（N·m）。

液压泵的总效率等于它的输出功率与输入功率之比，即

$$\eta = \frac{pq_V}{T\omega} \tag{3-6}$$

将上述有关式代入式（3-6）中，化简得

$$\eta = \eta_V\eta_m \tag{3-7}$$

例 3-1　已知液压泵的额定压力 $p_s = 21\text{MPa}$，额定流量 $q_s = 200\text{L/min}$，总效率 $\eta = 0.9$，机械效率 $\eta_m = 0.93$。求：

1）驱动液压泵所需的额定功率 P。

2）液压泵的泄漏量 Δq。

解　1）驱动液压泵所需的额定功率为

$$P = \frac{p_s q_s}{\eta} = \frac{21\times10^6\times200\times10^{-3}}{0.9\times60}\text{W} = 77.8\text{kW}$$

2）液压泵的泄漏量为

$$\Delta q = \frac{q_s}{\eta_V} - q_s = \frac{200}{0.9/0.93}\text{L/min} - 200\text{L/min} = 6.67\text{L/min}$$

例 3-2 某液压泵铭牌上标有转速 $n=1450\text{r/min}$，额定流量 $q_s=60\text{L/min}$，额定压力 $p_s=8\text{MPa}$，总效率 $\eta=0.8$，求：

1）该液压泵应选配的电动机功率。

2）若该液压泵在特定的液压系统中使用，该系统要求其工作压力 $p=4\text{MPa}$，该液压泵应选配的电动机功率。

解 驱动液压泵的电动机功率，应按照液压泵的使用场合进行计算。当不明确液压泵的使用场合时，可按铭牌上的额定压力、额定流量值进行功率计算；当明确液压泵的使用压力时，则应按其实际工作压力进行功率计算。

1）因为不明确液压泵的实际工作压力，故按额定压力进行功率计算

$$P=\frac{p_s q_s}{\eta}=\frac{8\times10^6\times60\times10^{-3}}{0.8\times60}\text{W}=10\text{kW}$$

2）因为明确液压泵的实际工作压力，故按实际工作压力进行功率计算

$$P=\frac{p q_s}{\eta}=\frac{4\times10^6\times60\times10^{-3}}{0.8\times60}\text{W}=5\text{kW}$$

三、液压泵的分类

液压泵的类型很多，按结构形式，可分为齿轮泵、叶片泵、柱塞泵等；按泵的排量是否可以改变，可分为定量泵和变量泵。汽车上常用的液压泵有外啮合齿轮泵、内啮合齿轮泵、摆线转子泵和叶片泵等定量泵，也有少数车型采用变量叶片泵。液压泵的图形符号如图 3-2 所示。

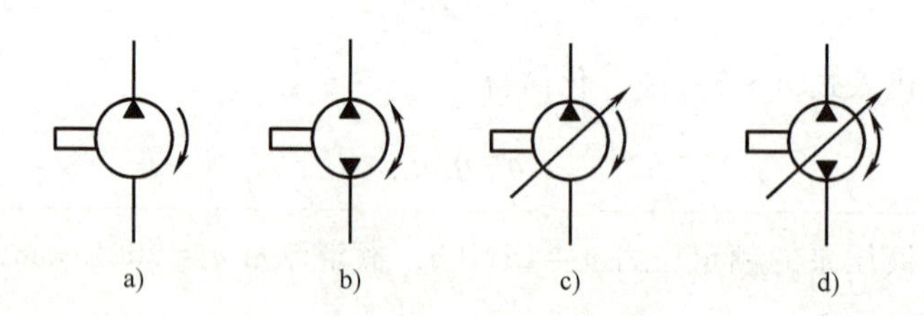

图 3-2 液压泵的图形符号

a）单向定量液压泵 b）双向定量液压泵 c）单向变量液压泵 d）双向变量液压泵

第二节 齿轮泵

齿轮泵具有结构简单紧凑，体积小，质量小，工艺性好，价格便宜，自吸能力强，对油液污染不敏感，维修方便及工作可靠等优点，在汽车上得到了广泛的应用。其缺点是泄漏较大，流量脉动大，噪声较大，径向不平衡力大，所达到的额定压力不够高。但通过结构上的改进后，也可以达到较高的工作压力，目前其最高工作压力可达 30MPa。齿轮泵按结构形式分为外啮合和内啮合两种。

一、外啮合齿轮泵

1. 外啮合齿轮泵的工作原理

图 3-3a 所示为外啮合齿轮泵的工作原理。泵体内装有一对相同的外啮合齿轮，齿轮两侧靠端盖密封，泵体、端盖和齿轮的各个齿间槽组成了许多密封的工作腔。

当齿轮按图 3-3a 所示方向旋转时，下侧吸油腔由于相互啮合的轮齿逐渐脱开（如图中轮齿 10 从轮齿 1′和 10′之间退出），使吸油腔容积变大而形成一定的真空度，油箱中的油液便在大气压的作用下进入吸油腔，将齿槽充满，并随着齿轮旋转，被带到上侧的排油腔。在排油腔内，由于轮齿逐渐进入啮合（如图中轮齿 1 进入轮齿 1′和 2′之间），密封工作腔容积不断变小，油液便被排出。随着齿轮不断地旋转，泵的吸油和排油连续地进行，油液就被源源不断地输送出去。图 3-3b 所示为外啮合齿轮泵的实物图。

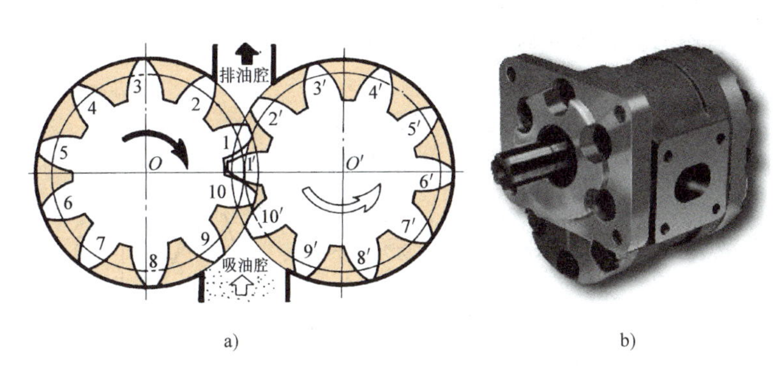

a)　　　　　　b)

图 3-3　外啮合齿轮泵

a）工作原理　b）实物图

2. 流量计算和流量脉动

计算外啮合齿轮泵排量可依据啮合原理。一般可近似地认为排量等于泵的两个齿轮的齿间槽容积之和，即

$$V = \pi Dhb = 2\pi zm^2 b \tag{3-8}$$

式中　D——节圆直径（m）；

h——齿高（m）；

b——齿宽（m）；

z——齿数（个）；

m——模数。

考虑到齿间槽容积稍大于轮齿的容积，对式（3-8）进行修正，得外啮合齿轮泵的排量公式为

$$V = 6.66zm^2 b \tag{3-9}$$

外啮合齿轮泵的实际输出流量为

$$q_V = 6.66zm^2 bn\eta_V \tag{3-10}$$

式（3-10）表示的 q_V 是外啮合齿轮泵的平均流量。实际上，由于齿轮啮合过程中排油

腔的容积变化率是不均匀的，因此外啮合齿轮泵的瞬时流量是脉动的，脉动的程度可用脉动率来表示，即

$$\delta=\frac{q_{V\max}-q_{V\min}}{q_V} \tag{3-11}$$

式中 $q_{V\max}$——最大瞬时流量（L/min）；

$q_{V\min}$——最小瞬时流量（L/min）。

外啮合齿轮泵的齿数越少，脉动率 δ 就越大，其值可达 0.2 以上；内啮合齿轮泵脉动率就小得多。

3. 外啮合齿轮泵在结构上存在的几个问题

（1）困油现象 外啮合齿轮泵要平稳而连续地工作，齿轮啮合的重合度系数必须大于 1，于是总有两对轮齿同时啮合，并有一部分油液被困在两对轮齿所形成的封闭容积间，如图 3-4 所示。这个封闭的容积随着齿轮的转动而不断发生变化。封闭容积由大变小时，被封闭的油液受挤压并从缝隙中挤出而产生很高的压力，油液发热，并使轴承受到额外负载；封闭容积由小变大时，又会造成局部真空，使溶解在油液中的气体分离出来，产生气穴现象。这些都将使外啮合齿轮泵产生强烈的振动和噪声，这就是外啮合齿轮泵的困油现象。

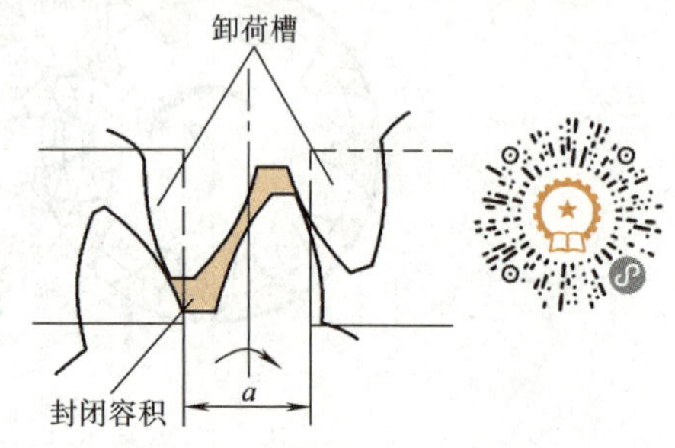

图 3-4 困油现象

消除困油现象的方法，通常是在两侧盖板上开卸荷槽，如图 3-4 中虚线所示，使封闭容积减小时与排油腔相通，封闭容积增大时与吸油腔相通。

（2）径向不平衡力 外啮合齿轮泵工作时，作用在齿轮外圆上的压力是不均匀的。在排油腔和吸油腔中，齿轮外圆分别承受着系统的工作压力和吸油压力；在齿轮齿顶圆与泵体内孔的径向间隙中，可以认为油液压力由高压腔（排油腔）压力逐级下降到低压腔（吸油腔）压力。这些油液压力综合作用的合力，相当于给齿轮一个径向不平衡力，使齿轮和轴承受载。工作压力越大，径向不平衡力越大，严重时会造成齿顶与泵体接触而产生磨损。

通常采取缩小排油口的办法来减小径向不平衡力，使高压油仅作用在 1~2 个轮齿的范围内。

（3）泄漏 外啮合齿轮泵高压腔（排油腔）的压力油向低压腔（吸油腔）泄漏有三条路径：一是通过齿轮啮合处的间隙，二是通过泵体内表面与齿顶圆间的径向间隙，三是通过齿轮两端面与两侧端盖间的端面轴向间隙。三条路径中，端面轴向间隙的泄漏量最大，占总泄漏量的 70%~80%，因此，普通外啮合齿轮泵的容积效率较低，输出压力也不容易提高。要提高外啮合齿轮泵的压力，必须减小端面轴向间隙。

4. 提高外啮合齿轮泵压力的措施

要提高外啮合齿轮泵的压力，必须减小端面泄漏，一般采用齿轮端面间隙自动补偿的办法。图 3-5 所示为端面间隙补偿原理，利用特制的通道把泵内排油腔的压力油引到轴套外侧，作用在一定形状和大小的面积上，产生液压作用力，使轴套压向齿轮端面。这个力必须

大于齿轮端面作用在轴套内侧的作用力，才能保证在各种压力下，轴套始终贴紧齿轮端面，减小泵内通过端面的泄漏，达到提高压力的目的。

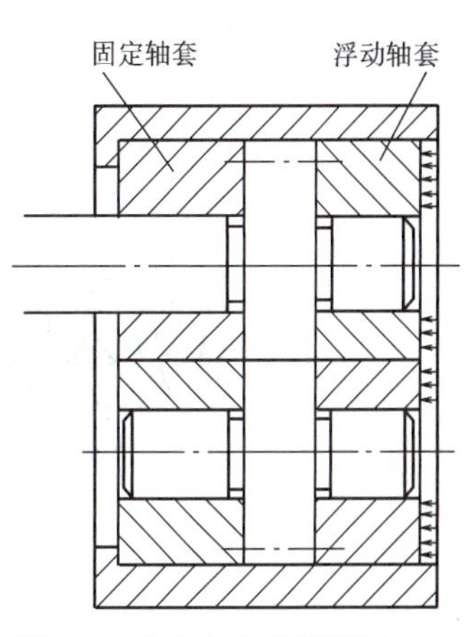

图 3-5　外啮合齿轮泵端面间隙补偿原理

5. CB-Z_2 型高压齿轮泵

图 3-6 所示为 CB-Z_2 型高压齿轮泵的结构，该泵的主要特点是采用双向补偿，即浮动侧板 7 起轴向间隙补偿作用，径向密封块 12 起径向密封间隙跟踪补偿作用。

CB-Z_2 型高压齿轮泵的性能特点有：

1）高压力。由于采用双向补偿形成了高压密封，其额定压力最高可达 31.5MPa。

2）高效率。CB-Z_2 型高压齿轮泵的容积效率≥94%，总效率≥85%。特别是在高温工况下，仍能保持较高的容积效率，提高了泵的实际使用价值。

3）寿命长。由于采用径向密封块跟踪补偿径向密封间隙，扩大了低压区（吸油区），缩小了高压区（排油区），致使其径向力比一般齿轮泵减小了 28%，大大提高了泵的使用寿命。

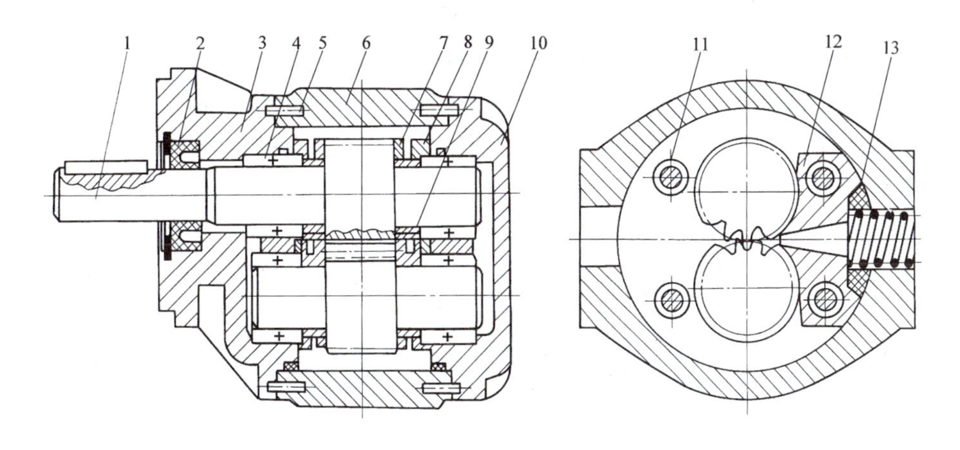

图 3-6　CB-Z_2 型高压齿轮泵的结构

1—主动齿轮轴　2—骨架油封　3—前泵盖　4—轴承　5—定位销　6—泵体　7—浮动侧板　8—垫板　9—支承套　10—后泵盖　11—螺栓　12—径向密封块　13—密封圈

二、内啮合齿轮泵

内啮合齿轮泵有渐开线齿轮泵和摆线齿轮泵（摆线转子泵）两种，如图 3-7 所示，它们的工作原理和主要特点与外啮合齿轮泵完全相同。在渐开线齿轮泵中，小齿轮和内齿轮之间要装一块隔板 3，以便把吸油腔 1 和排油腔 2 隔开，如图 3-7a 所示。在摆线齿轮泵中，小齿轮和内齿轮只相差一个齿，因而不需设置隔板，如图 3-7b 所示。内啮合齿轮泵中的小齿轮是主动轮。

图 3-7c 所示为内啮合齿轮泵的实物图。

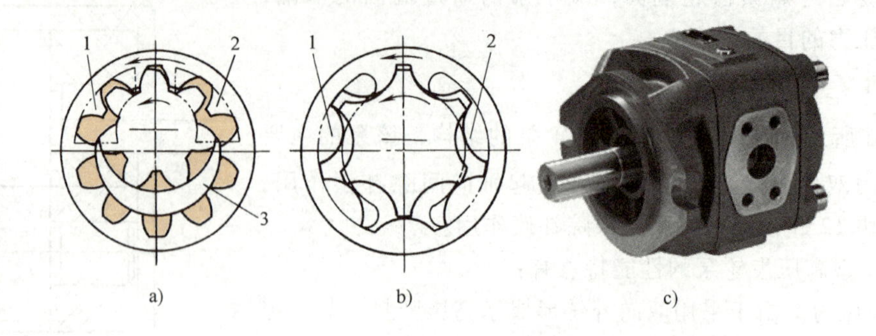

图 3-7 内啮合齿轮泵

a）渐开线齿轮泵 b）摆线齿轮泵（摆线转子泵） c）实物图

1—吸油腔 2—排油腔 3—隔板

内啮合齿轮泵结构紧凑、尺寸小、质量小；由于齿轮转向相同，故相对滑动速度小、磨损小、使用寿命长；脉动率远比外啮合齿轮泵小，因而压力脉动和噪声都较小；内啮合齿轮泵容许使用高转速（高转速下的离心力能使油液更好地充入密封工作腔），可获得较大的容积效率。内啮合齿轮泵的缺点是齿形复杂，加工精度要求高，需要专门的制造设备，造价较高。汽车自动变速器上采用的液压泵大都是内啮合齿轮泵。

摆线齿轮泵结构更简单，而且啮合的重叠系数大，传动平稳，吸油条件更为良好。摆线齿轮泵的额定压力一般为 2.5MPa、4MPa，这种泵作为补油泵和润滑泵使用，广泛应用于大、中型车辆的液压转向系统中。

图 3-8a 所示为摆线齿轮泵的结构简图，结构中的内转子 1 靠滚针轴承 6 定位，外转子靠泵体 4 配合定位，泵体和前、后盖用锥销定位，以保证内、外转子的偏心量和轴承的同轴度。在前、后盖上对应于吸油区和排油区开有配油口，并在前盖上钻有吸油口和排油口。在后盖上开配油口是为了保持转子两端面轴向压力的平衡。图 3-8b 所示为摆线齿轮泵的实物图。

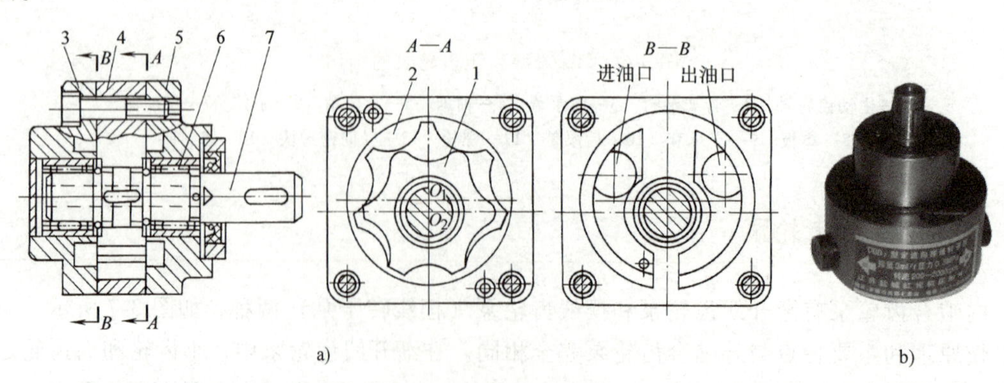

图 3-8 摆线齿轮泵

a）结构简图 b）实物图

1—内转子 2—外转子 3—前盖 4—泵体 5—后盖 6—滚针轴承 7—主动轴

第三节　叶片泵

思政融入点
3-1

思政融入点
3-1 视频

叶片泵按其每个工作腔在泵每转一周时吸油、排油的次数，分为单作用和双作用两类，单作用叶片泵常用作变量泵，双作用叶片泵只能用作定量泵。

叶片泵具有结构紧凑、运动平稳、噪声小、输油均匀以及寿命长等优点，广泛应用于中、低压液压系统中，其工作压力为6~21MPa。

一、单作用叶片泵

1. 工作原理

图3-9a所示为单作用叶片泵的工作原理，泵由转子2、定子3、叶片4、配油盘和端盖（图中未示）等组成。定子的内表面是圆柱形孔，转子和定子偏心安装。叶片在转子的槽内可灵活滑动，在转子转动时的离心力以及通入叶片根部压力油的作用下，叶片顶部贴紧在定子内表面上，于是两相邻叶片、配油盘、定子和转子间便形成了一个个密封的工作腔。当转子按图示方向旋转时，图左侧的叶片向外伸出，密封工作腔容积逐渐增大而产生真空，于是通过进油口1和配油盘上的窗口将油吸入。在图3-9a的右侧，叶片往里缩进，密封工作腔的容积逐渐缩小，其中的油液经配油盘另一窗口和出油口5被排出而输送到系统中去。这种泵在转子转一转的过程中，吸油、排油各一次，故称为单作用叶片泵；转子受单向的液压不平衡作用力，故又称为非平衡式叶片泵，其轴承负载较大。改变定子和转子间的偏心量，便可改变泵的排量，故这种泵都是变量泵。图3-9b所示为单作用叶片泵的实物图。

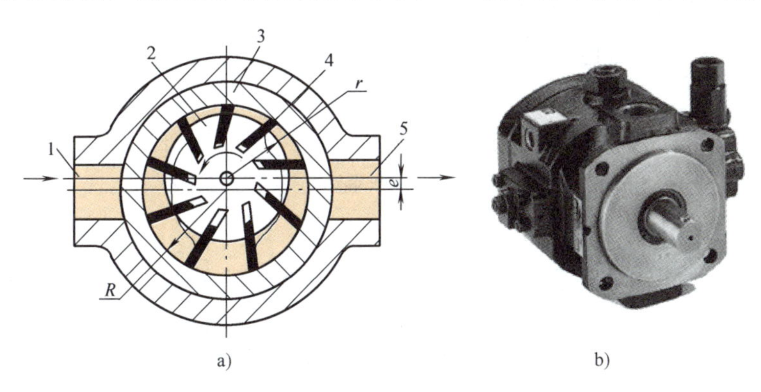

图3-9　单作用叶片泵

a）工作原理　b）实物图

1—进油口　2—转子　3—定子　4—叶片　5—出油口

2. 流量计算

单作用叶片泵输出的实际流量为

$$q_V = 2\pi beDn\eta_V \tag{3-12}$$

式中　b——叶片宽度（m）；

e——转子和定子间的偏心量（m）；

D——定子内径（m）。

单作用叶片泵的流量也是有脉动的，泵内叶片数越多，流量脉动率越小。此外，奇数叶片的泵的脉动率比偶数叶片的泵的脉动率小，所以单作用叶片泵的叶片数总取奇数，一般为13或15。

在单作用叶片泵中，为保证叶片顶部可靠地和定子内表面相接触，排油腔一侧的叶片底部要通过特殊的沟槽与排油腔相通，吸油腔一侧的叶片底部要与吸油腔相通。另外，单作用叶片泵在工作时，转子受不平衡的径向液压作用力。

3. 外反馈限压式变量叶片泵

外反馈限压式变量叶片泵的工作原理如图3-10所示。当油压较低，变量活塞2对定子产生的推力不能克服调压弹簧3的作用力时，定子被弹簧推到最左边的位置上，此时偏心量最大，泵输出流量也最大。变量活塞2的一端紧贴定子，另一端则通高压油。变量活塞2对定子的推力随油压升高而加大，当它大于调压弹簧3的预紧力时，定子向右偏移，偏心距减小。因此，当输出压力大于弹簧预紧力时，泵便开始变量，随着油压升高，输出流量减小，其流量-压力特性曲线如图3-11所示。

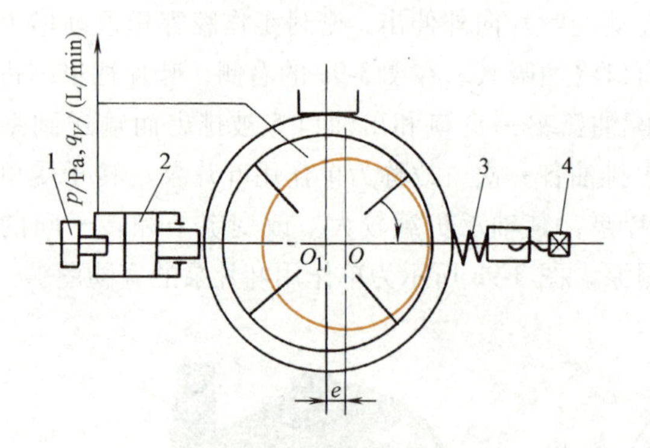

图3-10 外反馈限压式变量叶片泵的工作原理

1—流量调节螺钉 2—变量活塞 3—调压弹簧 4—调压螺钉

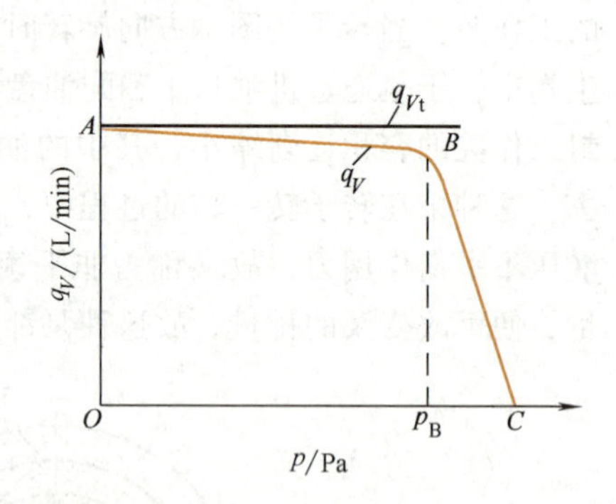

图3-11 外反馈限压式变量叶片泵的流量-压力特性曲线

在图3-11中，曲线*AB*段是泵的不变量段，只是因泄漏量随工作压力的增加而增加，使实际输出流量减小。曲线*BC*段是泵的变量段，泵的实际输出流量随工作压力的增加迅速下降。曲线上*B*点的压力p_B主要由调压弹簧3（图3-10）的预紧力确定。

调节外反馈限压式变量叶片泵的流量调节螺钉1可改变其最大偏心距，从而改变泵输出的最大流量，这时流量-压力特性曲线*AB*段上下平移；调节调压螺钉4可调节弹簧的预紧力，从而改变p_B的大小，使曲线*BC*段左右平移。若改变调压弹簧3的刚度，可改变曲线*BC*段的斜率。

外反馈限压式变量叶片泵与定量叶片泵相比，结构复杂，做相对运动的机件多，泄漏量较大，轴上受不平衡的径向液压力，噪声较大，容积效率和机械效率都没有定量叶片泵高；但是，它能按负载压力自动调节流量，在功率使用上较为合理，可减少油液发热。因此，把它用在液压系统中要求执行元件有快、慢速和保压阶段的场合，有利于节能和简化液压系统。

二、双作用叶片泵

1. 工作原理

图 3-12a 所示为双作用叶片泵的工作原理，它的工作原理和单作用叶片泵相似，不同之处仅在于定子内表面是由两段长半径圆弧、两段短半径圆弧和四段过渡曲线八个部分组成，且定子和转子是同心的。在图示转子沿顺时针方向旋转的情况下，密封工作腔的容积在左上角和右下角处逐渐增大，为吸油区；在左下角和右上角处逐渐减小，为排油区；吸油区和排油区之间有一段封油区把它们隔开。这种泵的转子每转一转，每个密封工作腔完成吸油和排油动作各两次，所以称为双作用叶片泵。泵的两个吸油区和两个排油区是径向对称的，作用在转子上的液压力径向平衡，所以又称为平衡式叶片泵。图 3-12b 所示为双作用叶片泵的实物图。

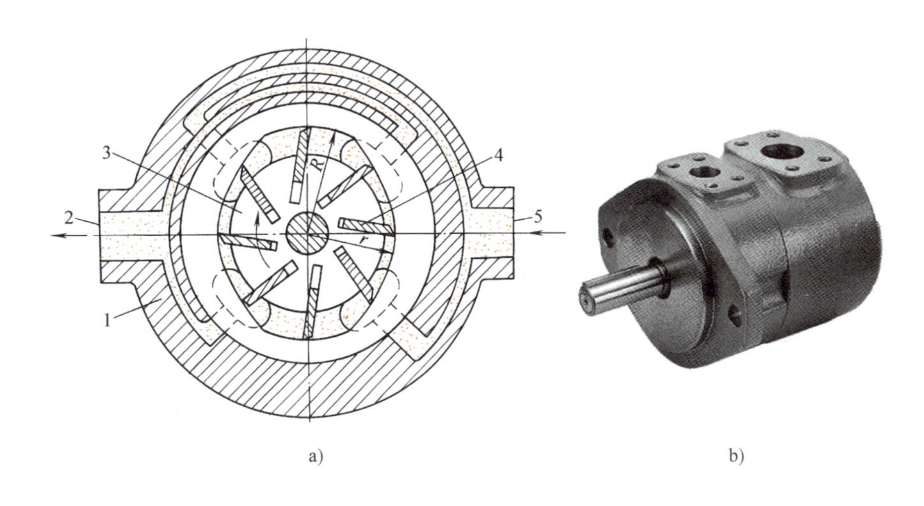

图 3-12　双作用叶片泵

a）工作原理　b）实物图

1—定子　2—排油口　3—转子　4—叶片　5—吸油口

2. 流量计算

双作用叶片泵输出的实际流量为

$$q_V = 2b\pi\left(R^2 - r^2 - \frac{R-r}{\cos\theta}sz\right)n\eta_V \tag{3-13}$$

式中　R、r——定子圆弧部分的长、短半径（mm）；

θ——叶片的倾角（°），按转子旋转方向向前倾斜一角度，一般为 10°~14°；

s——叶片的厚度（mm）；

z——叶片数。

双作用叶片泵瞬时流量是脉动的，当叶片数为 4 的倍数时最小。为此，双作用叶片泵的叶片数一般都取 12 或 16。

3. 双作用叶片泵在结构上的特点

(1) 保证叶片紧贴定子内表面 双作用叶片泵的叶片是靠离心力的作用紧贴定子内表面的。在排油区，叶片顶部受液压力的作用，使叶片不能可靠地紧贴定子内表面，因此将叶片底部通过特制油道与排油区相通。这样，在排油区，作用在叶片底部和顶部的液压力相互平衡，可保证叶片可靠地紧贴在定子内表面上。但在吸油区，叶片在液压力和离心力的共同作用下紧贴定子内表面，使叶片产生较大的压力，加速了定子内表面的磨损。在高压叶片泵中，这一问题尤为突出。为解决这一问题，常采用特种叶片结构，如图 3-13 所示。图 3-13a 所示为子母叶片的结构，母叶片 3 和子叶片 4 之间的油室 f 始终经槽 e、d、a 与压力油腔相通，而母叶片的底腔 g 则经转子 1 上的孔 b 与所在油腔相通。这样，叶片处于吸油腔时，母叶片只有在油室 f 的高压油作用下压向定子 2 内表面，使作用力不致过大。图 3-13b 所示为双叶片的结构，在两叶片间开有小孔 c，当压力油进入叶片底部时，通过小孔进入叶片顶端，使叶片的顶部和底部油压力基本保持平衡，减小了对定子表面的压紧力。

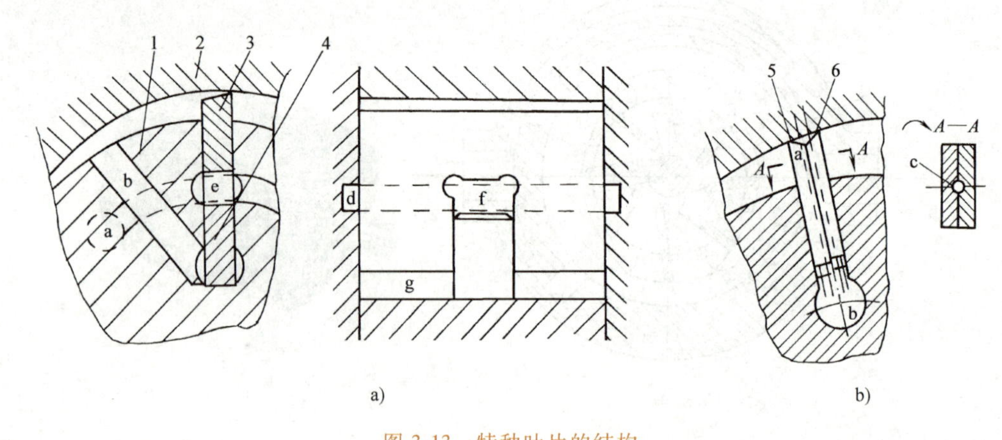

图 3-13 特种叶片的结构

a）子母叶片 b）双叶片

1—转子 2—定子 3—母叶片 4—子叶片 5、6—叶片

(2) 定子内曲线 双作用叶片泵的定子内曲线是由四段圆弧和四段过渡曲线组成的。为减小冲击，应使叶片在转子槽中做径向运动时速度没有突变，因此等加速-等减速曲线是一种常用的过渡曲线。

思政融入点 3-2

4. YB 型叶片泵的结构

YB 型叶片泵的结构如图 3-14 所示，它由前、后泵体 7 和 6，左、右配油盘 1 和 5，定子 4，转子 12 等组成。为了便于装配和使用，两个配油盘与定子、转子和叶片可组装成一个部件，用两个长螺钉 13 紧固。转子 12 上开有 12 个径向槽，槽内装有叶片 11。为了使叶片顶部与定子内表面紧密接触，叶片根部 b 通过配油盘的环槽 c 与高压区相通。转子安装在传动轴 3 上，传动轴由两个滚子轴承 2 和 8 支承。右配油盘 5 是浮动的，它可以自动补偿与转子之间的轴向间隙，从而保证可靠密封，减少泄漏。为了减小磨损，避免叶片发生卡死现象，叶片槽沿转子旋转方向前倾一个角度 θ（叶片倾角）。

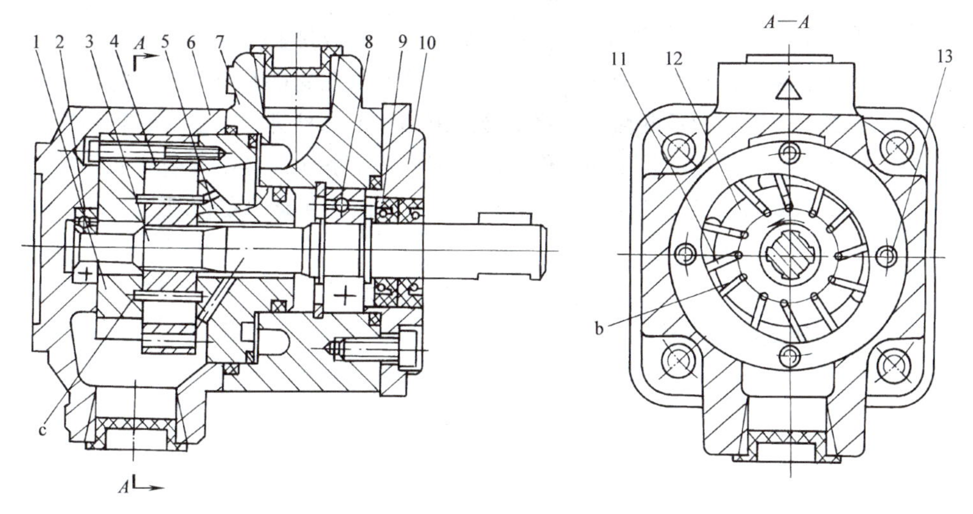

图 3-14　YB 型叶片泵的结构

1—左配油盘　2、8—滚子轴承　3—传动轴　4—定子　5—右配油盘　6—后泵体
7—前泵体　9—油封　10—压盖　11—叶片　12—转子　13—长螺钉

第四节　柱塞泵

柱塞泵具有结构紧凑、加工方便、单位功率体积小、容积效率高、工作压力高、易实现变量等优点，故可在高压系统中使用；其缺点是结构复杂、造价高、对油液的污染敏感、使用和维修的要求严格。这类泵在起重运输车辆、工程机械的液压系统中应用广泛。

柱塞泵分为轴向柱塞泵和径向柱塞泵两类。轴向柱塞泵又分为斜盘式（直轴式）和斜轴式两种，其中直轴式应用较广。

一、斜盘式轴向柱塞泵的工作原理

斜盘式轴向柱塞泵的工作原理如图 3-15a 所示，泵由斜盘 1、柱塞 2、缸体 3、配油盘 4 等主要零件组成。斜盘 1 和配油盘 4 是不动的，传动轴 5 带动缸体 3、柱塞 2 一起转动，

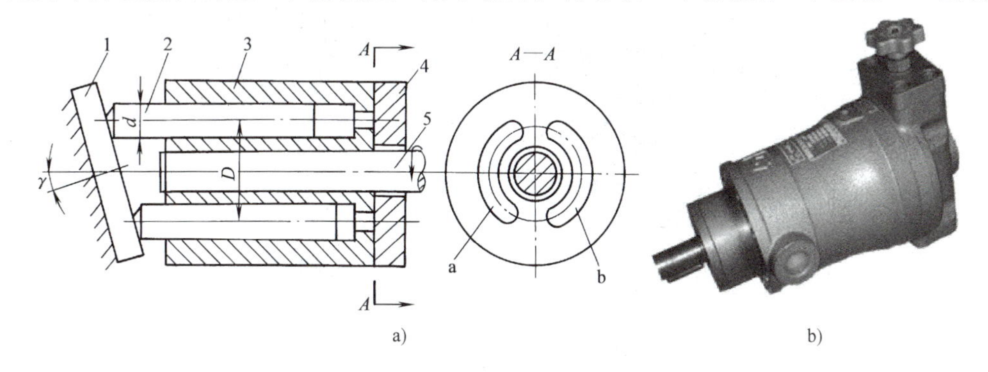

图 3-15　斜盘式轴向柱塞泵

a）工作原理　b）实物图

1—斜盘　2—柱塞　3—缸体　4—配油盘　5—传动轴

柱塞2靠机械装置或在液压油作用下压紧在斜盘上。当传动轴5沿图示方向旋转时，柱塞2在其自下而上回转的半周内逐渐向外伸出，使缸体3内密封工作腔容积不断增加而产生局部真空，从而将油液经配油盘4上的配油口a吸入；柱塞2在其自上而下回转的半周内又逐渐向里推入，使密封工作腔容积不断减小，将油液从配油口b向外排出。缸体每转一转，每个柱塞往复运动一次，完成一次吸油、排油动作。改变斜盘的倾角 γ，可以改变柱塞往复行程的大小，因而也就改变了泵的排量。图3-15b所示为斜盘式轴向柱塞泵的实物图。

二、流量计算

斜盘式轴向柱塞泵的实际流量为

$$q_V = \frac{\pi}{4} d^2 D z n \eta_V \tan\gamma \tag{3-14}$$

式中 d——柱塞直径（m）；

D——柱塞分布圆直径（m）；

z——柱塞数（个）；

γ——斜盘轴线与缸体轴线间的夹角（°）。

斜盘式轴向柱塞泵的脉动较小，尤其当柱塞数为单数时，脉动更小。因此，一般常用的柱塞数为7、9或11。

三、斜盘式轴向柱塞泵的结构

斜盘式轴向柱塞泵的结构如图3-16所示。传动轴8与缸体5用花键连接，带动缸

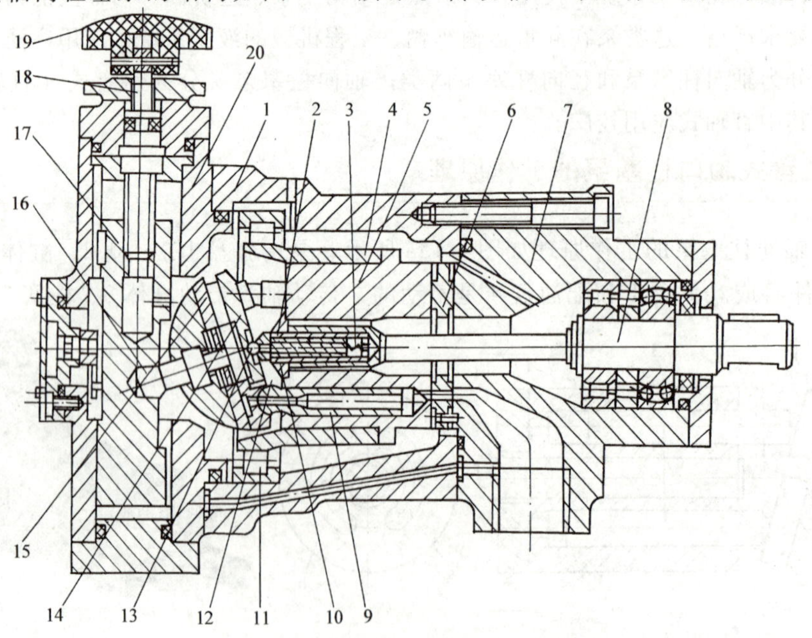

图3-16 斜盘式轴向柱塞泵的结构

1—中间泵体 2—内套 3—弹簧 4—缸套 5—缸体 6—配油盘 7—前泵体 8—传动轴 9—柱塞 10—外套 11—轴承 12—滑靴 13—钢球 14—回程盘 15—斜盘 16—轴销 17—变量活塞 18—丝杠 19—手轮 20—变量机构壳体

体转动，使均匀分布于缸体上的七个柱塞 9 绕传动轴的中心线连续转动。每个柱塞一端有个滑靴 12，由弹簧 3 通过内套 2，经钢球 13 及回程盘 14，将滑靴 12 压紧在与轴线成一定斜角的斜盘 15 上。当缸体旋转时，柱塞连续转动的同时，在其所在的槽内做直线往复运动，完成吸油和排油过程。旋转手轮 19 使丝杠 18 转动时，变量活塞 17 沿轴向移动，通过轴销 16 使斜盘 15 旋转，从而使斜盘倾角改变，达到变量的目的。

在斜盘式轴向柱塞泵中，柱塞的头部通过滑靴与斜盘端面接触。如图 3-17 所示，通过柱塞和滑靴上的小孔 a、b 将压力油引入盘形腔 c 中，使滑靴和斜盘间形成一定厚度的油膜，即形成静压支承。这样可使滑靴和斜盘平面间的高速滑动摩擦变为液体摩擦，减小了磨损，提高了使用寿命。

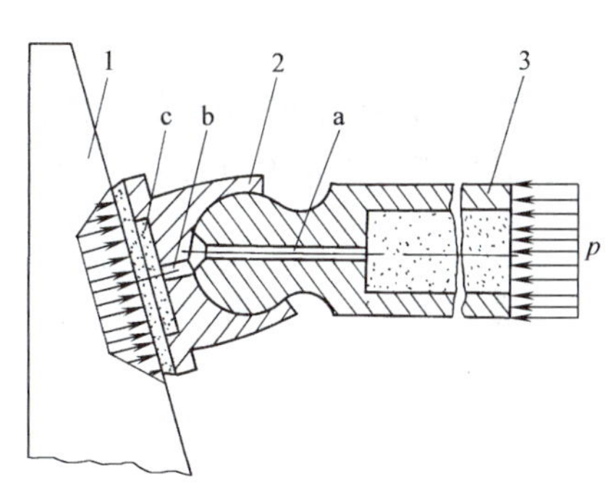

图 3-17　滑靴的结构和工作原理

1—斜盘　2—滑靴　3—柱塞

斜盘式轴向柱塞泵上可以安装各种各样的变量控制机构来调整斜盘相对于缸体轴线的夹角，以达到调节流量的目的。这种装置按控制方式分为手动控制、液压控制、电气控制等多种；按控制目的分为恒压力控制、恒流量控制、恒功率控制等多种；按控制信息分为负载传感控制、速度传感控制、压力传感控制等多种。

第五节　液压马达

一、液压马达的工作原理

液压马达是把液压能转换为机械能的元件。下面以斜盘式轴向柱塞液压马达为例说明液压马达的工作原理。如图 3-18a 所示，当压力油输入时，压力油使处在进油位置的柱塞顶在斜盘 1 的端面。设斜盘给柱塞的反作用力为 $\boldsymbol{F}_{\mathrm{N}}$，其可分解为平行柱塞轴线的轴向力 $\boldsymbol{F}$ 和垂直柱塞轴线的径向力 $\boldsymbol{F}_{\mathrm{T}}$，轴向力 $\boldsymbol{F}$ 与液压油压力平衡，径向力 $\boldsymbol{F}_{\mathrm{T}}$ 对缸体轴线产生转矩，驱动缸体旋转。所有处在进油区的柱塞都产生径向力 $\boldsymbol{F}_{\mathrm{T}}$，它们对缸体轴线产生的转矩驱动

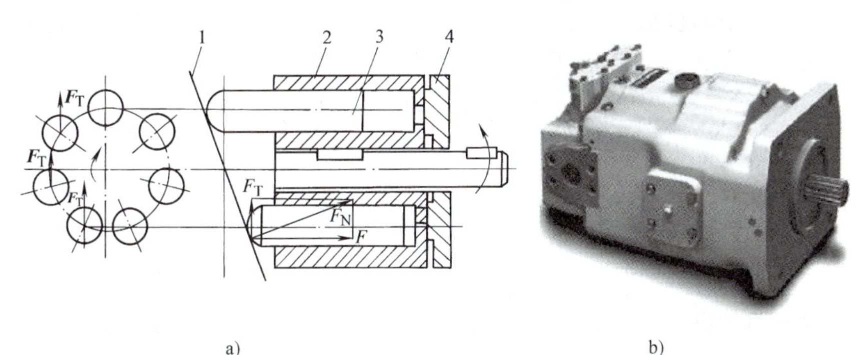

图 3-18　斜盘式轴向柱塞液压马达

a）工作原理　b）实物图

1—斜盘　2—缸体　3—柱塞　4—配油盘

缸体旋转。如果改变液压马达压力油的输入方向，液压马达的转向发生改变。图3-18b所示为斜盘式轴向柱塞液压马达的实物图。

二、液压马达的性能参数

液压马达输出的是机械能，所以它的主要性能参数是转速和转矩。

1. 转速

液压马达转一圈所需的液体量称为液压马达的排量，用V表示。当液压马达的转速为n时，其所需的理论流量为q_{Vt}，即

$$q_{Vt}=Vn \tag{3-15}$$

考虑到泄漏，实际所需的流量q_V等于理论流量加上泄漏量Δq_V。因此，液压马达的容积效率为

$$\eta_V=\frac{q_{Vt}}{q_V}=\frac{q_{Vt}}{q_{Vt}+\Delta q_V} \tag{3-16}$$

液压马达的实际转速为

$$n=\frac{q_{Vt}}{V}=\frac{q_V\eta_V}{V} \tag{3-17}$$

2. 转矩

在不考虑任何损失的情况下，液压马达的输入功率等于输出功率，即

$$pq_{Vt}=T_t\omega \tag{3-18}$$

式中 p——液压马达的进口压力（Pa），设液压马达的出口压力为零；

T_t——液压马达的理论转矩（N·m）；

ω——液压马达的角速度（rad/s）。

由式（3-18）得出液压马达的理论转矩为

$$T_t=\frac{pq_{Vt}}{\omega}=\frac{pVn}{2\pi n}=\frac{pV}{2\pi} \tag{3-19}$$

考虑到实际运转中的机械摩擦损失，液压马达输出的实际转矩T要比理论转矩T_t小。设机械摩擦损失转矩为ΔT，则液压马达的机械效率为

$$\eta_m=\frac{T}{T_t}=\frac{T_t-\Delta T}{T_t}=1-\frac{\Delta T}{T_t} \tag{3-20}$$

液压马达输出的实际转矩T为

$$T=T_t\eta_m=\frac{pV}{2\pi}\eta_m \tag{3-21}$$

例3-3 液压马达排量V=250mL/r，入口压力p_1=10MPa，回油压力p_2=0.5MPa，容积效率和机械效率均为0.9。若输入流量q_V=100L/min，求：

1）液压马达的理论转速和实际转速。

2）液压马达的理论转矩和实际转矩。

解 1）理论转速，即容积效率为100%或不计泄漏时的转速为

$$n_{理论}=\frac{q_V}{V}=\frac{100\times10^3}{250}\text{r/min}=400\text{r/min}$$

实际转速为

$$n_{实际}=\frac{q_V}{V}\eta_V=\frac{100\times10^3}{250}\times0.9\text{r/min}=360\text{r/min}$$

2）理论转矩，即机械效率为100%或不计摩擦时的转矩为

$$T_{理论}=\frac{\Delta pV}{2\pi}=\frac{(10-0.5)\times10^6\times250\times10^{-6}}{2\pi}\text{N}\cdot\text{m}=378\text{N}\cdot\text{m}$$

实际转矩为

$$T_{实际}=\frac{\Delta pV}{2\pi}\eta_m=\frac{(10-0.5)\times10^6\times250\times10^{-6}}{2\pi}\times0.9\text{N}\cdot\text{m}=340\text{N}\cdot\text{m}$$

三、液压马达的分类

与液压泵相似，常用的液压马达从结构上分为柱塞式、叶片式和齿轮式等；从排量是否可以调节分为定量液压马达和变量液压马达。另外，有些液压马达只能在一定的角度范围内做摆动运动，此类液压马达称为摆动式液压马达。液压马达的正、反向转动通常靠改变进、出油口换接来实现。图3-19所示为液压马达的图形符号。

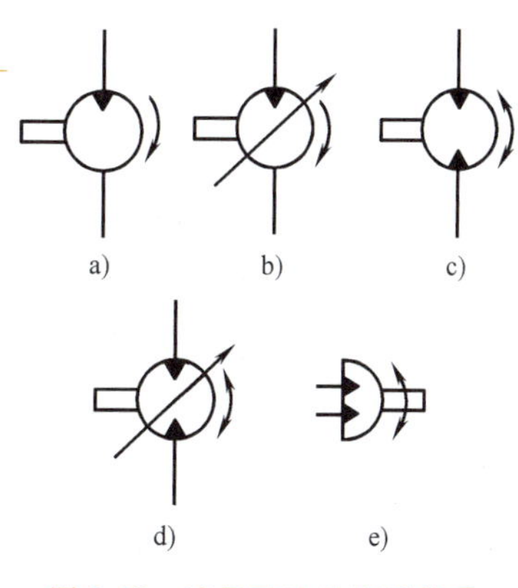

图3-19 液压马达的图形符号

a）单向定量液压马达 b）单向变量液压马达 c）双向定量液压马达 d）双向变量液压马达 e）摆动式液压马达

四、典型液压马达的结构和工作原理

1. 齿轮式液压马达

（1）工作原理 齿轮式液压马达的工作原理如图3-20a所示，图中P点为两齿轮的啮合点。设轮齿齿高为h，啮合点P到两齿轮齿根的距离分别为a和b。当压力油输入到进油腔并作用在齿面上时（如图中箭头所示，凡齿面两边受力平衡的部分都未表示），在两个齿轮上就各有一个使它们产生转动的作用力$pB(h-a)$和$pB(h-b)$。其中p为输入油液的压力，B为齿宽。在上述作用力的作用下，两齿轮按图示方向旋转，并把油液通过回油腔排出。同时，齿轮式液压马达对外输出转矩和转速。

（2）结构特点 目前齿轮式液压马达可以分为两类，一类是以齿轮泵为基础的齿轮马达，既可用作液压泵又可用作液压马达。另一类是专门设计的齿轮马达，与齿轮泵相比其结构特点是：进、回油口对称，孔径相同，使正、反转时性能相近；采用外泄漏油孔，把泄漏到轴承部分的油单独导回油箱，以免液压马达反转时回油腔变成高压腔，将轴端油封冲坏；自动补偿轴向间隙的浮动侧板，必须适应正、反转都能工作的要求；困油卸荷槽必须对称开设。

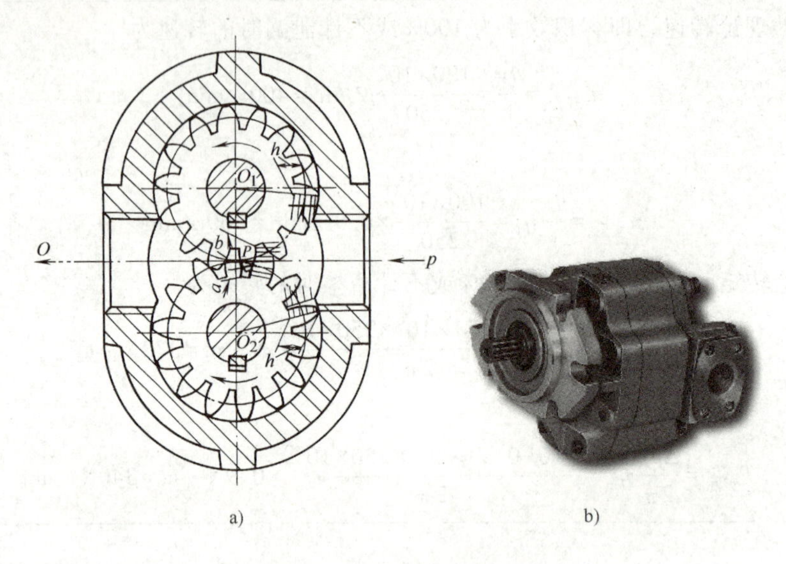

图 3-20 齿轮式液压马达

a）工作原理 b）实物图

齿轮式液压马达的起动力矩小，低速稳定性差，适用于液压系统中的回转运动机构。图 3-20b 所示为齿轮式液压马达的实物图。

2. 双作用叶片式液压马达

（1）工作原理 双作用叶片式液压马达的工作原理如图 3-21a 所示。将压力油通入液压马达的Ⅰ、Ⅲ窗口，并使Ⅱ、Ⅳ窗口接回油。这样，叶片 2、4、6、8 的两侧液压力相等，叶片 1、3、5、7 的一侧通进油口，另一侧通回油口。转子受到的合力矩使转子沿顺时针方向转动。定子长短径差值越大、转子直径越大、输入的油压越高时，液压马达的输出转矩也就越大。当改变输油方向时，液压马达反转。

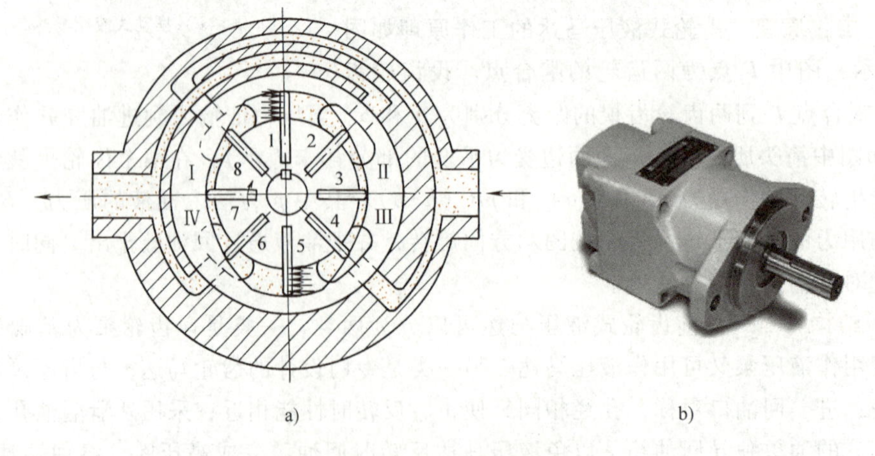

图 3-21 双作用叶片式液压马达

a）工作原理 b）实物图

（2）结构特点　双作用叶片式液压马达结构与双作用叶片式液压泵基本相同，但是由于用途不同，在结构上也有所差异。其结构特点有：叶片底部装有扭力弹簧，以保证在液压马达起动时叶片能紧贴在定子内表面上，防止进、回油腔串通，形成密封工作腔；叶片径向放置，叶片顶端两侧均有倒角，进、出油口对称，以适应正、反转要求；在泵中装有两个单向阀，以保证液压马达换向时，叶片底部始终受到压力油作用，使叶片与定子表面始终不脱离接触；采用外泄漏结构，油液经泄油管引回油箱。

图 3-21b 所示为双作用叶片式液压马达的实物图。

3. 摆动式液压马达

摆动式液压马达有单叶片（图 3-22a）和双叶片（图 3-22b）两种。如图 3-22 所示，摆动式液压马达由定子块 1、叶片 2、缸体 3 等组成。叶片与输出轴固定为一体，定子块把缸体的内腔分成两部分，当其中一腔进油时，压力油推动叶片进行摆动，叶片把另一腔内的油液推出，当叶片碰到定子块时，摆动停止。油液换向时，叶片再重新进行摆动运动，回到初始位置。油液不断地进行换向，摆动式液压马达连续地进行摆动运动。

单叶片摆动式液压马达的摆角可达 300°，而双叶片摆动式液压马达的摆角小于 150°，但其排量和输出的转矩为单叶片摆动式液压马达的两倍，转速则是它的一半（输入流量相同时）。

图 3-22c 所示为摆动式液压马达的实物图。

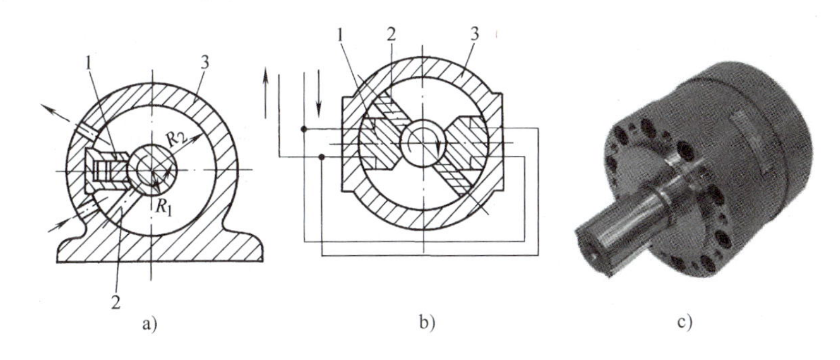

图 3-22　摆动式液压马达

a）单叶片摆动式液压马达　b）双叶片摆动式液压马达　c）实物图

1—定子块　2—叶片　3—缸体

第六节　液压泵和液压马达的选用

一、液压泵的选用

选用液压泵时，应综合考虑主机工况、功率大小、系统要求、元件技术性能及可靠性等因素，合理选择其规格和结构形式，同时还要使泵有一定的压力储备，即泵的额定压力要比系统压力高一些。各类液压泵的性能比较见表 3-1。

齿轮泵结构简单、体积小、价格便宜、工作可靠、维修方便，可以适应多尘、高温和有剧烈冲击的恶劣使用条件。运输车辆和工程机械由于工作环境差，且工作空间限制，因而在

表 3-1 各类液压泵的性能比较

性能	类型									
	齿轮泵			叶片泵		轴向柱塞泵		径向柱塞泵		螺杆泵
	外啮合	内啮合		单作用	双作用	斜盘式	斜轴式	回转式	卧式	
		渐开线	摆线							
压力范围/MPa	2.5~25	10	6	6.3~10	6.3~28	7~40	16~40	100	32~128	2.5~10
最大功率/kW	187.2	16.8	4	53	49	148	583	46	140	290
容积效率(%)	70~95	90	90	60~90	85~95	90~97	90~97	95	95	70~95
总效率(%)	65~90	85	85	55~85	65~85	80~90	80~90	90	90	70~85
功率质量比	中	中	中	小	中	大	中	小	中	小
流量脉动率(%)	11~27	1~3	≤3	—	—	1~5	<14	<2	≤14	<1
对污染的敏感性	小	小	小	中	中	大	大	中	小	小
最高自吸能力/kPa	50	—	—	33.5	33.5	16.5	16.5	16.5	—	63.5
应用范围	农业机械、机床、工程机械、航空机械、船舶机械、一般机械			机床、注塑机、液压机、起重运输机械、工程机械、飞机		工程机械、锻压机械、起重运输机械、矿山机械、冶金机械、船舶机械、飞机		机床、液压机、船舶机械		精密机械、纺织机械

低压系统中多选用双联或三联齿轮泵。齿轮泵的主要缺点是寿命短、流量较小以及不能变量。

叶片泵的输油量均匀，压力脉动较小，容积效率较高。但叶片泵的结构比较复杂，对油液污染比较敏感。目前仅在起重运输机械、工程机械的液压系统中选用中、高压叶片泵。

轴向柱塞泵结构紧凑，径向尺寸小，能在高压和高转速下工作，并具有较高的容积效率，因此在高压系统中应用较多。但这种泵结构复杂，价格较高。一般在起重运输机械上应用斜盘式轴向柱塞泵的较多。中、小型挖掘机中多选用斜轴式轴向柱塞泵。汽车柴油机中常用柱塞泵来输送高压燃油。

二、液压马达的选用

选择液压马达的主要依据应该是设备对液压系统的工作要求，如液压系统的工作压力、使用的工作介质；对液压马达的转矩和转速的要求；对液压马达的体积、质量、价格、货源情况以及使用维护方便性等要求，以便确定液压马达的结构类型、基本性能参数和变量方式等。

一般而言，齿轮式液压马达结构简单，价格便宜，常用于高转速、低转矩和运动平稳性要求不高的场合，如驱动研磨机、风扇等。

叶片式液压马达转动惯量小，动作灵敏，但容积效率不高，机械特性软（刚性较低），适用于中速以上，转矩不大，要求起动、换向频繁的场合，如磨床工作台的驱动、机床操纵系统等。

轴向柱塞式液压马达容积效率高，调整范围大，且低速稳定性好，但耐冲击性能稍差，常用于要求较高的高压系统，如内燃机车主传动液压系统，起重运输机械、工程机械、采掘

机械和船舶机械等的起重、回转液压系统。另外，轴向柱塞式液压马达的功率和转矩都比较大，可以无级变量以实现无级调速。

液压马达通常允许在短时间内以超过额定压力 20%~50% 的压力工作，但瞬时最高压力不能和最高转速同时出现。液压马达的回油路背压有一定限制，且在背压较大时，必须设置泄漏油管。

一般情况下，不应使液压马达的最大转矩和最高转速同时出现。实际转速不应低于液压马达的最低转速，否则将出现爬行。当系统要求的转速较低，而低速液压马达在转速、转矩等性能参数不易满足工作要求时，可采用高速液压马达并增设减速装置。例如：高速小转矩液压马达体积和质量小，一般同减速装置配合使用。

对于不能承受额外的轴向力和径向力的液压马达，以及液压马达虽然可以承受额外的轴向力和径向力，但负载的实际轴向力和径向力大于液压马达允许的轴向力或径向力时，应考虑采用弹性联轴器连接液压马达轴和工作机构。

三、液压泵和液压马达的使用

1. 安装要求

液压泵和液压马达安装时要满足以下五点：

1）液压泵和液压马达与其他机械装置连接时要对中。采用弹性联轴器时，同轴度误差不大于 0.1mm；采用轴套式联轴器时，同轴度误差不得大于 0.05mm。

2）液压泵和液压马达轴端一般不得承受径向力（特殊泵和马达除外），不得将带轮、齿轮等传动零件直接安装在液压泵和液压马达的轴上。

3）液压泵和液压马达对系统滤油精度有一定要求。齿轮泵过滤精度≤40μm，柱塞泵过滤精度≤25μm。在泵进油口处通常设置粗过滤器。

4）对于某些液压马达，主要是内曲线液压马达和双斜盘轴向柱塞式液压马达在回油路要安装背压阀，以使液压马达回油口具有足够的背压而保证正常工作。背压的数值通常为 0.5~1MPa（转速高时，背压应取大值）。

5）为了防止大功率液压泵的振动和噪声沿管道传至系统而引起系统振动和噪声，在泵的进油口和出油口可各安装一段胶管。

2. 使用要求

液压泵和液压马达使用时要注意以下四点：

1）工作压力、转速不能超过规定值。

2）规定了旋转方向的泵，不得反向旋转；泵的进、出油口不得接反。

3）液压泵和液压马达的工作介质通常为石油基液压油，运动黏度一般为 $\nu=(11.5\sim41.3)\times10^{-6}\text{m}^2/\text{s}$ 或 $2\sim5.8°E_{50}$，正常工作温度为 20~60℃。

4）避免液压泵带负载起动及在有负载情况下停车；低温起动后先小负载运转，待温度上升后再进入正常运转；注意不要将热油突然输入冷元件，以免发生配合面“咬伤”事故。

复习思考题

3-1　什么是容积泵？容积泵必须满足什么条件？

3-2 外反馈限压式变量叶片泵的最大流量应如何调节？调节后，流量-压力特性曲线有什么变化？

3-3 试分析齿轮泵产生泄漏的途径，泄漏量最大的是哪一途径？

3-4 试分析单作用叶片泵产生流量脉动的主要原因，是否与双作用叶片泵产生流量脉动的原因相同？

3-5 某个液压泵的工作压力为20MPa，输出流量为60L/min，容积效率为0.9，机械效率为0.9，试求直接驱动泵的电动机功率和泵的输出功率。

3-6 某液压泵的额定压力为0.2MPa，额定流量 q_{V_n} = 20L/min，泵的容积效率 η_V = 0.95，试计算泵的理论流量和泄漏量的大小。

3-7 一液压马达的排量 $V = 80\text{cm}^3/\text{r}$，负载转矩为50N · m时，测得其机械效率为0.85。将此液压马达用作液压泵，在工作压力为4.62MPa时，其机械损失转矩与上述液压马达工况相同。求此时泵的机械效率。

3-8 某液压泵在转速为950r/min时的理论流量为160L/min，在压力为29.5MPa和同样转速下测得实际流量为150L/min，总效率为0.87，求：

1）液压泵的容积效率。

2）液压泵在上述工况下所需的电动机功率。

3）液压泵在上述工况下的机械效率。

4）驱动此液压泵需多大转矩。

3-9 某液压马达排量 $V = 250\text{mL/min}$，入口压力为9.8MPa，出口压力为0.49MPa，其总效率 $\eta = 0.9$，容积效率 $\eta_V = 0.92$。当输入流量 $q = 22\text{L/min}$ 时，液压马达输出转矩和转速各为多少？

第四章 液 压 缸

1. 教学目标

1）掌握各种液压缸的工作原理、基本参数和结构特点等。

2）能合理设计和选用液压缸。

3）会进行必要的液压传动装置校核。

2. 教学要点

知识要点	掌握程度	相关知识
液压缸的类型及特点	了解各种液压缸的类型及特点；掌握其不同结构原理和安装特点；熟悉液压缸内压力、流量和运动部件运动速度、推力的关系，并能灵活计算；熟悉常用液压缸的图形符号	流体力学的基本知识；机械结构和传动的相关知识；液压与气动元件图形符号的国家标准；活塞式、柱塞式、伸缩式等液压缸的工程应用
液压缸的结构	熟悉液压缸常见结构形式、特点和应用	缸筒和缸盖、活塞和活塞杆、缓冲装置、排气装置和密封装置的结构和应用
液压缸的设计计算	掌握液压缸的设计步骤、设计方法和校核方法	液压系统设计知识、机械结构设计知识

3. 教学提示

在学时允许的情况下，本章可对液压缸设计计算部分内容采用翻转课堂或讨论式教学，即在学生充分预习的情况下，给定液压缸的工作状况和运动部件的技术参数，共同研讨液压缸的设计步骤、设计方法，确定液压缸的主要尺寸和关键件形式，并进行校核。

第一节 液压缸的类型及特点

液压缸是将液体的压力能转换成机械能的能量转换装置，是液压系统中重要的执行元件。

液压缸输入的是液体的流量和压力，输出的是力和直线速度。液压缸的结构简单，工作可靠性好，广泛应用于工业生产各个部门。为满足不同类型机械的各种要求，液压缸具有多种不同的类型。

按供油方向分为：单作用式和双作用式。单作用式液压缸具有单向液压驱动，靠自重、弹簧或其他外力回程的特点；双作用式液压缸则是双向液压驱动的。

思政融入点
4-1

按结构类型分为：活塞式、柱塞式、摆动式和伸缩式，其中活塞式应用最广。

按使用压力分为：中低压缸（额定压力为2.5～6.3MPa）、中高压缸（额定压力为10～16MPa）和高压缸（额定压力为25～31.5MPa）。

液压缸除了单个使用外还可以组合起来，或与其他缸筒和构件结合形成串联缸、增压缸、增速缸和步进缸，以实现特殊的功能。

一、活塞式液压缸

活塞式液压缸有双活塞杆缸和单活塞杆缸两种。

1. 双活塞杆缸

按安装方式的不同，双活塞杆缸有缸定（固定缸）式和杆定（固定杆）式两种。

（1）缸定式 图4-1所示为缸定（活塞杆运动）式双活塞杆缸。图中1为液压缸的缸筒，2为活塞杆，3为活塞，4为工作台（不属于液压缸的组成部分），工作台与活塞杆相连接。它的进、出油口布置在缸筒两端，改变液压油进出液压缸的方向，可使活塞杆的运动变向。

这种安装方式使工作台的移动范围约为活塞有效行程l的3倍，占用空间大，宜用于小型设备中。另外，活塞杆可设计成一端受拉力，另一端不受力，因此活塞杆杆径可以较细。

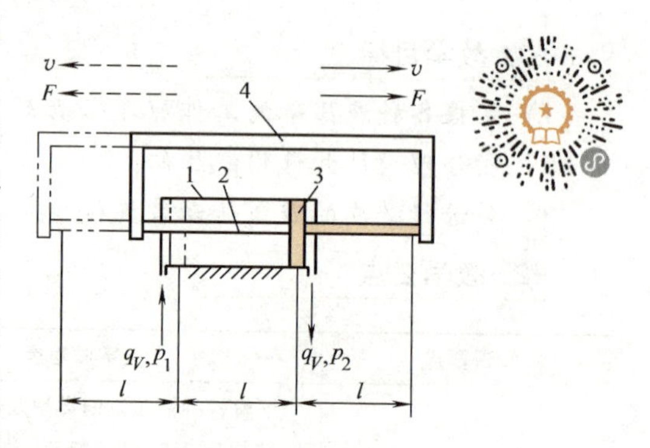

图4-1 缸定式双活塞杆缸
1—缸筒 2—活塞杆
3—活塞 4—工作台

（2）杆定式 图4-2所示为杆定（缸体运动）式双活塞杆缸。图中活塞杆2固定，缸筒1和工作台4连接。进、出油口的布置有两种状态，一种是将进、出油口分别布置在缸筒两端，如图4-2a所示；另一种是利用空心活塞杆的中心孔及靠近活塞处加工出与中心孔相

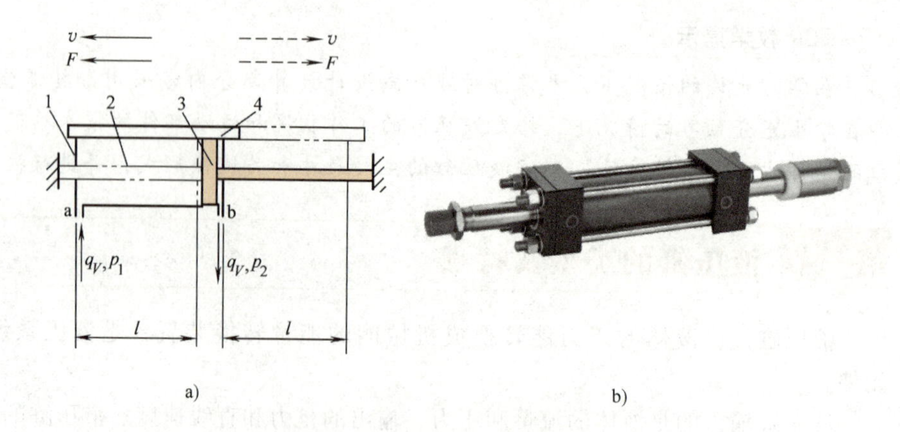

图4-2 杆定式双活塞杆缸
a）工作原理 b）实物图
1—缸筒 2—活塞杆 3—活塞 4—工作台

同的径向孔作为进、出油口。在图示情况下，压力为 p_1 的液压油从缸筒一端的孔口 a 流入液压缸左腔，推动缸筒 1 和工作台 4 从右向左运动，液压缸右腔的油液则从缸筒另一端孔口 b 流出。此时，布置在缸筒两端的进、出油口 a 和 b 需用软管连接以适应沿活塞杆轴线的轴向运动。从图中可以看出，这种活塞缸工作台的最大活动范围是液压缸有效行程 l 的 2 倍，因此安装空间小，适用于中型及较大型的机床。

（3）推力及速度计算　由于双活塞杆缸的两个活塞杆的直径相等，因此其左右两腔的有效面积相等。若进油腔（高压腔）的压力为 p_1，回油腔（低压腔）的压力为 p_2，当液压油分别从左、右腔输入且工作压力不变时，液压缸所产生的推力都相等。其推力为

$$F=(p_1-p_2)A\eta_m=\frac{\pi}{4}(D^2-d^2)(p_1-p_2)\eta_m \tag{4-1a}$$

若不计回油压力，即 $p_2=0$，则推力为

$$F=\frac{\pi}{4}(D^2-d^2)p_1\eta_m \tag{4-1b}$$

式中　A——活塞的有效工作面积（m^2）；

D——活塞的直径（m）；

d——活塞杆的直径（m）；

η_m——液压缸的机械效率，一般在 0.90~0.95 之间选取；

p_1——液压缸进口压力（Pa）；

p_2——液压缸出口压力（Pa）。

若输入液压缸左右两腔的流量相同，工作台（液压缸）往复运动的速度也相等，则其速度为

$$v=\frac{q_V\eta_V}{\pi(D^2-d^2)/4}=\frac{4q_V\eta_V}{\pi(D^2-d^2)} \tag{4-2}$$

式中　q_V——输入液压缸的油液流量（m^3/s）；

η_V——液压缸的容积效率。

2. 单活塞杆缸

单活塞杆缸（活塞只有单侧有活塞杆）进、出油口的布置视其安装方式而定（图 4-3a），

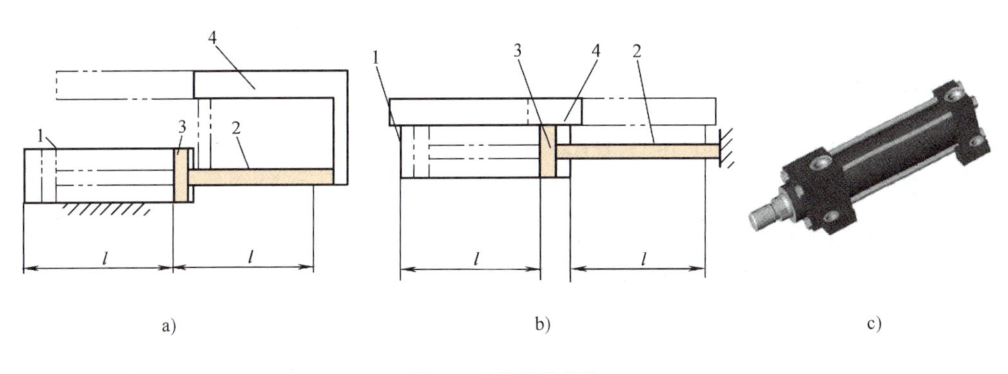

图 4-3　单活塞杆缸

a）缸筒固定的工作原理　b）活塞杆固定的工作原理　c）实物图

1—缸筒　2—活塞杆　3—活塞　4—工作台

可以将缸筒固定，也可以将活塞杆固定，工作台的最大活动范围都是活塞（或缸筒）有效行程 l 的 2 倍。

由于单活塞杆缸左右两腔的有效工作面积不相等，因此，它在左右方向所产生的推力和速度不相等。图 4-3c 所示为单活塞杆缸的实物图。

（1）压力油进入无杆腔的情况 如图 4-4 所示，压力为 p_1 的压力油进入无杆腔，推动活塞向右运动，速度为 v_1；回油从液压缸有杆腔流出，压力为 p_2，则推力 F_1 为

$$F_1=\frac{\pi}{4}[(p_1-p_2)D^2+p_2d^2]\eta_m \tag{4-3}$$

若不计回油压力，推力 F_1 为

$$F_1=\frac{\pi}{4}D^2p_1\eta_m \tag{4-4}$$

式中 p_1——无杆腔的压力（Pa）；

p_2——有杆腔的压力（Pa）；

η_m——液压缸的机械效率。

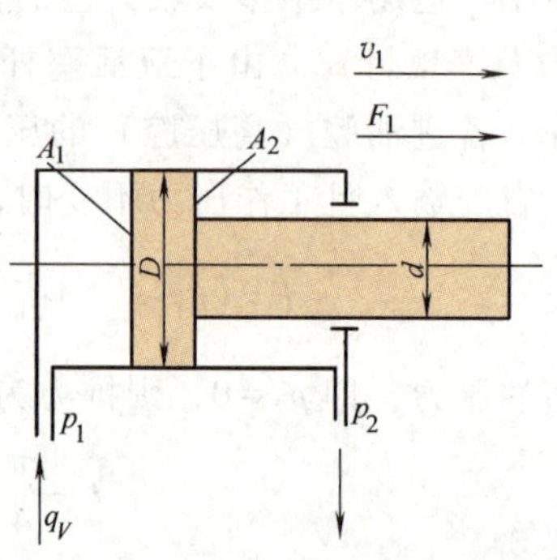
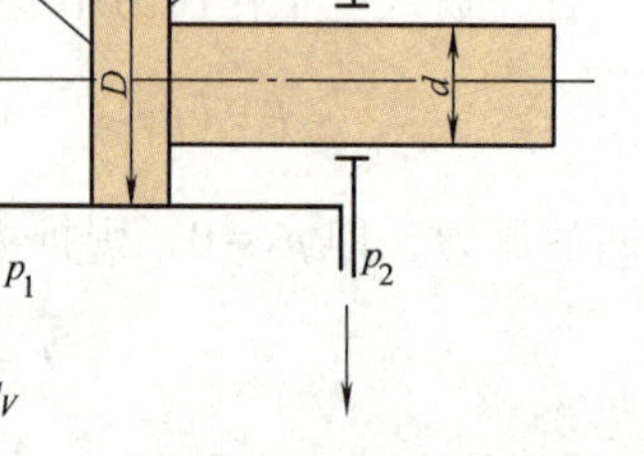

图 4-4 压力油进入无杆腔

A_1—无杆腔面积 A_2—有杆腔面积

若输入的油液流量为 q_V，则速度为

$$v_1=\frac{q_V\eta_V}{\pi D^2/4}=\frac{4q_V\eta_V}{\pi D^2} \tag{4-5}$$

式中 η_V——液压缸的容积效率。

（2）压力油进入有杆腔的情况 如图 4-5 所示，液压缸产生的推力 F_2 为

$$F_2=\frac{\pi}{4}[(p_1-p_2)D^2-p_1d^2]\eta_m \tag{4-6a}$$

若不计回油压力，则推力 F_2 为

$$F_2=\frac{\pi}{4}(D^2-d^2)p_1\eta_m \tag{4-6b}$$

液压缸的速度为

$$v_2=\frac{q_V\eta_V}{\pi(D^2-d^2)/4}=\frac{4q_V\eta_V}{\pi(D^2-d^2)} \tag{4-7}$$

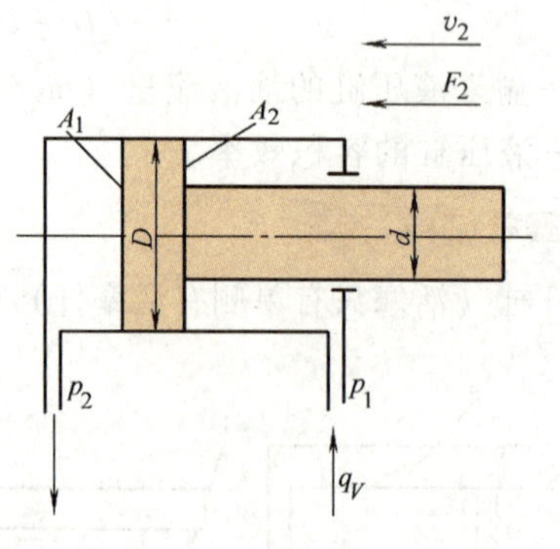

图 4-5 压力油进入有杆腔

A_1—无杆腔面积 A_2—有杆腔面积

工程上把两个方向上的速度 v_1 和 v_2 的比值称为往返速比，记作 λ_v，则 $\lambda_v=v_2/v_1=1/[1-(d/D)^2]$，$d=D\sqrt{(\lambda_v-1)/\lambda_v}$。在已知活塞直径 D 和往返速比 λ_v 时，可确定活塞杆直径 d。往返速比 λ_v 越大，活塞杆直径 d 越小。

（3）液压缸的差动连接 如图 4-6 所示，向单活塞杆缸的无杆腔通压力油，同时有杆腔排出的油又回到无杆腔，称为液压缸油路的“差动连接”。差动连接的单活塞杆缸称为差动液压缸。显然，差动液压缸的左右两腔压力相等，但因为无杆腔的有效面积大于有杆腔的有效面积，因此差动液压缸无杆腔的总作用力大于有杆腔，故活塞向右移动，并且有杆腔排出的流量

q_V'与泵的流量 q_V 汇合，使活塞运动速度变快。此时，液压缸产生的推力 F_3 为

$$F_3=\frac{\pi}{4}d^2p_1\eta_m \tag{4-8}$$

速度 v_3 为

$$v_3=\frac{q_V\eta_V}{A_1-A_2}=\frac{4q_V\eta_V}{\pi d^2} \tag{4-9}$$

将 F_3 和 v_3 分别与 F_2、F_1 和 v_2、v_1 相比较可知，差动连接的速度比非差动连接大，即 $v_3>v_2$、$v_3>v_1$；而液压缸的推力则变小了，即 $F_3<F_2$、$F_3<F_1$。总之，差动连接是一种减小推力而获得较高速度的方法。由式（4-7）、式（4-9）可得：$D=\sqrt{2}d$ 或 $A_1=2A_2$。如果差动液压缸在左右两个方向上的速度相等，则推力也相等。可证明如下：

设活塞向左的运动速度为 v，有

$$v=\frac{q_V\eta_V}{A_2}=\frac{q_V\eta_V}{\frac{\pi}{4}(D^2-d^2)}=\frac{4q_V\eta_V}{\pi d^2}=v_3$$

设活塞向左运动的推力为 F，有

$$F=pA_2\eta_m=p\frac{\pi}{4}(D^2-d^2)\eta_m$$

$$=p\frac{\pi}{4}d^2\eta_m=F_3$$

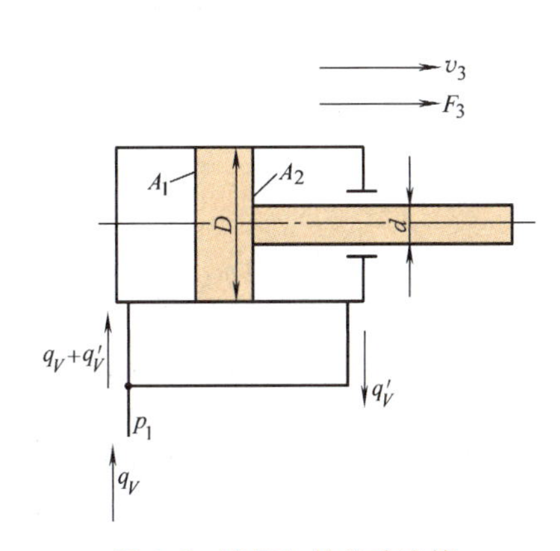

图 4-6 液压缸的差动连接

A_1—无杆腔面积 A_2—有杆腔面积

活塞式液压缸工作时，要求活塞与缸的内孔有较高的配合精度，尤其在缸筒很长时，加工相当困难。但缸筒的加工很重要，其内孔一般采用镗、铰、滚压、珩磨、研磨等精密加工制造工艺，以降低表面粗糙度值（内表面的表面粗糙度 Ra 值一般为 0.1~0.4μm），保证活塞及附件滑动顺利，保证密封效果，同时减小磨损和内泄漏。另外，缸筒要承受很大的压力，加工后要进行探伤检查，以保证足够的刚度和强度。

例 4-1 如图 4-7 所示，已知单活塞杆缸的缸筒内经 $D=90$mm，活塞杆直径 $d=60$mm，进入单活塞杆缸的流量 $q=25$L/min，进油压力 $p_1=6$MPa，回油压力 $p_2=0.5$MPa。计算处于图示各连接方式时，单活塞杆缸运动速度与最大推力，并判断它们的方向。

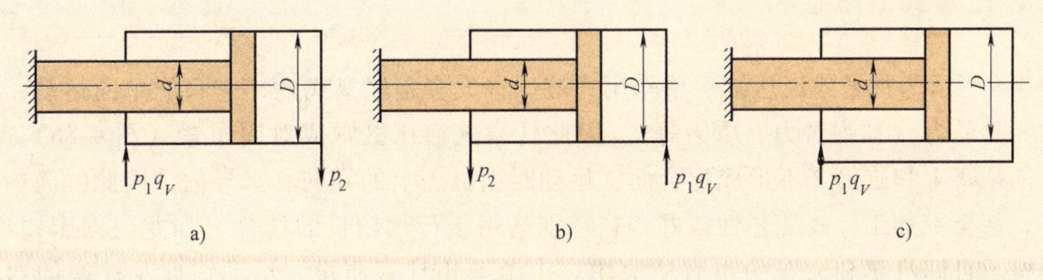

图 4-7 例 4-1 图

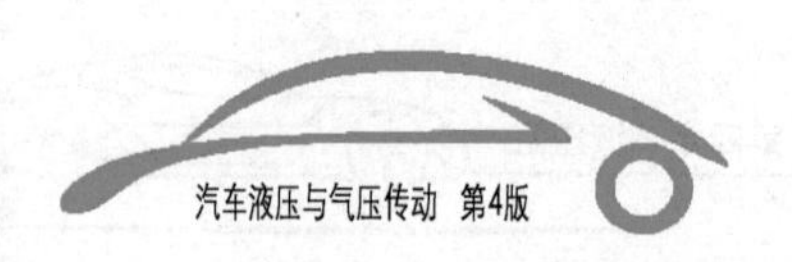

解 图4-7a所示单活塞杆缸的运动速度为

$$v=\frac{q_V}{\frac{\pi}{4}(D^2-d^2)}=\frac{25\times10^{-3}}{\frac{\pi}{4}\times(90^2-60^2)\times10^{-6}\times60}\text{m/s}=0.118\text{m/s}$$

方向向左。

最大推力为

$$F=\frac{\pi}{4}(D^2-d^2)p_1-\frac{\pi}{4}D^2p_2=\frac{\pi}{4}\times(0.09^2-0.06^2)\times6\times10^6\text{N}-\frac{\pi}{4}\times0.09^2\times0.5\times10^6\text{N}=18\text{kN}$$

方向向左。

图4-7b所示单活塞杆缸的运动速度为

$$v=\frac{q_V}{\frac{\pi}{4}D^2}=\frac{25\times10^{-3}}{\frac{\pi}{4}\times0.09^2\times60}\text{m/s}=0.066\text{m/s}$$

方向向右。

最大推力为

$$F=\frac{\pi}{4}D^2p_1-\frac{\pi}{4}(D^2-d^2)p_2$$

$$=\frac{\pi}{4}\times0.09^2\times6\times10^6\text{N}-\frac{\pi}{4}\times(0.09^2-0.06^2)\times0.5\times10^6\text{N}=36.4\text{kN}$$

图4-7c所示单活塞杆缸的运动速度为

$$v=\frac{q_V}{\frac{\pi}{4}d^2}=\frac{25\times10^{-3}}{\frac{\pi}{4}\times0.06^2\times60}\text{m/s}=0.148\text{m/s}$$

方向向右。

最大推力为

$$F=\frac{\pi}{4}d^2p_1$$

$$=\frac{\pi}{4}\times0.06^2\times6\times10^6\text{N}=17\text{kN}$$

方向向右。

二、柱塞式液压缸

图4-8所示为柱塞式液压缸。单作用式液压缸大多是柱塞式的，它只能单向运动，退回原位时需要外力（如弹簧力、重力等），因此柱塞式液压缸常成对向布置（图4-8b）。这种液压缸的柱塞1和缸筒2不形成配合面，运动时由缸盖上的导向套来导向，因此缸筒内只需粗加工，甚至不加工，故工艺性较好。它特别适用于行程较长的场合（如龙门刨床），在液压升降机、自卸汽车和叉车中也有所应用。为了减小柱塞质量、运动惯性及柱塞的弯曲变形，一般采用空心柱塞。为增强刚性，在缸筒内常设置有辅助支承。

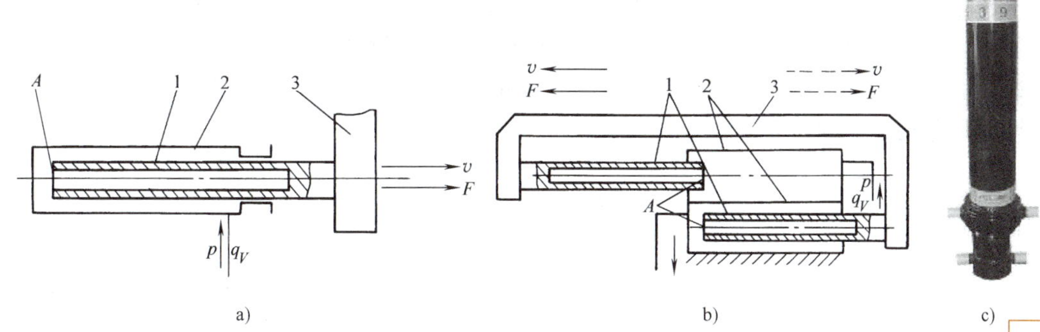

图 4-8　柱塞式液压缸

a）单缸式　b）双缸式　c）实物图

1—柱塞　2—缸筒　3—工作台　A—柱塞有效面积

柱塞式液压缸产生的推力 F 和运动速度 v 分别为

$$F = Ap\eta_{\mathrm{m}} = \frac{\pi}{4}d^2 p\eta_{\mathrm{m}} \tag{4-10}$$

$$v = \frac{4q_V}{\pi d^2}\eta_V \tag{4-11}$$

式中　d——柱塞直径（m），其他符号意义同前。

三、伸缩式液压缸

伸缩式液压缸又称为多级液压缸、多套缸。伸缩式液压缸由两个或多个活塞式液压缸套装形成，前一个活塞缸的活塞是后一个活塞缸的缸筒，伸出时（按活塞的有效面积由大到小依次伸出）可获得很长的工作行程，缩回时（按活塞有效面积由小到大依次缩回）轴向长度尺寸变得很小，结构尺寸紧凑。图 4-9 所示为一种双作用伸缩式液压缸。通入压力油时

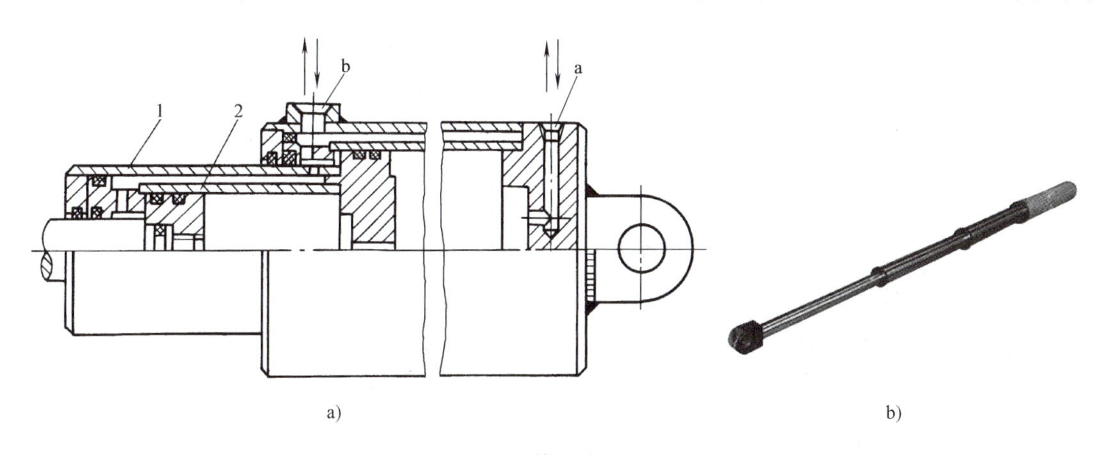

图 4-9　伸缩式液压缸

a）结构原理　b）实物图

1、2—活塞

a—进油口　b—出油口

各级活塞按有效面积由大到小依次先后伸出，活塞有效面积最大的缸筒以最低油压力首先伸出，行程终了时活塞有效面积次之的缸筒开始伸出。在工作过程中，油压和输入流量不变，在刚起动时伸缩式液压缸的推力最大，随行程逐级增长而减小，速度随行程逐级增长而加大。这种液压缸特别适用于自卸汽车和汽车式起重机的伸缩臂。

推力和运动速度的计算公式为

$$F_i = A_i p_1 \eta_{mi} = \frac{\pi D_i^2}{4} p_1 \eta_{mi} \tag{4-12}$$

$$v = \frac{4 q_V \eta_{Vi}}{\pi D_i^2} \tag{4-13}$$

式中　i——第 i 级活塞缸，其余符号同前。

除双作用伸缩式液压缸外，还有单作用伸缩式液压缸。两者的区别是单作用的回位靠外力，而双作用的回位靠压力油作用。

第二节 液压缸的结构

液压缸的基本结构组成可以分为缸筒和缸盖、活塞和活塞杆、缓冲装置、排气装置、密封装置五个部分。

一、缸筒和缸盖的连接

图 4-10a 所示为法兰连接。在用无缝钢管制作的缸筒上焊上法兰，再用螺栓与缸盖紧固。该结构简单，加工与拆卸方便，缺点是外形尺寸和质量都较大。该结构型式应用最广泛，特别是中压液压缸均采用这种结构。当工作压力较小、缸壁较厚时，也可不焊法兰，而在缸壁上直接加工螺栓孔，用螺栓与缸筒连接，缸筒材料常为铸铁。

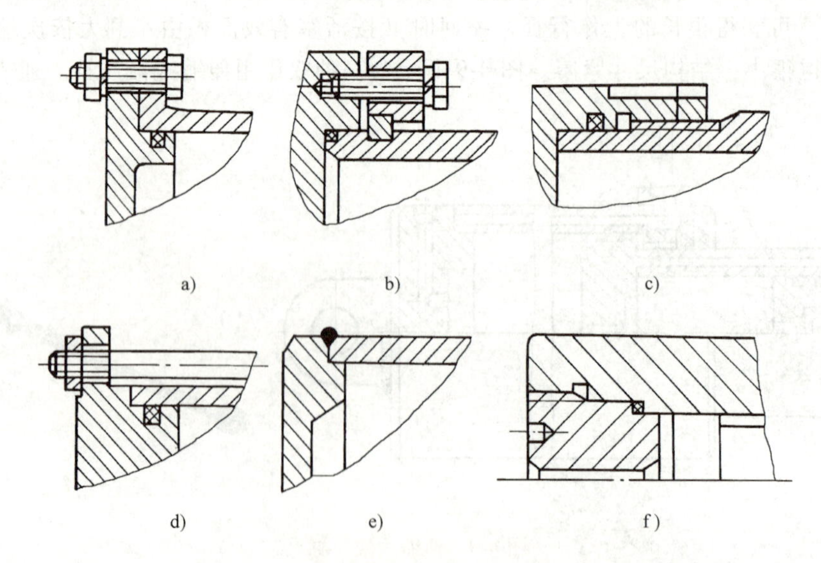

图 4-10 常见的缸筒和缸盖结构及其连接方式

a）法兰连接 b）卡环连接 c）外螺纹连接 d）拉杆连接 e）焊接连接 f）内螺纹连接

图 4-10b 所示为卡环连接，它分为外卡环连接和内卡环连接，把卡环切成两块（半环）装于缸筒槽内。当液压缸轴向尺寸受到限制，又要获得较大行程时，有时采用外卡环连接。它的缸筒壁部因加工了环形槽而削弱了强度，故往往要将缸壁加厚。该结构易加工和装拆，质量较小，结构复杂，加工要求高，常应用于无缝钢管或锻钢材料制成的缸筒。

图 4-10c、f 所示为螺纹连接，其中图 4-10c 所示为外螺纹连接，图 4-10f 所示为内螺纹连接。它的缸筒端部结构较复杂，因缸径大的缸筒需加工较大的螺纹，故一般应用于缸径较小的缸筒。加工外径时，要求保证与内径同轴，要使用专用工具装拆，它的外形尺寸和质量都较小，常应用于无缝钢管或铸钢制成的缸筒。其优点是螺纹对缸筒强度的削弱较小，结构紧凑。

图 4-10d 所示为拉杆连接。前、后缸盖装在缸筒两端，用 3～4 根拉杆（螺栓）将其紧固。该结构的通用性大，加工和装拆容易，零件易于更换。但外形尺寸较大且较重，密封问题不易解决。这种连接通常只用于行程短的液压缸。

图 4-10e 所示为焊接连接，该结构简单，轴向尺寸小，但缸底处内径不易加工，且可能引起焊接部位变形。因此，它仅应用于较短的液压缸的一端，而另一端采用其他结构。

液压缸结构形式的选择要由工作条件、工作压力和缸筒材料来确定。

二、活塞和活塞杆的连接

活塞在压力、负载作用下在缸筒内做往复直线运动，活塞的两端分别为液压缸的进油腔和回油腔，因其直接承受端面压力，故活塞必须具有一定的强度。活塞在导向套内往复运动，外圆表面应耐磨并具有防锈性能。活塞杆位于活塞与负载之间，是传力零件。活塞杆与活塞的连接对保证液压缸的正常工作非常重要。

活塞和活塞杆的结构形式很多，有整体式、焊接式、锥销式、螺纹式和卡环式连接（图 4-11）等多种。螺纹式连接结构简单，装拆方便，需用开口销或双螺母锁紧，以保证连接牢固可靠。卡环式连接工作可靠，可承受较大负载与振动，但结构较复杂，装拆不便。

直径较小的液压缸，可将活塞和活塞杆制成整体式连接结构。活塞一般用耐磨铸铁、铝合金或覆盖有青铜、黄铜和尼龙等耐磨套的钢制造。活塞杆有空心和实心两种，大多用 35 钢、45 钢或 40Cr 等钢料制造，必须有足够的刚度和强度，外圆表面需镀铬并抛光。

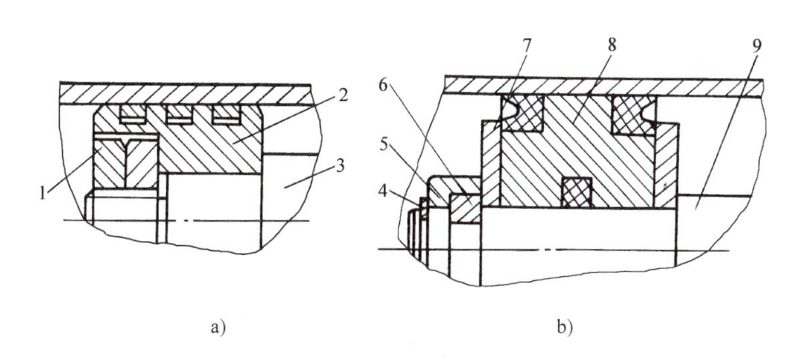

图 4-11　活塞和活塞杆的结构及其连接

a）螺纹式连接　b）卡环式连接

1—螺母　2、8—活塞　3、9—活塞杆　4—弹簧卡环　5—轴套　6—半环　7—压板

三、活塞杆头部结构

活塞杆头部和工作机械连接，根据与工作机械连接的要求不同，活塞杆头部主要有如图4-12所示的几种结构，可根据需要选配。在具体应用时，若采用图4-12a～d所示结构可使液压缸具有一个自由度，若采用图4-12e所示结构，可使液压缸具有三个自由度。图4-12a～e所示结构应用范围灵活，其中图4-12c、d所示结构多用于非标准化的液压缸上。图4-12f、g所示结构通用性强，应用于标准化的液压缸中，且可通过螺纹连接图4-12a～e所示的其他结构形式。

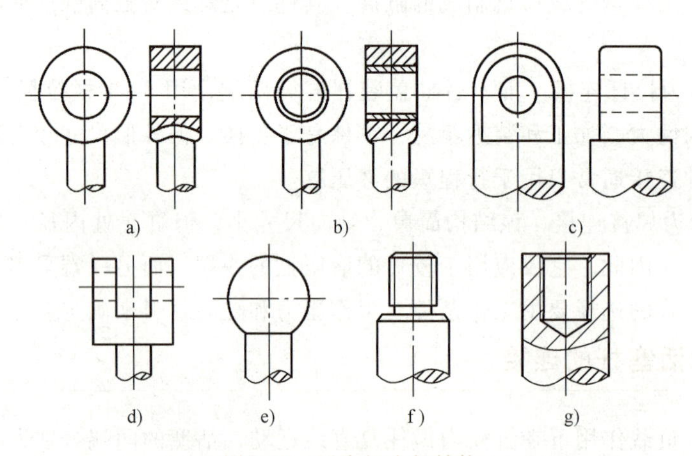

图4-12　活塞杆头部结构

a）单耳环不带衬套式　b）单耳环带衬套式　c）单耳环式
d）双耳环式　e）球头式　f）外螺纹式　g）内螺纹式

四、液压缸的缓冲装置

为了避免活塞在行程极限位置冲撞缸盖，损坏液压缸及其连接机件，同时减弱对液压回路的液压冲击，一般在液压缸两端设置缓冲装置。液压缸中缓冲装置的工作原理是，在活塞和缸盖的行程极限位置之间封住一部分油液，强迫它从小孔或细缝中挤出，利用节流原理以产生很大的排油阻力，实现运动部件的减速或制动，从而避免活塞撞击缸盖。

图4-13a所示为节流口可调式缓冲装置，当活塞上的圆柱（锥）凸台进入配合孔后，液压油必须经过针形节流阀1才能排出。缓冲作用大小由节流阀的调节来决定，但不能解决速度降低后缓冲作用也随之减弱的问题。节流口可调式缓冲装置在节流口调定后，其工作原理相当于一个单孔口式的缓冲装置。

图4-13b所示为节流口可变式缓冲装置，在缓冲柱塞上开有变截面三角沟槽3，当活塞运动到右端时，其轴向节流沟槽的通流截面逐渐减小，阻力作用加强，因此缓冲均匀，解决了在接近终点位置缓冲作用太弱的问题，制动位置精度高。

图4-13c所示为环状间隙式缓冲装置，当活塞上的圆柱（锥）凸台进入与其相配的缸盖凹腔时，封闭在活塞与缸盖间的液压油（回油）必须通过环（锥）状间隙δ才能挤出，使活塞速度降低。由于配合间隙固定不变，因此缓冲作用随着活塞运动速度的降低而逐渐减弱。该结构简单，适用于运动部件惯性不大、运动速度不高的场合。

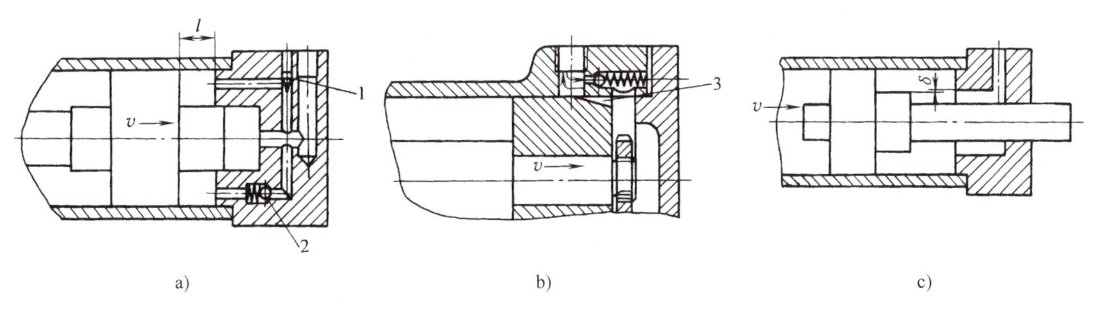

图 4-13　液压缸的缓冲装置

a）节流口可调式　b）节流口可变式　c）环状间隙式

1—针形节流阀　2—单向阀　3—三角沟槽

理想的缓冲装置应在其整个工作过程中保持缓冲压力恒定不变，但实际的缓冲装置很难达到这种要求。

五、液压缸的排气装置

液压油中不可避免地会有空气混入，以及液压缸长期不用或在安装过程中侵入空气，因此液压缸内最高部位处常会聚积空气。液压缸内的残余空气无法自行排出，往往会造成其在低速时产生振动或爬行，并随之产生噪声，换向时精度降低等非正常现象，从而影响机械的正常运转。为此，需要在液压缸结构中设置排气装置。

排气装置通常有两种形式。一种情况是对速度稳定性要求较高的液压缸，一般在液压缸两端的最高部位设置排气孔，用长管道向远处的排气阀排气（图 4-14a），或在缸盖的最高部位直接设置排气阀（图 4-14b）。液压缸排气时打开排气装置（让液压缸全行程往复移动数次），空气较油液轻，易于排出，直到从排气装置喷出的是油液而不是空气时，可认为已排完空气，但已溶于油液中的空气无法排出。对于双作用液压缸应设置两个排气阀。另一种情况是对速度稳定性要求不高的液压缸，一般不设置专门的排气装置，而是将油口设置在缸筒两端最高部位，这样空气可随油液排回到油箱，再从油箱中逸出。

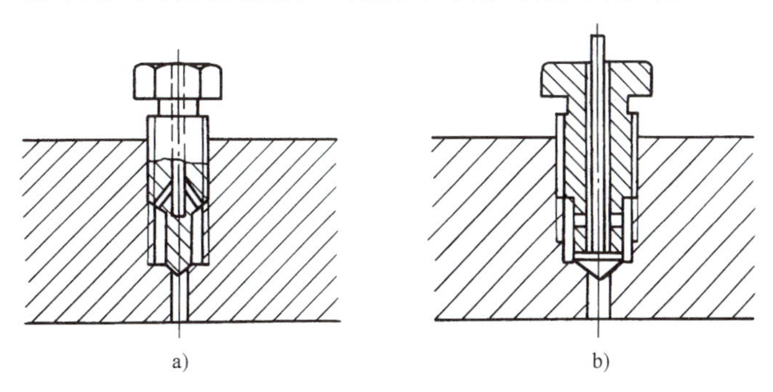

图 4-14　典型排气阀的结构

六、液压缸的密封装置

液压缸中常见的密封装置如图 4-15 所示。图 4-15a 所示为间隙密封方式，它依靠运动副的间隙来防止泄漏。在活塞的表面上制出的数条细小环形槽形成“迷宫”，增大了油液通过

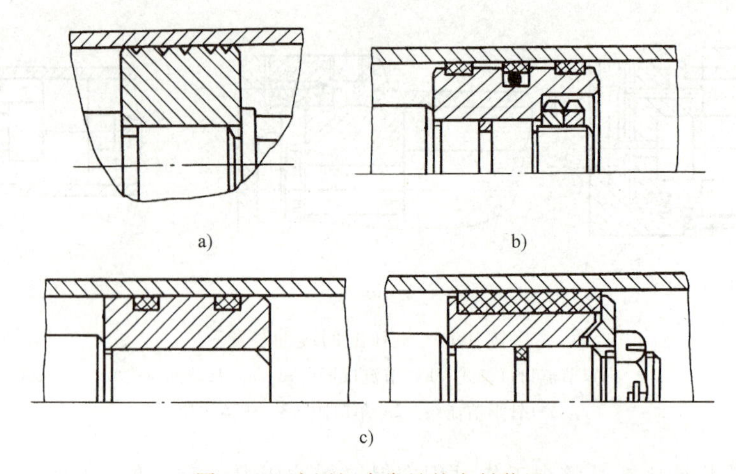

图 4-15 液压缸中常见的密封装置

a）间隙密封 b）摩擦环密封 c）密封圈密封

间隙时的阻力，提高了装置的密封能力。这种方式结构简单，耐高温，摩擦阻力较小，但泄漏较大，磨损后不能恢复原有能力，故应用在压力较低、相对运动速度较高的场合。

图 4-15b 所示为摩擦环密封方式，用尼龙或其他高分子材料制成的摩擦环套在活塞上，并在 O 形圈弹力作用下外张贴紧缸壁，阻断泄漏路径而防止泄漏。这种方式摩擦阻力较小，耐高温，磨损后有自动补偿能力，密封效果较好，但不易装拆，故适用于缸筒和活塞之间的密封。

图 4-15c 所示为密封圈（O 形圈、V 形圈等）密封方式，用橡胶和塑料制成的密封圈有各种不同的断面形式，密封圈用在缸筒和活塞之间、缸盖和活塞杆之间、活塞和活塞杆之间、缸筒和缸盖之间，以防止泄漏。它结构简单，制造容易，磨损后有自动补偿能力，性能可靠。

在工作时，活塞杆要外伸出液压缸，很容易把脏物带入液压缸，污染油液，磨损密封件，因此需在活塞杆与液压缸的密封处加设防尘圈，当然对活塞杆表面的表面粗糙度也要提出要求。

第三节 液压缸的设计计算

液压缸的结构尺寸与整个工作机构有着密切的关系。在分析液压系统的设计内容，即分析工况、编制负载图和确定最大负载力（详见第九章第六节）后，综合使用要求以确定结构类型、安装形式和安装空间，根据负载值、速度和最大行程决定液压缸的主要尺寸。一般来说，液压缸是通用件，可根据通用的产品目录进行选型，但有时也需要参考有关设计手册自行设计。

一、收集原始资料、整理设计数据

液压缸的设计是整机设计的一部分，因而在设计之前，需收集必要的原始资料，进行分析和研究，并加以整理作为设计的依据。具体有以下内容：

1）了解主机用途、工作环境及对液压缸的动作要求。例如：汽车起重机、自卸汽车、煤矿中的液压支架和机床液压系统等对液压缸的动作要求不同，工作条件也不同，这是在设计时必须考虑的第一因素。

2）了解液压缸的运动形态和安装约束条件。内容包括液压缸的行程、运动速度、运动方式（直线运动或摆动、轴线摆动或固定、连续运动或间歇运动）和安装空间所允许的外形尺寸，以初步选择液压缸的安装结构形式。

3）了解液压缸的负载情况，包括负载质量、几何形状、空间体积、摩擦阻力及活塞杆头部连接形式等。

4）了解液压系统的情况，包括液压泵的工作压力、输出流量、液压管路的通径和布置情况、管接头形式等。

5）了解国家相关技术标准，收集类似的设计资料作为设计的参考。

二、设计的一般步骤及注意的问题

液压缸设计没有统一的步骤。液压缸参数之间有内在的联系，设计要交叉进行，反复推敲和计算，以获得满意的设计效果。下列设计步骤可作为参考。

1）根据主机用途及对液压缸的动作要求，确定液压缸的结构形式、安装形式及连接方式。

2）进行负载分析和运动分析，最好作负载图、速度图和功率图，使设计参数一目了然。

3）根据负载要求，选择液压缸工作压力、液压缸内径与活塞杆直径，这是液压缸设计的关键一步。

4）进一步确定其他尺寸及结构形式，如活塞宽度，活塞杆长度，活塞与活塞杆配合尺寸，活塞及活塞杆的密封形式及尺寸，缸筒厚度、外径及长度，导向长度，支承宽度，油口尺寸，中隔圈尺寸及结构，排气口设置及缓冲设置等。

5）根据步骤3）和4）确定的几何尺寸进行图样设计并校核有关零件的刚度和强度，步骤3）~5）是一个反复的过程。

6）审定全部设计资料及其他技术文件，对图样进行修改与补充。

7）绘制液压缸装配图和零件图，编写设计计算说明书及其技术文献。

在设计中应注意以下问题：

1）在保证液压缸性能参数的条件下，应尽量简化结构，减少零件，减小几何尺寸和质量。

2）各零件的结构形式和尺寸应按照规范要求采用标准形式，以便于加工、装配和维修。

3）密封部位的设计和密封件的选用要合理，以保证密封可靠、摩擦力小、寿命长，更换方便。

4）活塞杆受压负载或偏心负载作用时，要进行稳定性校核。

5）要考虑行程末端制动问题和排气问题。缸内若无缓冲和排气装置，液压系统中要有相应措施，但并非所有液压缸都要考虑这些问题。

三、液压缸工作压力的确定

液压缸所能克服的最大负载力 F 和有效工作面积 A 的关系为

$$F = pA$$

式中 F——液压缸最大负载（N），它为工作负载、摩擦力和惯性力之和；

p——液压缸工作压力（Pa）；

A——液压缸活塞的有效工作面积（m^2）。

若液压系统的额定压力已确定，则取额定压力为设计压力。液压缸的工作压力可根据最大负载参照表4-1选取，也可根据设备的类型参照表4-2选取。选取合适的工作压力是一个很重要的问题，应从结构尺寸、经济性等方面进行全面考虑。压力选得过低，液压系统所需流量大，对工作平稳性、可靠性、密封性及降低噪声有利，但会使液压缸内径增大，质量增大；反之，压力选得过高，会使密封复杂化，并且对液压缸的强度、刚度要求高，同时会导致换向冲击大等，对液压缸的制造精度要求提高，使容积效率降低，优点是可以减小液压缸尺寸。应综合各种因素，合理确定工作压力。

液压件的额定压力是在指定的工作条件下液压件能长期正常工作的压力，又称为公称压力。液压缸设计压力的数值等于额定压力的数值。

表4-1 不同负载条件下的工作压力

负载 F/kN	<5	5~10	10~20	20~30	30~50	>50
液压缸的工作压力 p/MPa	<0.8~1	1.5~2	2.5~3	3~4	4~5	≥5~7

表4-2 各类机械常用的工作压力

设备类型	机床				农业机械、小型工程机械专用汽车、工程机械中的辅助机构	压力机重型机械、起重运输机械、船舶起重机、大中型挖掘机
	磨床	组合机床	车、镗、铣床	拉床、龙门刨床		
工作压力 p/MPa	0.8~2	3~5	2~4	<10	10~16	20~32

四、液压缸主要尺寸的确定

液压缸的设计和使用正确与否，直接影响到它的性能和发生故障的频率。

1. 缸筒内径 D

液压缸的缸筒内径 D 是根据负载 F 和预选定的工作压力 p，或根据运动速度和输入的流量，按式（4-1）~式（4-13）有关计算公式计算之后，再从国家标准GB/T 2348—2018规定的系列（表4-3）中，选取合适的标准值圆整而得到。

表4-3 缸筒内径 D 的系列（GB/T 2348—2018） （单位：mm）

8	10	12	16	20	25	32	40	50	63
80	100	125	160	200	250	320	400	500	—

2. 活塞杆直径 d

在活塞杆中，d 值可由 D 和 λ_v 求得，标准液压缸的 λ_v 系列值为1.06、1.12、1.25、1.4、1.6、2、2.5和5，为了减小冲击（即不使往返运动速度相差过大），一般推荐 $\lambda_v \leq 1.6$。活塞运动速度受结构的限制，范围是 $0.2\text{m/s} < v < 1\text{m/s}$。

活塞杆直径也可以按其工作时的受力情况由表 4-4 初步选取。计算出的活塞杆直径可按表 4-5 圆整。

液压缸缸筒的长度由最大工作行程及结构上的需要决定。通常，缸筒长度=活塞最大行程+活塞长度+活塞杆导向长度+活塞杆密封长度+其他长度。缸筒长度一般不超过其内径的 20 倍。

表 4-4　活塞杆直径的选取

活塞杆受力情况	工作压力 p/MPa	活塞杆直径 d
受　　拉	—	$d=(0.3\sim0.5)D$
受压及拉	$p\leqslant5$	$d=(0.5\sim0.55)D$
受压及拉	$5<p\leqslant7$	$d=(0.6\sim0.7)D$
受压及拉	$p>7$	$d=0.7D$

表 4-5　活塞杆直径 d 系列（GB/T 2348—2018）　　（单位：mm）

4	5	6	8	10	12	14	16	18	20
22	25	28	(30)	32	36	40	45	50	56
60　63	70	80	90	100	110	120　125	140	160	180
200	220	250	280	320	360	400	450	—	—

当缸筒内径 D 小于 80mm 时，活塞杆导向长度 $L_A=(0.6\sim1.0)D$；当缸筒内径 D 大于 80mm 时，活塞杆导向长度 $L_A=(0.6\sim1.5)d$。其他长度是指一些特殊装置所需长度，如活塞轴向长度 $B=(0.6\sim1.0)D$，隔套 K 的宽度 $C=H-0.5(L_A+B)$，以及液压缸两端缓冲装置所需长度等。某些单活塞杆缸有最小导向长度的问题，如图 4-16 所示，要求

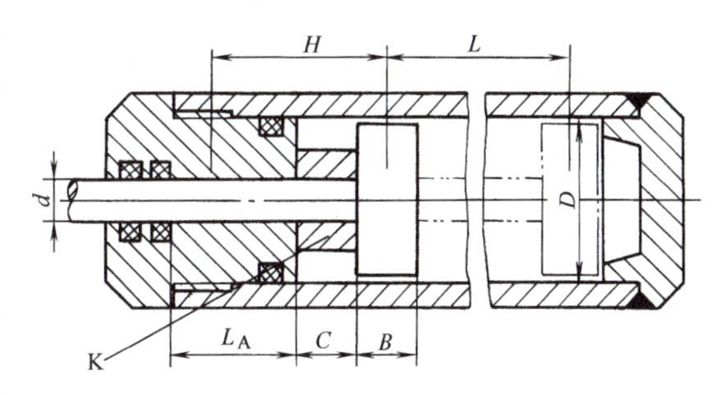

图 4-16　液压缸最小导向长度

K—隔套

$$H\geqslant\frac{L}{20}+\frac{D}{2}\tag{4-14}$$

式中　L——活塞最大行程（m）；其他符号如图 4-16 所示。

五、液压缸的强度和刚度校核

1. 活塞杆的计算

（1）强度校核　活塞杆强度按下式校核

$$d\geqslant\sqrt{\frac{4F}{\pi[\sigma]}+d_1^2}\tag{4-15}$$

式中　d——活塞杆直径（m）；

F——液压缸负载（N）；

$[\sigma]$——活塞杆材料许用应力（Pa）。$[\sigma]=R_m/n$，R_m 为材料的抗拉强度，n 为安全系

数，一般取 $n \geqslant 1.4$；

d_1——空心活塞杆孔径（m），对实心杆 $d_1=0$。

(2) 刚度校核 活塞杆受到轴向压缩负载时，它所承受的力 F 不能超过使它保持稳定工作所允许的某一临界负载 F_k，否则会发生纵向弯曲而失去稳定性，造成液压缸不能正常工作。F_k 的值与活塞杆材料的性质、横截面形状、直径、长度以及液压缸的安装方式等相关。活塞杆稳定性的校核可按材料力学中的有关公式进行计算，即

$$F=\frac{F_k}{n_k} \tag{4-16}$$

式中 n_k——安全系数，一般取 $n_k=2\sim4$。

当活塞杆长径比 $l/r_k>\Psi_1\sqrt{\Psi_2}$ 时，则

$$F_k=\frac{\Psi_2\pi^2EI}{l^2} \tag{4-17a}$$

当活塞杆长径比 $l/r_k\leqslant\Psi_1\sqrt{\Psi_2}$，且 $\Psi_1\sqrt{\Psi_2}=20\sim120$ 时，则

$$F_k=\frac{fA}{1+\dfrac{\alpha}{\Psi_2}\left(\dfrac{l}{r_k}\right)^2} \tag{4-17b}$$

式中 E——活塞杆材料的弹性模量（Pa），对钢取 $E=2.06\times10^{11}\text{Pa}$；

I——活塞杆横截面惯性矩（mm^4）；

l——安装长度（mm），取值大小与安装方式有关，见表 4-6；

f——由材料强度决定的一个试验数值（N/m^2），对钢取 $f\approx4.9\times10^8\text{N/m}^2$；

A——活塞杆横截面面积（mm^2）；

α——系数，对钢取 $\alpha=1/5000$；

Ψ_1——柔性系数，对钢取 $\Psi_1=85$；

Ψ_2——末端系数，由液压缸支承方式决定，其值见表 4-6；

r_k——活塞杆横截面的最小回转半径（mm），$r_k=\sqrt{I/A}$。

2. 缸筒壁厚的校核

对中、低压液压系统，液压缸缸筒的壁厚由结构工艺来决定，强度一般是足够的，不必校核。在高压液压系统中，$D/\delta\geqslant10$ 时为薄壁，按薄壁公式校核缸筒最薄处的壁厚，即

表 4-6 液压缸的支承方式和末端系数 Ψ_2 的值

支承方式	说明	末端系数 Ψ_2
l, l, F	一端固定 一端自由	1/4
l, l, F	两端铰接	1

（续）

支承方式	说　明	末端系数 Ψ_2
	一端固定 一端铰接	2
	两端固定	4

$$\delta \geqslant \frac{p_y D}{2[\sigma]} \tag{4-18}$$

式中　δ——缸筒壁厚（m）；

D——缸筒内径（m）；

p_y——缸筒试验压力（Pa）。液压缸的额定压力 $p_n \leqslant 16\text{MPa}$ 时，$p_y = 1.5p_n$，额定压力 $p_n > 16\text{MPa}$ 时，$p_y = 1.25p_n$；

$[\sigma]$——缸筒材料许用应力（Pa）。$[\sigma] = R_m/n$，R_m 为材料的抗拉强度，n 为安全系数，一般取 $n = 5$。

$D/\delta < 10$ 时为厚壁，按材料力学中厚壁公式进行校验，即

$$\delta \geqslant \frac{D}{2}\left(\sqrt{\frac{[\sigma]+0.4p_y}{[\sigma]-1.3p_y}}-1\right) \tag{4-19}$$

缸筒材料多为无缝钢管，其外径无须加工，算出的壁厚一般要根据无缝钢管标准或有关标准向大尺寸方向做适当的圆整。

3. 螺栓强度的校核

如本章第二节所述，当缸筒与端盖通过法兰用螺栓连接时，螺栓在液压缸工作时要承受拉应力和切应力，因此要验算连接螺栓的强度。验算工作按拉应力 σ 和切应力 τ 的合成应力 σ_Σ 来进行，即

$$\sigma = \frac{4KF}{\pi d_{s1}^2 Z} \tag{4-20}$$

$$\tau = \frac{KK_1 F d_{s0}}{0.2 d_{s1}^3 Z} \approx 0.47\sigma \tag{4-21}$$

$$\sigma_\Sigma = \sqrt{\sigma^2 + 3\tau^2} \approx 1.3\sigma \tag{4-22}$$

$$\sigma_\Sigma \leqslant \sigma_s / n_s \tag{4-23}$$

式中　F——液压缸负载（N）；

K——螺纹拧紧系数，$K = 1.12 \sim 1.5$；

K_1——螺纹内摩擦因数，一般取 $K_1 = 0.12$；

d_{s0}——螺纹直径（mm）；

d_{s1}——螺纹内径（mm），对于标准紧固螺纹取 $d_{s1}=d_{s0}-1.224P$，P 为螺纹的螺距；

Z——螺栓个数；

σ_s——材料屈服强度（Pa），对45钢取 $\sigma_s=3\times10^8$Pa；

n_s——安全系数，一般取 $n_s=1.2\sim2.5$。

液压缸固定螺栓直径 d_s 为

$$d_s \geqslant \sqrt{\frac{5.2KF}{\pi Z[\sigma]}} \tag{4-24}$$

式中 F——液压缸负载（N）；

Z——固定螺栓个数；

K——螺栓拧紧系数，$K=1.12\sim1.5$；

$[\sigma]$——缸筒材料的许用应力（Pa），$[\sigma]=\sigma_s/(1.2\sim2.5)$，$\sigma_s$ 为材料屈服强度。

复习思考题

4-1 液压缸的主要组成部分有哪些？缸定式、杆定式液压缸工作台的最大活动范围有什么差别？

4-2 什么是液压缸的差动连接？差动液压缸的快进、快退速度相等时，它在结构上应满足什么条件（有什么特点）？试推导差动液压缸的运动（快进）速度公式。

4-3 按结构形式的不同，液压缸有哪些类型？它们的特点分别是什么？

4-4 如何计算单活塞杆双作用液压缸的推力及活塞杆的运动速度？

4-5 图4-17所示三种结构形式的液压缸，它们的有关直径分别为 D、d。若进入液压缸的流量为 q_V，压力为 p，试分析各液压缸所能产生的推力大小、运动速度、运动方向及活塞杆的受力状况（受拉还是受压）。

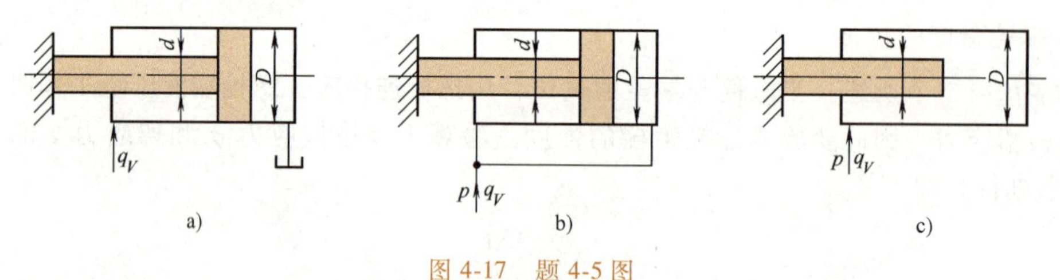

图4-17 题4-5图

4-6 一单活塞杆缸承受56kN的静负载（受压）。若选定缸筒内径 $D=100$mm，采用两端铰接式安装，计算长度 $L=1500$mm，液压油工作压力为8MPa，活塞杆采用45钢，则应选多大的直径比较好？

4-7 如图4-6所示（液压缸的差动连接），无杆腔的有效工作面积为 A_1，有杆腔的有效工作面积为 A_2，且 $A_1=2A_2$。当供油流量 $q_V=32$L/min 时，回油流量 q_V' 为多少？若液压缸差动连接，其他条件不变，则进入液压缸无杆腔的流量为多少？

4-8 一个单活塞杆液压缸快进时采用差动连接，快退时油液输入到液压缸的有杆腔。设液压缸快进、快退时的速度均为0.1m/s，快进时杆受压，推力为25000N。已知输入流量 $q=25$L/min，背压 $p_2=0.2$MPa，求：

1）液压缸和活塞杆的直径 D、d。

2）液压缸筒材料为45钢时缸筒的壁厚。

4-9　某单活塞杆双作用液压缸进口压力 $p_1 = 3\text{MPa}$，回油压力 $p_2 = 0.6\text{MPa}$，最大行程为300mm，最大负载为22500N。试设计该液压缸，并画出液压缸结构图。

4-10　试设计一个单活塞杆液压缸，要求快进时为差动连接，快进和快退（有杆腔进油）时速度均为8m/min。工进时（无杆腔进油，非差动连接）可驱动的负载 $F = 20000\text{N}$，回油背压为0.25MPa，采用额定压力为6.3MPa、额定流量为25L/min的液压泵。行程应不小于100mm，质量不超过4.5kg。

第五章　液压控制阀

1. 教学目标

1）掌握各种液压控制阀的工作原理、基本参数和结构特性等。

2）能合理选用液压控制阀。

3）会结合汽车液压传动装置进行必要的液压控制阀的分析和计算。

2. 教学要点

知识要点	掌握程度	相关知识
常用液压控制阀的结构和工作原理	理解常用液压控制阀的类型、结构原理及特点；重点掌握多位多通换向阀、先导式压力阀和调速阀的工作原理和工作特点，并能熟练分析其工作过程；了解插装阀、叠加阀、电液伺服阀及电液比例控制阀等的结构；熟悉常用液压控制阀的图形符号	流体力学的基本知识、机械结构相关知识、液压与气压元件图形符号国家标准
常用液压控制阀的工作特性和应用	熟悉常用液压控制阀的工作特性、特点和参数计算方法，并能灵活选用；了解插装阀、叠加阀、电液伺服阀及电液比例控制阀等的特点和工作过程	典型方向控制阀、压力控制阀、流量控制阀的工程应用；汽车中常用的电磁球阀、多位手动阀和换档阀等的应用和特点

思政融入点
5-1

在液压系统中，为了保证执行机构能按设计要求安全可靠地工作，必须对液压系统中的油液在方向、压力和流量上进行控制，这些实施控制的元件称为液压控制阀。按其用途不同分为方向控制阀、压力控制阀和流量控制阀三大类。

一个液压系统，不论其复杂程度如何，总是由一些完成一定功能的基本液压回路组成，液压回路主要是由各种液压控制阀按一定需要组合而成的。由于选择的液压控制阀不同或组合方式不同，液压回路的性能也不尽相同。因此，熟悉各种液压控制阀的结构和性能，对分析和设计液压系统至关重要。

第一节　方向控制阀

一个液压系统中含有各种类型的控制阀，其中方向控制阀在数量上占的比例最大。在整

个液压控制阀系列中，方向控制阀也是品种、规格最多的一类液压控制元件。方向控制阀的工作原理较简单，从本质上讲，它是利用阀芯和阀体间相对位置的改变来实行阀内部某些油路的接通和断开，以满足液压系统中各换向功能的要求。方向控制阀可分为单向阀和换向阀两类。

一、单向阀

液压系统中常用的单向阀有普通单向阀和液控单向阀两种。

1. 普通单向阀

普通单向阀使油液只能沿一个方向流动，反向则阻止液体流动。图 5-1a 所示为普通一种管式普通单向阀的结构。当压力油从阀体左端的通口 P_1 流入时，压力达到克服弹簧 3 作用在阀芯 2 上的力后，使阀芯向右移动，打开阀口，并通过阀芯 2 上的径向孔 a、轴向孔 b 从阀体右端的通口 P_2 流出。当压力油从阀体右端的通口 P_2 流入时，它和弹簧力一起使阀芯锥面压紧在阀孔上，使阀口关闭，油液无法通过。图 5-1b、c 所示为普通单向阀的图形符号与实物图。

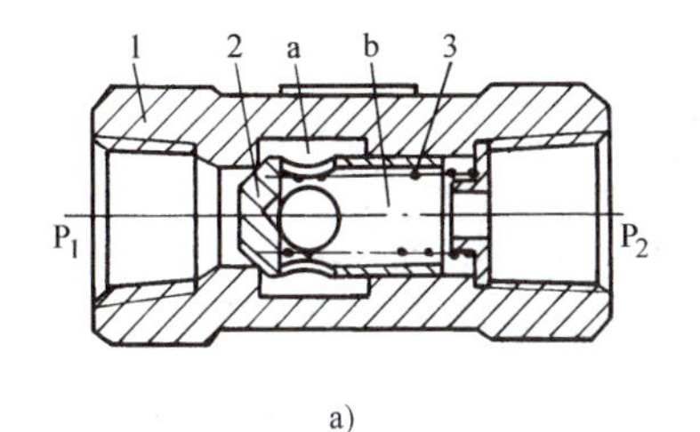

a)

b)

c)

图 5-1　普通单向阀

a）结构　b）图形符号　c）实物图

1—阀体　2—阀芯　3—弹簧

图 5-1 所示单向阀的阀芯为钢球式结构，它制造起来方便，但密封性较差，只适用于小流量的场合。目前广泛应用的是锥阀式普通单向阀，如图 5-2 所示，它的密封性好，使用寿命长。

普通单向阀的开启压力一般为 0. 03~0. 05MPa。若增大弹簧的弹力，使阀的开启压力达到 0. 2~0. 6MPa，便可当背压阀使用。普通单向阀可用来分隔油路，防止油路间的干扰；同时也可安装在液压泵的出口处，防止系统中的液压冲击影响泵的工作。

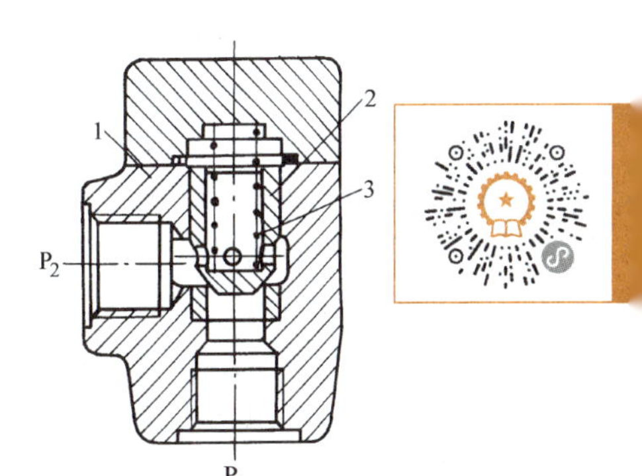

图 5-2　锥阀式普通单向阀

1—阀体　2—阀芯

3—弹簧

2. 液控单向阀

图 5-3a 所示为液控单向阀的结构。当控制口 K 处无压力油通入时，它的工作性能和普通单向阀一样。压力油只能从通口 P_1 流向通口 P_2，不能反向倒流。当控制口 K 处有控制压力时，因控制活塞 1 右侧 a 腔通泄油口（图中未示出），活塞 1 右移，推动顶杆 2

顶开阀芯 3，使通口 P_1 和 P_2 接通，油液就可在两个方向自由通流。图 5-3b、c 所示分别为液控单向阀的图形符号与实物图。

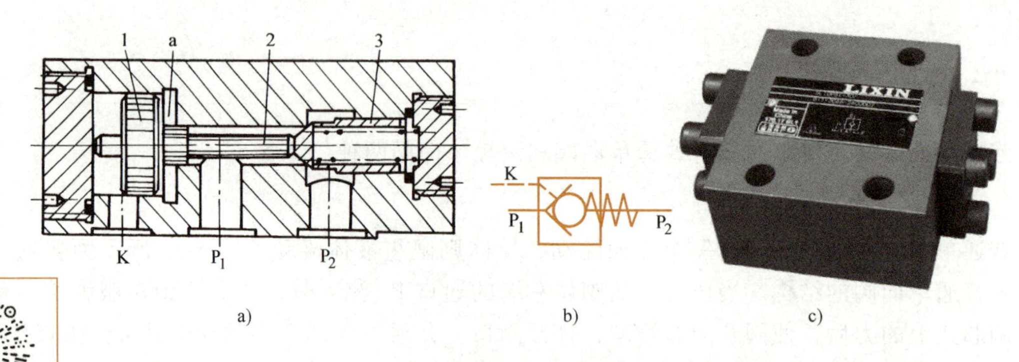

图 5-3 液控单向阀

a）结构 b）图形符号 c）实物图

1—控制活塞 2—顶杆 3—阀芯

液控单向阀因泄漏油液方式的不同可以分为内泄式和外泄式两种。在高压系统中，液控单向阀反向开启前，P_2 口的压力很高，所以导致液控单向阀反向开启的控制压力也很高。为了减小控制压力，可以采用带卸荷阀芯的液控单向阀，如图 5-4 所示，图中锥阀 3 内部增加了直径较小的卸荷阀芯 6。由于 P_2 腔压力油作用于卸荷阀芯 6 上的力较小，当 K 腔的控制压力较低且不能顶起锥阀 3 时，即可顶起卸荷阀芯 6，使 P_2 腔的油液通过卸荷阀芯上铣出的缺口与 P_1 腔连通。P_2 腔的压力将下降到接近 P_1 腔的压力，这样 P_2 腔的压力即使比 K 腔高得多，也不会阻止锥阀芯被顶起。这种液控单向阀反向开启的最小控制压力为 $0.05p_2$（P_2 腔的压力）左右。

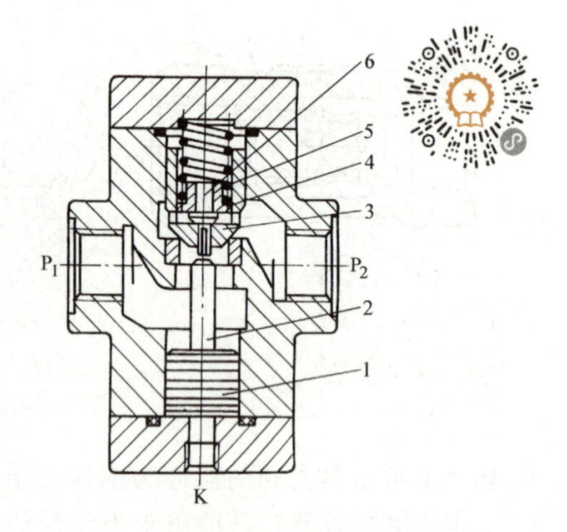

图 5-4 带卸荷阀芯的液控单向阀

1—控制活塞 2—推杆 3—锥阀 4—弹簧座 5—弹簧 6—卸荷阀芯

液控单向阀具有良好的单向密封性能，常用于执行元件需要长时间保压、锁紧的情况，也用于防止立式液压缸由于自重作用而下滑的情况等。汽车起重机的支腿锁紧机构就是采用双液控单向阀来实现整个起重机支承的，在系统停止供油时，支腿仍能保持锁紧。通常把这种结构称为双向液压锁，如图 5-5 所示。

图 5-5 中两个液控单向阀共用一个阀体 1 和控制活塞 2，两个锥阀 4 分别置于控制活塞的两侧，锥阀 4 中装有卸荷阀芯 3。当 P_1 腔通压力油时，一方面顶开左面的锥阀使 P_1 腔和 P_2 腔接通；另一方面由于控制活塞右移，顶开右面的锥阀，使 P_3 腔和 P_4 腔接通。同时 P_3 腔通压力油时也可使两个锥阀同时打开，即 P_1、P_3 任一腔通压力油都可使 P_1 与 P_2、P_3 与 P_4 腔接通，而 P_1、P_3 腔都不通压力油时，P_2 和 P_4 腔被两个液控单向阀封闭。

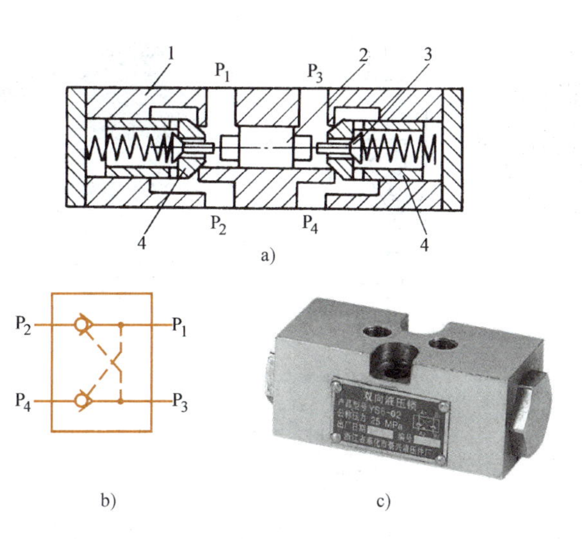

图 5-5　双向液压锁

a）结构　b）原理　c）实物图

1—阀体　2—控制活塞　3—卸荷阀芯　4—锥阀（主阀芯）

二、换向阀

换向阀是利用阀芯相对于阀体的相对运动，达到特定的工作位置，使不同的油路接通、断开，从而变换液压油流动的方向，改变执行元件的运动方向。对换向阀的主要性能要求有：①油路接通时，压力损失要小；②油路断开时，泄漏要小；③阀体换位时，操纵力要小等。

换向阀可按其结构、操纵方式、位置数和通路数等分类，见表 5-1。

表 5-1　换向阀类型

分类方式	类　　型
按阀的结构	转阀式、滑阀式
按阀的操纵方式	手动、机动（行程）、电磁、液动、电液动
按阀的位置数和通路数	二位二通、二位三通、…、三位四通、三位五通、…

1. 转阀式换向阀（转阀）

如图 5-6 所示，转阀由阀芯 1、阀体 2 等组成。阀体上有四个通油口：进油口 P 接液压泵、回油口 T 接油箱、工作油口 A、B 接执行元件。工作时阀体不动，阀芯可相对于阀体转动，转到不同的位置时，相应的油口接通和断开，使执行元件得到不同的运动。

转阀密封性比较差，阀芯上的径向力不平衡，但其结构简单、紧凑。一般在中、低压系统中用作先导阀或小流量换向阀，如自卸汽车车厢举升机构中采用转阀作为操纵阀。

2. 滑阀式换向阀（换向阀）

滑阀式换向阀在液压系统中远比转阀式换向阀用得广泛，所以本章以滑阀式换向阀为主介绍换向阀的各项工作性能。

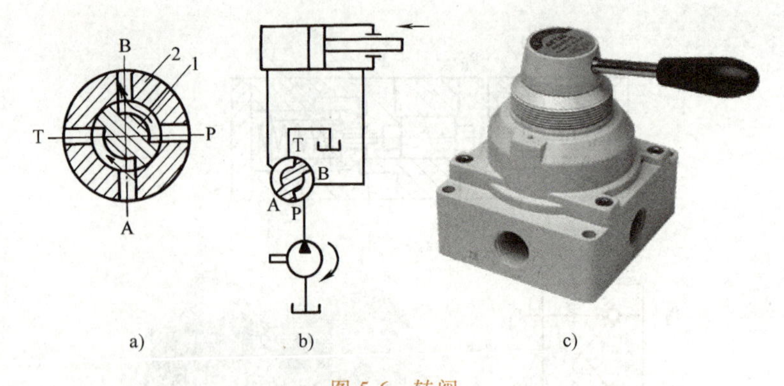

图 5-6 转阀

a）工作原理 b）应用 c）实物图

1—阀芯 2—阀体

（1）工作原理和图形符号 阀体和阀芯是滑阀式换向阀的主体，换向阀靠阀芯在阀体内做轴向运动而使相应的油路接通和断开。阀芯是一个具有多个台肩的圆柱体，阀体内腔中相应地开有若干个沉槽，如图 5-7 所示。图中阀芯有三个台肩，阀体有五个沉槽。每个沉槽都通过相应的孔道与外部相连。当阀芯处于图 5-7a 所示位置时，P 与 B 接通、A 与 T 接通，执行元件向左运动；当阀芯向右运动到图 5-7b 所示位置时，P 与 A 接通、B 与 T 接通，执行元件向右运动。图 5-7c 所示为换向阀的实物图。表 5-2 为常见的换向阀主体部分的结构形式。

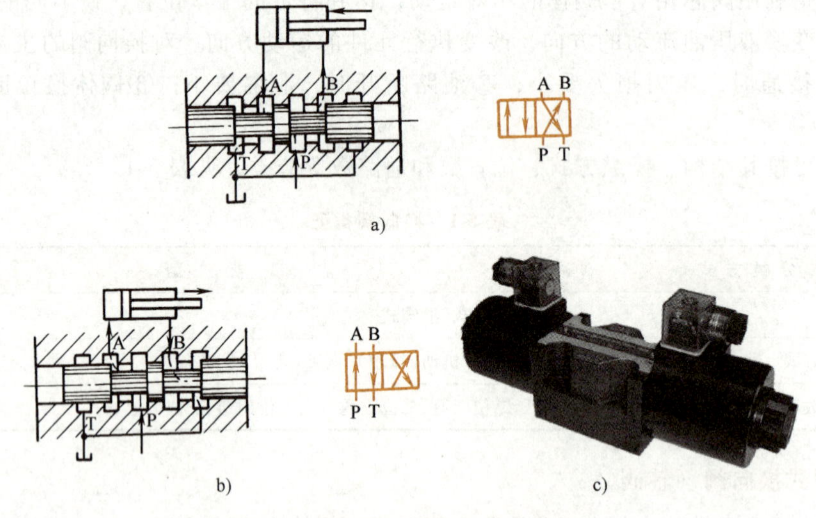

图 5-7 换向阀工作原理及实物图

a）、b）工作原图 c）实物图

图 5-7 中的框图表示了换向阀的工作位置数、通路数和在相应工作位置上油口接通的关系，若在此基础上用特定的线条表示出操纵方式、复位方式和定位方式等，就变为了换向阀的图形符号，见表 5-2 和表 5-3。

换向阀图形符号的含义如下：

1）用方框表示换向阀的工作位置，有几个方框就表示有几位。

2）一个方框的上边和下边与外部连接的接口总数即为通路数。

3）方框内的箭头表示此位置上油路的通断状态，但箭头的方向并不一定代表油液实际流动的方向。

4）一般用 P 表示进油口，T 或 O 表示回油口，A、B、C 等表示与执行元件连接的油口，用 K 表示控制油口。

5）方框内的“⊤”“⊥”表示此通路被阀芯封闭，即该路不通。

表 5-2　常见的换向阀主体部分的结构形式

<table>
<tr><th>名称</th><th>结构原理图</th><th>图形符号</th><th colspan="3">使用场合</th></tr>
<tr><td>二位二通阀</td><td>A P</td><td>A P</td><td colspan="3">控制油路的接通与断开（相当于一个开关）</td></tr>
<tr><td>二位三通阀</td><td>A P B</td><td>A B P</td><td colspan="3">控制液流方向（从一个方向换成另一个方向）</td></tr>
<tr><td>二位四通阀</td><td>A P B T</td><td>A B P T</td><td rowspan="4">控制执行元件换向</td><td>不能使执行元件在任一位置上停止运动</td><td rowspan="2">执行元件正、反向运动时回油方式相同</td></tr>
<tr><td>三位四通阀</td><td>A P B T</td><td>A B P T</td><td>能使执行元件在任一位置上停止运动</td></tr>
<tr><td>二位五通阀</td><td>T_1 A P B T_2</td><td>A B T_1 P T_2</td><td>不能使执行元件在任意位置上停止运动</td><td rowspan="2">执行元件正、反向运动时回油方式不同</td></tr>
<tr><td>三位五通阀</td><td>T_1 A P B T_2</td><td>A B T_1 P T_2</td><td>能使执行元件在任意位置上停止运动</td></tr>
</table>

（2）换向阀的操纵方式　常见的换向阀操纵方式见表 5-3。

表 5-3　常见的换向阀操纵方式

操纵方式	图形符号	简 要 说 明
手动	A B P T	手动操纵，带有可拆卸把手和锁定要素的控制机构，弹簧复位，处于中间位置时阀口互不相通

（续）

操纵方式	图形符号	简 要 说 明
机动		带有可调行程限位的挡块操纵，弹簧复位，通口常闭
电磁		电磁铁操纵，弹簧复位
液动		液压操纵，弹簧复位，处于中间位置时四口（P、A、B、T）互通
电液动		电磁铁先导控制，液压驱动，阀芯移动速度可分别由两端的节流阀调节，使系统中执行元件能得到平稳的换向

（3）换向阀的结构原理 换向阀的种类繁多，下面以三位四通电磁阀为例来说明换向阀的结构原理。如图 5-8 所示，阀两端有两根对中弹簧 4 和两个定位套 3 使阀芯 2 在常态时处于中位，此时 P、A、B、T 都不通。当右端电磁铁通电吸合时，衔铁 9 通过推杆 6 将阀芯推至左端，P 与 A 接通、B 与 T 接通；左端电磁铁通电吸合时，阀芯被推至右端，P 与 B 接通、A 与 T 接通。图 5-8b 所示为三位四通电磁阀的图形符号。若液压油液可以进入电磁铁内部，则这种电磁铁为湿式电磁铁；否则为干式电磁铁。图 5-8 所示为湿式电磁铁，回油口的油液可进入导套 10 内，衔铁 9 在充满油液的导套内运动，油液对其运动有阻尼和润滑作用，可以减缓衔铁的撞击，使阀芯运动平稳、噪声小，减小了运动副之间的磨损，延长了电磁铁的工作寿命。湿式电磁铁可工作 1000 万次以上，而干式电磁铁一般只能工作 50～60 万次。

（4）换向阀的中位机能 三位换向阀的阀芯在中间位置时，各通口间的不同接通方式称为换向阀的中位机能。不同的中位机能具有不同的工作特点，可以满足不同的工作要求。三位四通换向阀常见的中位机能见表 5-4。

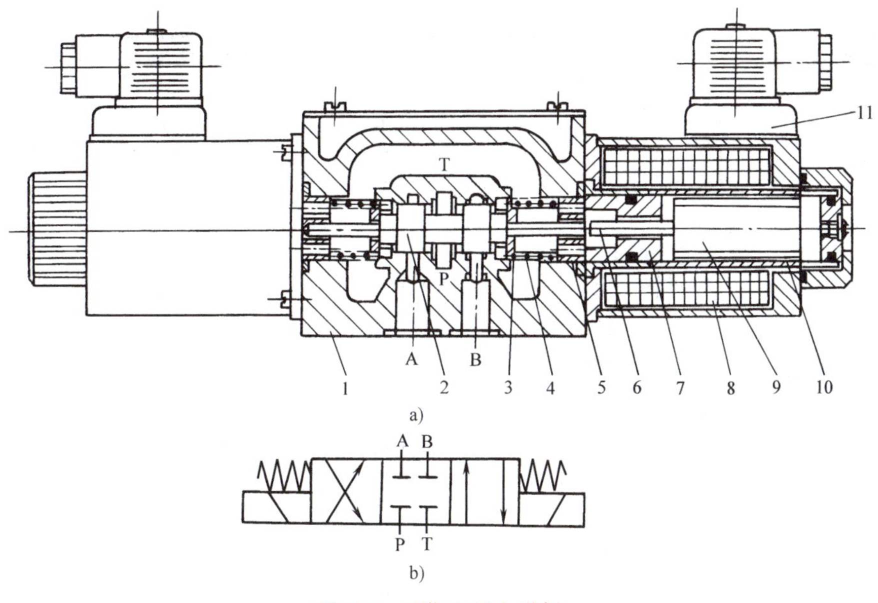

图 5-8　三位四通电磁阀

a）结构原理　b）图形符号

1—阀体　2—阀芯　3—定位套　4—对中弹簧　5—挡圈　6—推杆

7—环　8—线圈　9—衔铁　10—导套　11—插头组件

表 5-4　三位四通换向阀常见的中位机能

中位机能形式	符　　号	中位通路状况、特点及应用
O 型	A B P T	P、A、B、T 四口全封闭，液压泵不卸荷，液压缸闭锁，可用于多个换向阀的并联工作。液压缸充满油，从静止到起动平稳，制动时运动惯性引起液压冲击较大，换向位置精度高
H 型	A B P T	P、A、B、T 四口全接通，液压泵卸荷，液压缸处于浮动状态，在外力作用下可移动。液压缸从静止到起动有冲击，制动比 O 型平稳，换向位置变动大
Y 型	A B P T	P 口封闭，A、B、T 三口相通，液压泵不卸荷，液压缸浮动，在外力作用下可移动。液压缸从静止到起动有冲击，制动性能介于 O 型和 H 型之间
K 型	A B P T	P、A、T 三口相通，B 口封闭，液压泵卸荷，液压缸处于闭锁状态。两个方向换向时性能不同
M 型	A B P T	P、T 两口相通，A、B 口封闭，液压泵卸荷，液压缸闭锁，从静止到起动较平稳，制动性与 O 型相同，可用于泵卸荷液压缸锁紧的系统中
X 型	A B P T	四口处于半开启状态，液压泵基本卸荷，但仍保持一定的压力。换向性能介于 O 型和 H 型之间

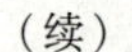
（续）

中位机能形式	符　号	中位通路状况、特点及应用
P 型	A B P O	P、A、B 三口相通，T 口封闭，液压泵与液压缸两腔相通，可组成差动连接。从静止到起动平稳，制动平稳，换向位置变动比 H 型的小，应用广泛
J 型	A B P T	P、A 口封闭，B、T 两口相通，液压泵不卸荷，液压缸停止。两个方向换向时性能不同
C 型	A B P T	P、A 两口相通，B、T 口都封闭，液压缸停止
N 型	A B P T	P、B 口封闭，A、T 两口相通，液压缸停止，性能与 J 型相似
U 型	A B P T	P、T 口封闭、A、B 两口相通，液压泵不卸荷，液压缸处于浮动状态，在外力下可移动

在选择换向阀的中位机能时，通常要考虑以下 5 个问题：

1）系统保压。当 P 口被断开后，液压泵不卸荷，系统保压，可用于多个换向阀并联工作。

2）系统卸荷。P 口通畅地与 T 口接通时，系统卸荷。

3）换向平稳性和精度。液压缸的 A、B 两口都接通 T 口时，换向过程中工作部件不易制动，换向精度低，但液压冲击小。

4）起动平稳性。在中位时，液压缸某腔若通油箱，则该腔内因无油液起缓冲作用，所以起动不太平稳。

5）液压缸“浮动”和在任意位置上的停止。在中位，当 A、B 两口互通时，卧式液压缸呈“浮动”状态，可利用其他机构移动工作台，调整其位置。若 A、B 两口断开或与 P 口连接（在非差动情况下），则可使液压缸在任意位置处停下来。

三、其他类型的换向阀

1. 电磁球阀

电磁球阀是近年来发展起来的一种电磁换向阀，以电磁铁推动钢球实现油路的通断和切换。图 5-9 所示为二位三通电磁球阀，图示为电磁铁断电状态，P 口的压力油一方面作用在球阀 5 的右侧，另一方面经过通道 a 进入操纵推杆 2 的空腔而作用在球阀 5 的左侧，以保证球阀 5 两侧承受的液压力平衡。此时，球阀 5 在弹簧 7 的作用下压在左阀座 4 上，P、A 两

口接通，T 口断开。当电磁铁 8 通电时，衔铁推动杠杆 3，以 1 为支点推动操纵推杆 2，使球阀压在右阀座 6 上，结果是 T、A 两口接通，P 口断开。

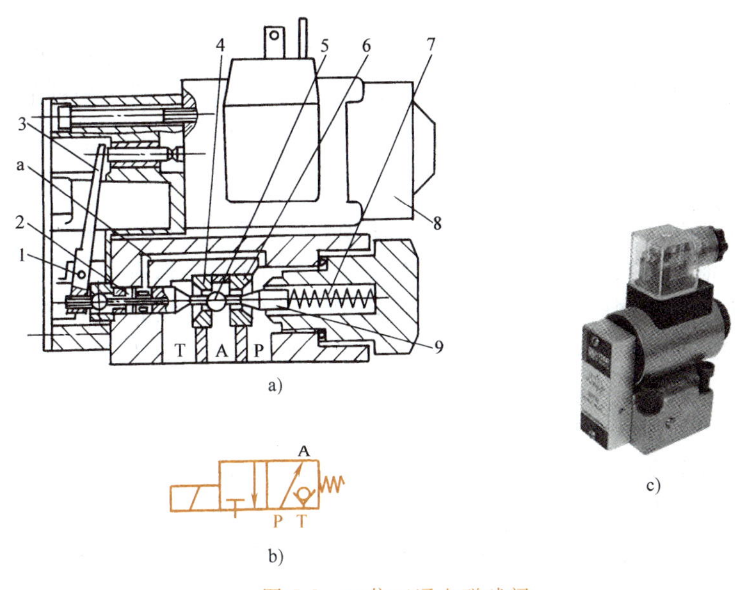

图 5-9　二位三通电磁球阀

a）结构　b）图形符号　c）实物图

1—支点　2—操纵推杆　3—杠杆　4—左阀座　5—球阀　6—右阀座

7—弹簧　8—电磁铁　9—复位杆

电磁球阀的密封性好；反应速度快；换向频率高，可达 250 次/min 以上；对液压油的黏度适用范围宽；因不易产生液压卡紧而换向可靠，可应用于高压系统中；抗污染能力也好。但电磁球阀可供选用的机能较少。电磁球阀在小流量系统中直接用于控制主油路，而在大流量系统中常作为先导控制元件使用。

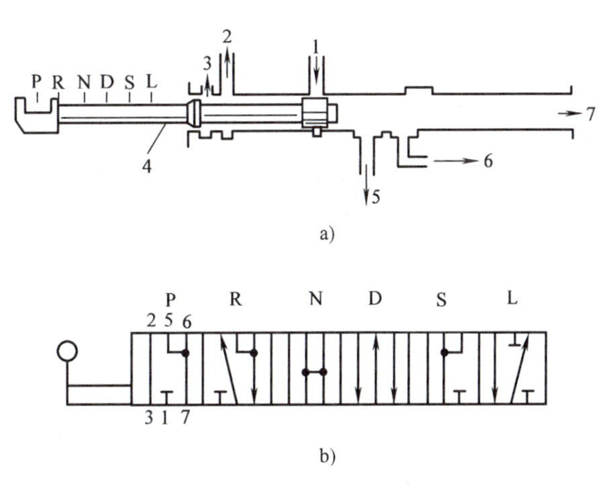

图 5-10　手动阀

a）结构　b）图形符号

1—主油路　2—倒档油路　3、7—泄油孔

4—阀芯　5—前进档油路　6—前进低档油路

2. 手动阀

手动阀是汽车自动变速器液压控制系统中使用的一种换向阀，相当于油路的总开关，由驾驶室内的变速杆控制。当变速杆处于不同位置时，手动阀使不同的油路接通或断开，获得不同的档位，如图 5-10 所示。当变速杆处于 P、R、N、D、S、L 六个工作位置时，工作油路如下：

P 位：主油路 1 关闭，油路 2、5、6 全部与泄油孔接通，无档位。

R 位：主油路 1 打开，泄油孔 3 关闭。此时，1、2 接通，获得倒档。油路 5、6 与泄油孔 7 相通，无前进档。

N位：主油路1打开，油路2、5、6分别与泄油孔接通，变速器处于空档。

D位：主油路1打开，油路1、5接通，油路2、6分别与泄油孔接通，获得全部的前进档。

S位：主油路1打开，油路1、5、6接通，油路2与泄油孔3接通，获得前进1、2档。

L位：油路通、断状态与S位相似。所不同的是油路6封闭了除1档外的所有前进档的换档阀，即L位只获得前进1档。

3. 换档阀

在自动变速器的变速杆位于前进档D位或闭锁档位（S、L或2、1）时，可根据车辆行驶的不同工况自动地调节档位。通过主油路的压力油作用于换档阀，在换档阀的控制下进入不同的档位油路来得到不同的档位。一般一个换档阀只控制一个前进档油路，而前进1档是靠手动阀控制，因此自动变速器中换档阀的个数比前进档位的总数少1。

换档阀实质上为液动换向阀，其控制油道中的压力油由换档电磁阀（二位二通）控制。当电磁阀断开时，控制油道中没有压力油，换档阀在右端弹簧力的作用下处于左端，主油道中的压力油进入换档执行机构中，如图5-11a所示；当电磁阀接通时，主油路中的压力油经电磁阀作用到换档阀阀芯的左端，推动阀芯向右运动，使主油路3和换档执行机构油路4断开，停止给换档机构供油，以实现换档，如图5-11b所示。图5-11c所示为换档阀的图形符号。

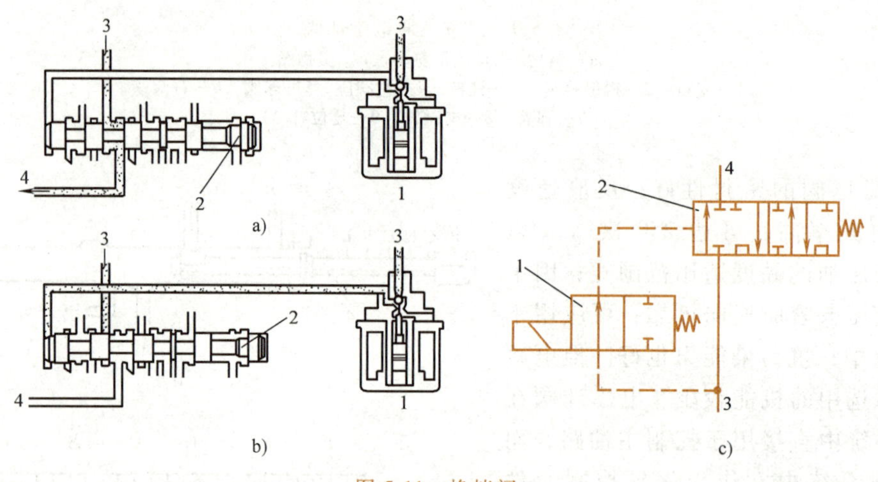

图5-11 换档阀

a）电磁阀断开 b）电磁阀接通 c）图形符号

1—换档电磁阀 2—换档阀 3—主油路 4—换档执行机构油路

第二节 压力控制阀

在液压系统中，用来控制液压油压力和利用液压油压力来控制其他液压元件动作的阀，统称为压力控制阀。此类阀是根据液压力和弹簧力相平衡的原理工作的，按其功能和用途不同分为溢流阀、减压阀、顺序阀和压力继电器等。

一、溢流阀

溢流阀通过对油液的溢流，使液压系统的压力维持恒定，从而实现系统的稳压、调

压和限压。根据结构不同，溢流阀可分为直动式和先导式两类。

1. 直动式溢流阀

直动式溢流阀按其阀芯形式不同分为球阀式、锥阀式和滑阀式等。现以滑阀式为例，说明直动式溢流阀的结构和工作原理。如图 5-12a 所示，它主要由阀体 5、阀芯 4、上盖 3、弹簧 2 和螺母 1 等元件组成。P 为进油口，T 为回油口，被控压力油由 P 口进入溢流阀，经径向孔 f、阻尼孔 g 进入油腔 c 后作用在阀芯的底面上。当进口压力较低时，阀芯在弹簧力作用下处于最下端的位置，将 P 口和 T 口隔断，阀处于关闭状态，没有溢流；当进油压力升高至作用在阀芯底面上的液压力大于弹簧力时，阀芯上升，阀口打开，油液由 P 口经 T 口排回油箱。当通过溢流阀的流量改变时，阀口开度也改变，但因阀芯的移动量很小，作用在阀芯上的弹簧力的变化也很小，因此可以认为，当有油液流过溢流阀阀口时，溢流阀进口处的压力基本上保持定值。调节螺母 1 可调节弹簧的预紧力，进而改变溢流阀的溢流压力（即系统压力）。阀芯上的阻尼孔 g 对阀芯的运动形成阻尼，从而避免阀芯产生振动，提高阀的工作平稳性。为了防止调压弹簧腔形成封闭油室而影响滑阀的动作，在阀的上盖 3 和阀体上设有通道 e，使阀的弹簧腔与回油口 T 接通。

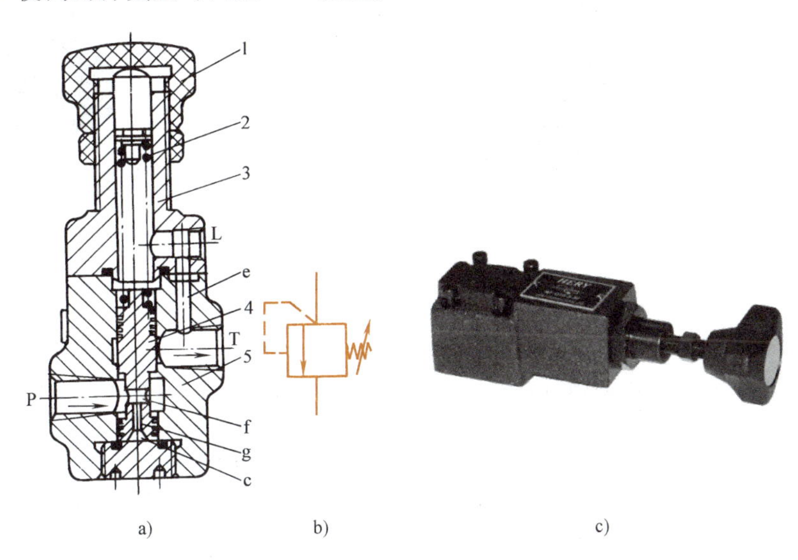

图 5-12　直动式溢流阀

a）结构　b）图形符号　c）实物图

1—螺母　2—弹簧　3—上盖　4—阀芯　5—阀体

直动式溢流阀利用作用于阀芯上的液压力直接与弹簧力相平衡的原理来控制溢流压力（直动式溢流阀由此得名）。随着工作压力的提高，直动式溢流阀上的弹簧力增加，弹簧刚度也增加，这就使装配困难，使用不便，并且当溢流量变化时，溢流压力的波动也将加大。因此，直动式溢流阀一般只用于低压系统。

图 5-12b、c 所示为直动式溢流阀的图形符号与实物图。

2. 先导式溢流阀

先导式溢流阀由主阀和先导阀两部分组成。图 5-13a 所示为先导式溢流阀的一种典型结

构，压力油从进油口 P 进入后作用在主阀阀芯 5 的下腔 f，并经阻尼孔 e 和油道 c、d 作用在先导阀阀芯 3 上。当作用力小于调压弹簧 2 的预紧力时，先导阀关闭。此时，阻尼孔内没有油液流动，不起阻尼作用，主阀阀芯上下两腔的压力相同，溢流阀不溢流；当作用力大于调压弹簧的预紧力时，先导阀打开，压力油经阻尼孔 e 和油道 c、d、a 流入油箱，致使油液流经阻尼孔时产生压降，主阀上腔压力小于下腔压力，主阀阀芯上移，阀口打开，实现溢流。调节先导阀弹簧 2 的预紧力，可调节溢流压力。

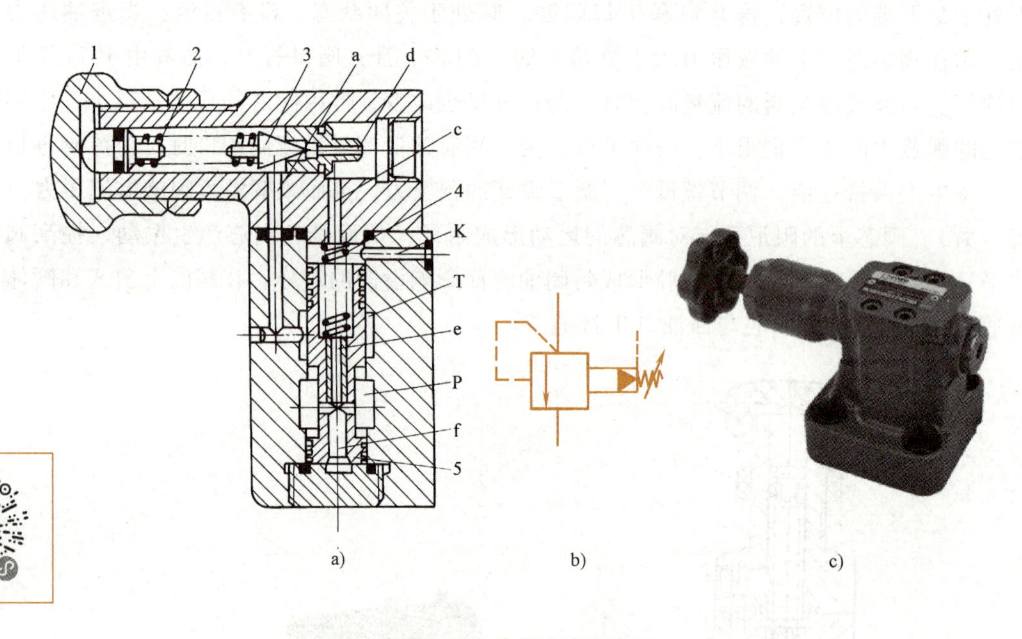

图 5-13 先导式溢流阀

a）结构 b）图形符号 c）实物图

1—调压手轮 2—调压弹簧（先导阀弹簧） 3—先导阀阀芯 4—主阀弹簧 5—主阀阀芯

阀体上有一个远程控制口 K，当 K 口通过二位二通阀接油箱时，主阀阀芯在很小的液压力作用下便可打开，实现溢流，此时泵卸荷。当 K 口与另一个调节压力较低的先导阀入口连接时，便可实现远程调压的作用。

图 5-13b、c 所示分别为先导式溢流阀的图形符号与实物图。

3. 溢流阀的压力-流量特性

当溢流阀开启后，随着阀口开度的增大，其压力、流量也随之变化。压力和流量之间的变化关系称为压力-流量特性，其特性曲线如图 5-14 所示。

从图 5-14 可以看出：不同的开启压力 p_k 对应不同的曲线，p_k 的大小可以通过改变调压弹簧的弹力来得到；当开启压力一定时，溢流压力随着溢流量的增加而增大；额定流量 q_{Vn} 所对应的溢流压力为溢流阀的调定压力 p_n（全流压力），p_n 与 p_k 之差称为调压偏差，其大小反映了调压精度；弹簧的刚度越小，特性曲线越陡，调压精度越高。由于先导式溢流阀主阀弹簧刚度比直动式溢流阀小得多，所以其调压精度较高，如图 5-15 所示。

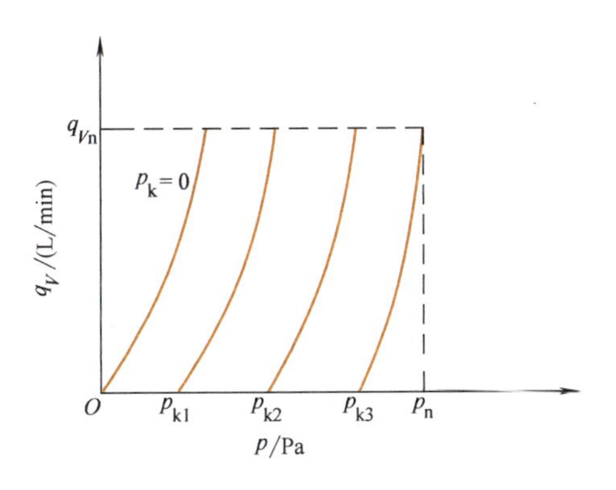

图 5-14 溢流阀的压力-流量特性曲线

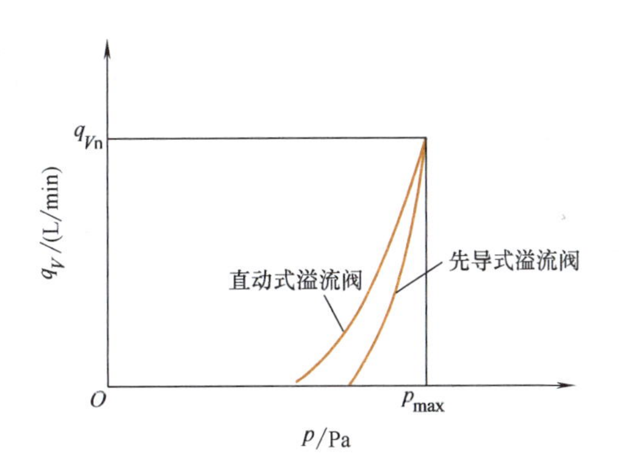

图 5-15 直动式和先导式溢流阀的压力-流量特性比较

思政融入点 5-3

4. 溢流阀的应用

在液压系统中，溢流阀主要的用途有：作为溢流阀，使系统压力恒定，对系统起过载保护作用；作为背压阀，接在系统回油路上，提供回油阻力，使执行元件运动平稳，实现远程调压或系统卸荷。

例 5-1 图 5-16 所示的液压系统中，已知两个溢流阀的调定压力分别为 $p_{y1}=50\times10^5$Pa，$p_{y2}=20\times10^5$Pa，试问活塞向左或向右运动时，液压泵可能达到的最大工作压力各是多少？

解 当 YA（电磁铁）断电时，换向阀工作在右位，泵出口压力油经换向阀流向液压缸左侧，液压缸活塞右移，溢流阀 2 的进、出口反接在液压系统中，处于关闭状态，不起调压作用，系统压力由溢流阀 1 决定，故液压泵的最大工作压力为溢流阀 1 的调定值，即 50×10^5Pa；当 YA 通电时，活塞左移，溢流阀 2 接油箱，溢流阀 1 溢流，系统压力由溢流阀 2 确定，故液压泵的最大工作压力为溢流阀 2 的调定值，即 20×10^5Pa。

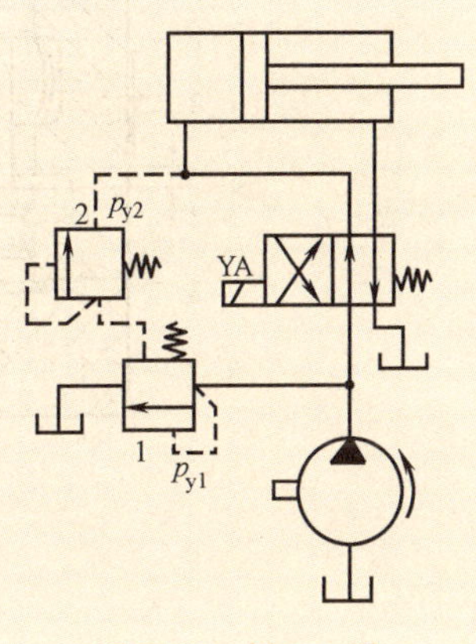

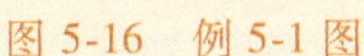

图 5-16 例 5-1 图

二、减压阀

减压阀是利用液体流过缝隙产生压降的原理，使出口压力低于进口压力的压力控制阀，按调节要求的不同，可分为定值减压阀、定比减压阀和定差减压阀三种。其中，定差减压阀应用较广，简称减压阀。它使液压系统中某一支路的压力低于系统压力且保持压力恒定，常用于夹紧、控制、润滑等油路中。本节仅介绍定差减压阀。

减压阀也有直动式和先导式之分，直动式单独使用较少，先导式应用较多，它的典型结构如图 5-17a 所示。压力油由阀的进油口 P_1 流入，经减压口 f 减压后从出油口 P_2 流出。出口压力油经阀体 2 与端盖 4 上的通道及主阀阀芯 3 上的阻尼孔 e 流到主阀阀芯的上腔和下腔，并作用在先导阀阀芯 1 上。当出口油液压力低于先导阀的调定压力时，先导阀关闭，主阀阀芯上、下两腔压力相等，主阀阀芯在弹簧作用下处于最下端，减压口 f 开度为最大，阀处于非工作状态。当出口压力达到先导阀调定压力时，先导阀阀芯移动，阀口打开，主阀弹簧腔的油液便由外泄口 L 流回油箱。由于油液在主阀阀芯阻尼孔内流动，使主阀阀芯两端产生压差，主阀阀芯在压差作用下克服弹簧力抬起，减压口 f 开度减小，压降增大，使出口压力下降到调定值。

图 5-17b、c 所示分别为直动式、先导式减压阀的图形符号，图 5-17d 所示为先导式减压阀的实物图。

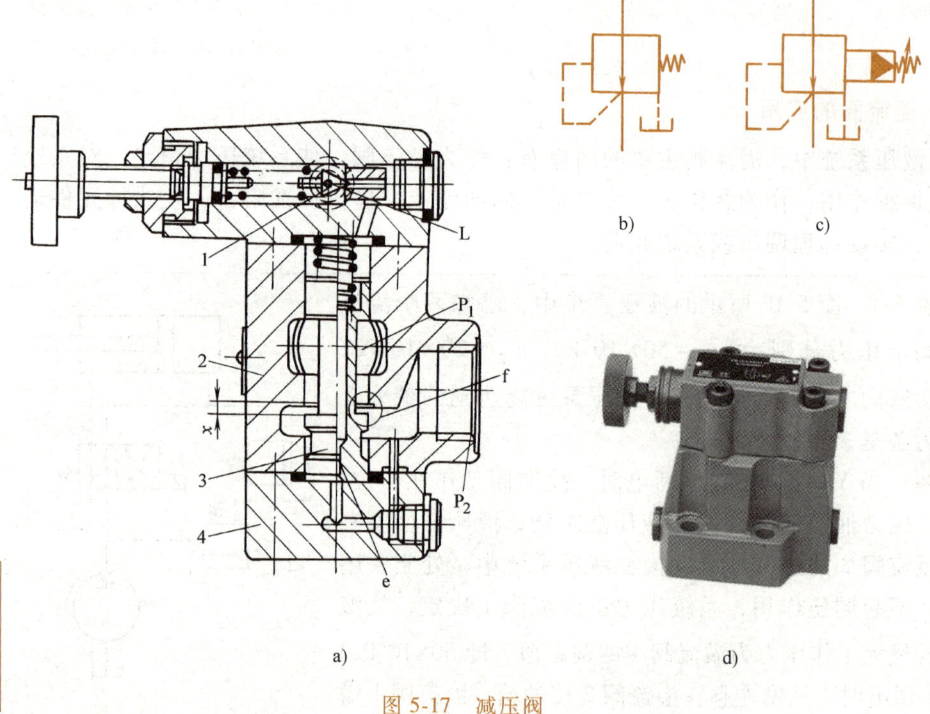

图 5-17　减压阀

a）结构　b）图形符号（直动式）　c）图形符号（先导式）　d）实物图

1—先导阀阀芯　2—阀体　3—主阀阀芯　4—端盖

例 5-2　如图 5-18 所示，两个减压阀串联，已知减压阀的调定压力分别 $p_{j1}=35\times 10^5$Pa，$p_{j2}=20\times 10^5$Pa，溢流阀调定压力 $p_y=45\times 10^5$Pa，活塞运动时，负载力 $F=1200$N，活塞有效作用面积 $A=15\text{cm}^2$，减压阀全开时的局部损失及管道损失不计。试确定：

1）活塞在运动和到达终端位置时，A、B、C 各点处的压力。

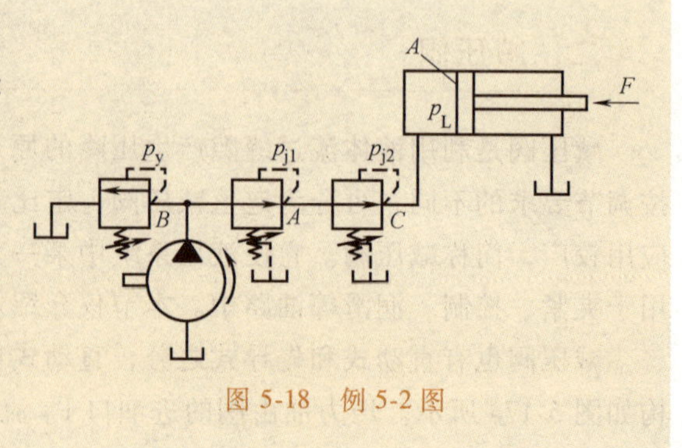

图 5-18　例 5-2 图

2）若负载力增加到 $F=4200\text{N}$，所有阀的调定值仍为原来数值，这时 A、B、C 各点处的压力。

解 1）活塞在运动时，有

$$p_{\mathrm{L}}=\frac{F}{A}=\frac{1200}{15\times10^{-4}}\mathrm{Pa}=8\times10^{5}\mathrm{Pa}$$

$$p_B=p_A=p_C=p_{\mathrm{L}}=8\times10^{5}\mathrm{Pa}$$

活塞在终端位置时，有

$$p_C=p_{\mathrm{j2}}=20\times10^{5}\mathrm{Pa}$$

$$p_A=p_{\mathrm{j1}}=35\times10^{5}\mathrm{Pa}$$

$$p_B=p_{\mathrm{y}}=45\times10^{5}\mathrm{Pa}$$

2）负载力 $F=4200\text{N}$ 时，有

$$p_{\mathrm{L}}=\frac{F}{A}=\frac{4200}{15\times10^{-4}}\mathrm{Pa}=28\times10^{5}\mathrm{Pa}$$

因为 $p_{\mathrm{j2}}<p_{\mathrm{L}}$，故无法推动活塞运动，则

$$p_C=p_{\mathrm{j2}}=20\times10^{5}\mathrm{Pa}$$

$$p_A=p_{\mathrm{j1}}=35\times10^{5}\mathrm{Pa}$$

$$p_B=p_{\mathrm{y}}=45\times10^{5}\mathrm{Pa}$$

三、顺序阀

顺序阀是利用油液压力作为控制信号来控制油路的通断，保证液压系统中多个执行元件的动作有一定的先后顺序。另外，顺序阀与单向阀组成平衡阀，可保证垂直放置的液压缸不因自重而下落。

顺序阀也有直动式和先导式之分；根据控制压力来源不同，它还有内控式和外控式之分。直动式顺序阀的结构如图 5-19a 所示，压力油从进油口 P_1（两个）进入，经阀体 4 上的孔道 a 和端盖 7 上的阻尼孔 b 流到控制活塞 6 的底部。当作用在控制活塞上的液压力能克服阀芯 5 上的弹簧力时，阀芯上移，油液便从 P_2 流出。该阀称为内控式顺序阀，简称顺序阀，其图形符号如图 5-19b 所示。若将图 5-19a 中的端盖旋转 90°安装，切断进油口通向控制活塞下腔的通道，并去除外控口的螺塞，引入控制压力油，便成为外控式顺序阀，称为液控顺序阀，其图形符号如图 5-19c 所示。图 5-19d 所示为直动式顺序阀的实物图。

四、压力继电器

压力继电器是利用液体压力来启闭电气触点的液压电气转换元件，它在油液压力达到设定压力时，发出电信号，控制电气元件动作，实现泵的加载或卸荷、执行元件的顺序动作，系统的安全保护和连锁等功能。

图 5-20a 所示为压力继电器的结构，当油液压力达到压力继电器的设定压力时，作用在柱塞 1 上的力通过顶杆 2 合上微动开关 4，发出电信号。图 5-20b、c 所示分别为其图形符号与实物图。

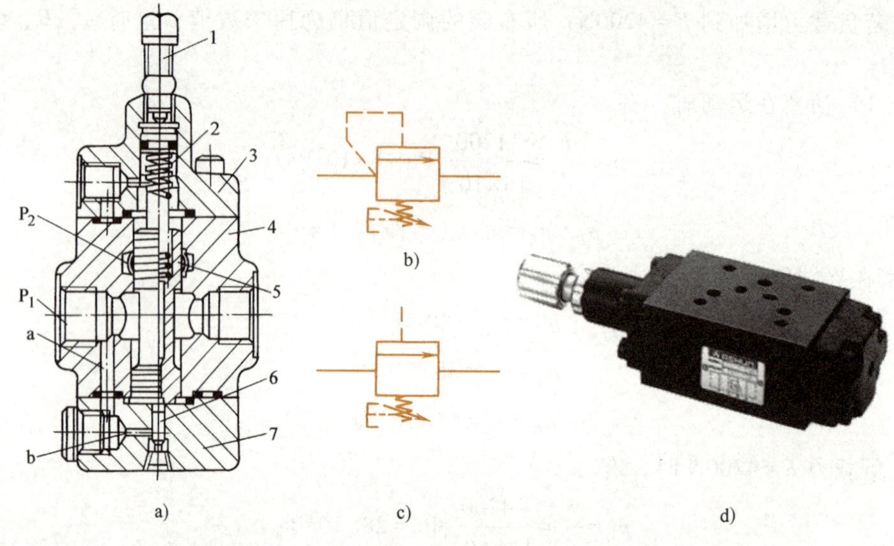

图 5-19 直动式顺序阀

a）结构 b）图形符号（内控式） c）图形符号（外控式） d）实物图

1—调节螺钉 2—弹簧 3—阀盖 4—阀体 5—阀芯 6—控制活塞 7—端盖

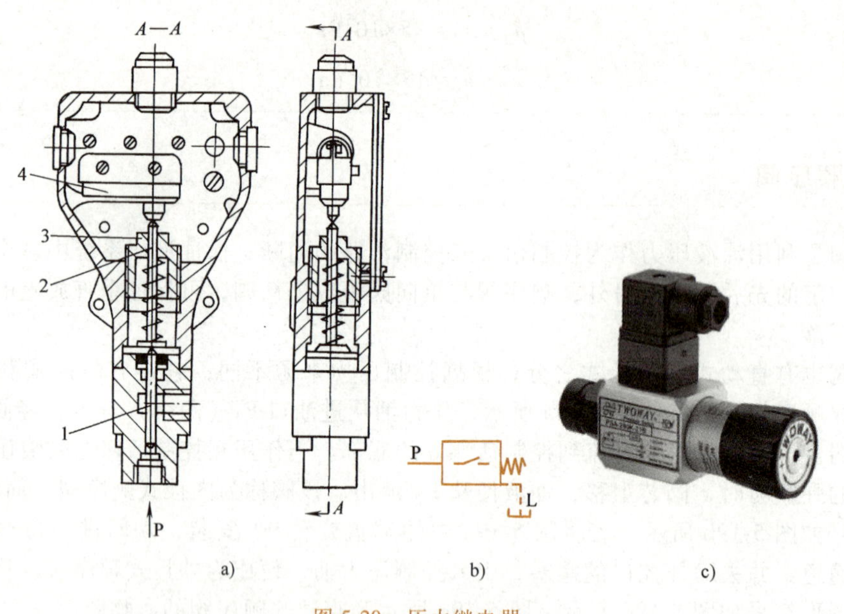

图 5-20 压力继电器

a）结构 b）图形符号 c）实物图

1—柱塞 2—顶杆 3—调节螺钉 4—微动开关

压力继电器的主要性能包括：

（1）调压范围 指能发出电信号的最低工作压力和最高工作压力的范围。

（2）灵敏度和通断调节区间 继电器接通电信号的压力（开启压力）与继电器复位切断电信号的压力（闭合压力）之差为压力继电器的灵敏度。为避免压力波动时继电器时通时断，要求开启压力和闭合压力间有一可调节的差值，称为通断调节区间。

（3）重复精度　在一定的设定压力下多次升压（或降压）过程中，开启压力和闭合压力的差值称为重复精度。

（4）升压或降压动作时间　压力由卸荷压力升到设定压力，微动开关触点闭合发出电信号的时间，称为升压动作时间；反之，称为降压动作时间。

压力继电器在液压系统中的应用很广，如刀具移到指定位置碰到挡铁或负载过大时的自动退刀、润滑系统发生故障时的工作机械自动停车、系统工作程序的自动换接等，都是典型的例子。

第三节　流量控制阀

流量控制阀（简称流量阀）是在一定的压差下通过改变节流口通流截面面积的大小，改变通过阀口流量的阀。在液压系统中，控制流量的目的是对执行元件的运动速度进行控制，因此液压系统流量控制回路又称为速度控制回路或调速回路。常见的流量控制阀有节流阀、调速阀等。

一、节流阀

1. 流量控制原理和节流口的节流特性

（1）流量控制原理　在图5-21所示回路中，采用定量泵供油，由溢流阀调定泵出口的压力，流量阀串联在执行元件的进油路上。在液体流经流量阀阀口时，通过改变节流口通流截面面积的大小或通流通道的长短来改变液阻（产生压降和压力损失），从而控制通过阀口的流量，以达到调节执行元件（液压缸或液压马达）运动速度的目的。流量阀节流口的结构形式有近似薄壁孔和近似细长孔两种类型。

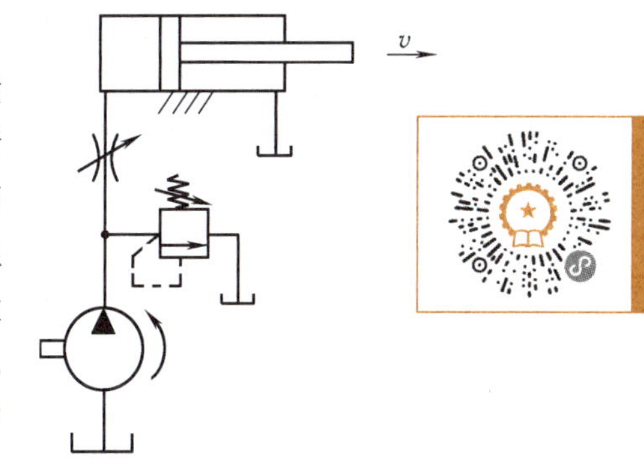

图5-21　流量控制原理

（2）节流口的节流特性　节流口的节流特性是指液体流经节流口时，流量的稳定性受节流口形状、节流口前后压差及液体温度等因素影响的特性。节流口的流量取决于节流口的结构形式。节流口对流量稳定性的控制质量影响极大。由流体力学可知，流经孔口、缝隙的流量与其前后压差及孔口、缝隙的面积有关，可以由式（2-36）求得。

由该式可知，当K、Δp和m一定时，只要改变A_T的大小，就可以调节流量阀的流量。流量控制阀正是利用流量与面积的这种关系工作的。

（3）影响节流口流量稳定的因素　流量阀工作时，要求调好节流口通流截面面积（即A_T）后，理论上希望稳定不变，但实际上流量是有变化的，流量小时流量的变化表现得特别明显。从式（2-36）可看出，影响流量稳定的因素有：

1）节流口前后的压差Δp。由式（2-36）知，当节流口前后压差Δp因外负载的波动而变化时，通过阀的流量q_V会发生变化。

为进一步分析Δp对q_V的影响，可引入节流刚度T。节流刚度是节流口前后压差Δp的

变化量与通过阀流量 q_V 变化量之比，即

$$T=\frac{\partial\Delta p}{\partial q_V}=\frac{1}{\frac{\partial q_V}{\partial\Delta p}}=\frac{1}{\tan\beta}=\cot\beta \tag{5-1}$$

图 5-22 所示为节流口的节流特性曲线，A_1、A_2、A_3 表示节流口不同的开口面积。从图中可以看出，节流刚度 T 相当于特性曲线上某点的切线与横坐标的夹角 β 的余切。

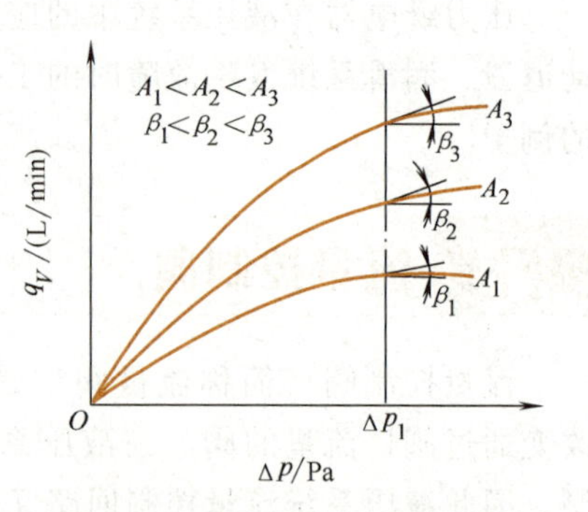

图 5-22　节流口的节流特性曲线

将式（2-36）带入，可得

$$T=\frac{\Delta p^{1-m}}{KA_{\mathrm{T}}m} \tag{5-2}$$

由图 5-22 及式（5-1）、式（5-2）可得出以下结论：T 越大，β 越小，节流阀性能越好，即节流口通流截面面积 A_{T} 越小，节流口两端的压差 Δp 越大，越有利于提高节流阀刚度。但 Δp 太大，造成的压力损失也越大，而且可能造成阀口太小而堵塞，一般 $\Delta p=0.15\sim0.4$MPa。

由于 Δp 为式（2-36）中的指数项，故应同时分析 m 值的影响。m 值越大，Δp 的变化对流量 q_V 的影响越大。因此，薄壁孔式的节流口（$m\approx0.5$）比细长孔式（$m=1$）的好，故节流阀的阀口多为薄壁孔，阀口结构越接近于薄壁孔（指数 m 越小），通过节流阀的流量越平稳。

2）液压油温度。液压油的黏度随其温度发生变化，式（2-36）中的 K 值也发生变化，节流阀的流量将受到影响。液压油的黏度对细长孔式节流口的流量影响较大，对薄壁孔式节流口的流量几乎没有影响。因此，性能好的节流阀一般都采用薄壁孔式节流口。

3）节流口的形状。流量阀在工作时，节流口的通流截面通常是很小的，当系统速度较低时更是这样。因此，节流口很容易被油液中所含的机械杂质、胶质沉淀物和氧化物等杂质堵塞，另外，油液中的极化分子和金属表面吸附作用会破坏节流口的形状和大小。在节流口被堵塞的瞬间，油液断流，压力很快升高，直到把堵塞的小孔冲开，流量又突然加大。该过程不断反复，就造成了时大时小的流量脉动，严重时完全断流，使节流阀丧失工作能力。上述现象称为节流阀的堵塞现象。

节流口通流截面面积大，通道短，水力半径大，通流能力就强，孔口不容易被堵塞，流量稳定性就好，最小稳定流量就越小；反之，流量稳定性就差。液压系统使用质量好或过滤精度高的油液时，也不容易产生堵塞现象。从节流口的形状看，圆形优于三角形，矩形优于缝隙。

2. 节流口的形式

流量控制阀中节流口的形式将直接影响流量阀的性能。薄壁孔、细长孔和短孔都可用作节流口，常见节流口的形式见表 5-5。

3. 节流阀的典型结构

节流阀是最简单、最基本的流量阀，实质上是一个可变节流口，常与其他形式的阀组合，形成单向节流阀。

表 5-5　常见节流口的形式

序号	节流口名称	特　点	结构形式
1	针阀式节流口	结构简单，针阀做轴向移动。但水力半径小，易堵塞，受油温影响较大，流量稳定性差，适用于对节流性能要求不高的系统	
2	偏心槽式节流口	在阀芯上开有截面为三角槽的周向偏心槽，通过转动阀芯改变通流截面面积。流量稳定性较好，但在阀芯上有径向不平衡力，使阀芯转动费力，易堵塞。一般适用于低压、大流量和对流量稳定性要求不高的系统	
3	轴向三角槽式节流口	工艺性好，结构简单，径向力平衡，水力半径较合适，调节范围大，稳定流量较小，但油温变化对流量有一定影响，广泛应用于各种流量阀中	
4	周向缝隙式节流口	节流口接近于薄壁孔，通道短，水力半径大，不易堵塞，受油温影响小，适用于低压、小流量（约 30mL/min）场合，其流量稳定性也较好	A　B　B—B　A
5	轴向缝隙式节流口	节流口更接近于薄壁孔，流量对温度变化不敏感，通流性能较好。这种节流口为目前最好的节流口之一，适用于性能要求较高、低压（≤7MPa）、小流量（约 20mL/min）的流量阀上	A　A/放大

（1）普通节流阀　图 5-23a 所示为 LF 型普通节流阀的结构，节流口位置在阀芯 2 与阀体 1 的交汇处。压力油从进油口 P_1 流入，经阀芯 2 下端的节流口，从出油口 P_2 流出。调节手轮 3，阀芯 2 随之轴向移动，从而调节阀芯下端的环形通流截面面积（即节流口），调节通过阀的流量。阀芯 2 所在轴上还有径向、横向孔（图中未表示），作用是排除弹簧腔泄漏的油液。该阀应用于要求不高的系统。图 5-23b 所示为节流阀的图形符号。

（2）单向节流阀　图 5-24a 所示为单向节流阀的结构。当压力油从进油口 P_1 流入，经

阀芯 2 上的轴向三角槽节流后，从出油口 P_2 流出，此时起节流阀的作用。调节螺母 5，可调节顶杆 4 的轴向位置，同时由弹簧 1 确定阀芯 2 的位置，确定节流口的通流截面面积。当压力油从 P_2 进入时，便推动阀芯 2 压缩弹簧 1（液压力大于弹簧力），阀芯 2 下移，从 P_1 畅通地流出。此时，节流口起节流作用，相当于单向阀。图 5-24b、c 所示为单向节流阀的图形符号与实物图。

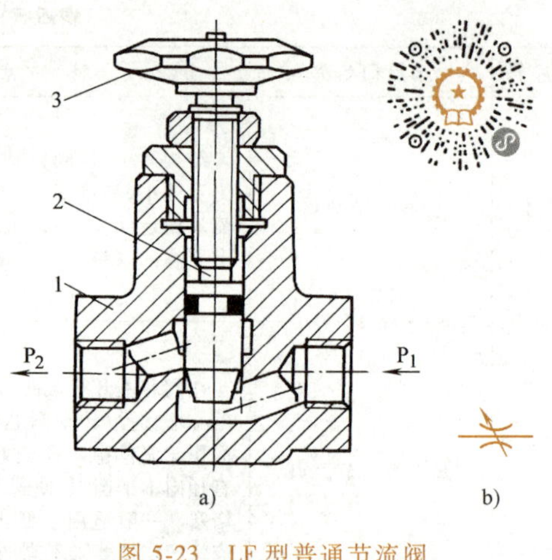

图 5-23 LF 型普通节流阀

a）结构 b）图形符号

1—阀体 2—阀芯 3—手轮

4. 最小稳定流量及其物理意义

节流阀的最小稳定流量是指在不发生节流口堵塞现象的条件下能正常工作的最小流量。如前所述，将节流口调得越小，就越易发生堵塞而断流。节流口的堵塞将直接影响流量的稳定性，从而使执行元件的运动速度不稳定。如果稳定流量的值越小，就说明节流阀节流口的通流性越好，允许系统的执行元件工作的最低速度就越小。在实际回路中，节流阀的最小稳定流量必须比系统的执行元件工作的最低速度所决定的流量值（一般流量控制阀的最小稳定流量为 0.05L/min）小，这样执行元件在低速工作时，才能保证速度的稳定性。这就是节流阀最小稳定流量的物理意义，也是选用节流阀的一个主要原则。

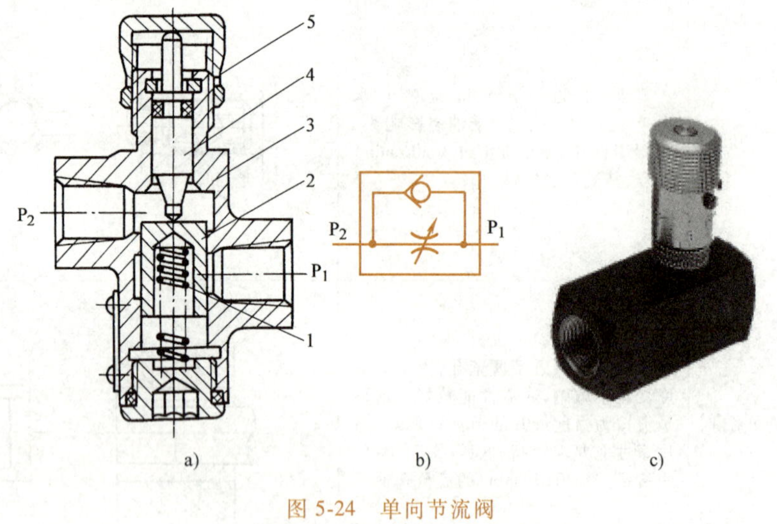

图 5-24 单向节流阀

a）结构 b）图形符号 c）实物图

1—弹簧 2—阀芯 3—阀体 4—顶杆 5—螺母

5. 节流阀的作用

节流阀在液压回路中主要起节流调速、负载阻尼和压力缓冲作用。

二、调速阀

节流阀的刚性较差，当节流调速回路的负载变化时，节流阀压差随之变化，根据式

(2-36)，若流量发生变化（流量受负载变化的影响），速度与流量成正比，从而不能使执行元件的速度保持稳定。为了使流经节流阀的流量不受负载变化的影响，必须采取压力补偿的办法使节流阀前后的压差保持在一个稳定的值上，使流量不变。这种带压力补偿的流量阀称为调速阀。

调速阀有两种具体结构：其一是将减压阀串联在节流阀之前，称为调速阀；其二是将压差式溢流阀与节流阀并联，称为溢流节流阀。

1. 调速阀的工作原理和静态特性分析

(1) 调速阀的工作原理　压力为 p_1 的压力油进入调速阀后流经定差减压阀的阀口 g，压力降为 p_2，然后经节流阀节流口流出，此时压力降为 p_3（出口负载压力）。从图 5-25a 可以看出，p_2 经 e 引到 f、经 e 引到 d，p_3 经 a 引到 b，弹簧力为 F_s，列出平衡方程式为

$$F_s+p_3A_b=p_2(A_d+A_c)$$

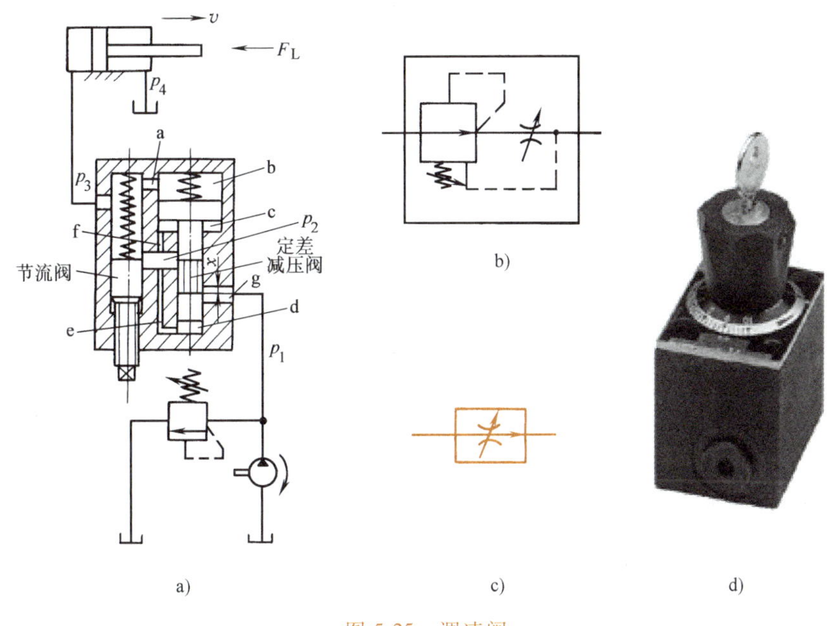

图 5-25　调速阀

a）工作原理　b）图形符号　c）简化图形符号　d）实物图

且 $A_b=A_d+A_c$，则压差 $p_3-p_2=F_s/A_b=\text{const}$（常数），故压差在工作过程中基本不变。这样，通过节流口的流量基本不会因负载 F_L 的变化而改变。图 5-25b 所示为调速阀的图形符号，图 5-25c 所示为调速阀的简化图形符号，图 5-25d 所示为调速阀的实物图。

(2) 调速阀的静态特性分析　调速阀能保持流量稳定，主要是由于在节流阀之前串联了减压阀，而减压阀具有压力补偿作用，这样就使节流阀阀口前后的压差保持近似不变，而使流量保持近似恒定。根据动力学方程和流量连续性方程以及流量公式，可建立静态特性方程式。

1）减压阀阀芯的受力平衡方程式（忽略阀芯自重、摩擦力）为

$$p_2A_d+p_2A_c+F_Y=p_3A_b+k(x_0-x) \tag{5-3}$$

其中，$A_b=A_d+A_c$。

$$p_2-p_3=\frac{k(x_0-x)-F_Y}{A_b} \tag{5-4}$$

式中 A_b——b腔面积（m^2）；

F_Y——稳态液动力（N），$F_Y=\rho q_{VR}v_R\cos\theta$，$\theta=69°$；

k——弹簧刚度，$F_s=k(x_0-x)$；

x_0-x——零位时的弹簧预压缩量（m）；

x——减压阀阀芯位移量（m），向上为正。

2）流经减压阀的流量方程式为

$$q_{V1}=C_qA_{T1}\sqrt{\frac{2}{\rho}(p_1-p_2)} \tag{5-5}$$

式中 C_q——减压阀阀口的流量系数；

A_{T1}——减压阀阀口的通流截面面积（m^2）；

ρ——油液密度（kg/m^3）；

p_1——调速阀的进口压力，即减压阀的进口压力（Pa）；

p_2——减压阀的出口压力，即节流阀的进口压力（Pa）。

3）流经节流阀的流量方程式为

$$q_{V2}=C_qA_{T2}\sqrt{\frac{2}{\rho}(p_2-p_3)} \tag{5-6}$$

式中 C_q——节流阀阀口的流量系数；

A_{T2}——节流阀阀口的通流截面面积（m^2）；

p_3——调速阀的出口压力，即节流阀的出口压力（Pa）。

4）根据流量连续性方程，不计内泄漏，则

$$q_{V1}=q_{V2} \tag{5-7}$$

调速阀因串联了两个液阻（减压阀和节流阀），所以正常工作时若压差 p_2-p_3 太小，减压阀阀芯在弹簧作用下处于最下端位置，阀口全开，起不到补偿节流阀前后压差的作用。一般选择 p_2-p_3 为 0.3～0.5MPa，高压调速阀需 1.0MPa 左右。

图 5-26 所示为调速阀和节流阀的静态特性曲线，即阀的进、出口压差与通过阀的流量之间的关系曲线。在压差较小时，调速阀的静态特性与节流阀相同；只有在调速阀的压差大于一定的数值后（减压阀开始工作）流量才基本稳定，而节流阀的流量随压差发生变化。

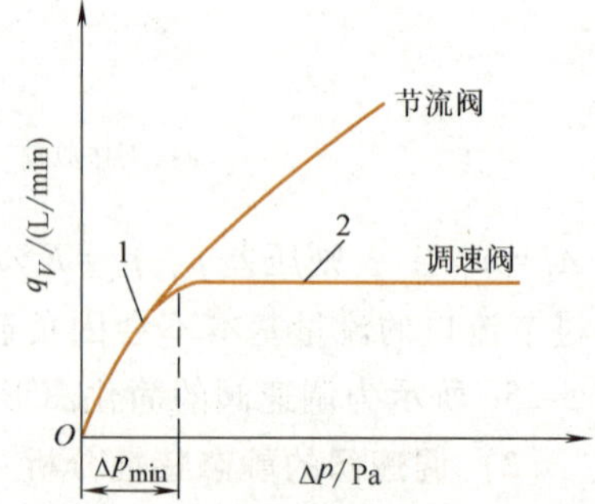

图 5-26 调速阀和节流阀的静态特性曲线

1—无压力补偿 2—有压力补偿

2. 溢流节流阀

溢流节流阀是由节流阀与压差式溢流阀并联组成的。它也能补偿阀两端的压差变化，使通过溢流节流阀的流量基本不受负载变化的影响。图 5-27a 所示为溢流节流阀的工作原理，压力为 p_1 的压力油经进油口 P_1 进入阀后，一部分经节流阀阀芯 2 的节流口 d（压降为 p_2）后进入执行元件；另一部分经溢流阀阀芯 1 的溢流口 e 回到油箱。压差式溢

流阀阀芯右腔 a 和节流阀出口相通，压力为 p_2；压差式溢流阀的油腔 b、左腔 c 和节流阀的入口相通，压力为 p_1。假设负载 F_L 增大，出口压力 p_2 增大，压差式溢流阀阀芯左移，关小溢流口 e，这样使节流阀入口压力 p_1 也增大，结果节流阀前后压差（p_1-p_2）基本保持不变；反之亦然。也就是说，流经溢流节流阀的流量基本上不随负载 F_L 的变化而变化。

如果系统超载，压力 p_2 超过系统正常值而达到压差式溢流阀 3 的调定压力，压差式溢流阀 3 会随之打开，系统溢流卸压，p_2（p_1）不再升高，以防止系统过载。图 5-27b 所示为溢流节流阀的图形符号，图 5-27c 所示为溢流节流阀的简化图形符号。

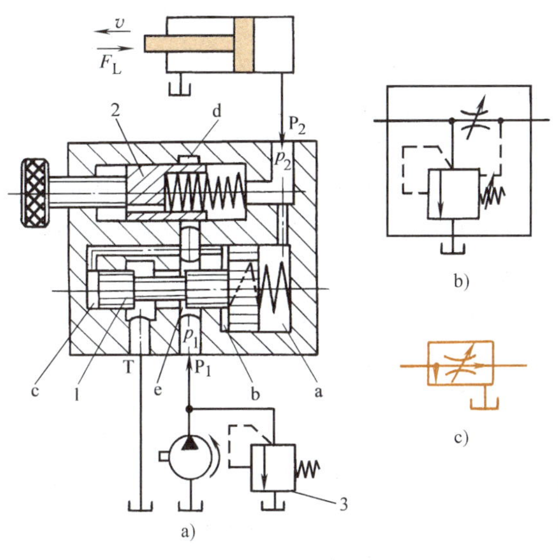

图 5-27　溢流节流阀

a）工作原理　b）图形符号　c）简化图形符号

1—溢流阀阀芯　2—节流阀阀芯　3—压差式溢流阀

3. 调速阀与溢流节流阀的比较

溢流节流阀与调速阀一样，都能使通过使阀的流量稳定而不受阀两端负载 F_L 变化的影响；但它们各具如下特点：

1）调速阀应用范围较广。调速阀可安装在执行元件的进、回油路和旁油路上，当执行元件负载变化时，泵出口处压力由溢流阀保持不变；而溢流节流阀只能安装在节流调速回路的进油路上，组成进油路节流调速回路。

2）采用溢流节流阀的系统效率较高。因为采用溢流节流阀的系统在负载变化时，泵出口处压力也随之变化，负载大，供油压力大，因而损失较小，系统发热量小。

3）调速阀较溢流节流阀流量稳定性好。在调速阀中，减压阀的弹簧较软，节流阀两端压差变化小，流量稳定性好，速度稳定。溢流节流阀中溢流阀的负载大，通流流量大，弹簧较硬，当负载变化时，节流口两端的压差变化较大，流量稳定性差，速度不稳。

第四节　其他类型的液压控制阀

一、插装阀与叠加阀

1. 插装阀

插装阀又称为二通插装阀、逻辑阀、锥阀，1981 年由我国液压气动标准化委员会定名为二通插装阀，简称“插装阀”。它是以二通型单向元件为主体，采用不同的盖板组成的。插装阀与普通液压控制阀的功能相同，都是用来控制液压系统工作介质的压力、流量和流动方向的。插装阀具有一系列的优点，如流动阻力小，通流能力大（流量大于 200 ~ 300

L/min)，具有多种控制机能等；主阀阀芯质量小、行程短，动作迅速，响应速度快，冲击小；结构紧凑，工艺性好，维修方便，工作可靠，寿命长；抗油污能力强，适用于各种液压介质，如液压油、乳化液、水质，对油液过滤精度无严格要求；便于实现无管化连接和高度集成，适用于与数字元件、比例元件及计算机组合使用，实现自动远程控制；插件具有一阀多能的特性，便于组成各种液压回路，工作稳定可靠；特别适用于高压、大流量系统，而且其组成元件（如阀芯、阀套等）已通用化、标准化、系列化，可以组成集成化系统，使优越性更加突出。

(1) 插装阀的基本结构及工作原理 插装阀的结构原理如图 5-28 所示，由集成块 5、插装件 3、控制盖板 2 和先导控制阀 1 四部分组成。

1）集成块。集成块是插装阀的壳体，集成块上有插装件的标准孔，用来安装插装件、控制盖板和其他控制阀，提供各插装件的连接通道，控制通道，集成块间连接口，集成块、动力源和执行元件连接口。如图 5-28 所示，A、B 为主油路通道，C 为控制腔。

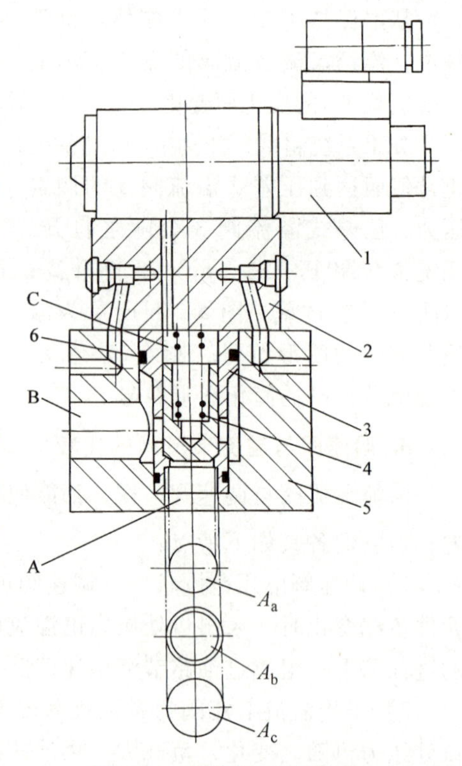

图 5-28 插装阀的结构原理
1—先导控制阀 2—控制盖板 3—插装件
4—弹簧 5—集成块 6—密封圈
A、B—主油路通道 C—控制腔

阀芯锥面的开闭决定主油路通道 A、B 的通断，当 $p_cA_c+F_s+F_Y>p_aA_a+p_bA_b$［式中，$p_c$ 是控制腔 C 的压力；A_c 是控制腔 C 的面积，$A_c=A_a+A_b$；p_a 是主油路通道 A 的压力；A_a 是主油路通道 A 的控制面积；p_b 是主油路通道 B 的压力，A_b 是主油路通道 B 的控制面积。F_s 是弹簧力；F_Y 是液压力（一般可忽略不计）］成立时，阀芯锥面关闭，主油路通道 A、B 不通；当 $p_cA_c+F_s+F_Y<p_aA_a+p_bA_b$ 时，阀芯锥面开启，主油路通道 A、B 连通；当 $p_cA_c+F_s+F_Y-p_aA_a-p_bA_b=0$ 时，阀芯锥面处于某一平衡位置。采取适当的方式控制 C 腔的压力 p_c，就可以控制主油路通道 A、B 的油流方向和压力，如 $p_c=0$，在 p_a 或 p_b 作用下均可使阀打开，使阀打开的最小压力称为最小开启压力，一般为 $(0.3\sim4)\times10^5$Pa。由图 5-28 还可以看出，如果采取措施控制阀芯的开启高度（即阀口的开度），就可以控制主油路通道中的流量。

插装阀主油路通道 A 的控制面积与控制腔 C 的面积之比 $\alpha=A_a/A_c$，称为面积比（可为 1∶1.1、1∶1.5 或 1∶2），它是一个十分重要的参数。面积比与开启压力和弹簧预紧力有关，对插装阀的工作性能有重要的影响。

2）插装件。插装件由阀芯、阀体、弹簧和密封件等组成，也称插装结构。插装件是插装阀的主体元件（功率元件），阀体外圆柱面与集成块内的标准孔相配合，径向孔与集成块主油路通道 B 相通。阀芯可为锥阀也可为滑阀，锥阀用得较多。阀芯装在阀体内，可自由地轴向移动以控制主油路通道中液体的流动方向、压力和流量。

3）控制盖板。控制盖板的底面安装在阀体上，顶面作为先导控制阀的安装面，内部钻

有各种控制通道，或插装各种先导控制阀元件（通常由电磁换向阀和一些先导控制阀元件组成）以及其他元件，内嵌各种微型先导控制元件与节流螺塞等附件。控制盖板的主要功能是固定插装件、连通控制油路与保持主阀控制腔之间的联系，并保证密封。根据控制功能不同，控制盖板可以分为方向控制盖板、压力控制盖板和流量控制盖板三大类。当具有两种以上功能时，称为复合控制盖板。

4）先导控制阀。安装在控制盖板（或集成块）上，控制阀口的启闭是插装阀的控制级。先导控制元件用于控制插装件阀芯的动作，以实现插装阀的各种功能。

（2）插装阀的应用　选择适当的插装元件与不同的控制盖板，或与不同的先导控制阀连接，可组成各种功能的大流量插装阀。

1）插装式方向控制阀。与普通液压阀类似，插装阀与换向阀组合可形成各种形式的插装式方向控制阀［$\alpha = A_a / A_c = 1:2$（或 1：1.5）］。插装式方向控制阀示例见表 5-6。

表 5-6　插装式方向控制阀示例

序号	插装式方向控制阀名称	简　介	原理符号图
1	插装单向阀	将插装阀的控制油口与 A 口或 B 口连接，形成插装单向阀，若连接方向不同，则油流方向也不同。若控制油口与 A 口连接，则油流方向为 B→A；若控制油口与 B 口连接，则油流方向为 A→B	C B A B A C B A B A
2	液控单向阀	当电磁阀不通电时，控制油口卸压，此时油流方向为 A→B，B→A 不通；当电磁阀通电时，A 口与 B 口可以双向导通	C B A B A
3	二位二通插装换向阀	当电磁阀不通电时，油口 A 与 B 不通；当电磁阀通电时，油口 A 与 B 开启	C B A B A
4	二位三通插装换向阀	两个插装阀可组成二位三通插装换向阀，功能与二位三通方向控制阀等效	P T A A P T

（续）

序号	插装式方向控制阀名称	简　介	原理符号图
5	二位四通插装换向阀	用二位四通电磁阀集中控制四个插装锥阀元件,可组成二位四通插装换向阀	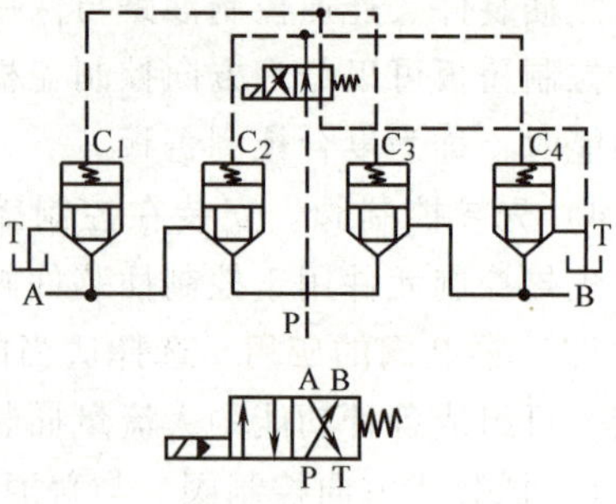 C1 C2 C3 C4 T A P B T A B P T
6	三位三通插装换向阀	用一个三位四通电磁阀控制两个方向控制阀插入元件时,组成三位三通插装换向阀。图示为采用P型中位机能的电磁阀控制的连接情况	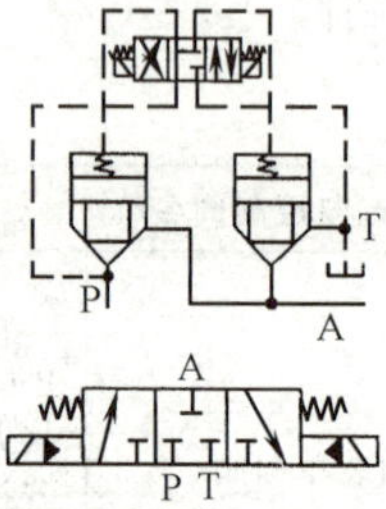 T P A A P T
7	三位四通插装换向阀	用三位四通电磁阀集中控制四个插装锥阀元件,可组成三位四通插装换向阀。图示为采用P型中位机能的电磁阀控制,换向阀具有O型中位机能	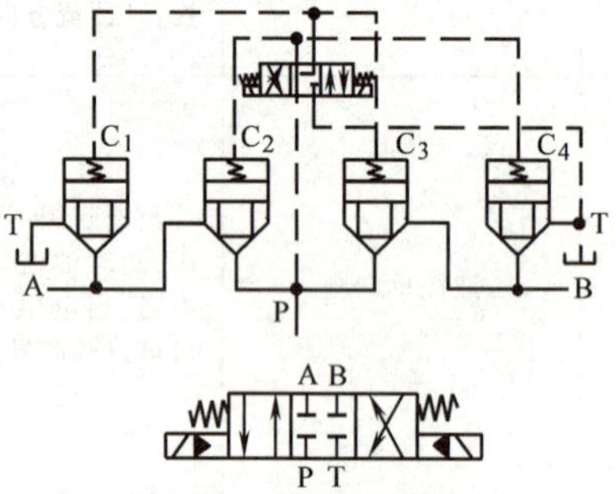 C1 C2 C3 C4 T A P B T A B P T

除表5-6此之外，还可以组成更多种类的换向阀。

2）插装式压力控制阀。插装式压力控制阀包括由插装式主阀阀芯、控制盖板、先导控制阀（可有可无）组成的溢流阀、顺序阀和减压阀等，见表5-7。

3）插装式流量控制阀。插装式流量控制阀由锥阀芯和内装阀芯的行程调节器的控制盖板组成。用带千分尺的精细调节杆控制插装件阀芯的开启高度就能使它起到控制流量的作用。

表5-7　插装式压力控制阀示例

序号	插装式压力控制阀名称	简　介	原理符号图
1	插装式溢流阀	由一个压力阀插装元件和能调整压力的控制盖板组合而成。图示为阻尼塞内置式溢流阀,应用很广	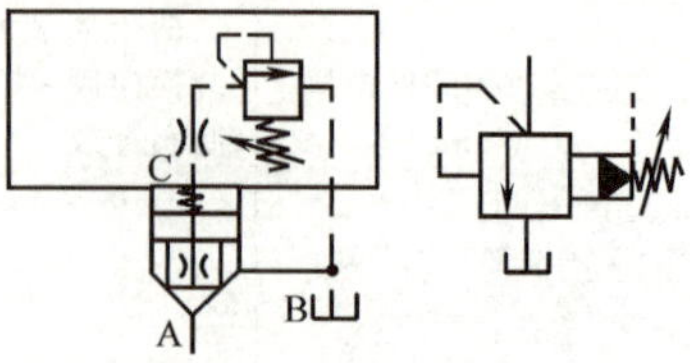 C B A

（续）

序号	插装式压力控制阀名称	简　　介	原理符号图
2	插装式电磁溢流阀	溢流阀的先导回路上叠加一个电磁阀来控制其卸荷，构成一个电磁溢流阀。电磁阀不通电时，系统卸荷；电磁阀通电时，溢流阀工作，系统升压工作	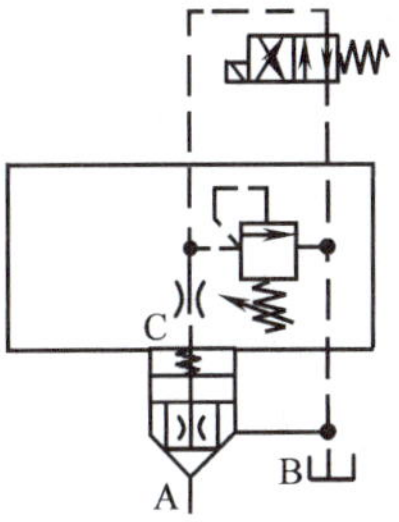 C A B
3	插装式卸荷溢流阀	由压力阀插装元件和卸荷溢流盖板组成	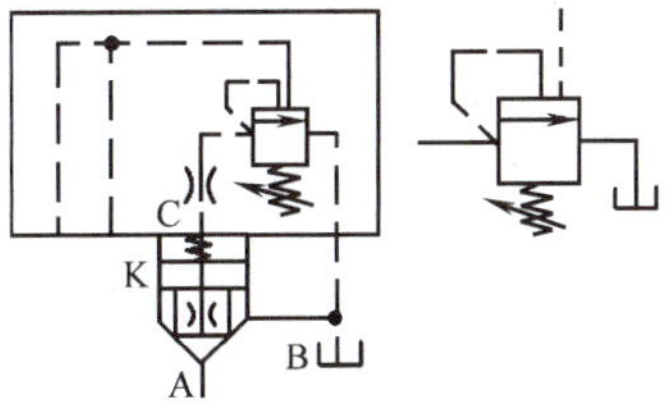 C K A B
4	插装式双级调压溢流阀	由两个先导调压阀控制一个压力阀	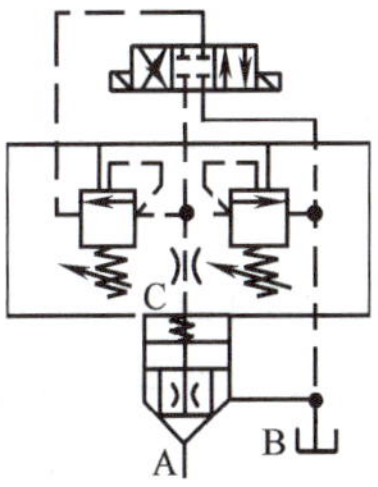 C A B
5	插装式远控顺序阀	B 口与负载相接（不接油箱），先导式溢流阀的出口单独接油箱，用外部压力油控制，就成为一个插装式远控顺序阀	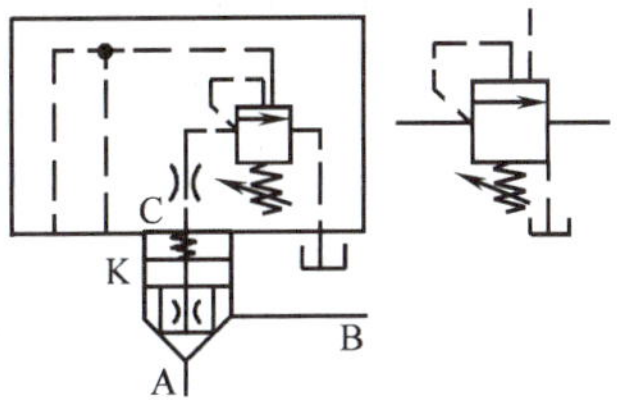 C K A B
6	插装式减压阀	由减压阀插装元件和减压盖板组成	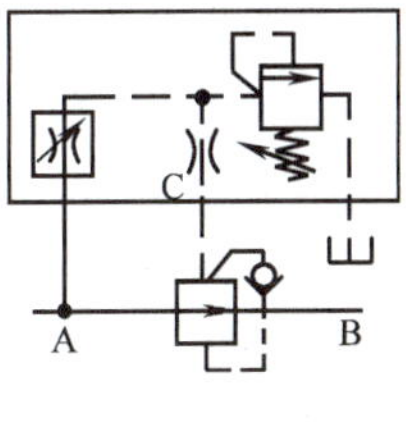 C A B

图 5-29a 所示为插装式流量阀，由节流阀和差压阀组成，具有压力补偿功能。将插装式流量阀与定差减压阀连接，就组成了插装式调速阀，如图 5-29b 所示。

总之，插装阀经过适当的连接和组合，可组成各种功能的液压控制阀。在液压系统设计和制造中，液压系统采用的插装阀有很多优点：将液压系统设计成使用插装阀的集成块结构，使液压系统结构更紧凑，节省管路，减小液压损失；最大通径可达 200~250mm，最大流量在 10000L/min 以上，控制压力可达 42～60MPa；安装维修更方便；抗污染能力强，工作可靠；密封性能好，阀芯不易卡死；实际的插装阀系统是一个集方向、流量、压力于一体的复合系统，由于具有多种复合机能，变型方便；插装阀组成元件和安装、连接尺寸标准化，与之相配的阀座、阀体制造工艺和加工难度不大，更容易推广使用；插装阀与电控技术相结合，可实现逻辑控制、比例控制和数字控制。

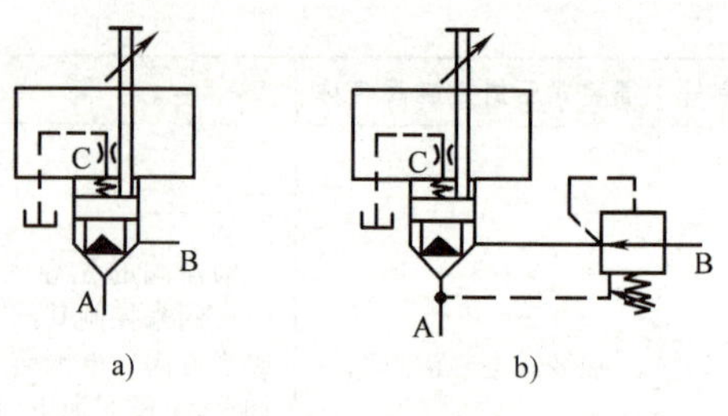

图 5-29 插装式流量控制阀

a）插装式流量阀 b）插装式调速阀

插装阀为液压传动与控制技术注入了新的活力，有着较广阔的发展前景。

2. 叠加阀

叠加阀是叠加式液压阀的简称。叠加阀是在板式阀集成化的基础上发展起来的一种新型液压元件，其结构特点是以阀体本身作为连接体，不需要另外的连接体，阀体本身既是液压阀的机体，又具有通道和连接的功能；由叠加阀组成的液压系统具有标准化、通用化、集成化程度高的优点；使用叠加阀可实现液压元件间无管化集成连接，无管化集成连接消除了因油管和管接头等引起的漏油、振动和噪声，压力损失小，系统稳定性高，简化液压系统连接方式，系统紧凑，缩短设计安装周期；具有组合灵活、使用安全可靠、外形整齐美观、使用维护方便等优点。因此，叠加阀逐渐应用于各个领域。

目前，叠加阀的生产已形成系列，每一种通径系列的叠加阀的主油路通道的直径、位置与相应通径的主换向阀相同，只要将同一通径的叠加阀按一定次序叠加起来，再加上电磁阀或电液换向阀，然后用螺栓和螺母紧固，即可组成各种典型的液压系统。叠加阀与普通液压阀在工作原理上无太大的差别，但在具体结构和连接方式上有其特点，自成系列。叠加阀按功用不同分为压力控制阀、流量控制阀和方向控制阀。

在叠加式液压系统中，某规格叠加阀的连接、安装尺寸与同一规格的电液换向阀一样时，换向阀装在最上方，其他阀位于换向阀和底板之间。叠加阀的上下两面都是平面，便于叠加安装。在进行液压系统设计时，完成系统原理图的设计后，还需绘制叠加阀式液压系统图。

下面以先导叠加式溢流阀为例说明叠加阀的结构。

图 5-30 所示为先导叠加式溢流阀的典型结构，先导阀为一锥阀，阀的调定压力由螺钉 1 调节弹簧 2 的预紧力实现。压力较小的压力油从 P 口进入主阀阀芯右端 e 腔，对主阀阀芯 6 右端施加作用力，同时通过小孔 d 进入主阀阀芯左腔 b，再穿过小孔 a 作用在锥阀阀芯 3 上。此时，锥阀阀芯关闭，主阀阀芯无溢流。当 P 口压力升高，达到阀的调整压力后，锥阀阀芯打开，液流经小孔 d（液流流经阻尼孔 d 时产生压降）、a 到达出油口 T，主阀阀芯两端产生的压差克服弹簧力使主阀阀芯 6 向左移动，主阀阀芯开始溢流，实现叠加阀的功能。

二、电液伺服阀

电液伺服阀是一种将电信号变为液压能以实现流量或压力控制的转换装置，电液伺服阀既是电液转换元件，又是功率放大元件；输入的小功率电信号与输出的大功率液压能（压

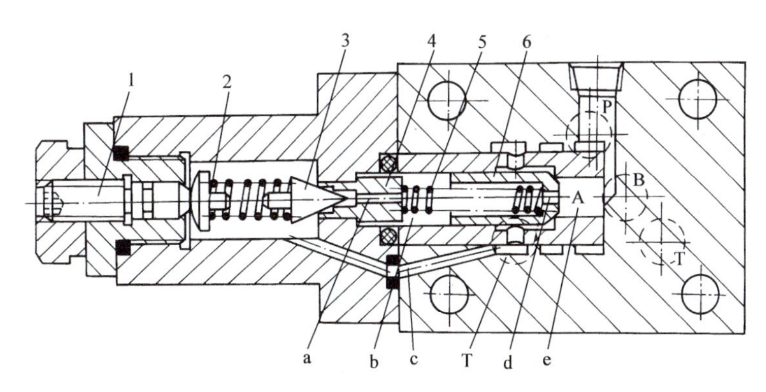

图 5-30　先导叠加式溢流阀的典型结构

1—螺钉　2、5—弹簧　3—锥阀阀芯　4—锥阀座　6—主阀阀芯

力和流量）保持对应关系，从而实现对执行元件的位移、速度、加速度及力的控制；能远距离输入电信号，实现连续、成比例的控制，输出的液压功率大、惯性小、精度高、响应速度快；应用领域越来越广。

根据输出液压量的不同，电液伺服阀可以分为流量伺服阀和压力伺服阀两大类。

1. 电液伺服阀的工作原理

电液伺服阀是电液转换放大元件，它将小功率的输入电信号放大成大功率的液压能输出，这是电液伺服系统的核心。电液伺服阀具有控制精度高、放大倍数大等优点，它在液压控制系统中得到广泛的应用。

电液伺服阀基本都是由电气-机械转换器、液压放大器和反馈平衡机构三部分组成的。

图 5-31 所示为电液伺服阀的结构原理，它由电磁和液压两部分组成，图中上半部分是一个力矩马达，下半部分是一个两级液压放大器。电磁部分将输入电信号转变为阀的运动，液压部分由阀的运动控制油液的流量和压力。

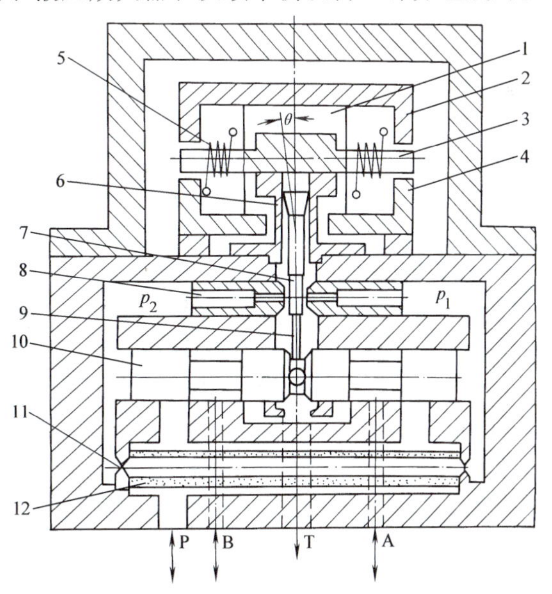

图 5-31　电液伺服阀的结构原理

1—永久磁铁　2、4—导磁铁　3—衔铁　5—线圈　6—弹簧管　7—挡板　8—喷嘴　9—反馈杆　10—四通滑阀阀芯　11—回油节流孔　12—过滤器

（1）力矩马达　永磁式力矩马达主要由永久磁铁 1、导磁铁 2 和 4、衔铁 3、线圈 5 和内部悬置挡板 7 的弹簧管 6 等组成（图 5-31）。

当线圈 5 没有信号电流通过时，衔铁 3 由弹簧管 6 支承在上、下导磁铁 2、4 的中间位置，力矩马达无力矩输出，此时挡板 7 处于两喷嘴 8 的中间位置。当线圈 5 有信号电流通过时，衔铁 3 被磁化，与永久磁铁 1 初始的磁场合成产生电磁力矩，使衔铁连同挡板偏转一个角度 θ，电流越大，θ 就越大，两者成正比关系。挡板的

偏移改变了喷嘴 8 和挡板 7 之间的间隙，使得滑阀两端液压 p_1、p_2 发生变化，四通滑阀阀芯 10 向油液压力小的方向移动一段距离。若挡板 7 向右偏移，喷嘴挡板的右间隙减小而左间隙增大，p_1 大于 p_2，推动滑阀左移。阀芯的移动使反馈杆 9 产生弹性变形，对衔铁挡板组件产生顺时针方向的反力矩。这样，力矩马达就把输入的电信号转换为力矩输出。当作用在衔铁挡板组件上的电磁力矩与反馈杆产生弹性变形和弹簧管反力矩平衡时，滑阀停止移动，保持在平衡位置上，输出相应的流量。

如前所述，滑阀位移、挡板位移和力矩马达输出力矩与输入信号大小成一定比例地变化。在一定负载情况下，阀的输出流量与输入电信号成正比。输入电信号换向会使阀芯位移方向同时改变，阀的输出流量也随同换向，故这种阀是一种流量控制电液伺服阀。

综上所述，电磁部分的作用是把输入电流变为转矩，从而使衔铁 3 偏转，故一般称之为力矩马达。

(2) 液压放大器 电气-机械转换器只能将输入的小功率电信号转换成阀芯的机械运动，这时输出的力或力矩很小，在流量大的情况下满足不了直接操纵滑阀的需求，为此需要设置两级液压放大器。前置放大级采用滑阀、喷嘴挡板阀，最后的功率级采用滑阀。

前置放大级是一个双喷嘴挡板阀，由喷嘴 8、回油节流孔 11、挡板 7 和过滤器 12 组成。其作用是使微弱的电信号借助挡板间隙的变化而使滑阀移动，它是一个液压放大器，是第一放大级（前置放大级）；移动滑阀后接通传递动力的主回路，是第二放大级（功率放大级）。

2. 电液伺服阀的应用

由于电液伺服阀的控制精度高、响应速度快，所以应用范围很广，常用来实现电液位置、速度、加速度和力的控制。电液伺服阀的正确使用将会直接影响系统的性能、工作可靠性及使用寿命。

汽车自动防碰撞液压伺服系统如图 5-32 所示。

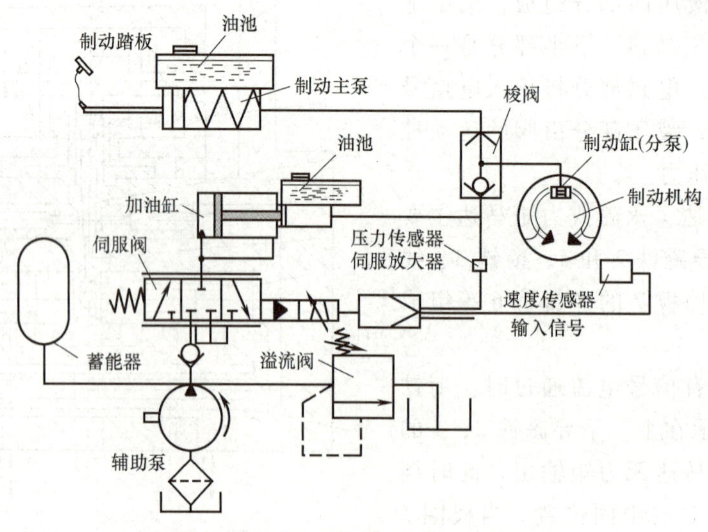

图 5-32 汽车自动防碰撞液压伺服系统

汽车自动防碰撞液压伺服系统用于在紧急时刻取代驾驶人制动，其工作原理为：汽车发动以后，系统通过辅助泵向蓄能器供油，蓄能器的压力可保持在 0.6MPa，溢流阀设定压力为 0.8MPa。自动制动时，车载雷达把车速、车距（包括前障碍物）、本车与前车的相对速

度的有关信息传送给信号处理单元，通过信号处理单元进行数据处理求出车速 v、车距 R 及相对速度 v'，并与给定信号进行比较，由给定信号结合防碰撞模型计算出安全距离 R_1 和临界安全距离 R_2。

工作中，梭阀关闭制动总泵的油路，由蓄能器和辅助泵向系统提供液压能，微控制器控制电液伺服阀动作，进一步控制制动缸（分泵）工作，从而实施制动。当 $R<R_2$ 时，系统发出警报，并发出指令进行预制动，制动力由压力传感器检测，并转换成与制动力成比例的反馈电压信号，与指令信号电压比较，得到偏差信号，经伺服放大器放大后输入到伺服阀中；当 $R<R_1$ 时，系统通过制动机构对汽车采取紧急制动；当 $R>R_2$ 时，系统退出紧急制动，而且车速与相对速度 v' 相等或相近时，系统不做任何反应，此时电液伺服阀回到中位。自动制动时，还可以通过装在四个轮子上的车速感应器判断轮胎抱死与否，通过微控制器控制电液伺服阀动作，准确地控制、适时地释放制动缸（分泵）的液压力，让制动力一直保持在与轮胎摩擦力平衡的状态，以获得最佳制动效果，达到防止制动时轮胎抱死的目的。

液压伺服系统能输入小功率的电信号，输出大功率的液压能（流量与压力），并获得很高的控制精度和很快的响应速度。利用这个特点，结合车载雷达与微控制器，汽车自动防碰撞液压伺服系统能很好地实现主动安全驾驶，保证行车交通安全，提高运输能力，减少恶性交通事故的发生。

三、电液比例控制阀

电液比例控制阀用于开环控制（闭环控制时需用内反馈元件），可根据输入的电信号对液压系统的参数（压力、流量及方向）实现远距离计算机控制，并可以防止液压冲击。电液比例控制阀是一种性能介于普通液压控制阀和电液伺服阀之间的新阀种，在制造成本和抗污染等方面优于电液伺服阀。

液压系统的压力和流量是两个主要的被控参数。按照功能不同，电液比例控制阀可分为电液比例压力控制阀、电液比例方向控制阀、电液比例流量控制阀以及比例复合阀等。电液比例压力控制阀、电液比例流量控制阀为单参数控制阀；而电液比例方向控制阀能同时控制液流方向和流量，是两参数控制阀；比例复合阀为多参数控制阀。电液比例控制阀种类很多，几乎所有种类、功能的普通液压阀都有相应的电液比例控制阀。电液比例控制阀允许用户在整个流量范围内对输出流量实施程序控制，以提供比传统控制阀更好的控制。

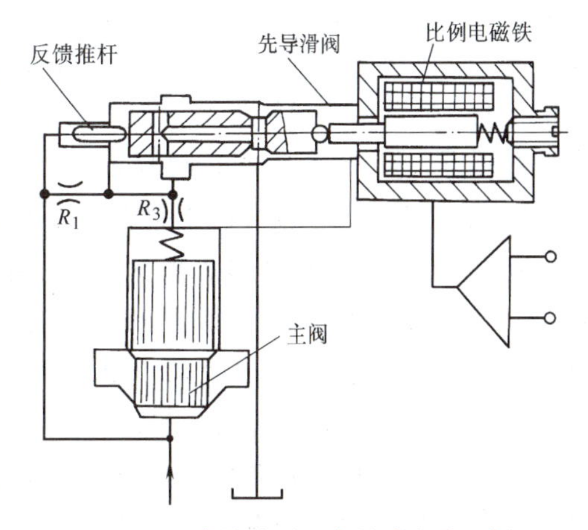

图 5-33　直接检测型先导式电液比例溢流阀的结构原理

1. 电液比例压力控制阀

电液比例压力控制阀分为直动式和先导式，图 5-33 所示为直接检测型先导式电液比例溢流阀的结构原理。

由图可知，阀的先导阀为一滑阀，阀的进口压力直接作用在先导滑阀反馈推杆左端，与作用在先导滑阀阀芯另一端的电磁力相平衡，

从而控制先导滑阀的开度；进口压力油经前置固定液阻 R_1 与先导滑阀阀芯的左端来控制主阀阀口的开度。工作时调节输入电流的大小，保证电液比例溢流阀的进口压力与电磁吸力成正比，达到调节阀进口压力的目的。

先导滑阀与主阀上腔之间的动压反馈阻尼 R_3 在阀处于稳态时没有流量通过，因此主阀上腔压力与先导滑阀左腔压力相等。当液阻 R_3 使主阀上腔压力高于或低于先导滑阀左腔压力时，不但直接阻碍主阀阀芯移动，而且还反馈给先导滑阀的两端，进一步对主阀阀芯的运动起动压反馈作用。因此，直接检测型先导式电液比例溢流阀的动态特性及压力稳定性好，超调量小。

2. 电液比例流量控制阀

电液比例流量控制阀包括直动式和先导式的比例节流阀、比例调速阀和比例旁通型调速阀等。

图 5-34 所示为具有内反馈（流量、力）的电液比例流量控制阀，其工作原理是：当比例电磁铁 7 中无电流信号输入时，先导阀 1 由下端内圈弹簧（反馈弹簧 6）支承在最上部的位置，弹簧无压缩量。先导阀 1 节流口关闭，流量传感器 2 的阀口在复位弹簧 5 作用下关闭，主调节器 3 的节流口在复位弹簧 4 和左右面积压差作用下因两端压力相等而关闭，流量为零。当比例电磁铁 7 通电而产生电磁吸力时，先导阀 1 的阀芯向下移，先导阀阀口开启，控制油经液阻 R_1、R_2、先导阀阀口到达流量传感器 2 的下部，克服复位弹簧 4、5 的作用力使流量传感器 2 的阀口开启。在流量传感器 2 的阀芯上移时，反馈弹簧 6 产生弹簧力，该弹簧力与电磁吸力比较，若两者相等，则先导阀 1 的阀芯受力平衡。

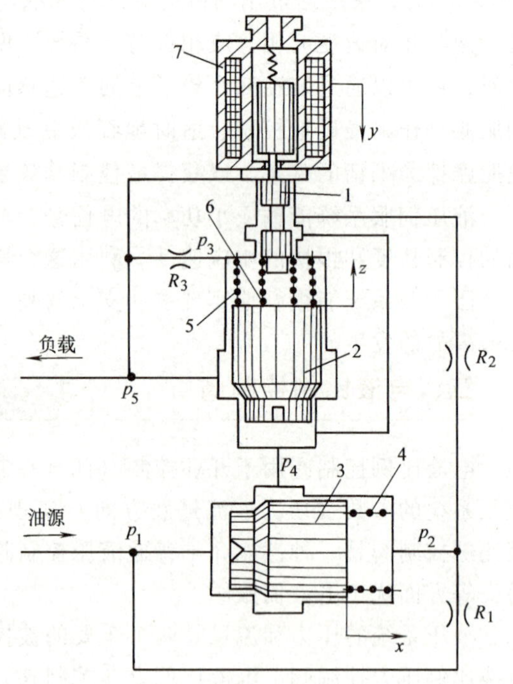

图 5-34 具有内反馈（流量、力）的电液比例流量控制阀的结构原理

1—先导阀 2—流量传感器 3—主调节器 4、5—复位弹簧 6—反馈弹簧 7—比例电磁铁

当液阻 R_1 通油时，主调节器 3 的节流口开启。电液比例流量控制阀在比例电磁铁 7 输入一定电流信号后，流量传感器 2 的进口压力由 p_1 降为 p_4，流量传感器 2 的出口压力 p_5 经液阻 R_3 后再引到流量传感器 2 上腔，因此在流量传感器 2 受力平衡时，进、出口压差是由弹簧确定的。只要流量传感器 2 保持一定开度，其进、出口压差就一定，因此流经流量传感器 2 的流量对应一定阀开度，即流量传感器 2 在调节流经该阀的流量的同时，将流量信号转换为阀口的开度，以弹簧力的方式反馈到先导阀 1，与比例电磁铁 7 的电磁吸力相比较，这样就形成了流量-位移-力反馈型闭环控制的电液比例流量控制阀。

当电液比例流量控制阀进、出油口的压差发生变化（如负载或液压力波动变化）时，流经主调节器 3 和流量传感器 2 的流量变为流量传感器 2 阀芯的位移，并经反馈弹簧 6 对先导阀 1 进行闭环力反馈，先导阀的节流口开度改变，再由先导阀 1 与 R_1、R_2 所组成的液阻

网络对主调节器自动调节，主调节器起压力补偿作用，保证流量传感器的进、出口压差为定值。由于主调节器的阀芯位移是由流量传感器的流量信号检测控制的，所以流量稳定性比普通调速阀高很多，使通过该阀的流量保持恒定。

3. 电液比例方向控制阀

电液比例方向控制阀能按其输入电信号的极性及幅值大小，同时实现液流的流动方向及流量两参数的控制。电液比例方向控制阀又称为电液比例方向节流阀，外观与传统的方向控制阀相似，但阀芯结构不同。

直接控制式电液比例方向节流阀的结构原理如图 5-35 所示，由阀芯 4、阀体 3、位移传感器 1 和比例电磁铁 2、5（分别位于阀体两端）组成。阀芯 4 在阀体内的位置是由比例电磁铁 2、5 所输入的电信号的大小及对中弹簧 6、7 的共同作用决定的，阀芯处于中位时，油口 P、A、B、T 不通。位移传感器 1 可准确地检测阀芯所处的实际位置，当液动力或摩擦力的干扰使阀芯的实际位置与预期位置产生偏差时，位移传感器将所测得的和阀芯行程成正比的偏差电压信号反馈至比较放大器 8，将实际值和调定值比较放大后发出信号，比例电磁铁 2 输入信号电流时，电磁力作用在阀芯 4 上，比例电磁铁推力与对中弹簧的共同作用，使阀芯 4 定位在与输入信号成正比的位置上，阀芯最终到达准确位置。例如：比例电磁铁 2 通电，阀芯右移，使 P、B 相通，A、T 相通，并经相应节流口节流，通电电流越大，阀芯开度越大，流量越大。左、右比例电磁铁 2、5 的不同动作决定液流方向，这样形成一闭环控制，使此电液比例方向节流阀的控制精度得到提高。直接控制式电液比例方向节流阀只能用于较小流量的系统。

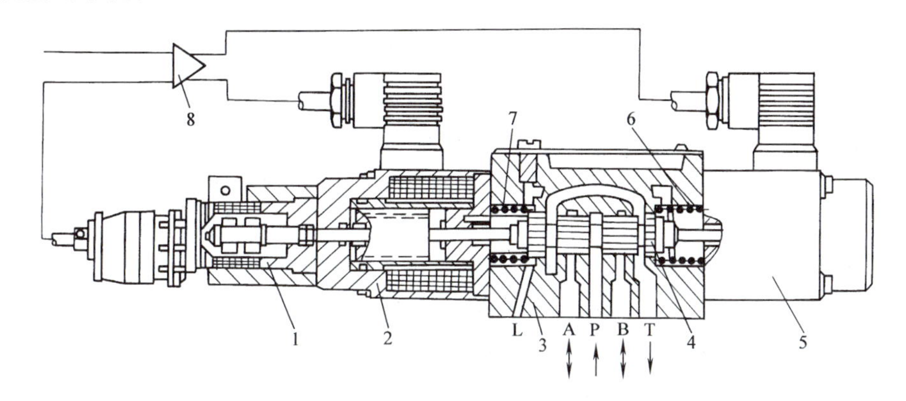

图 5-35　直接控制式电液比例方向节流阀的结构原理

1—位移传感器　2、5—比例电磁铁　3—阀体　4—阀芯　6、7—对中弹簧　8—比较放大器

复习思考题

5-1　什么是换向阀的“位”和“通”？换向阀有几种控制方式？

5-2　用 O 型、M 型、P 型、H 型中位机能电磁换向阀分别控制单活塞杆式液压缸，试说明所构成的油路在换向阀处于中位时，各具有怎样的工作特性。

5-3　画出直动式溢流阀、直动式减压阀及直动式顺序阀的图形符号。结合图形符号说明三者在结构和工作特性方面有何区别。

5-4　试说明节流阀和调速阀在结构及工作特性方面有何区别。

5-5　若将先导式溢流阀的遥控口误当成卸油口接回油箱，系统会出现什么现象？

5-6　画出以下各种方向阀的图形符号：

1）二位二通电磁换向阀。

2）二位二通行程换向阀（常开）。

3）二位三通液动换向阀。

4）液控单向阀。

5）三位四通（M 型）电液换向阀。

6）三位四通（Y 型）电磁换向阀。

5-7　选用流量控制阀时应考虑哪些问题及应如何考虑？

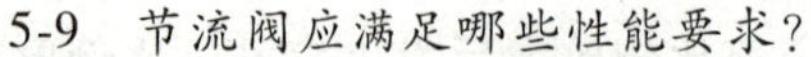
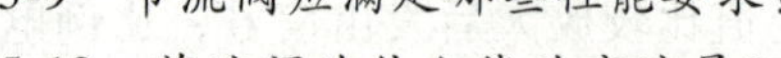

5-8　简述节流阀最小稳定流量的物理意义、影响最小稳定流量的主要因素。

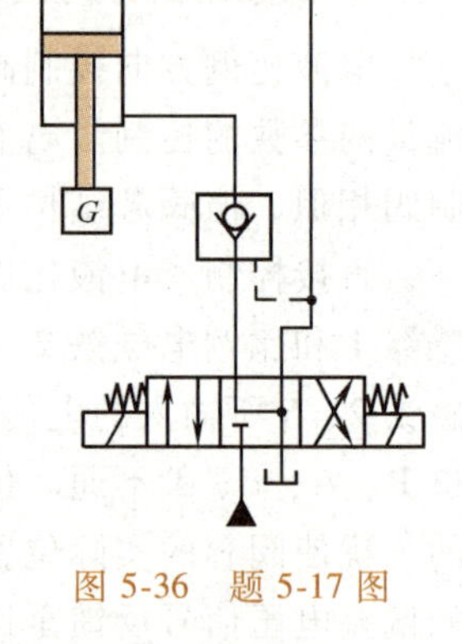

图 5-36　题 5-17 图

5-9　节流阀应满足哪些性能要求？

5-10　节流阀为什么能改变流量？

5-11　为什么调速阀能够使执行元件的速度稳定？

5-12　简述插装阀的基本结构及工作原理。

5-13　根据工作性能，叠加阀可分为哪两类？它们各具备哪些功能？

5-14　如何选择电液伺服阀？

5-15　如何选择电液比例流量阀？

5-16　溢流阀在液压系统中有何作用？

5-17　试分析图 5-36 所示回路中液控单向阀的作用。

5-18　图 5-37 所示为内控内排式电液换向阀的换向回路，电液换向阀的中位机能为 M 型。当电磁铁 1YA 和 2YA 通电吸合时，液压缸并不动作，说明原因。

5-19　试用若干个二位二通电磁方向阀组成液压缸换向回路，画出其工作原理图。

5-20　如图 5-38 所示，先导式溢流阀遥控口和二位二通电磁阀之间的管路上接一块压力表，试确定在下列不同工况时压力表所指示的压力值：

1）二位二通电磁阀断电，溢流阀无溢流。

2）二位二通电磁阀断电，溢流阀有溢流。

3）二位二通电磁阀通电。

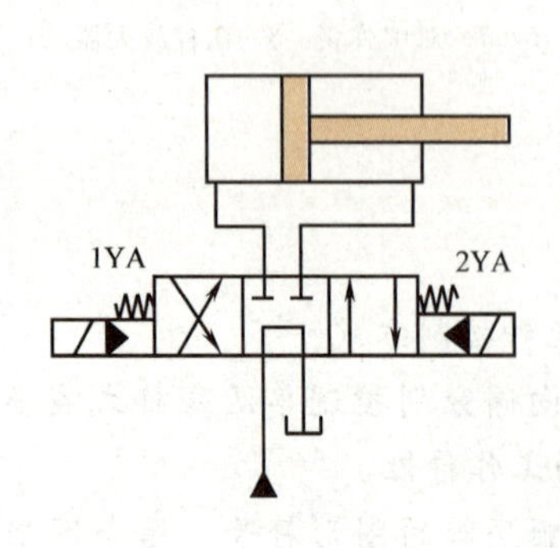

图 5-37　题 5-18 图

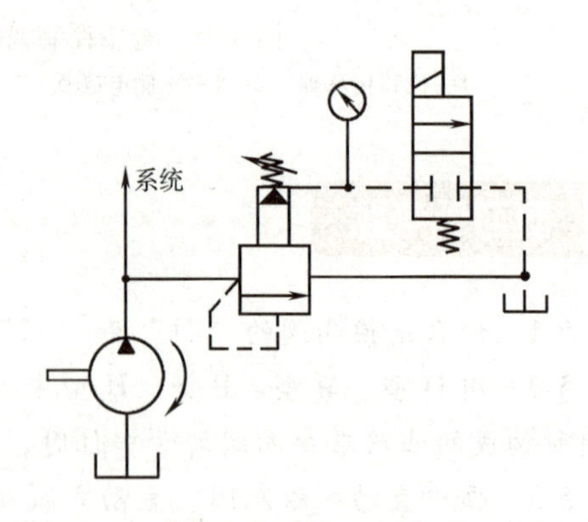

图 5-38　题 5-20 图

5-21　三个溢流阀的调定压力如图 5-39 所示，试问泵的供油压力有几级？其压力值各为多少？

5-22　在图 5-40 所示回路中，三个溢流阀的调整压力分别为$p_1=5\text{MPa}$，$p_2=3\text{MPa}$，$p_3=2\text{MPa}$。试问：当外负载趋于无穷大时，泵的最高工作压力为多少？

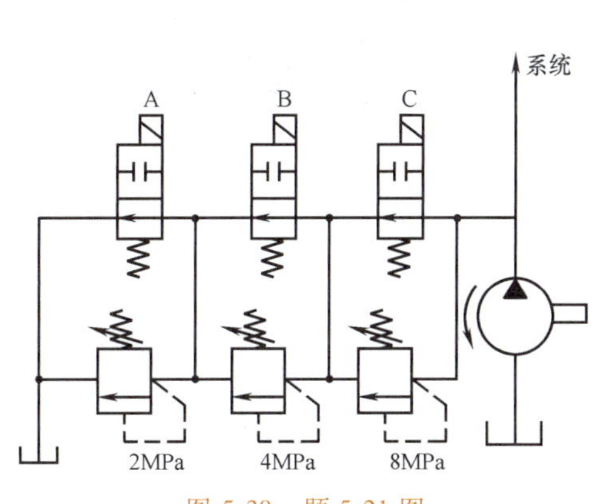

图 5-39　题 5-21 图

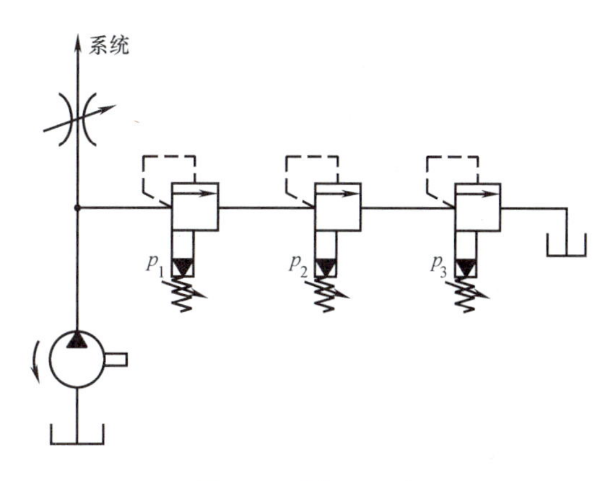

图 5-40　题 5-22 图

5-23　试确定图 5-41 所示回路（各阀的调定压力注在阀的一侧）在下列情况下，液压泵的最高出口压力：

1）全部电磁铁断电。

2）电磁铁 2YA 通电。

3）电磁铁 2YA 断电，1YA 通电。

5-24　图 5-42 所示回路中，溢流阀的调整压力$p_y=5\text{MPa}$，顺序阀的调整压力$p_x=3\text{MPa}$，问在下列几种情况下，A、B 点的压力各为多少？

1）液压缸运动时，负载压力$p_L=4\text{MPa}$。

2）负载压力变为$p_L=1\text{MPa}$。

3）活塞运动到末端停止时。

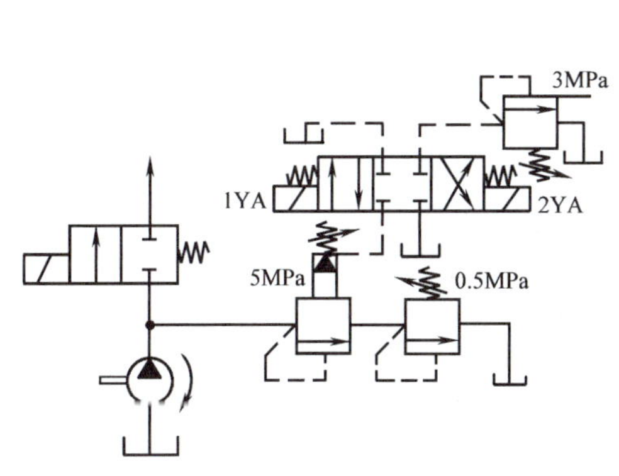

图 5-41　题 5-23 图

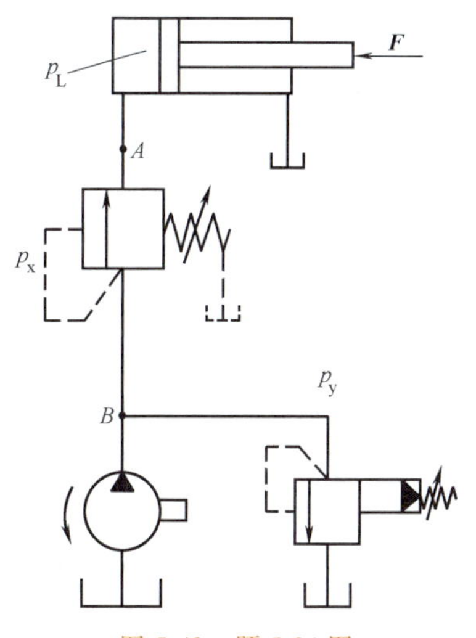

图 5-42　题 5-24 图

5-25 图 5-43a、b 所示回路的参数相同，液压缸无杆腔面积 $S=50\text{cm}^2$，负载 $F_L=10\text{kN}$，各阀的调定压力如图所示。试分别确定这两个回路在活塞运动时和活塞运动到终端停止时 A、B 两处的压力。

5-26 图 5-44 所示液压回路中，已知泵的流量 $q_{V_p}=8\text{L/min}$，液压缸无杆腔面积 $A_1=50\text{cm}^2$，有杆腔面积 $A_2=25\text{cm}^2$，溢流阀调整压力 $p_Y=2.4\text{MPa}$，负载 $F=10000\text{N}$，节流阀孔口为薄壁孔，流量系数 $C_q=0.62$，节流阀通流截面面积 $A_T=0.06\text{cm}^2$，油液密度 $\rho=900\text{kg/m}^3$，背压阀的调整压力 $p_2=0.3\text{MPa}$。试计算：

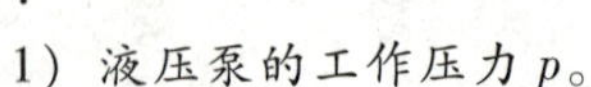

1）液压泵的工作压力 p。

2）活塞的运动速度 v。

3）溢流阀的溢流量 q_Y。

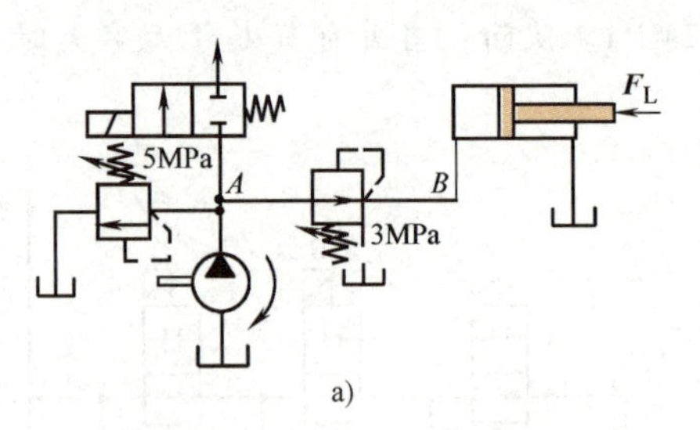

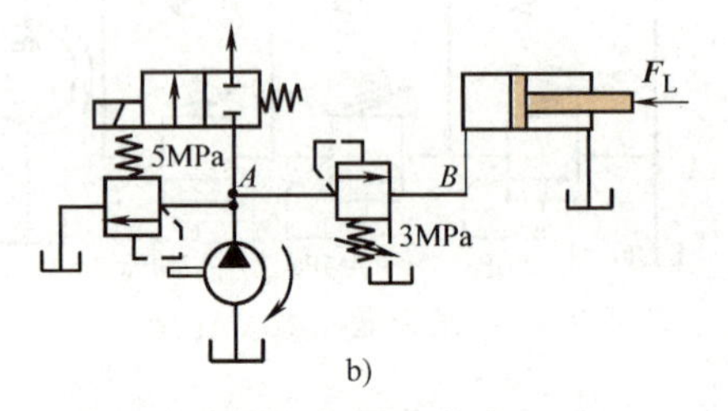

图 5-43 题 5-25 图

5-27 图 5-45 所示的进口节流调速系统中，节流阀为薄壁孔型，流量系数 $C_q=0.67$，油液密度 $\rho=900\text{kg/m}^3$，溢流阀的调整压力 $p_Y=1.4\text{MPa}$，液压泵流量 $q_{V_p}=22\text{L/min}$，活塞无杆腔面积 $A=30\text{cm}^2$，负载 $F_L=3\text{kN}$。试分析节流阀开度从全开到逐渐调小的过程中，液压缸活塞运动速度如何变化及溢流阀的工作状况。

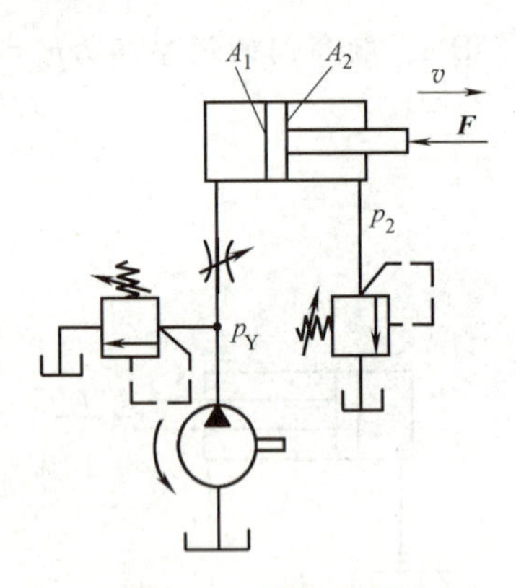

图 5-44 题 5-26 图

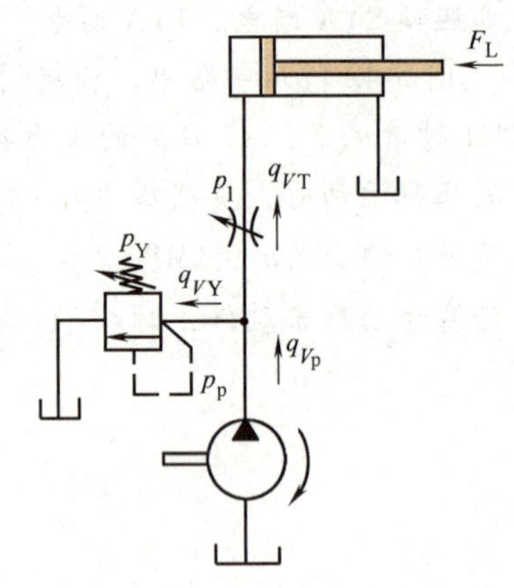

图 5-45 题 5-27

第六章 辅助装置

1. 教学目标

1）掌握液压系统中各种密封装置、过滤器、油箱、蓄能器、油管等的工作原理、主要技术指标和结构特点等。

2）会合理计算和选用液压辅助装置。

2. 教学要点

知识要点	掌握程度	相关知识
液压辅助装置的结构、工作原理、主要技术指标及要求	了解常用液压辅助装置的类型，掌握其结构原理、主要技术指标及要求；熟悉常用液压辅助装置的图形符号	流体力学的基本知识、机械结构和材料学相关知识、液压与气压元件图形符号的国家标准
液压辅助装置的工作特点、设计、安装和应用	熟悉常用液压辅助装置的工作特性及特点，并能灵活选用和正确安装；初步掌握油箱的设计方法，蓄能器和油管选用的计算方法	典型油箱、过滤器、蓄能器、密封装置、油管等的工程应用和选用

思政融入点 6-1

思政融入点 6-2 视频

液压系统中的辅助装置，如密封装置、过滤器、油箱、蓄能器等，对系统的工作性能有直接的影响，甚至会使系统不能正常工作，因此必须给予足够的重视。辅助装置中油箱须根据系统要求自行设计，其他辅助装置则为标准件，根据具体情况选用即可。

第一节 密封装置

一、概述

1. 密封的分类

密封可根据被密封的耦合面在机器运转时有无相对运动，区分为动密封和静密封两大类，也可根据密封的材料、安装方式和结构等进一步细分，具体见表 6-1 和表 6-2。

表 6-1 静密封分类

材　　料	主要密封装置
非金属	O 形密封圈
	橡胶垫片
	聚四氟乙烯带
半金属	组合密封垫圈
金属	金属密封垫圈
	空心金属 O 形密封圈
液态	密封胶

表 6-2 动密封分类

分　　类	主要密封装置	
非接触式密封	间隙密封	
接触式密封	自封式压紧型密封	O 形密封圈
		集电环组合 O 形密封圈
		异形密封圈
		其他
	自封式自紧型密封（唇形）	Y 形密封圈
		V 形密封圈
		组合 U 形密封圈
		复合唇形密封圈
		双向组合唇形密封圈
		其他
	活塞环密封	活塞环
	机械密封	机械密封件
	油封	油封件
	防尘密封	防尘件
	其他	

2. 密封的工作原理

除间隙密封外，其余形式的密封都是利用密封件，使相邻两个耦合面间的间隙控制在需要密封的液体能通过的最小间隙以下。在接触式密封中，有自封式压紧型密封和自封式自紧型密封两种，两者的工作原理有所不同。前者较多地依赖于对密封件的初始压紧力作用于耦合面起密封作用，而后者主要利用工作压力作用于密封件，使其唇边撑开并压紧耦合面起密封作用。

3. 对密封装置的要求

为能可靠地保证密封，密封装置要有良好的密封性，要有良好的耐磨性和足够的使用寿命，与液压油有良好的相容性，动密封处摩擦阻力要小；结构简单，工艺性好。

二、常见橡胶密封圈

1. O 形密封圈

O 形密封圈（简称 O 形圈）是一种截面为圆形的橡胶圈，如图 6-1 所示（图中截面上两块凸起表示压制加工时由分模面挤出的飞边）。O 形圈一般用丁腈橡胶制成，因为它与石油基液压油有良好的相容性。O 形圈可安装在外圆或内圆上截面为矩形的槽内起密封作用，如图 6-2a、b 所示。装配后，橡胶圈在径向有一定压缩，依靠压缩变形在耦合面上产生一定接触应力而起到密封作用。当受压力油作用时，O 形圈被挤到槽的一侧（图 6-2c），使耦合面上的接触应力增加，故在压力油作用下仍有良好的密封作用。O 形圈既可用于动密封，又可用于静密封。无论静密封或动密封，当压力较高时，O 形圈都可能被压力油挤进配合间隙，引起密封圈损坏。为了避免这种情况发生，在 O 形圈的一侧或两侧增加一个挡圈，挡圈用比橡胶硬的聚四氟乙烯制成，如图 6-3 所示。

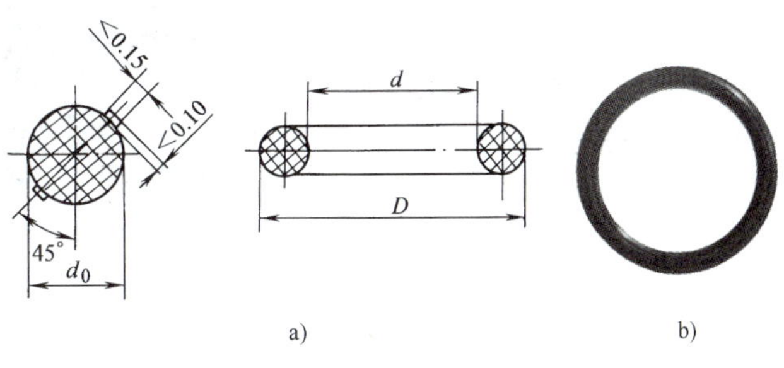

图 6-1 O 形密封圈

a）结构 b）实物图

D—公称外径 d—公称内径 d_0—断面直径

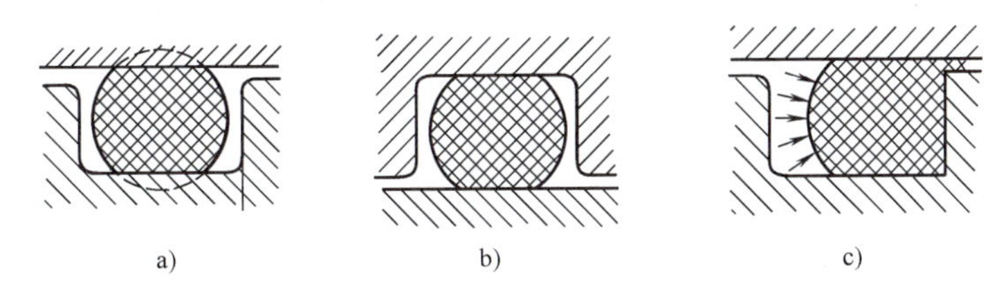

图 6-2 O 形密封圈的安装与密封机理

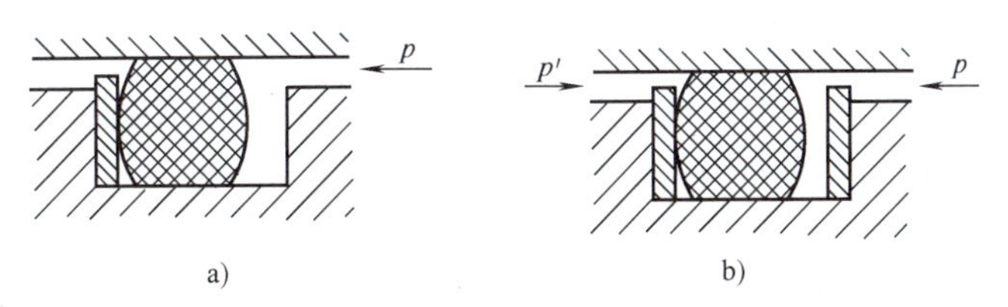

图 6-3 挡圈的正确使用

O 形圈形状简单，安装尺寸小，适应性广，是一种广泛应用的密封圈。当用于动密封时，合适的压缩量可取得较好的密封效果，且摩擦力不大，但使用寿命不长。因此，在速度较高的动密封中常采用其他类型的密封圈。

2. Y 形密封圈

Y 形密封圈如图 6-4 所示，一般用耐油的丁腈橡胶制成。它依靠略为张开的唇边贴于密封面而保持密封。在油压作用下，唇边作用在密封面上的压力随之增加，并在磨损后有一定的补偿能力。因此，Y 形密封圈有较好密封性能，且能保证较长的使用寿命。在装配 Y 形密封圈时，一定要使唇口对着有压力的油腔，才能起密封作用。使用时可将它直接装入沟槽内，如图 6-5 所示。但在工作压力波动大、滑动速度较高的情况下，要采用支承环来定位，如图 6-6 所示。

Y 形密封圈密封可靠，寿命较长，摩擦力小，适用的工作温度为-30～120℃，工作压力为 20MPa，速度 $v<0.5\text{m/s}$。

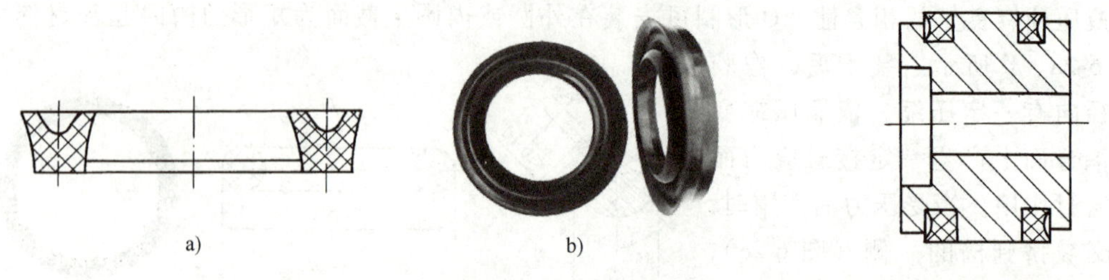

图 6-4　Y 形密封圈

a）结构　b）实物图

图 6-5　Y 形密封圈的使用

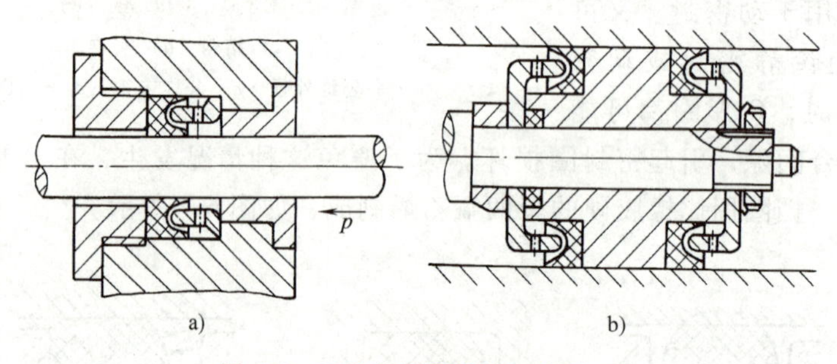

图 6-6　Y 形密封圈的附加支承环

a）单向支承环　b）双向支承环

3. V 形密封圈

V 形密封圈用带有夹织物的橡胶制成，由支承环、密封环和压环三部分叠合组成，如图 6-7 所示。当要求密封的压力高时，可增加密封环的数量，其最高压力可达 50MPa。安装时注意方向，即密封环的开口应面向压力。

V 形密封圈耐高压，密封性能可靠，但密封处摩擦力较大。V 形密封圈的压紧力可通过调节装置调整，如图 6-8 所示。合适的压紧力既可保证良好的密封性能，又可避免过大的摩擦力。密封圈磨损后，通过调整使密封装置仍保持原有的性能，故 V 形密封圈的使用寿命较长，其工作温度为-40～80℃，工作压力可达 50MPa。

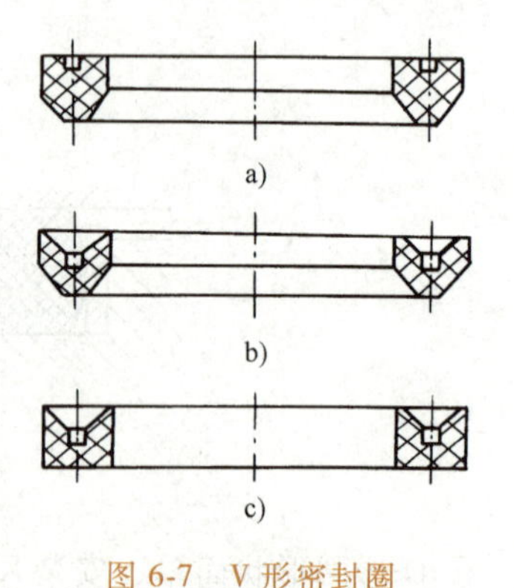

图 6-7　V 形密封圈

a）支承环　b）密封环　c）压环

4. 油封

油封通常是指对润滑油的密封，用于旋转轴上，对内封油，对外防尘。油封分为无骨架油封和有骨架油封两种，如图 6-9 所示。

油封装在轴上，要有一定的过盈量。油封的唇边对轴产生一定的径向力，形成一稳定的

油膜。油腔的工作温度比工作介质的温度一般高 20~40℃，所以一般采用丁腈橡胶和丙烯酸酯橡胶。油封的工作压力不能超过 0.05MPa。安装油封时，一定要使唇端朝着被密封的油液一侧。

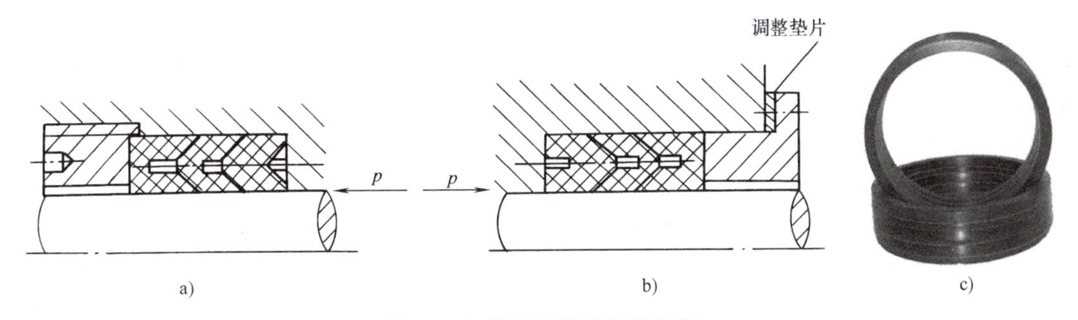

图 6-8　V 形密封圈的调节装置

a）螺纹调整　b）垫片调整　c 实物图

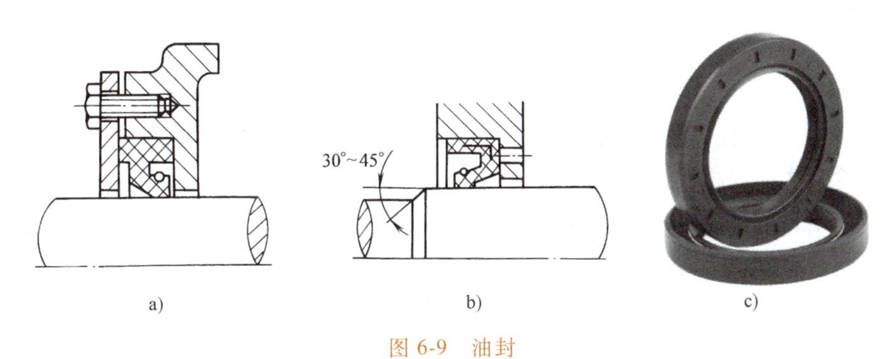

图 6-9　油封

a）无骨架油封　b）有骨架油封　c）实物图

第二节　过滤器

一、过滤器的作用及主要性能指标

过滤器的作用是过滤掉油液中的杂质，净化油液，使其污染程度控制在允许的范围内，保证液压系统能够正常工作。

过滤器的主要性能指标有：过滤精度、允许压降、纳垢容量、过滤能力及工作压力。

(1) 过滤精度　过滤精度也称绝对过滤精度，是指油液通过过滤器的球形污染物的最大直径（过滤介质的最大孔口尺寸数值），单位为 μm。

过滤器按过滤精度分为粗过滤器（能滤掉 100μm 以上的颗粒）、普通过滤器（能滤掉 10~100μm 的颗粒）、精过滤器（能滤掉 5~10μm 的颗粒）及特精过滤器（能滤掉 1~5μm 的颗粒）。

(2) 允许压降　油液经过过滤器时，要产生压降，其值与油液的流量、黏度和混入油液的杂质数量有关。为了保证滤芯不被破坏或系统的压力损失不致过大，要限制过滤器的最大允许压降。过滤器的最大允许压降取决于滤芯的强度。

(3) 纳垢容量 纳垢容量是指过滤器在压降达到规定值以前，可以滤除并容纳的污染物数量。过滤器的纳垢容量越大，使用寿命也就越长。一般来说，过滤面积越大，其纳垢容量也越大。

(4) 过滤能力 过滤能力也称通油能力，是指在一定压差下允许通过过滤器的最大流量。

(5) 工作压力 不同结构形式的过滤器允许的工作压力也各不相同，选择过滤器时应考虑允许的最高工作压力。

二、过滤器的类型及结构特点

1. 过滤器的类型

过滤器按过滤方式分为表面型过滤器、深度型过滤器和中间型过滤器三种。

(1) 表面型过滤器 油液通过过滤器时，过滤元件的表面与油液接触，污染粒子便积聚在过滤元件的表面，达到过滤的目的。由于污染杂质积聚在过滤元件的表面上，所以这种过滤器易被污染物阻塞，纳垢容量较少。网式滤芯、线隙式滤芯、纸质滤芯等均属于此类型。

(2) 深度型过滤器 此类型的过滤元件为有一定厚度的多孔可透性材料，内部具有曲折迂回的通道。大于表面孔径的粒子直接被拦截在过滤元件表面上，较小的粒子则由过滤元件内部细长而曲折的通道滤除。这种过滤器的过滤精度较高，滤芯可清洗，使用寿命长；但不能严格限制要滤除的杂质颗粒的大小，过滤材料的体积较大，压力损失也较大。人造纤维、不锈钢纤维、粉末冶金等材料的滤芯均属于此类型。

(3) 中间型过滤器 它是介于上述两种类型之间的过滤器，在一定程度上限定了要滤除的杂质颗粒的大小，可以加大过滤面积，体积小，质量小；但不能清洗，只能一次性使用。用经过特殊处理的滤纸做的滤芯属于此类型。

2. 几种常见的过滤器

(1) 网式过滤器 网式过滤器的结构如图6-10a所示，它由上盖1、下盖4、一层或几层铜丝网2以及四周开有若干大孔的金属或塑料筒形骨架3等组成。这种过滤器的过滤精度与铜丝网的网孔大小和层数有关，过滤精度为80~400μm。网式过滤器通油能力强，压力损失小，容易清洗，但过滤精度不高，主要用于泵的吸油口。图6-10b所示为其实物图。

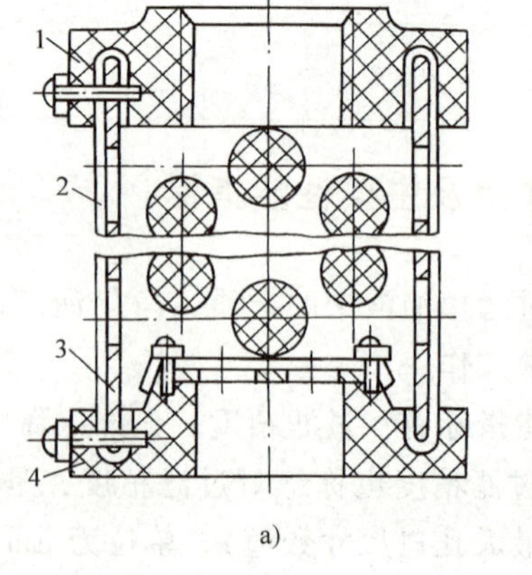

图6-10 网式过滤器

a) 结构 b) 实物图

1—上盖 2—铜丝网 3—骨架 4—下盖

(2) 线隙式过滤器 线隙式过滤器的结构如图6-11a所示，其滤芯采用绕在骨架上的铜丝（或铝丝）来代替网式过滤器中的

铜丝网。过滤精度取决于铜丝间的间隙，故称之为线隙式过滤器。常用线隙式过滤器的过滤精度为100~200μm，精密的可达20μm，但相应的压力损失也略大。此类型的过滤器常用于液压系统的压力管道以及某些内燃机的燃油过滤系统中。图6-11中的1为发信装置，当过滤器堵塞、压降增加时，它将发出信号，以便及时清洗或更换滤芯。图6-11b所示为其实物图。

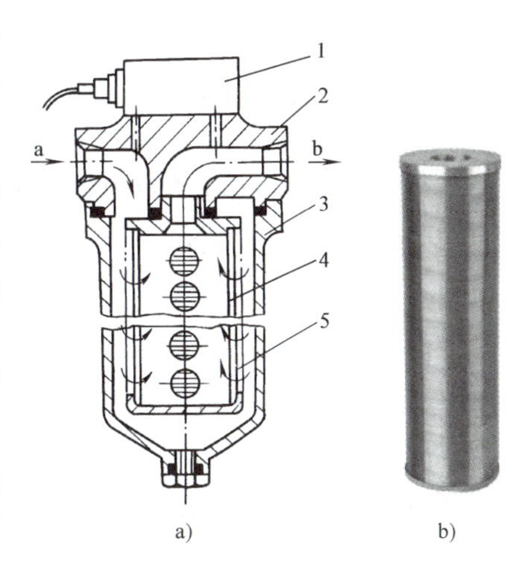

图6-11　线隙式过滤器

a）结构　b）实物图

1—发信装置　2—端盖　3—壳体

4—骨架　5—铜丝

(3) 纸芯式过滤器　纸芯式过滤器以处理过的滤纸作为过滤材料。为了增大过滤面积，滤芯上的纸呈波纹状，如图6-12所示，其过滤精度为5~30μm。纸芯式过滤器性能可靠，是液压系统中广泛采用的一种过滤器，但纸芯强度较低，且堵塞后不能清洗，必须更换纸芯。

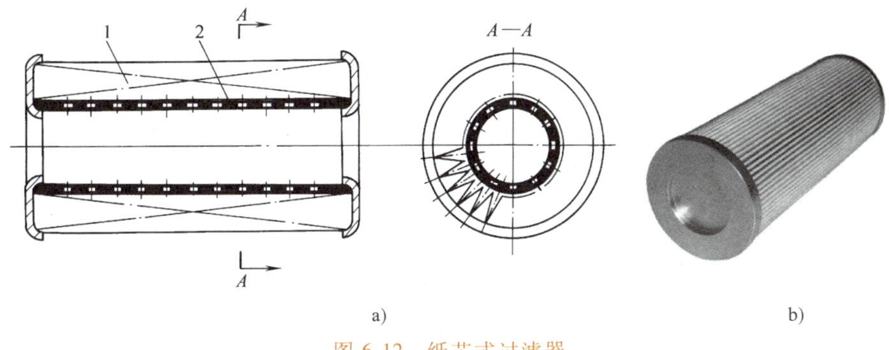

图6-12　纸芯式过滤器

a）结构　b）实物图

1—滤纸　2—骨架

(4) 烧结式过滤器　烧结式过滤器的结构如图6-13a所示，滤芯是用颗粒状青铜粉压制

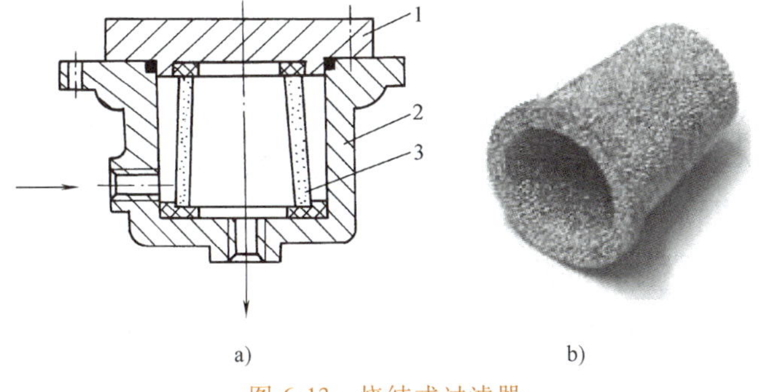

图6-13　烧结式过滤器

a）结构　b）实物图

1—端盖　2—壳体　3—滤芯

并烧结而成的，属于深度型过滤器。过滤精度与铜颗粒间的微孔大小有关，一般在10~100μm之间。烧结式过滤器的滤芯强度较高，耐高温，性能稳定，抗腐蚀性好，过滤精度高，是一种常用的精密滤芯；但其颗粒容易脱落，堵塞后不易清洗，近年来已有逐渐被纸芯式过滤器取代的趋势。图6-13b所示为烧结式过滤器的实物图。

三、过滤器的选用和安装

1. 过滤器的选用

选用过滤器时，要考虑下列五点：

1）过滤精度应满足预定要求。

2）能在较长时间内保持足够的通流能力。

3）滤芯具有足够的强度，不因液压的作用而损坏。

4）滤芯耐蚀性好，能在规定的温度下持久地工作。

5）滤芯清洗或更换简便。

因此，过滤器应根据液压系统的技术要求，按过滤精度、通流能力、工作压力、油液黏度、工作温度等条件来选定其型号。

2. 过滤器的安装

图6-14所示为液压系统中过滤器的几种安装位置。

（1）过滤器（图6-14中过滤器①）安装在液压泵吸油口 位于液压泵吸油口的过滤器用以避免较大颗粒的杂质进入液压泵，从而起到保护泵的作用。要求这种过滤器有很大的通流能力和较小的压力损失（不超过0.1×10^5Pa），否则将造成液压泵吸油不畅，产生空穴现象和强烈的噪声。一般采用过滤精度较低的网式过滤器。

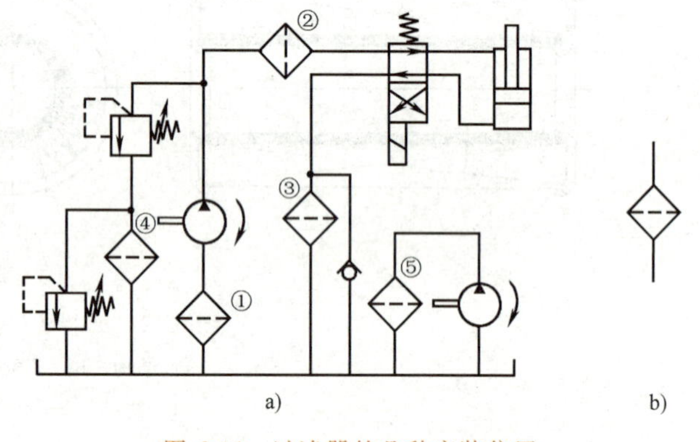

图6-14 过滤器的几种安装位置

a）几种安装位置 b）图形符号

（2）过滤器（图6-14中过滤器②）安装于液压泵压油口 位于液压泵压油口的过滤器，用来保护除液压泵以外的其他液压元件。由于它在高压下工作，要求过滤器外壳有足够的耐压性能。它一般安装在压力管路中溢流阀的下游或者与一溢流阀并联，以防止过滤器堵塞时液压泵过载。

（3）过滤器（图6-14中过滤器③）安装于回油管路 位于回油管路上的过滤器使油液在流回油箱前先经过过滤，这样油箱（系统）中的油液得到净化，或者说使其污染程度得到控制。这种过滤器壳体的耐压性能可较低。

（4）过滤器（图6-14中过滤器④）安装在旁油路上 将过滤器接在溢流阀的回油路上，并与一溢流阀并联。其作用也是使系统中的油液不断净化，使油液的污染程度得到控

制。由于过滤器只通过泵的部分流量，过滤器规格可减小。如果过滤器的通流能力与情况(2)、(3)相同，则降低流速，可取得更好的过滤效果。

(5) 独立的过滤系统（图6-14中过滤器⑤） 这是将过滤器和泵组成一个独立于液压系统之外的过滤回路。它的作用也是不断净化系统中的油液，与将过滤器安装在旁油路上的情况相似。不过，在独立的过滤系统中，通过过滤器的流量是稳定不变的，这更有利于控制系统中油液的污染程度。但它需要增加设备（泵），适用于大型机械设备的液压系统。

第三节 油箱及热交换器

一、油箱

油箱用于储存油液，以保证供给液压系统充分的工作油液，同时还具有散发油液中的热量、释放出混在油液中的气体、沉淀油液中的污物等作用。

油箱可分为开式油箱和闭式油箱两种。开式油箱中油液的液面与大气相通，而闭式油箱中油液的液面与大气隔绝。液压系统多数采用开式油箱。开式油箱又分成整体式和分离式，整体式油箱是指利用主机的底座等作为油箱；而分离式油箱则与主机分离并与泵等组成一个独立的供油单元（泵站）。图6-15所示为一种开式油箱（分离式），它由箱体10和两个端盖12等构成。箱体内装有隔板7，将吸油区和回油区隔开。油箱的一侧装有注油口1和油位计13。油箱顶部留有安装空气过滤器的通孔5和安装液压泵和电动机的底板6，底部装有排放污油的堵塞8。

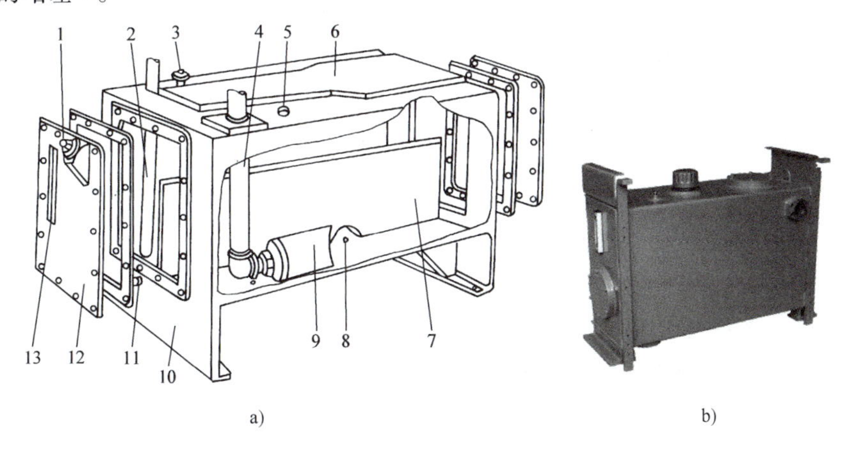

图6-15 开式油箱（分离式）

a）结构 b）实物图

1—注油口 2—回油管 3—溢油口 4—吸油管 5—通孔 6—底板 7—隔板 8—堵塞 9—油液过滤器 10—箱体 11—泄油口 12—端盖 13—油位计

油箱中油面高度为油箱高度80%时油的体积，称为油箱的有效容积。一般根据液压泵的额定流量来确定油箱的有效容积，低压系统中（$p \leqslant 2.5\text{MPa}$）为液压泵额定流量的2~4倍；中压系统中（$2.5\text{MPa}<p \leqslant 6.3\text{MPa}$）为液压泵额定流量的5~7倍；高压系统中（$p>$

6.3MPa）为液压泵额定流量的6~12倍。对于大功率且连续工作的系统，还需根据液压系统的发热量进行热平衡计算，以便最终确定油箱的容量。

进行油箱设计时，如图6-16所示，应注意以下七点：

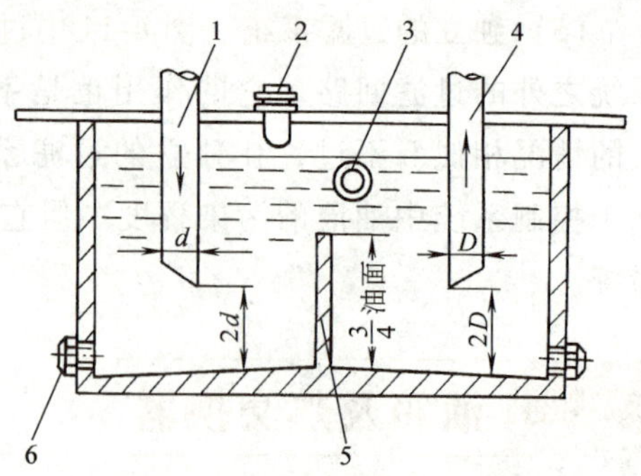

图6-16 油箱结构示意图

1—回油管 2—注油口 3—油位计 4—吸油管 5—隔板 6—泄油口 d—回油管外径 D—吸油管外径

1）应考虑清洗、换油方便。油箱顶部或侧面要有注油孔，底面应有斜度，排油口开在最低处。

2）油箱应有足够的容量。在液压系统工作时，液面应保持一定高度，以防止液压泵吸空。为保证当系统中的油液全部流回油箱时不致溢出，油箱液面不应超过油箱高度的80%。

3）吸油管及回油管应隔开，最好用一个或几个隔板隔开，以增加油液循环距离，使油液有充分的时间沉淀污物，排出气泡和冷却。隔板高度一般取油面高度的3/4。

4）吸油管离箱底距离$H \geqslant 2D$，距箱壁大于$3D$（D为吸油管外径）。回油管需插入油面以下距箱底$h \geqslant 2d$（d为回油管外径），油管口应切成45°斜角，切口面向箱壁。

5）油箱一般用2.5~4mm厚的钢板焊成，尺寸高大的油箱要加焊角铁和肋板，以增加刚性。油箱上若固定电动机、液压元件，则安装板要有足够的刚度。

6）要防止油液渗漏和污染。油箱上的盖板以及油管进、出口处要加密封装置。注油口应安装滤网。通气孔需安装空气过滤器。

7）油箱应便于安装、吊运和维修。

油箱容积的计算：

油箱的容积是根据液压系统的散热要求确定的。在不设置冷却器的液压系统中，当油箱的尺寸比（长：宽：高）为1：(1~2)：(1~3)时，油箱的有效容积可按下式近似计算

$$V=8\times10^{-4}\times\sqrt{\frac{H}{T_{\max}-T_0}} \tag{6-1}$$

式中 H——单位时间系统的总发热量（W）；

$T_{\max}$——系统达到热平衡时的油温（℃）；

T_0——环境温度（℃）。

油箱的有效容积与油箱的散热面积之间的关系，可近似用下式表示

$$A=0.065\sqrt{V^3} \tag{6-2}$$

式中 A——油箱的散热面积（m^2）；

V——油箱的有效容积（L）。

式（6-2）仅适用于油箱中的油面高度为油箱高度的$\frac{4}{5}$时的场合。油箱的设计容积应为计算容积的1.2倍。

另外油箱的容积V（L）通常也可采用经验估算法，根据系统的工作压力和液压泵的流量q_p（L/min）选择，具体如下：

当系统较简单、压力较低、液压泵的流量较大时，油箱的容积为

$$V=(2\sim3)q_p \tag{6-3}$$

当系统较复杂、压力较高（中压）、液压泵的流量较小时，油箱的容积为

$$V=(4\sim6)q_p \tag{6-4}$$

在高压系统中，油箱的容积为

$$V=(5\sim7)q_p \tag{6-5}$$

二、热交换器

液压系统中常用油液的工作温度以40~60℃为宜，最高不大于60℃，最低不小于15℃。温度过高将使油液迅速变质，同时使液压泵的容积效率下降；温度过低使液压泵吸油困难。为控制油液温度，油箱常配有冷却器和加热器，其图形符号如图6-17所示。

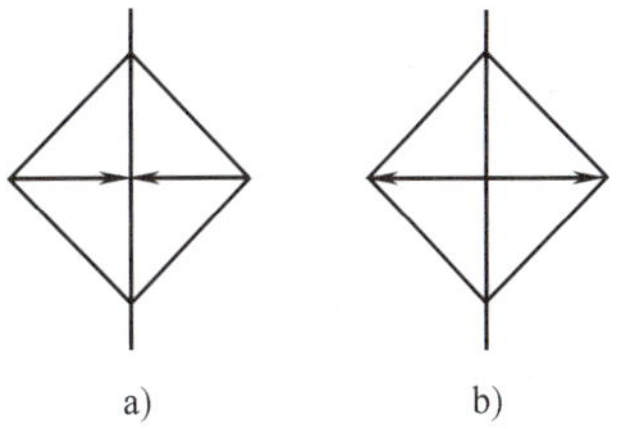

a)　b)

图6-17　加热器和冷却器的图形符号

a）加热器　b）冷却器

1. 冷却器

液压系统中的功率损失几乎全部变成热量，使油液温度升高。如果油箱有足够的散热面积，最后的平衡温度就不致过高。如果散热面积不够，则需采用冷却器，使油液的平衡温度降低到合适的范围内。按冷却介质不同，冷却器可分为风冷、水冷和氨冷等多种形式。一般液压系统中主要采用前两种。

水冷式冷却器有蛇形管式、多管式和波纹板式等。蛇形管式冷却器如图6-18a所示，它直接装在油箱内，冷却水在蛇形管内部通过，把油液的热量带走。这种冷却器结构简单，但冷却效率低，耗水量大。多管式冷却器如图6-18b所示，它是一种强制对流式冷却器。水在水管中流动，而油液在水管周围流动。这种冷却器散热效率较高，但体积稍大。图6-18c所示为多管式冷却器实物图。

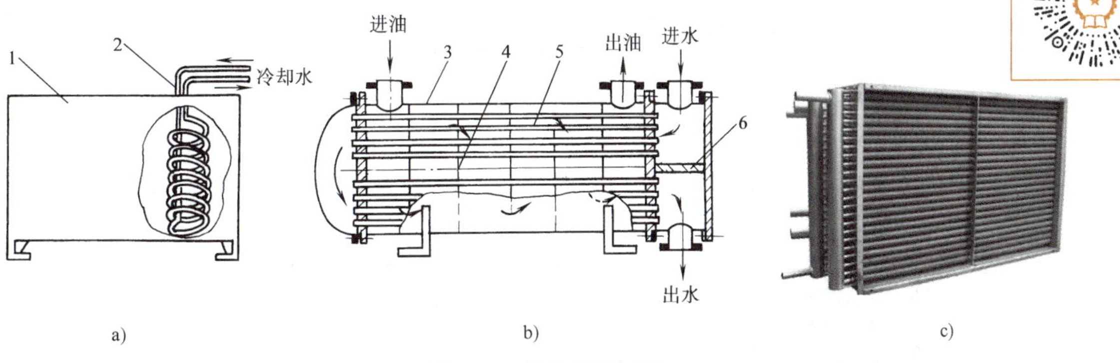

图6-18　水冷式冷却器

a）蛇形管式冷却器　b）多管式冷却器　c）多管式冷却器实物图

1—油箱　2—蛇形管　3—外壳　4—挡板　5—铜管　6—隔板

风冷式冷却器由风扇和许多带散热片的管子组成。油液从管内流过，风扇迫使空气穿过管子和散热片表面，使油液冷却。它的冷却效率较水冷式的低，但使用时不需要水源，比较方便，特别适用于行走机械的液压系统。

冷却器一般安装在回油路中，以避免承受高压。

2. 加热器

液压系统中油液可采用蒸汽或电进行加热。使用电加热器时，直接与电加热器接触的油液温度可能很高，会加速油液的老化，所以这种电加热器应慎用。

第四节 蓄能器

一、蓄能器的功用

蓄能器的功用主要是储存油液的压力能。在液压系统中常用在以下三种情况：

(1) 短时间内大量供油 在间歇工作或实现周期性动作循环的液压系统中，蓄能器可以把液压泵输出的多余压力油储存起来。当系统需要时，再由蓄能器释放出来，这样可以减少液压泵的额定流量，从而减小电动机功率消耗，降低液压系统温升。

(2) 吸收液压冲击和压力脉动 蓄能器可用于吸收由于液流速度和方向急剧变化所产生的液压冲击，使其压力幅值大大减小，以避免造成元件损坏。在液压泵出口处安装蓄能器，可吸收液压泵的脉动压力。

(3) 维持系统压力 在液压系统中，当液压泵停止供油时，蓄能器可向系统提供压力油，补偿系统泄漏或充当应急能源，使系统在一段时间内维持压力，避免停电或系统故障等原因造成的油源突然中断而损坏机件。

二、蓄能器的类型及特点

蓄能器主要有弹簧式和气体隔离式两种类型，见表6-3。目前，气体隔离式蓄能器应用广泛。

表 6-3 蓄能器的类型及特点

名称	结构简图及图形符号	特点及说明
弹簧式	弹簧 活塞 液压油	1)利用弹簧的伸缩来储存、释放压力能 2)结构简单,反应灵敏,但容量小 3)低压回路缓冲之用,不适用于高压或高频的工作场合

（续）

名称		结构简图及图形符号	特点及说明
气体隔离式	气瓶式	压缩气体 液压油	1）利用气体的压缩和膨胀来储存、释放压力能，气体和油液在蓄能器中直接接触 2）容量大，惯性小，反应灵敏，轮廓尺寸小，但气体容易混入液压油内，影响系统工作的平稳性 3）只适用于大流量的中、低压回路
	活塞式	气口 壳体 活塞	1）利用气体的压缩和膨胀来储存、释放压力能，气体和油液在蓄能器中由活塞隔开 2）结构简单，工作可靠，安装容易，维护方便，但活塞惯性大，活塞和缸壁有摩擦，反应不够灵敏，密封要求较高 3）用来储存能量，或供中、高压系统吸收压力脉动之用
	囊式	充气阀 壳体 皮囊 菌形进油阀	1）利用气体的压缩和膨胀来储存、释放压力能，气体和油液在蓄能器中由皮囊隔开 2）带弹簧的菌形进油阀使油液能进入蓄能器，又可防止皮囊自油口被挤出。充气阀只在蓄能器工作前皮囊充气时打开，蓄能器工作时则关闭 3）结构尺寸小，重量轻，安装方便，维护容易，皮囊惯性小，反应灵敏；但皮囊和壳体制造难度大 4）折合型皮囊容量较大，可用来储存能量；波纹型皮囊适用于吸收冲击

使用蓄能器应注意以下几点：

1）气体隔离式蓄能器中应使用惰性气体（一般为氮气），允许工作压力视蓄能器结构形式而定。

2）蓄能器一般应垂直安装，油口向下。

3）装在管路上的蓄能器须用支板或支架固定。

4）用于吸收液压冲击和压力脉动的蓄能器应尽可能安装在振源附近。

5）蓄能器与管路之间应安装截止阀，供充气和检修时使用。蓄能器与液压泵之间应安装单向阀，以防止液压泵停车时蓄能器内的压力油倒流。

三、蓄能器的容量计算

蓄能器的容量大小与其用途有关，下面以囊式蓄能器为例进行说明。

设蓄能器的充气压力为 p_0，蓄能器的容量，即皮囊的充气容积为 V_0，工作时要求释放的油液体积为 V，系统的最高工作压力和最低工作压力分别为 p_1 和 p_2，最高和最低工作压力下的皮囊容积为 V_1 和 V_2，则由气体状态方程有

$$p_0 V_0^K = p_1 V_1^K = p_2 V_2^K = \text{常数} \tag{6-6}$$

式中 K——指数，其值由气体的工作条件决定。当蓄能器用来补偿泄漏、起保压作用时，因释放能量的速度很低，可认为气体在等温下工作，$K=1$；当蓄能器用作辅助油源时，因释放能量的速度较快，可认为气体在绝热条件下工作，$K=1.4$。

由 $V=V_2-V_1$，可求得蓄能器的容量

$$V_0 = \frac{V\left(\frac{1}{p_0}\right)^{\frac{1}{K}}}{\left(\frac{1}{p_2}\right)^{\frac{1}{K}} - \left(\frac{1}{p_1}\right)^{\frac{1}{K}}} \tag{6-7}$$

为保证系统压力为 p_2 时，蓄能器还能释放压力油，应取充气压力 $p_0<p_2$，对囊式蓄能器取 $p_0=(0.6 \sim 0.65)p_2$，这样有利于提高其使用寿命。

第五节 油管和管接头

一、油管

液压系统中使用的油管种类很多，有钢管、纯铜管、尼龙管、塑料管和橡胶管等，须按照安装位置、工作环境和工作压力来正确选用。油管的特点及其适用场合见表 6-4。

表 6-4 油管的特点及其适用场合

种类		特点及适用场合
硬管	钢管	能承受高压，价格低廉，耐油，抗腐蚀，刚性好，但装配时不能任意弯曲；常在拆装方便处用作压力管道，中、高压系统用无缝管，低压系统用焊接管
	纯铜管	易弯曲成各种形状，但承压能力一般不超过 10MPa，抗振能力较弱，易使油液氧化；通常用在液压装置内配接不便之处
软管	尼龙管	乳白色半透明，加热后可以随意弯曲成形或扩口，冷却后又能定形不变，承压能力因材质而异，自 2.5MPa 至 8MPa 不等
	塑料管	质轻耐油，价格便宜，装配方便，但承压能力低，长期使用会变质老化，只宜用作压力低于 0.5MPa 的回油管、泄油管等
	橡胶管	高压管由耐油橡胶夹几层钢丝编织网制成，钢丝网层数越多，耐压越高，但价格高，可用作中、高压系统中两个相对运动件之间的压力管道；低压管由耐油橡胶夹帆布制成，可用作回油管道

油管的规格尺寸（管道内径和壁厚）可由下式计算后，查阅有关的标准选定，即

$$d=2\sqrt{\frac{q_V}{\pi v}} \tag{6-8}$$

$$\delta=\frac{pdn}{2R_m} \tag{6-9}$$

式中　d——油管内径（m）；

q_V——管内流量（m^3/s）；

v——管中油液的流速（m/s）。吸油管取 0.5~1.5m/s，高压管取 2.5~5m/s（压力高的取大值，低的取小值），回油管取 1.5~2.5m/s，短管及局部收缩处取 5~7m/s；

δ——油管壁厚（m）；

p——管内工作压力（Pa）；

n——安全系数。对钢管来说，$p<7$MPa 时取 $n=8$，7MPa$<p<17.5$MPa 时取 $n=6$，$p>17.5$MPa 时取 $n=4$；

R_m——管道材料的抗拉强度（MPa）。

油管的管径不宜选得过大，以免使液压装置的结构庞大；但也不能选得过小，以免使管内液体流速加大，增加系统压力损失或产生振动和噪声，影响正常工作。

在保证强度的情况下，管壁可尽量选得薄些。薄壁易于弯曲，规格较多，装接较容易，采用它可减少管系接头的数目，有助于解决系统泄漏问题。

二、管接头

管接头是油管与油管、油管与液压元件之间的可拆式连接件，它必须具备拆装方便、连接牢固、密封可靠、外形尺寸小、通流能力强、压降小、工艺性好等特点。

管接头的种类很多，其规格、品种可查阅有关手册。液压系统中常用的管接头见表 6-5。管路旋入端用的连接螺纹采用国家标准米制锥螺纹（ZM）和普通细牙螺纹（M）。锥螺纹依靠自身的锥体旋紧和采用聚四氟乙烯等进行密封，广泛应用于中、低压液压系统中；普通细牙螺纹密封性好，常用于高压系统中，但要采用组合垫圈或 O 形圈进行端面密封，有时也可用纯铜垫圈。

表 6-5　液压系统中常用的管接头

种类	结构简图	特点和说明
焊接式	球形头	1）连接牢固，利用球面进行密封，简单可靠 2）焊接工艺必须保证质量，必须采用厚壁钢管 3）拆装不便
卡套式	油管 卡套	1）用卡套卡住油管进行密封，轴向尺寸要求不严，拆装简便 2）对油管径向尺寸精度要求较高，为此要采用冷拔无缝钢管

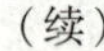
（续）

种类	结构简图	特点和说明
扩口式	油管 管套	1）用油管管端的扩口在管套的压紧下进行密封，结构简单 2）适用于铜管、薄壁钢管、尼龙管和塑料管等低压管道的连接
扣压式		1）用来连接高压软管 2）应用于中、低压系统中
固定铰接	螺钉 组合垫圈 接头体 组合垫圈	1）是直角接头，优点是可以随意调整布管方向，安装方便，占用空间小 2）接头与管子的连接方法，除卡套式外，还可用焊接式 3）中间有通油孔的螺钉把两个组合垫圈压紧在接头体上进行密封

液压系统中的泄漏问题大部分都出现在管系中的接头上，为此对管材的选用、接头形式的确定（包括接头设计、垫圈、密封、箍套、防漏涂料的选用等）、管系的设计（包括弯管设计、管道支承点和支承形式的选取等）以及管道的安装（包括正确的运输、储存、清洗、组装等）等都要审慎从事，以免影响整个液压系统的使用质量。

国外对管子的材质、接头形式和连接方法的研究工作从不间断。最近出现一种用特殊的镍钛合金制造的管接头，它能使低温下受力后发生的变形在升温时消除，即把管接头放入液氮中用芯棒扩大其内径，然后取出来迅速套装在管端上，便可使它在常温下得到牢固、紧密的接合。这种“热缩”式的连接已在航空和其他一些加工行业中得到了应用，能保证在40~55MPa 的工作压力下不出现泄漏。这是一个十分值得注意的动向。

复习思考题

6-1　常用的密封圈有哪几种类型？

6-2　简述过滤器的类型和工作特点。过滤器的使用和安装需注意什么？

6-3　油箱设计时应考虑哪些问题？

6-4　简述蓄能器的功用。蓄能器使用注意事项有哪些？

6-5　过滤器的主要性能指标有哪些？各是如何定义的？

6-6　液压系统中常用的辅助装置有哪些？各起何种作用？

6-7　对密封装置有哪些要求？

6-8　绘图说明过滤器一般安装在液压系统中的什么位置。

6-9　液压系统中使用的油管有哪几种？各有何特点及适用于何种场合？

6-10　液压系统中使用的管接头有哪几种？各有何特点及适用于何种场合？

第七章　液压基本回路

1. 教学目标

1）熟悉三种液压基本回路中的常用回路。

2）掌握三种液压基本回路的组成、工作原理、性能特点及功能。

3）掌握分析、设计和应用这些回路的方法，为解决汽车液压系统中的实际问题奠定基础。

2. 教学要点

知识要点	掌握程度	相关知识
液压基本回路的组成、工作原理与分析	熟悉压力控制回路、速度控制回路、方向控制回路中常见回路的组成和工作原理，掌握分析液压基本回路工作过程或工作原理的基本方法	流体力学的基本知识、液压元件方面的知识
液压基本回路的特点与特性、功能及应用	熟悉压力控制回路、速度控制回路、方向控制回路中常见回路的特点与特性、功能和应用，会从液压系统中分解出液压基本回路，并分析其性能、特点，掌握根据工况、使用和功能要求设计液压基本回路的方法	各种常见液压基本回路的工程应用

3. 教学提示

在学时允许的情况下，可分别对本章的三种液压基本回路内容采用翻转课堂或讨论式教学，即在学生充分预习的情况下，由学生讨论、分析某一指定功能回路的工作原理（或工作过程）、特性或特点；或根据某些功能和工况要求，给定必要的液压元件（反复练习的情况下可不给定），由学生设计、搭建出要求的液压基本回路；最后总结出液压回路分析和设计的基本方法。

4. 思政目标

培养学生创新精神、自主学习能力，严谨的科学思维能力和崇尚科学的精神，树立专业自信。

任何机械的液压系统无论有多么复杂，都是由一些简单的基本回路组成的，这些基本回路是由有关液压元件组成的，用来满足一定运动要求的油路单元。本章将介绍汽车中常用液压系统的基本回路：压力控制回路、速度控制回路、方向控制回路。熟悉和掌握这些基本回路的组成、工作原理和性能，是设计、分析和使用液压系统的基础。

第一节 压力控制回路

思政融入点 7-1

压力控制回路是利用压力控制阀作为回路的主要控制元件，控制系统全局或局部压力，以满足执行元件输出所需要的力或力矩要求的回路。在汽车的液压系统中，保证有足够的力或力矩输出是设计压力控制回路最基本的优化目标。这类回路包括调压回路、减压回路、增压回路、保压回路、卸荷回路和平衡回路等多种回路。

一、调压回路

液压系统的压力应当与负载相适应，才能合理使用动力，减少不必要的动力消耗。调压回路的功用是控制系统的压力保持恒定或限制其最大值，以便与负载相匹配。定量液压泵系统中的压力调定主要用溢流阀，变量液压泵系统中用溢流阀限制系统的最大工作压力，防止系统过载。当系统需要多个压力时，可以采用多级调压回路来实现。

（1）单级调压回路 图 7-1 所示为由一个定量泵和溢流阀组成的单级调压回路。溢流阀通常设置在泵出口附近的旁通油路上，系统供油压力由溢流阀的调压弹簧调定。当系统中因负载或其他原因造成压力超过溢流阀的调定值时，泵输出的压力油便经溢流阀回油箱，溢流阀起稳定系统压力的作用。

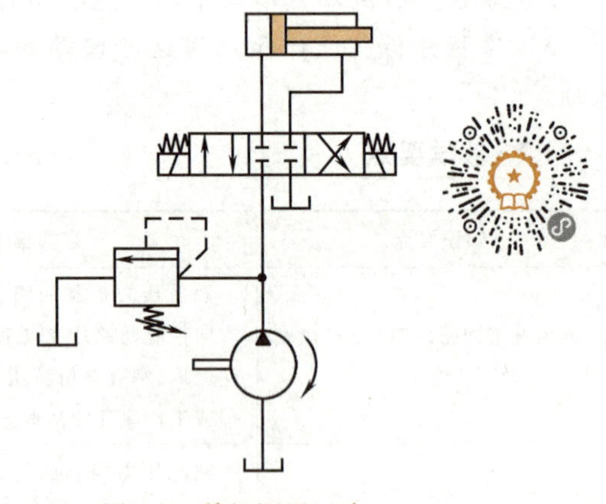

图 7-1 单级调压回路

单级调压回路在汽车液压系统中较为常见，如汽车无级自动变速器（Continuously Variable Transmission，CVT）中采用单级调压回路或双级调压回路两种方案进行速比控制和夹紧力控制。

CVT 由金属带、工作轮、液压泵、起步离合器和控制系统等组成。图 7-2 所示为 CVT 结构示意图，它以 ECU 及手动换档阀作为输入，经由电液控制系统处理后对 CVT 的执行机构进行控制，从而满足汽车无级自动变速要求。电液控制系统（图 7-3）是汽车无级自动变速器的核心，主要用于实现夹紧力控制、速比控制和起步离合器控制。

图 7-2 CVT 结构示意图

当前CVT轿车上采用的电液控制系统一般为荷兰VDT公司的CVT单级调压回路（图7-4）和二级调压回路（图7-5）两种电液控制方案。单级调压回路控制即速比控制和夹紧力控制采用同一压力值控制（夹紧力控制阀）。二级调压回路控制即采用不同压力进行速比控制（高压控制阀）和夹紧力控制（低压控制阀）。

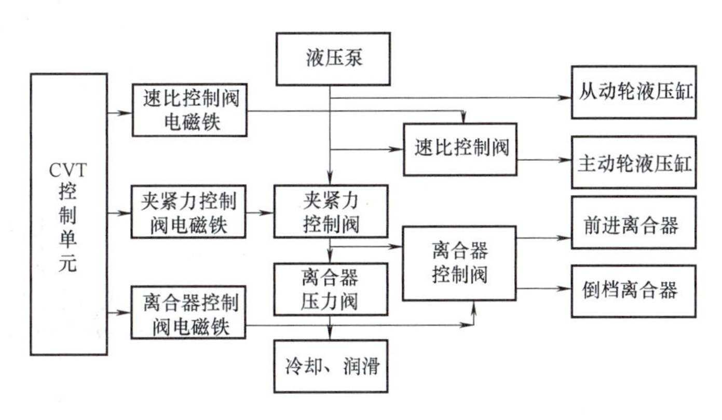

图7-3　电液控制系统

图7-4所示的CVT单级调压回路中，主、从动轮的工作压力均由夹紧力控制阀控制调节，为了保证对速比的较好控制，主动轮需要较高的驱动力，所以在结构上，主动轮液压缸的面积A_p为从动轮液压缸面积A_s的1.7～2倍，以保证在相同的液压力下获得较大的驱动力。主调压阀的作用是维持液压系统的最高工作压力。

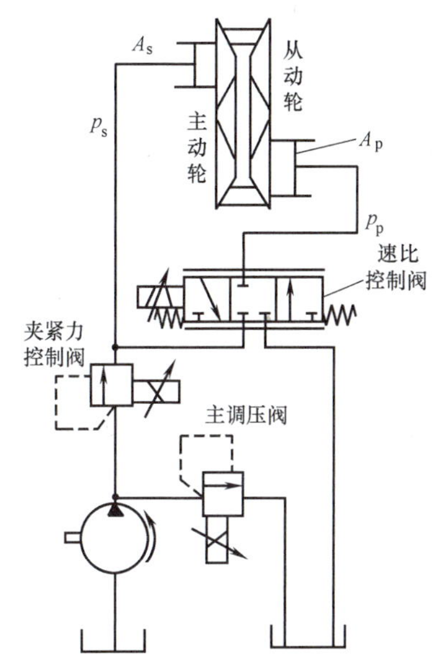

图7-4　CVT单级调压回路

夹紧力控制阀由电控系统根据从动轮液压缸的压力传感器的信号进行自动调节，改变其输出压力，实现对目标夹紧力的跟踪控制。

速比控制阀是三位三通电液比例控制阀，由电控系统根据主动轮和从动轮的转速传感器信号进行自动调节，以保证输入到主动轮内的油压稳定。

CVT单级调压回路具有结构简单、所需控制阀数量少、控制变量少等优点，具有较大的实用价值，目前国内研究的CVT液压控制系统基本上都是基于单级调压回路的系统。

CVT单级调压回路中，由于夹紧力控制和速比控制采用同一压力值，在控制过程中两系统之间产生相互耦合作用，最终影响控制精度。另外，由于主动轮液压缸尺寸较大，缸内的液体产生较大的动压，也影响速比的精确控制。

（2）二级调压回路　许多液压系统的液压缸活塞往返行程的工作压力差别很大。为了降低功率损耗，减少油液发热，可以采用图7-5所示的二级调压回路。当活塞右行时，负载大，由高压溢流阀1调定；而活塞左行时，负载小，由低压溢流阀2调定。当活塞左行到终点位置时，泵的流量全部经低压溢流阀流回油箱，这样就减少了回程的功率损耗。城市生活垃圾处理汽车的液压系统就是这种基本回路的典型应用。

图7-6所示为CVT二级调压回路，在此回路中，通过高、低压控制阀的控制，满足了夹紧力和速比控制的要求，由于速比控制和夹紧力控制的液压缸压力通过高压控制阀和低压控制阀来分别控制调节，所以主、从动轮液压缸通常做成相同的尺寸。与单级调压回路相比，二级调压回路变速器的性能得到了提高，但是它结构复杂，控制阀数量较多，使得控制策略变得复杂，成本较高。

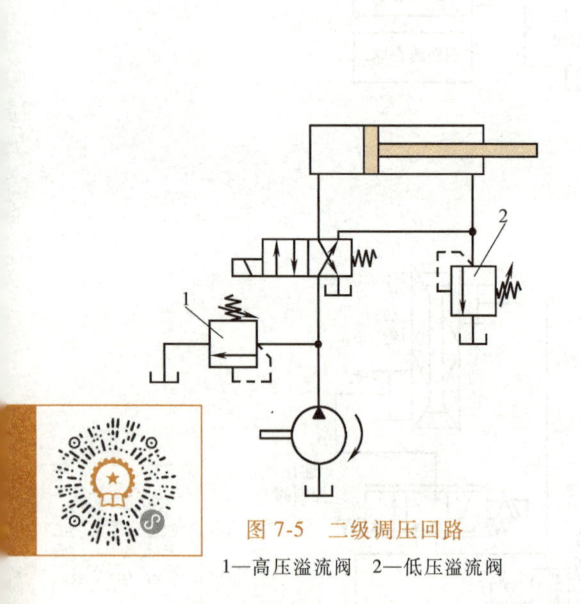

图7-5 二级调压回路

1—高压溢流阀 2—低压溢流阀

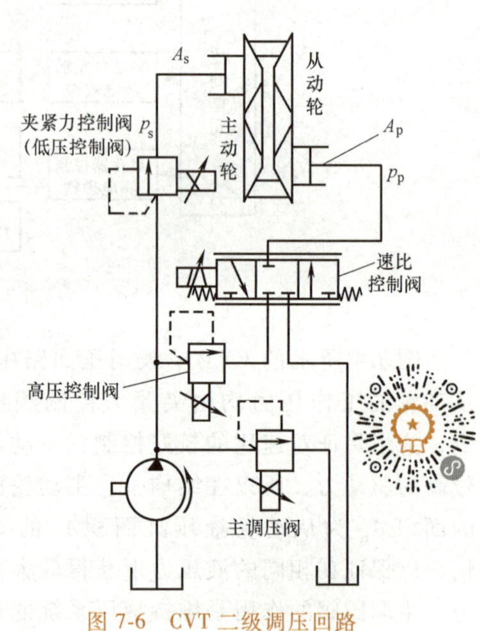

图7-6 CVT二级调压回路

(3) 多级调压回路 许多液压系统在工作过程的不同阶段（或不同的执行元件）需要不同的工作压力，这时可以采用多级调压回路。

1）采用多个溢流阀的多级调压回路。图7-7所示为采用三个溢流阀的多级调压回路，可以为系统输出三级压力。在图示状态下系统压力由高压溢流阀3调定，获得高压压力；当三位电磁换向阀左端得电时，系统压力由低压溢流阀1调定，获得第一种低压压力；当三位电磁换向阀右端得电时，系统压力由低压溢流阀2调定，获得第二种低压压力。这种调压回路的控制系统简单，但

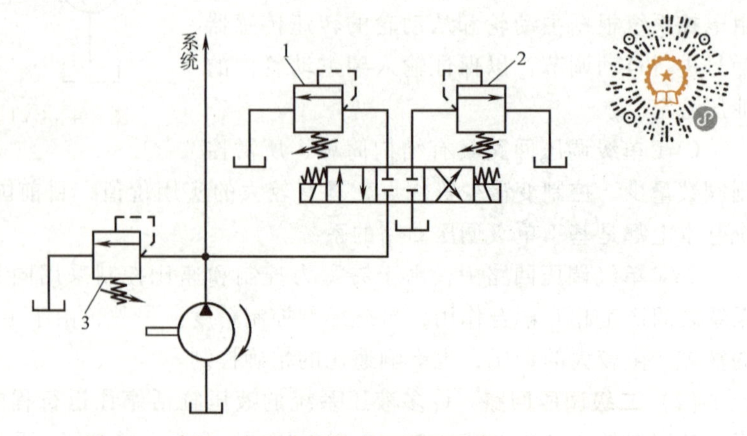

图7-7 采用三个溢流阀的多级调压回路

1、2—低压溢流阀 3—高压溢流阀

在压力转换时会产生冲击。三个溢流阀的规格都必须按液压泵的最大供油量来选择。

2）采用电液比例溢流阀的多级调压回路。图 7-8 所示为采用电液比例溢流阀的多级调压回路。调节电液比例溢流阀 2 的输入信号电流，就可以调节系统的供油压力，而不需要设置多个溢流阀和换向阀。这种多级调压回路所用的液压元件少，油路简单，可以方便地实现远距离控制或程序操作，和连续地按比例进行压力调定，压力上升和下降的时间均可以通过改变输入信号加以调定。因此，该回路压力转换过程平稳，冲击小，但控制系统复杂。

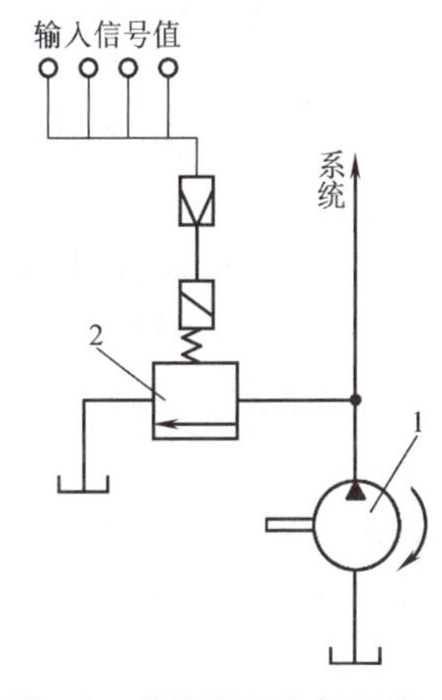

图 7-8　采用电液比例溢流阀的多级调压回路

1—液压泵

2—电液比例溢流阀

二、减压回路

减压回路的功用是使系统中的某一部分油路较主油路具有较低的稳定压力。最常见的减压回路是在需要减压的油路前串联定值减压阀。例如：在汽车自动变速器中，液力变矩器润滑油路所需补偿压力和液动换档阀所需控制压力一般都低于档位离合器液压缸所需工作压力。为此，可在液力变矩器和液动换档阀控制油路中分别串联减压阀，各自的输出压力视需要而调定。

（1）单级减压回路　图 7-9 所示为单级减压回路，它在与主油路并联的减压油路上串联一个减压阀，这样主油路的压力由溢流阀 2 调定，而减压油路的压力由减压阀 3 调定。减压阀 3 后面是单向阀，以防止油液倒流，起到短时的保压作用。

（2）二级减压回路　图 7-10 所示为常用的二级减压回路。将减压阀 3 的遥控口通过二位二通电磁阀 4 与调压阀 5 相接，通过调压阀 5 的压力调整获得预定的二次减压。当二位二通电磁阀 4 断开时，减压油路输出减压阀 3 的设定压力；当二位二通电磁阀 4 接通时，减压油路输出调压阀 5 设定的二次压力。调压阀 5 设定的二次压力值必须小于减压阀 3 的设定压力值。

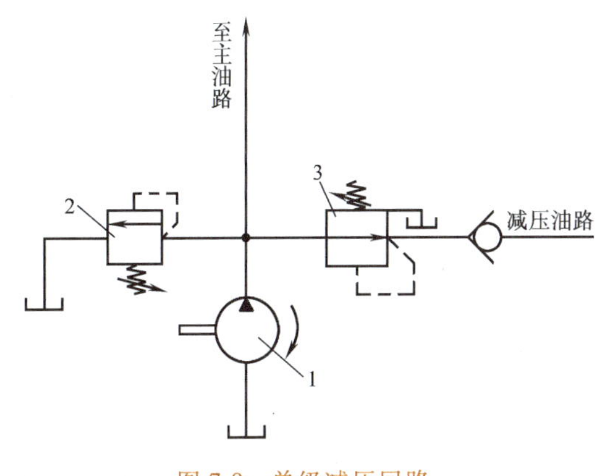

图 7-9　单级减压回路

1—液压泵　2—溢流阀　3—减压阀

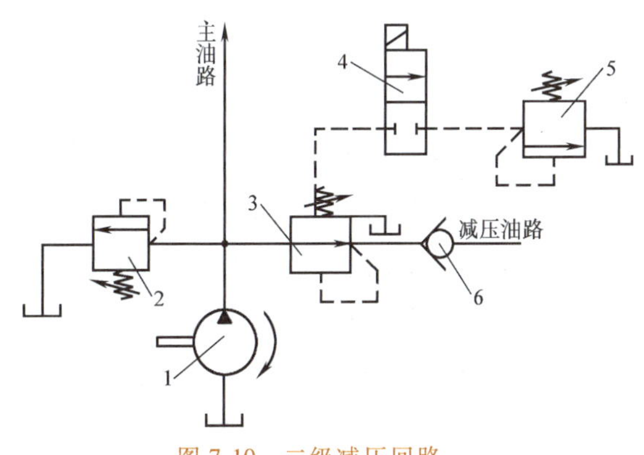

图 7-10　二级减压回路

1—液压泵　2—溢流阀　3—减压阀

4—二位二通电磁阀　5—调压阀　6—单向阀

三、增压回路

增压回路是用来提高系统中某一支油路的压力，实现压力放大的回路。它能用较低压力的泵来获得较高的工作压力，此外，还可利用压缩空气来获得较高的油压力，使系统简单、经济，如汽车的离合器操纵和制动器操纵就是采用了这样的回路。

（1）单作用增压缸增压回路 图 7-11a 所示为某些重型汽车制动系统中采用的气顶液增压缸增压回路。单作用增压缸是由大气缸和小液压缸的两个活塞缸串接而组成的，它利用大、小活塞的作用面积差来产生压差。当操纵二位换向阀使气罐中的压缩空气以压力 p_1 进入大缸 a 腔，推动活塞向右运动时，小缸 b 腔便能输出压力为 p_2 的高压油。因该回路只能间断增压，所以称为单作用增压回路。

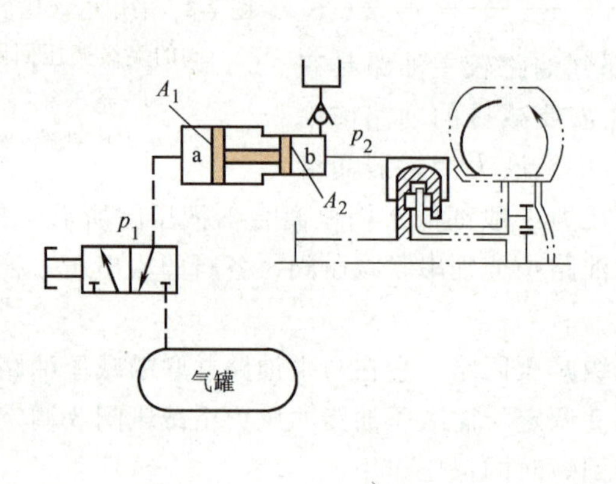

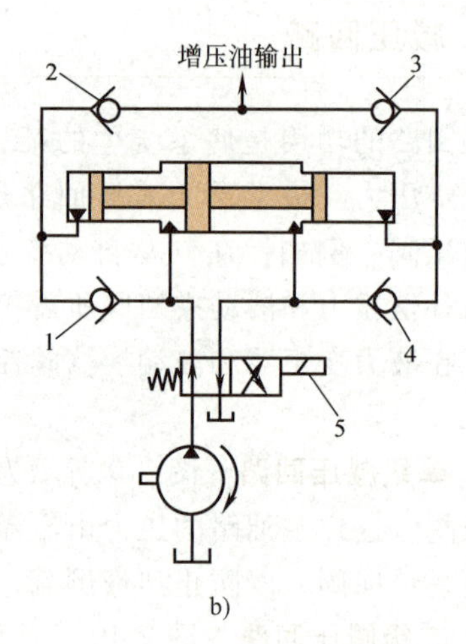

a) b)

图 7-11 增压缸增压回路

a）单作用增压缸增压回路 b）双作用增压缸增压回路

1、2、3、4—单向阀 5—电磁换向阀

由力的平衡关系可知

$$p_1A_1 = p_2A_2$$

则

$$p_2 = \frac{A_1}{A_2}p_1 = Kp_1 \tag{7-1}$$

式中 p_1——增压缸 a 腔的压力（Pa）；

p_2——增压缸 b 腔的压力（Pa）；

A_1——增压缸大活塞面积（m^2）；

A_2——增压缸小活塞面积（m^2）；

K——增压比，即压力放大倍数，$K = A_1/A_2$。

（2）双作用增压缸增压回路 图 7-11b 所示为双作用增压缸增压回路，能连续输出高压油。在图示位置时，液压泵输出的压力油经电磁换向阀 5 和单向阀 1 进入增压缸左端大、小活塞的左腔，大活塞右腔通油箱，右端小活塞右腔增压后的高压油经单向阀 3 输出，此时单向阀 2、4 被关闭。当增压缸活塞移到右端时，电磁换向阀通电换向，增压缸活塞向左移动，

左端小活塞左腔输出的高压油经单向阀 2 输出。这样，增压缸的活塞不断往复运动，两端便交替输出高压油，从而实现了连续增压。

（3）燃油喷射增压回路　图 7-12 所示为一种燃油喷射系统的增压回路，通过增压缸的增压作用使燃油压力得到提高，从而提高燃油的喷射压力。燃油泵站 1 把燃油泵入增压缸 5 的小活塞腔内，增压缸 5 的大活塞腔内由液压油泵站 2 供给液压油，液压油首先进入储液管 3 内，保证了所需的油量和压力，然后通过电磁阀 4，进入增压缸 5 的大活塞腔内，从而增加了增压缸 5 小活塞腔内的燃油压力，增压后的燃油通过喷油器 6 喷入燃烧室内，电磁阀 4 断电，增压缸 5 大活塞腔内的液压油流回油箱，喷油器停止喷油。

图 7-12　燃油喷射系统增压回路

1—燃油泵站　2—液压油泵站　3—储液管　4—电磁阀　5—增压缸　6—喷油器

四、保压回路

保压回路就是在执行元件停止工作或仅有工件变形所产生微小位移的情况下，使系统压力基本保持不变。最简单的保压回路是使用密封性能较好的液控单向阀的回路，但是阀类元件的泄漏使得这种回路的保压时间不能维持太久。常用的保压回路有以下 3 种。

（1）利用液压泵的保压回路　在保压过程中，液压泵仍以较高的压力（保压所需压力）工作。此时，若采用定量泵，则压力油几乎全经溢流阀流回油箱，系统功率损失大，发热严重，故只在小功率系统且保压时间较短的场合下使用。若采用限压式变量泵，在保压时泵的压力虽较高，但输出流量几乎等于零。因此，系统的功率损失较小，且能随泄漏量的变化而自动调整输出流量，因而其效率也较高。

（2）利用蓄能器的保压回路　如图 7-13a 所示，系统的压力可由蓄能器来保证。当系统压力达到所需数值时，通过压力继电器 3 使液压泵卸荷以降低功率的消耗，汽车全液压制动系统和常压式液压助力转向系统都采用了这样的保压回路。图 7-13b 所示为多个执行元件系统中的保压回路，这种回路的支路需保压。液压泵 1 通过单向阀 2 向支路输油，当支路压力升高达到压力继电器 3 的调定值时，单向阀 2 关闭，支路由蓄能器 4 保压并补偿泄漏。与此同时，压力继电器 3 发出信号，控制换向阀（图中未示），使泵向主油路输油，另一个执行元件开始动作。汽车自动变速器中用于操纵制动器和离合器的回路采用了这样的保压回路。

（3）自动补油保压回路　图 7-14 所示为用于压力机械液压系统的自动补油保压回路，该回路采用液控单向阀和电接点压力表，其工作原理是：当换向阀 3 的左位机能起作用时，液压泵 1 向液压缸 7 上腔供油，液压缸下腔油回油箱。活塞下降至接触工件后，液压缸 7 上腔压力上升。当达到规定压力值时，压力表 6 发出信号，使换向阀 3 进入中位机能，这时液压泵 1 卸荷，系统进入保压状态。当液压缸 7 上腔压力降到某一压力值时，压力表 6 就发出信号，使换向阀 3 又进入左位机能，液压泵 1 重新向液压缸 7 上腔供油，使压力上升，如此

反复即可实现自动补油保压。因此，这一回路能自动补充压力油，使液压缸的压力长期保持在所需范围内。

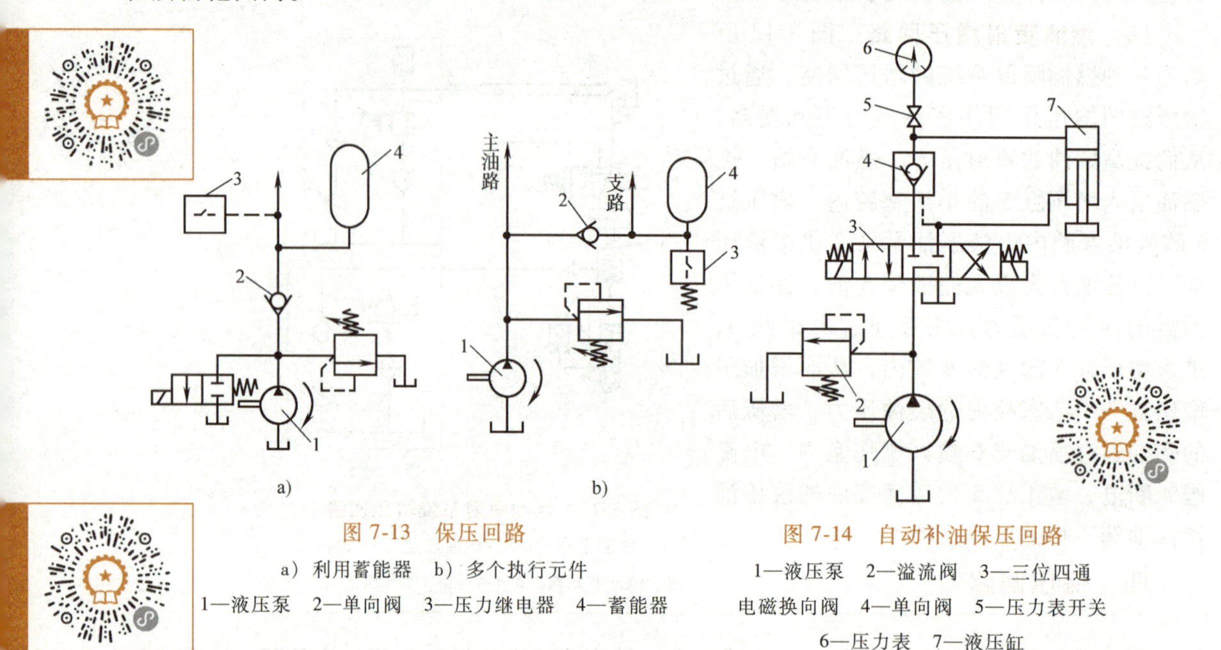

图 7-13　保压回路

a）利用蓄能器　b）多个执行元件

1—液压泵　2—单向阀　3—压力继电器　4—蓄能器

图 7-14　自动补油保压回路

1—液压泵　2—溢流阀　3—三位四通电磁换向阀　4—单向阀　5—压力表开关　6—压力表　7—液压缸

五、卸荷回路

在液压系统中，执行机构常在不停止液压泵运转（即发动机不熄火）的状态下停止工作。这时如果采用卸荷回路，就可使液压泵输出的油液在低压下流回油箱（即液压泵卸荷），从而节省发动机的功率，减少油液发热，延长泵的寿命。

（1）换向阀卸荷回路　利用换向阀机能的卸荷回路是汽车液压系统最常采用的卸荷方法之一，回路中三位四通换向阀机能必须是 M、H 或 K 型的，这种方法简单可靠。图 7-15 所示为采用 H 型中位机能的三位换向阀卸荷回路，当换向阀处于中位时，工作部件停止运动，液压泵输出的油液通过三位换向阀的中位通道直接流回油箱，液压泵的出口压力仅为油液流经管路和换向阀所引起的压力损失。这种回路适用于低压小流量的液压系统。

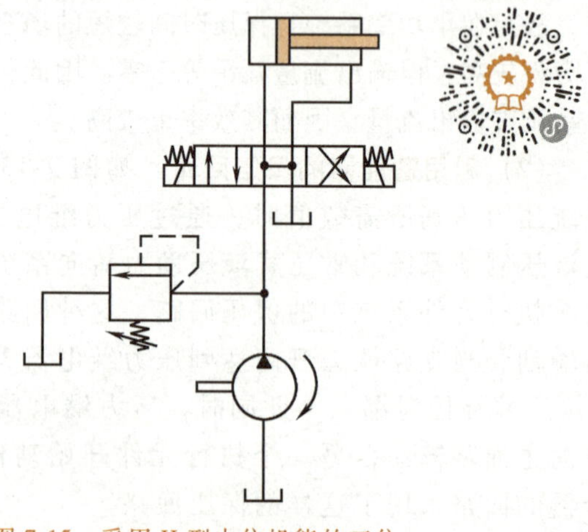

图 7-15　采用 H 型中位机能的三位换向阀卸荷回路

（2）采用二位二通电磁换向阀的卸荷回路　图 7-16 所示为采用二位二通电磁换向阀的卸荷回路。卸荷时，二位二通电磁换向阀通电，液压泵输出的油液通过电磁换向阀直接流回油箱，二位二通电磁换向阀的规格要与液压泵的容量相适应。这种回路不适用于大流量的液压系统。

（3）采用多路阀的卸荷回路　图 7-17 所示为采用多路阀的卸荷回路，这种回路在汽车液压系统中普遍采用。它可以同时控制几个执行机构工作，而在所有执行机构停止工作时（即各联滑阀都处于中立位置时），液压泵即实现卸荷。

图 7-16　采用二位二通电磁换向阀的卸荷回路

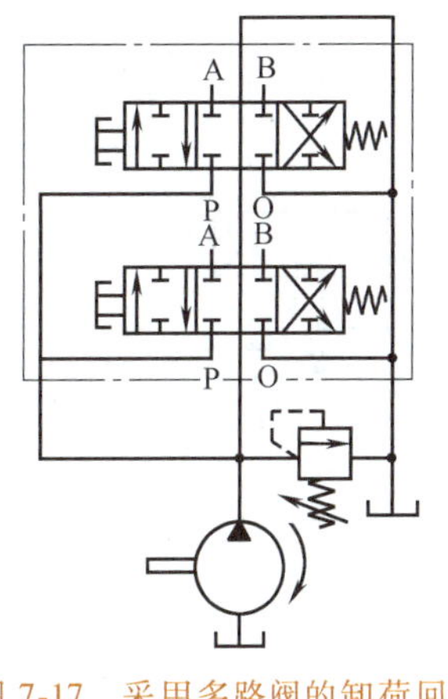

图 7-17　采用多路阀的卸荷回路

（4）采用先导式溢流阀的卸荷回路　图 7-18 所示为采用先导式溢流阀的卸荷回路，它是利用二位二通电磁阀控制先导式溢流阀使泵卸荷的回路，可以遥控。当电磁阀通电后换位，使溢流阀的遥控口接回油箱，溢流阀开启，液压泵卸荷。当系统工作时，电磁阀断电，溢流阀遥控口至油箱的油路被切断，溢流阀便正常工作。此回路的优点是卸荷压力很低（0.2MPa），切换时冲击小。

图 7-18　采用先导式溢流阀的卸荷回路

六、平衡回路

为了防止立式液压缸与垂直工作部件由于自重而自行下滑，或在下行运动中由于自重而造成超速运动，使运动不平稳，可采用平衡回路，即在立式液压缸下行的回油路上设置一顺序阀使之产生适当的阻力，以平衡自重。该回路常用在城市垃圾处理车液压系统和汽车起重机液压系统中。

（1）采用单向顺序阀（或称平衡阀）的平衡回路　图 7-19 所示为采用单向顺序阀的平衡回路。单向顺序阀的调定压力应稍大于工作部件的重力引起的液压缸下腔压力。这样当液压缸不工作时，单向顺序阀关闭，工作部件不会自行下滑；液压缸上腔通压力油，当下腔压力油大于顺序阀的调定压力时，顺序阀开启。由于自重得到平衡，故不会产生超速现象。当下腔压力油经单向阀进入液压缸下腔时，活塞上行。这种回路停止时会由于顺序阀的泄漏而使运动部件缓慢下降，所以要求顺序阀的泄漏量小。由于回油腔有背压，功率损失较大。

（2）采用液控单向顺序阀（或称限速液压锁）的平衡回路　图 7-20 所示为汽车液压起

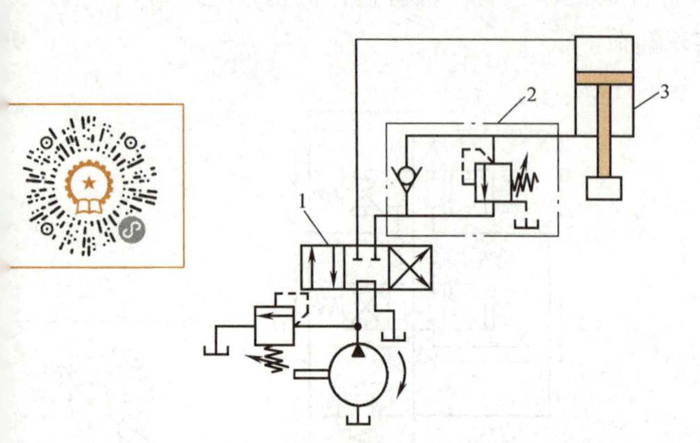

图 7-19 采用单向顺序阀的平衡回路

1—换向阀 2—单向顺序阀 3—液压缸

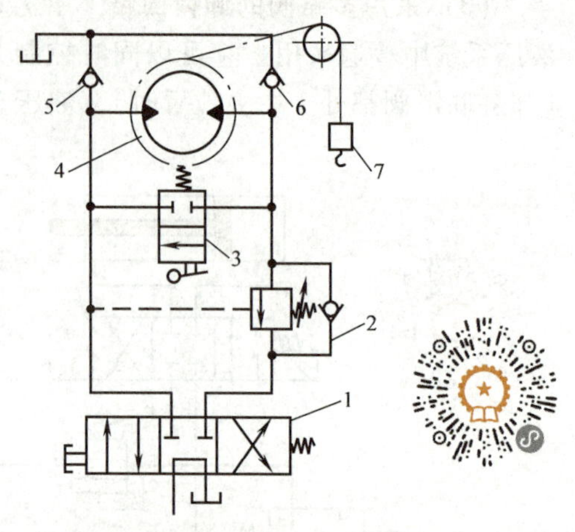

图 7-20 采用液控单向顺序阀的平衡回路

1、3—换向阀 2—平衡阀 4—液压马达

5、6—补油单向阀 7—重物

重机起升机构中采用液控单向顺序阀的平衡回路。当换向阀 1 处于中位时，液压泵卸荷，吊钩因重物 7 使回油路具有相当高的压力，这时液控单向顺序阀起锁紧作用，以防止由于管路和换向阀的泄漏使重物产生过大的下沉量。当提升重物时换向阀右位接入回路，压力油从右侧进入液压马达 4；下放重物时换向阀左位接入回路，压力油从左侧油路进入液压马达 4。但这时右侧还处于锁紧状态，需待左侧油路的油压超过液控单向顺序阀的开锁压力（为 2~3MPa）时通过控制油路打开液控单向顺序阀，使回油形成通路，液压马达才能驱动卷筒下降重物。若液压马达在重物的重力作用下发生超速运转，即转速超过系统的控制速度，左侧油路由于泵供油不及时而压力下降，液控单向顺序阀便在弹簧力作用下关小阀口而增大回油阻力，消除超速现象，保证工作安全。在这种回路中，重物的下降速度相对比较平稳，不受负载大小的影响，因而在汽车液压起重机的起升、变幅伸缩臂等机构的回路中普遍应用。

第二节 速度控制回路

思政融入点 7-2

液压传动系统中的速度控制回路，是控制和调节液压执行元件运动速度的单元回路。根据被控制的执行元件的运动状态、方式以及调节方法，速度控制回路可分为：调节液压执行元件速度的调速回路、实现快速运动的快速运动回路、实现快慢速切换的速度换接回路以及多个执行元件的同步回路等。

一、调速回路

调速就是调节执行元件的运动速度。在调速回路中，若不计容积效率，则液压缸的运动速度为

$$v=\frac{q_V}{A}$$

液压马达的转速

$$n=\frac{q_V}{V_M}$$

式中　q_V——输入执行元件液压缸和液压马达的流量（m^3/s）；

A——液压缸活塞的有效作用面积（m^2）；

V_M——液压马达的排量（m^3/r）。

因此，改变输入液压缸和液压马达的流量 q_V，或者改变液压缸活塞的有效作用面积 A 和液压马达的排量 V_M，都可以达到调速的目的。对于液压缸来说，在工作中要改变其有效作用面积 A 来调速是困难的，一般都采用改变流量 q_V 的办法来调速。但对于液压马达，则既可通过改变液压马达的流量 q_V，也能通过改变液压马达的排量 V_M 来实现调速，而改变输入流量则可以采用流量阀或变量泵来实现。

根据改变流量的方法不同来分，液压系统的调速回路有以下三种：节流阀式调速回路——采用定量泵供油，由流量阀调节进入执行元件的流量来实现调节执行元件运动速度的方法；容积式调速回路——采用变量泵来改变流量或改变液压马达的排量来实现调节执行元件运动速度的方法；容积式节流调速回路——采用变量泵和流量阀相配合的调速方法，又称联合调速。

按流量阀的类型不同，可分为普通节流阀式节流调速回路和调速阀式节流调速回路。按定量泵输出的压力是否随负载变化，又可分为定压式节流调速回路和变压式节流调速回路。

根据油路的循环方式，又可分为开式系统——系统的主油路循环经过油箱，特点是结构简单，散热性好，能帮助油液分离空气，沉淀渣滓，但易受污染，油箱尺寸大；闭式系统——系统的主油路循环不经过油箱，特点是结构紧凑，油液直接循环，密封性好，功率利用率较高，但散热性差，受污染后不易清除。在实际应用中，节流阀式调速回路多采用开式系统，容积式调速回路多采用闭式系统。

（一）节流阀式调速回路

节流阀式调速回路有不同的分类方法。按流量阀在回路中位置的不同，可分为进油节流调速回路、回油节流调速回路和旁路节流调速回路。下面分别进行介绍。

1. 进油节流调速回路

（1）回路组成及调速原理　如图 7-21a 所示，将节流阀装在执行元件的进油路上称为进油节流调速，它由定量液压泵、溢流阀、节流阀及液压缸（或液压马达）组成。

在进油节流调速回路中，泵的压力由溢流阀调定后，基本上保持恒定不变。调节节流阀阀口的大小，便能控制进入液压缸的流量，从而达到调速的目的，定量泵输出的多余油液经溢流阀排回油箱。有溢流是这种调速回路能够正常工作的必要条件。

液压缸在稳定工作时，其受力平衡方程为

$$p_1A_1=F+p_2A_2$$

式中　p_1——液压缸进油腔压力（Pa）；

p_2——液压缸回油腔压力（Pa）；

A_1——液压缸无杆腔的有效作用面积（m^2）；

A_2——液压缸有杆腔的有效作用面积（m^2）；

F——液压缸的负载（N）。

若液压缸回油腔通油箱，则 $p_2\approx0$Pa，所以

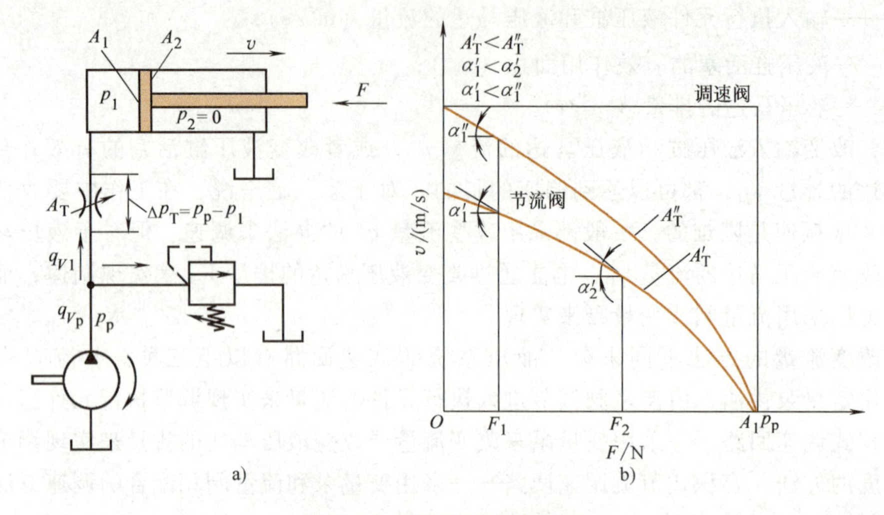

图 7-21 进油节流调速回路

a）回路 b）速度-负载特性曲线

$$p_1=\frac{F}{A_1}$$

设液压泵的供油压力为 p_p，流经换向阀及管路等的压力损失忽略不计，则节流阀前后的压差为

$$\Delta p_T=p_p-p_1=p_p-\frac{F}{A_1} \tag{7-2}$$

液压泵的供油压力 p_p 由溢流阀调定后基本不变，所以节流阀前后的压差 Δp_T 将随负载 F 的变化而变化。

根据节流阀的流量特性公式，通过节流阀进入液压缸的流量为

$$q_{V1}=KA_T\Delta p_T^m$$

式中 A_T——节流阀通流截面面积（m^2）；

Δp_T——节流阀两端压差（Pa）；

K——与孔和液体有关的系数；

m——由孔的长径比决定的指数。

将式（7-2）代入上式得

$$q_{V1}=KA_T\left(p_p-\frac{F}{A_1}\right)^m$$

则活塞的运动速度为

$$v=\frac{q_{V1}}{A_1}=\frac{KA_T}{A_1}\left(p_p-\frac{F}{A_1}\right)^m=\frac{KA_T}{A_1^{1+m}}(A_1p_p-F)^m \tag{7-3}$$

由此可见，当其他条件不变时，活塞运动速度 v 与节流阀的通流截面面积 A_T 成正比，因此可以通过调节节流阀的通流截面面积 A_T 调节液压缸的速度。

（2）速度-负载特性 速度-负载特性是指执行元件的速度随负载变化而变化的性能，可用速度-负载特性曲线（图 7-21b）来描述。

在液压传动系统中，通过控制阀口的流量是按薄壁小孔流量公式计算的，此时，

式（7-3）中的指数 $m=0.5$，故活塞的运动速度为

$$v=\frac{KA_T}{A_1^{\frac{3}{2}}}(A_1p_p-F)^{\frac{1}{2}} \tag{7-4}$$

若以活塞运动速度 v 为纵坐标，负载 F 为横坐标，将式（7-4）按节流阀不同的通流截面面积 A_T 作图，可得一组曲线，称为进油节流调速回路的速度-负载特性曲线，如图 7-21b 所示。

速度-负载特性曲线表明了速度随负载变化的规律。当节流阀的通流截面面积不变时，随着负载的增加，活塞的运动速度随之下降，曲线越陡，说明负载变化对速度的影响越大；当 $F=p_pA_1$ 时，液压缸的速度为零。通常定义活塞负载对速度的变化率为速度刚性，用 K_v 表示，即

$$K_v=-\frac{\partial F}{\partial v}=-\frac{1}{\tan\alpha} \tag{7-5}$$

速度刚性 K_v 是速度-负载特性曲线上某点切线斜率的倒数。斜率越小，速度刚性越大，说明设定的速度受负载波动的影响越小，其稳定性也越好；反之，会使其稳定性变差。

由式（7-4）和式（7-5）得

$$K_v=\frac{2A_1^{\frac{3}{2}}}{KA_T}(p_pA_1-F)^{\frac{1}{2}}=\frac{2(p_pA_1-F)}{v} \tag{7-6}$$

由式（7-6）和图 7-21b 可知：

1）节流阀通流截面面积不变时，执行元件负载 F 越小，速度刚性 K_v 越大；执行元件负载 F 越大，速度刚性 K_v 越小，速度-负载特性较软（速度刚性较低），所以重载区域的速度刚性比轻载区域的速度刚性差。

2）当执行元件负载 F 一定时，节流阀通流截面面积 A_T（图 7-21b 中，$A'_T<A''_T$）越小，速度刚性 K_v 越大。

3）增大液压缸的有效作用面积，提高液压泵的供油压力，可以提高速度刚性。

4）进油节流调速回路的速度刚性不受液压泵泄漏的影响。

（3）最大承载能力　回路的最大承载能力 $F_{max}=p_pA_1$（Δp_T 为零）。当液压缸有效作用面积 A_1 不变时，在泵的供油压力已经调定的情况下，其承载能力不随节流阀通流截面面积 A_T 的改变而改变，故属恒推力或恒转矩调速。

（4）功率和效率　在节流阀进油节流调速回路中，液压泵的输出功率 $P_p=p_pq_{Vp}=$常量；而液压缸的输出功率 $P_1=Fv=F\frac{q_{V1}}{A_1}=p_1q_{V1}$，所以该回路的功率损失为

$$\Delta P=P_p-P_1=p_pq_{Vp}-p_1q_{V1}=p_p(q_{V1}+q_{VY})-(p_p-\Delta p_T)q_{V1}=p_pq_{VY}+\Delta p_Tq_{V1}$$

式中　q_{VY}——通过溢流阀的溢流量（m^3/s）。

由上式可知，这种调速回路的功率损失由两部分组成，即溢流损失 $\Delta P_Y=p_pq_{VY}$ 和节流损失 $\Delta P_T=\Delta p_Tq_{V1}$。回路的效率为

$$\eta_c=\frac{P_1}{P_p}=\frac{Fv}{p_pq_{Vp}}=\frac{p_1q_{V1}}{p_pq_{Vp}} \tag{7-7}$$

由于存在两部分功率损失，故这种调速回路的效率较低。特别是在低速小负载的情况下，虽然速度刚性大，但效率很低。因此，在液压缸要实现快速和慢速两种运动并且速度差

别较大时，采用一个定量液压泵供油是非常不合适的。

由上述分析可知，进油节流调速回路不宜用于负载较大、速度较高或负载变化较大的场合；又由于回油管路上没有背压，因此，进油节流调速回路不能承受负值负载。在活塞运动时，如果负载突然变小，则活塞将会产生突然前冲现象，所以进油节流调速回路的运动平稳性较差；另外，油液通过节流阀时会发热，压力越大发热越严重，这对液压缸的泄漏有一定的影响，也影响到液压缸运动速度的平稳性。

2. 回油节流调速回路

将节流阀装在执行元件的回油路上，称为回油节流调速回路，如图 7-22 所示。

将节流阀串接在液压缸与油箱之间，回油路上的节流阀控制液压缸回油的流量，也间接控制了进入液压缸的流量，所以同样能达到调速的目的。

类似于式（7-3）的推导，不计管路中的损失，由液压缸活塞的力平衡方程（$p_2 \neq 0$）和节流阀的流量方程可得液压缸的速度-负载特性为

$$v=\frac{q_{V2}}{A_2}=\frac{KA_{\mathrm{T}}}{A_2}\left(\frac{p_{\mathrm{p}}A_1-F}{A_2}\right)^m=\frac{KA_{\mathrm{T}}(p_{\mathrm{p}}A_1-F)^m}{A_2^{1+m}} \tag{7-8}$$

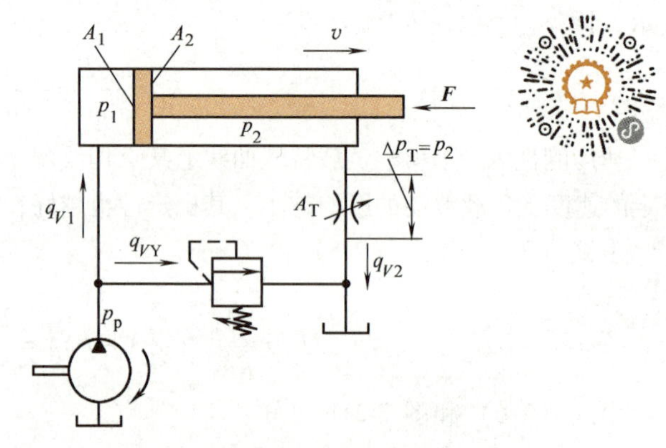

图 7-22 回油节流调速回路

将式（7-8）与式（7-3）比较，可见回油节流调速回路与进油节流调速回路的速度-负载特性完全相同，因此回油节流调速回路也具备前述进油节流调速回路的一些特点。但是，这两种调速回路仍有其不同之处：

1）对于回油节流调速回路，由于液压缸回油腔存在背压，所以功率损失大，但具有承受负值负载（与活塞运动方向相同的负载）的能力；而对于进油节流调速回路，工作部件在负值负载作用下会失控而造成前冲。通常，在进油节流调速回路的回油路上增加一个背压阀，以克服上述缺点，但这样会增加功率消耗。

2）对于回油节流调速回路，在停车后，液压缸回油腔中的油液会由于泄漏而形成空隙；在起动时，液压缸输出的流量会全部进入油箱，使活塞产生前冲现象。在进油节流调速回路中，进入液压缸的流量总是受到节流阀的限制，可减小起动冲击。

3）进油节流调速回路比较容易实现压力控制，因为当工作部件碰到固定挡铁后，液压缸的进油腔油压会上升到溢流阀的调定压力，这个压力变化值可使压力继电器发出信号。回油节流调速回路的进油腔压力变化很小，不易实现压力控制。虽然在活塞碰到固定挡铁后，液压缸回油腔中压力下降为零，这个压力变化值可以用于压力继电器失电压而发出信号，但电路比较复杂。

从上述分析可知，在承受负值负载变化较大的情况下，采用回油节流调速回路较为有利；而从停车后起动冲击和实现压力控制的方便性方面来看，采用进油节流调速回路较为合适。如果是单出杆液压缸，进油节流调速回路可获得更低的速度；而在回油节流调速回路中，回油腔中的背压力在轻载时会比供油压力高出许多，这将会加大泄漏。因此，在实际使

用中，采用较多的是进油节流调速回路，并在其回油路上加一背压阀，以提高运动的平稳性。

3. 旁路节流调速回路

将节流阀装在与执行元件并联的支路上，称为旁路节流调速回路，如图 7-23a 所示。这种回路用节流阀来调节流回油箱的流量，通过控制进入液压缸的流量来达到节流调速的目的。在这种回路中，溢流阀起过载保护作用，其调整压力是最大负载所需压力的 1.1~1.2 倍。

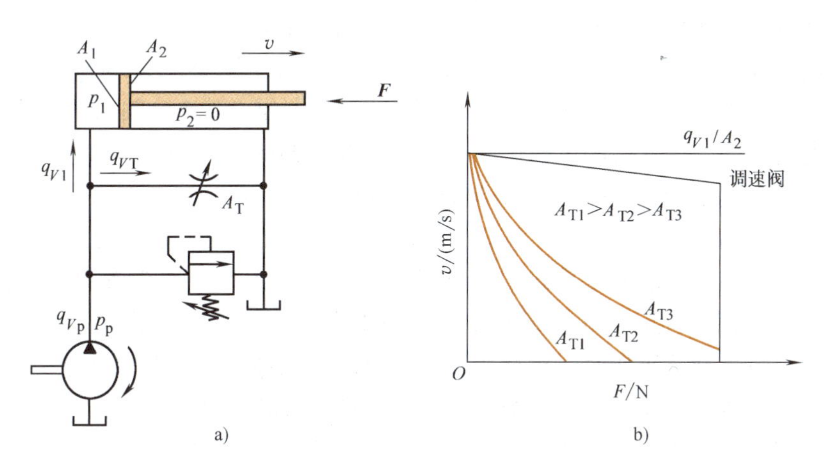

图 7-23　旁路节流调速回路

a）回路　b）速度-负载特性曲线

按照式（7-3）的推导过程，可得到旁路节流调速回路的速度-负载特性方程，与前述不同之处主要是进入液压缸的流量 q_{V1} 为泵的流量 q_{Vp} 与节流阀溢走的流量 q_{VT} 之差。所以有

$$q_{V1}=q_{Vp}-q_{VT}=q_{Vp}-KA_T\left(\frac{F}{A_1}\right)^m$$

活塞的运动速度为

$$v=\frac{q_{V1}}{A_1}=\frac{q_{Vp}-KA_T\left(\frac{F}{A_1}\right)^m}{A_1} \tag{7-9}$$

按节流阀不同的通流截面面积画出旁路节流调速回路的速度-负载特性曲线，如图 7-23b 所示。分析曲线可知，旁路节流调速回路有如下特点：

1）开大节流阀开口，活塞运动速度减小；关小节流阀开口，活塞运动速度增大。

2）节流阀调定（A_T 不变）后，负载增加时活塞运动速度减小。从它的速度-负载特性曲线可以看出，其速度刚性比进、回油节流调速回路更低。

3）当节流阀通流截面面积较大（工作机构运动速度较低）时，所能承受的最大负载较小。同时，当负载较大而节流阀开口较小时，速度受负载的影响小，所以旁路节流调速回路适用于高速、大载荷的情况。

4）液压泵输出油液的压力随负载的变化而变化，同时回路中只有节流功率损失，而无溢流损失。因此，这种回路的效率较高、发热量小。

由于旁路节流调速回路速度-负载特性很软，低速承载能力又差，故应用比前两种回路

少，只用在负载变化小，对运动平稳性要求低的高速、大功率场合。

（二）调速阀式节流调速回路

前面分析的用节流阀调速的三种节流调速回路有一个共同的缺点，就是执行元件的速度都随负载增加而减小。这主要是由于负载变化引起了节流阀前后压差的变化，从而改变了通过节流阀的流量。

使用节流阀的节流调速回路，其速度-负载特性都比较软，变负载下的运动平稳性比较差。为了克服这个缺点，回路中的节流阀可用调速阀来代替，如图 7-24a 所示。由于调速阀本身能在负载变化的条件下保证节流阀进、出油口间的压差基本不变，因而使用调速阀后，节流调速回路的速度-负载特性得到改善，如图 7-24b 所示。旁路节流调速回路的承载能力也不因活塞速度降低而减小；但所有性能上的改进都是以加大流量控制阀的工作压差，即增加泵的压力为代价的，调速阀的工作压差一般最小需 0.5MPa，高压调速阀需 1.0MPa 左右。

图 7-25 所示为溢流节流阀式进油节流调速回路。由于溢流节流阀中的差压式溢流阀具有自动恒定节流阀两端压差的作用，因此，当液压缸负载变化时，节流阀工作压差不变，通过的流量也不变，使液压缸的速度稳定。该回路的速度-负载特性与调速阀式进油节流调速回路的基本相同（图 7-24b）。在该回路中，泵的工作压力与负载相适应，其大小随负载而变化。因此，在变负载下工作时，这种回路比调速阀式进油和回油节流调速回路的效率高。溢流节流阀只能设置在液压缸的进油路上，不能设置在出油路和旁油路上。溢流节流阀中的溢流阀不能起过载保护作用，因此，该回路需另外设置起安全作用的溢流阀。汽车和行走车辆的转向助力液压系统的转向泵就采用了这样的回路。

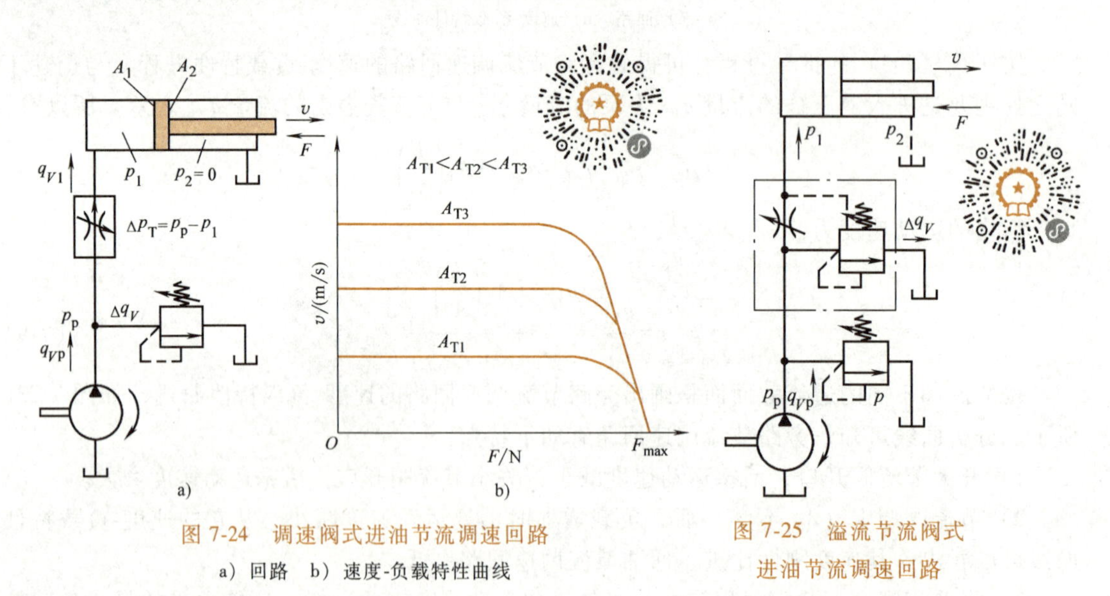

图 7-24　调速阀式进油节流调速回路

a）回路　b）速度-负载特性曲线

图 7-25　溢流节流阀式进油节流调速回路

（三）容积式调速回路

容积式调速回路是用改变泵或马达的排量来实现调速的，常采用闭式系统。在容积式调速回路中，液压泵输出的液压油全部直接进入液压缸或液压马达。与节流调速回路相比，其主要优点是没有节流损失和溢流损失，因而效率高，油液温升小，适用于高速、大功率调速

系统；缺点是变量泵或变量马达的结构较复杂，且油路也相对复杂，一般需要补油油路和设备、散热回路和设备，所以成本较高。目前，全液压驱动的汽车、拖拉机和其他行走车辆，它们行走部分的传动都采用液压泵和液压马达组成的闭式传动系统。

根据液压泵和液压马达（或液压缸）的组合不同，容积式调速回路有三种形式：变量泵和定量执行元件（液压缸或液压马达）组成的调速回路、定量泵和变量液压马达组成的调速回路、变量泵和变量液压马达组成的调速回路。

1. 变量泵和液压缸组成的容积式调速回路

图 7-26a 所示为变量泵和液压缸组成的开式容积式调速回路，这种调速回路是通过改变变量泵的输出流量来调速的。回路中回油管与液压泵 1 的吸油管是不连通的，溢流阀 2 处于常闭状态，起安全作用。

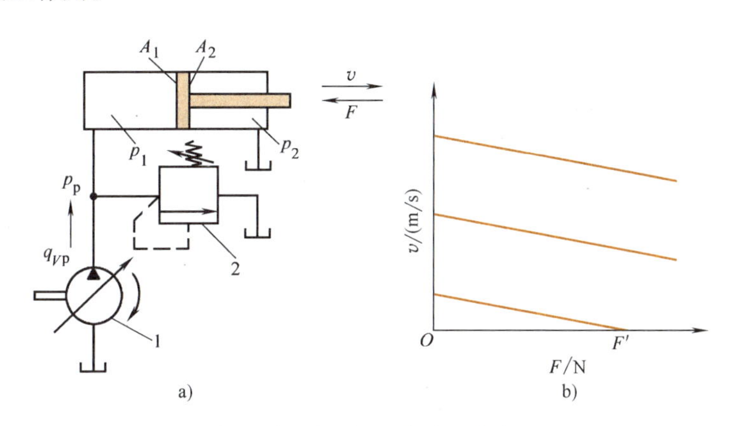

图 7-26 变量泵和液压缸组成的开式容积式调速

a）回路 b）速度-负载特性曲线

1—液压泵 2—溢流阀

在图 7-26a 所示回路中，改变变量泵的排量即可调节活塞的运动速度 v。在不考虑液压泵以外的元件和管道泄漏影响时，液压缸活塞的运动速度为

$$v=\frac{q_{Vp}}{A_1}=\frac{V_p n_p-k_1\dfrac{F}{A_1}}{A_1} \tag{7-10}$$

式中 q_{Vp}——变量泵的流量（m^3/s）；

V_p——变量泵的排量（m^3/r）；

n_p——变量泵的转速（r/s）；

k_1——变量泵的泄漏系数；

A_1——液压缸的有效工作面积（m^2）。

按式（7-10）以不同的 V_p 作图，可得一组如图 7-26b 所示的速度-负载特性曲线。由于变量泵的泄漏系数 k_1 较大，当负载增大时，活塞运动速度会按线性规律下降；F 增大至某值时，在低速下会出现活塞停止运动的现象（图中 F'点），这时变量泵的理论流量等于其泄漏量。这样，当液压泵以小排量（低速）工作时，承载能力是很差的。

2. 变量泵和液压马达组成的容积式调速回路

图 7-27a 所示为变量泵和定量液压马达组成的闭式容积式调速回路。在图 7-27a 所示回

路中，为了补充泵和马达的泄漏，增加了辅助泵 1，同时置换部分已发热的油液，降低系统的温升。辅助泵 1 的流量为变量泵 4 最大输出流量的 10%～15%。辅助泵供油压力由溢流阀 2 调定，使变量泵的吸油口有一较低的压力，这样可以避免产生空穴，防止空气侵入，改善了泵的吸油性能。溢流阀 3 处于常闭状态，以防止系统过载。

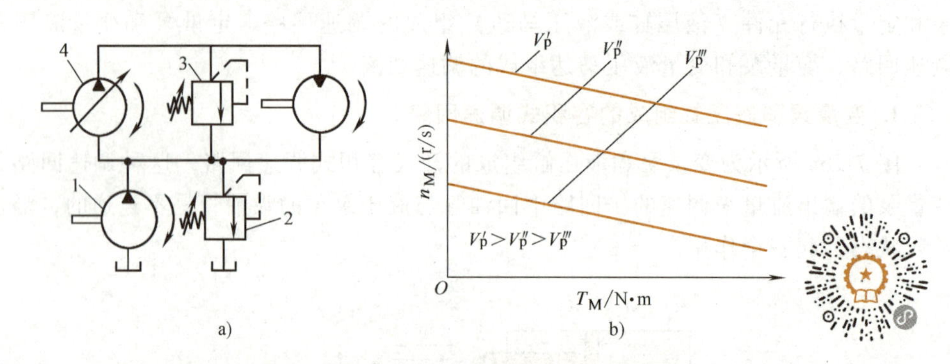

图 7-27　变量泵和定量液压马达组成的闭式容积式调速

a）回路　b）速度-负载特性曲线

1—辅助泵　2、3—溢流阀　4—变量泵

这种回路的特性如下：

（1）速度-负载特性　在不考虑管路压力损失和泄漏时，液压马达的转速为

$$n_M=\frac{q_{Vp}}{V_M}=\frac{V_p n_p-k_2\dfrac{2\pi T_M}{V_M}}{V_M} \tag{7-11}$$

式中　q_{Vp}——变量泵的流量（m^3/s）；

V_M——液压马达的排量（m^3/r）；

n_M——液压马达的转速（r/s）；

k_2——变量泵和液压马达的泄漏系数之和；

T_M——液压马达的负载转矩（N·m）。

图 7-27b 所示为变量泵和定量液压马达组成的闭式容积式调速回路的速度-负载特性曲线。由图可知，由于变量泵和液压马达的泄漏，液压马达转速随着负载转矩的增大而减小。当泵的排量 V_p 很小时，负载转矩不太大，液压马达就停止转动。这说明当变量泵以小排量（低速）工作时，回路承载能力较差。

（2）调速范围　若不计系统损失，则液压马达的转速为

$$n_M=\frac{q_{Vp}}{V_M}=\frac{V_p n_p}{V_M} \tag{7-12}$$

由式（7-12）可以看出，调节变量泵的排量 V_p 可控制液压马达的速度，因为变量泵的转速 n_p 和液压马达的排量 V_M 都为常数。由于变量泵能将流量调得很小，可以获得较低的工作速度，因此调速范围较大，可达 40 左右，从而实现连续的无级调速。当回路中的液压泵改变供油方向时，液压马达就能实现平稳换向。

（3）输出负载特性　在图 7-27 中，液压马达的最高输入压力 $p_{M\max}=p_p$，由溢流阀设定；另外，液压马达的排量 V_M 固定不变。若不计系统损失，可以得到液压马达的输出转矩

T_M 为

$$T_M = \frac{p_p V_M}{2\pi} = c \tag{7-13}$$

由式（7-13）可见，液压马达的输出转矩 T_M 是不变的，即与液压泵的排量 V_p 无关，所以称这种调速回路为恒转矩调速。

（4）功率与效率特性 若不计系统损失，液压马达的输出功率 P_M 等于液压泵的输出功率 P_p，液压马达的输出功率为

$$P_M = P_p = V_p n_p p_p = p_p V_M n_M \tag{7-14}$$

从式（7-14）中得出，液压马达的输出功率与变量泵排量 V_p 成线性变化，两者之间的关系如图 7-28 所示。正常情况下，变量泵与定量液压马达组成的容积式调速回路没有溢流损失和节流损失，所以回路的效率较高。忽略管路的压力损失，回路的总效率等于变量泵与马达的效率之积。

由上述分析可以看出，变量泵与定量液压马达组成的容积式调速回路的效率较高，有一定的调速范围和恒转矩特性，在功率较大的液压系统中获得广泛应用。

3. 定量泵和变量液压马达组成的容积式调速回路

定量泵和变量液压马达组成的闭式容积式调速回路及其调速特性曲线如图 7-29 所示。定量泵的输出流量不变，调节变量液压马达的排量 V_M，便可改变其转速。

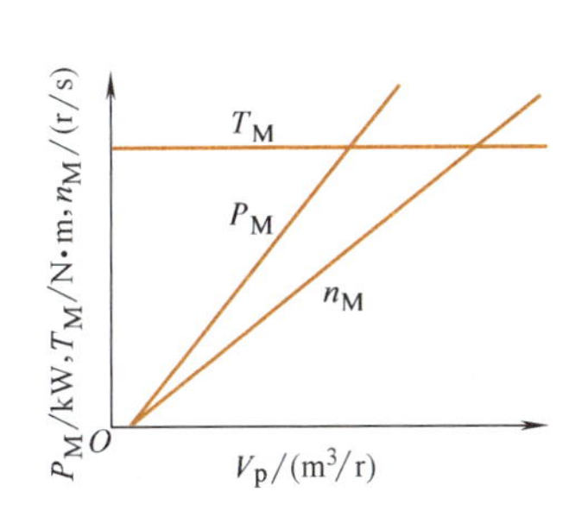

图 7-28 变量泵和定量液压马达组成的闭式容积式调速回路的调速特性曲线

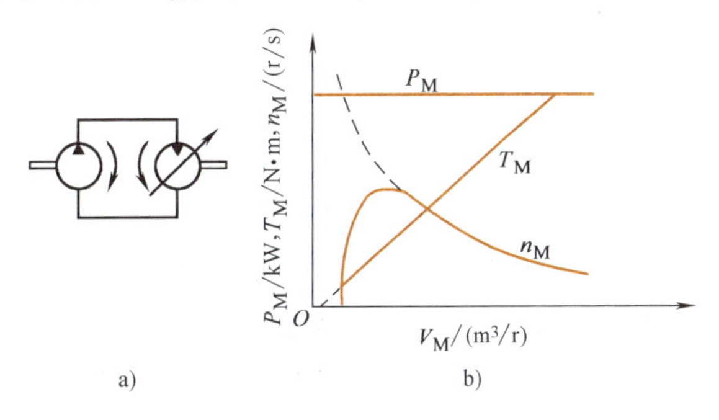

图 7-29 定量泵和变量液压马达组成的闭式容积式调速回路及其调速特性曲线

a）回路 b）调速特性曲线

这种回路具有以下特性：

1）根据 $n_M = q_{VM}/V_M$ 可知，变量液压马达输出转速 n_M 与排量 V_M 成反比，调节 V_M 即可改变变量液压马达的转速 n_M，但 V_M 不能调得过小（这时输出转矩将减小，甚至不能带动负载），故限制了转速的提高。这种调速回路的调速范围较小。

2）变量液压马达的转矩公式为 $T_M = p_p V_M / (2\pi)$，式中 p_p 是由溢流阀限定的压力，变量液压马达的输出转矩 T_M 与排量 V_M 有关。若减小变量液压马达的排量 V_M，则其输出转矩 T_M 将减小。由于 V_M 与 n_M 成反比，当 n_M 增大时，转矩 T_M 将逐渐减小，故这种回路的输出转矩为变值，与变量液压马达的排量成正比，如图 7-29 所示。

3）定量泵的输出流量 q_{Vp} 是不变的，p_p 由溢流阀限定。若不计系统损失，则变量液压马达的输出功率 $P_{Mmax} = q_{Vp} p_p$，即变量液压马达输出的最大功率不变，故这种调速称为恒功率调速。

这种回路的调速范围较小，一般不超过 3，此外变量液压马达不能在运转中通过零点换向，系统的起动也不够平稳，需在系统中添置其他元件加以解决，所以这种回路很少单独使用。

4. 变量泵和变量液压马达组成的容积式调速回路

图 7-30 所示为变量泵和双向变量马达组成的容积式调速回路及其调速特性曲线。单向阀 2 和 9 用于使补油泵 7 能双向补油，单向阀 3 和 5 使溢流阀 6 在两个方向都能起过载保护作用。这种调速回路是上述两种调速回路的组合。由于泵和马达的排量均可改变，故增大了调速范围，并扩大了液压马达输出转矩和功率的选择余地。这种回路的调速特性曲线是恒转矩调速和恒功率调速的组合，如图 7-30b 所示。

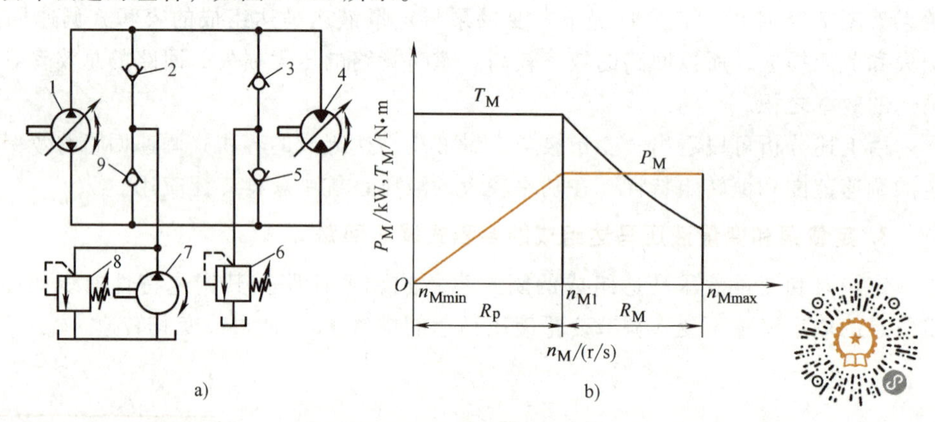

图 7-30 变量泵和双向变量马达组成的容积式调速回路及其调速特性曲线

a）回路 b）调速特性曲线

1—变量泵 2、3、9、5—单向阀 4—变量马达 6、8—溢流阀 7—补油泵

由于许多工作部件在低速时要求有较大的转矩，在高速时又希望输出功率能基本不变，所以当变量液压马达的输出转速 n_M 由低向高调节时，分为两个阶段：

第一阶段，应先将变量液压马达的排量 V_M 固定在最大值上，然后调节变量泵的排量 V_p，使其流量 q_{Vp} 逐渐增加，变量液压马达的转速便从最小值 n_{Mmin} 逐渐升高到 n_{M1}，此阶段属于恒转矩调速，其调速范围 $R_p = n_{M1}/n_{Mmin}$。

第二阶段，将变量泵的排量 V_p 固定在最大值上，然后调节变量液压马达，使它的排量 V_M 由最大逐渐减小，变量液压马达的转速自 n_{M1} 处逐渐升高，直至达到其允许的最高转速 n_{Mmax} 处为止。此阶段属于恒功率调速，它的调速范围 $R_M = n_{Mmax}/n_{M1}$。

因此，回路总的调速范围 $R = R_p R_M = n_{Mmax}/n_{Mmin}$，其值可达 100 以上。恒转矩阶段属于低速调速阶段，而恒功率阶段属于高速调速阶段。这种回路的调速范围大，并且有较高的工作效率，适用于大功率液压系统中，如港口起重用运输汽车及其他行走车辆等。

（四）容积式节流调速回路

容积式节流调速回路是用变量泵供油，用流量阀改变进入液压缸的流量，以实现对工作速度的调节，这时泵的供油量与液压缸所需的流量相适应。这种调速方式就其性质而言仍属于容积式调速，因为最终改变系统流量调速的仍是变量泵的排量，但不同的是，变量泵的排量由系统油路上的流量控制阀进行控制，调整流量控制阀就可以改变变量泵的排量。

1. 限压式变量泵和调速阀组成的调速回路

如图 7-31a 所示，调速阀 2 装在进油路上（也可装在回油路上），调节调速阀 2 便可改变进入液压缸 3 的流量，而限压式变量泵 1 的输出流量 q_{Vp} 和液压缸所需流量 q_{V1} 相适应。当限压式变量泵的输出流量 q_{Vp} 大于 q_{V1} 时，多余的油液迫使泵的供油压力上升。根据限压式变量泵的工作原理可知，当压力升高时，泵的输出流量 q_{Vp} 便自动减小，直到 q_{Vp} 与 q_{V1} 相等为止，这样，泵的供油压力基本恒定不变，故又称这种回路为定压式容积节流调速回路。这种回路没有溢流损失，系统发热小，速度刚性也比较好。

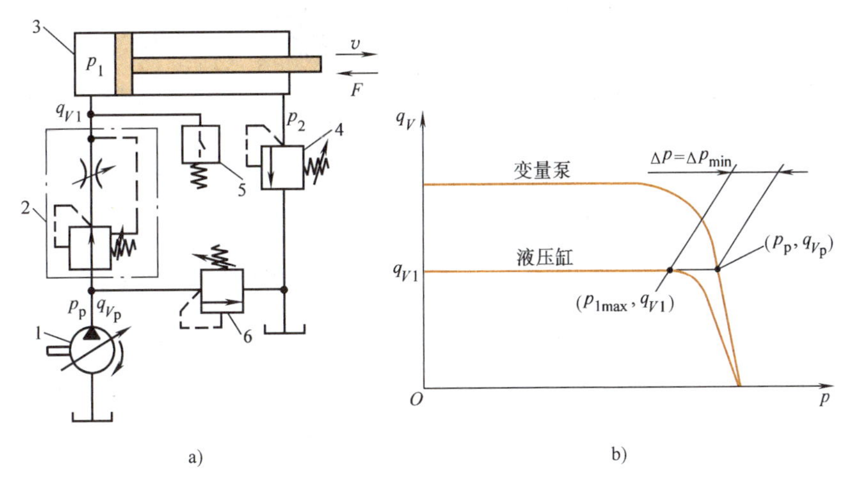

图 7-31 限压式变量泵和调速阀组成的调速回路

a）回路 b）调速特性曲线

1—限压式变量泵 2—调速阀 3—液压缸 4—背压阀 5—压力继电器 6—溢流阀

图 7-31b 所示为限压式变量泵和调速阀组成的调速回路的调速特性曲线。由图可见，限压式变量泵的输油量 q_{Vp} 与通过调速阀的流量 q_{V1} 相等。泵的工作压力为 p_p，液压缸的工作压力 p_1 取决于负载。如果限压式变量泵的限压螺钉调节得合理，在不计管路损失的情况下，使调速阀保持最小稳定压差值，一般 $\Delta p=p_p-p_1=0.5\times10^6\text{Pa}$。此时，既可保证活塞的运动速度不会随负载变化，又可使经过调速阀的功率损失最小。如果将限压式变量泵的工作压力调得过小，调速阀中的减压阀将不能正常工作，输出流量随液压缸压力的增高而下降，使活塞运动速度不稳定。如果在调节限压螺钉时将 Δp 调得过大，则功率损失增大，油液容易发热。这种回路是以增加压力损失为代价换取低速稳定性的。可见，在速度低、负载小的场合，这种调速回路的效率就很低。这种回路的主要优点是限压式变量泵的压力和流量在工作进给和快速运动时能自动切换、发热少、能量损失少、运动平稳性好，适合于负载变化不大的中、小功率系统。目前，组合机床中已广泛采用这种调速回路，它的调速原理也在国外拖拉机闭式液压系统中得到应用。

2. 差压式变量泵和节流阀组成的调速回路

图 7-32 所示为差压式变量泵和节流阀组成的联合调速回路，该回路的工作原理与上述回路基本相似，不同的是差压式变量泵是通过节流阀两端的压力控制进入液压缸的流量，使泵的输油量始终与节流阀的调节流量相适应，自动补偿由负载变化引起的液压泵泄漏变化，使液压泵输出流量基本保持稳定。

这种回路在工作时，如果增大节流阀2的开度，节流阀前、后产生的压差 Δp_T 减小，反馈作用在叶片定子两侧的控制缸1、7上，使偏心距 e 增大，差压式变量泵的输油量就增大；反之，泵的流量就减小。这种调速关系可从图7-33所示的特性曲线看出来。曲线2是差压式变量泵的特性曲线，当节流阀调整好后，系统的工作点就是曲线1（节流阀某一开度的工作特性曲线）和曲线2的交点，调节节流阀2的开度就相当于改变工作点。一旦节流阀调定后，如果差压式变量泵工作中出现偏离工作点的情况，就可以自动返回到调定的工作点位置。例如：若差压式变量泵流量增大，则压差 Δp_T 增大，使泵的偏心距 e 减小，从而泵的流量减小，反之也一样。

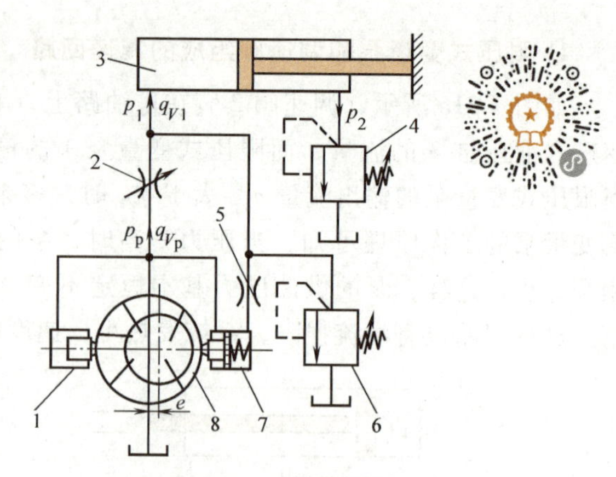

图7-32 差压式变量泵和节流阀组成的调速回路

1、7—控制缸 2—节流阀 3—液压缸 4—背压阀 5—阻尼小孔 6—溢流阀 8—变量泵

当执行元件的负载发生变化时（假设节流阀开度不变），由作用在液压泵定子上力的平衡方程式知

$$p_pA_1+p_p(A-A_1)=p_1A+F_s$$

经整理后得

$$p_p-p_1=\frac{F_s}{A} \tag{7-15}$$

式中 p_p、p_1——节流阀前、后两端的压力（Pa）；

A_1——控制缸1、7小柱塞的作用面积（m^2）；

A——控制缸7活塞右侧的作用面积（m^2）；

F_s——控制缸7中的弹簧力（N）。

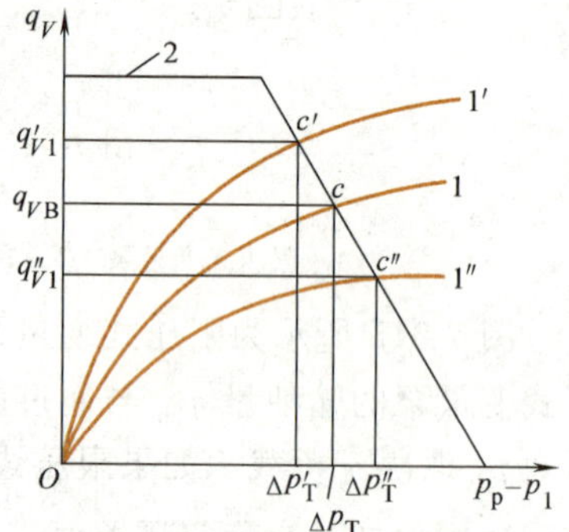

图7-33 差压式变量泵与节流阀的特性曲线

1—节流阀某一开度的工作特性曲线

2—差压式变量泵的特性曲线

从式（7-15）可看出，节流阀前、后压差 $\Delta p_T=p_p-p_1$ 由 F_s 确定，因柱塞上的弹簧力基本恒定，则 Δp_T 也近似为常数。根据公式 $q_V=KA_T\Delta p_T^m$，可知通过节流阀的流量不会随负载而变化，只是差压式变量泵的出口压力 p_p 随负载的变化而作相应的变化。因此，回路中虽然采用了节流阀调速，但由于通过节流阀的流量受负载变化的影响很小，故活塞的运动速度是稳定的。图7-32中差压式变量泵的变量活塞前有阻尼小孔5，它是用以防止泵的变量机构由于移动过快而造成的振动。

差压式变量泵和节流阀组成的调速回路是一种变压式调速回路，这种回路没有溢流损失，只有节流损失，其大小为节流阀两端的压差。其值比限压式变量泵和调速阀组成的调速回路的压力损失小得多，因此发热少、效率高，宜用在负载变化大，速度较低的中、小功率场合。

二、快速运动回路

为了提高生产率，许多液压系统的执行元件都采用了两种运动速度，即空行程时的快速运动速度和工作时的正常运动速度。常用的快速运动形式有以下3种。

1. 液压缸差动连接快速运动回路

单出杆液压缸的差动连接快速运动回路如图 7-34 所示，利用三位四通换向阀实现快速运动。当换向阀处于左位时，液压泵提供的液压油和液压缸右腔液压油同时进入液压缸左腔，使活塞快速向右运动。运动速度的差值与液压缸两腔有效作用面积的差值有关，当两腔有效作用面积相差一倍时，差动与非差动连接时的速度相差一倍。有些自卸汽车的倾卸液压缸采用这样的回路。液压缸的差动连接也可用 P 型中位机能的三位换向阀实现。

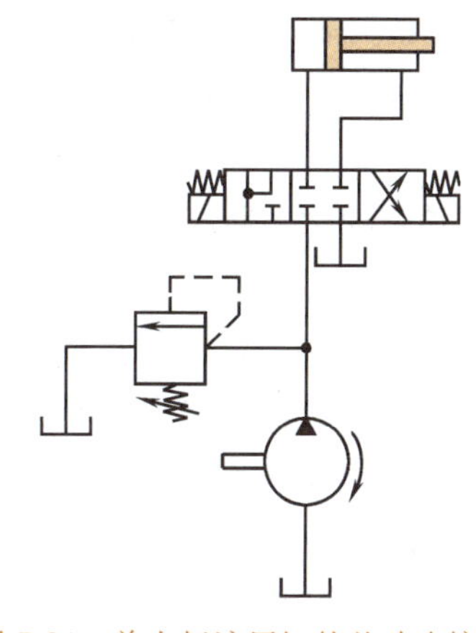

图 7-34　单出杆液压缸的差动连接快速运动回路

2. 双液压泵供油快速运动回路

如图 7-35 所示，当系统中的执行元件空载快速运动时，低压大流量泵 2 输出的压力油经过单向阀后与高压小流量泵 1 汇合后，共同向系统供油；而当执行元件开始工作进给时，系统的压力增大，液控顺序阀 3 打开，单向阀 4 关闭，低压大流量泵 2 卸荷，这时由高压小流量泵 1 独自向系统供油，实现执行元件的工作进给。系统的工作压力由溢流阀设定，液控顺序阀的作用是控制低压大流量泵在系统空载需要快速运动时向系统供油，在系统正常运动时使低压大流量泵卸荷。液控顺序阀的调整压力应该是高于快速空行程而低于正常工作进给运动所需的压力。这种快速运动回路特别适合空载快速运动速度与正常工作进给运动速度差别很大的系统，具有功率损失小、效率高的特点。

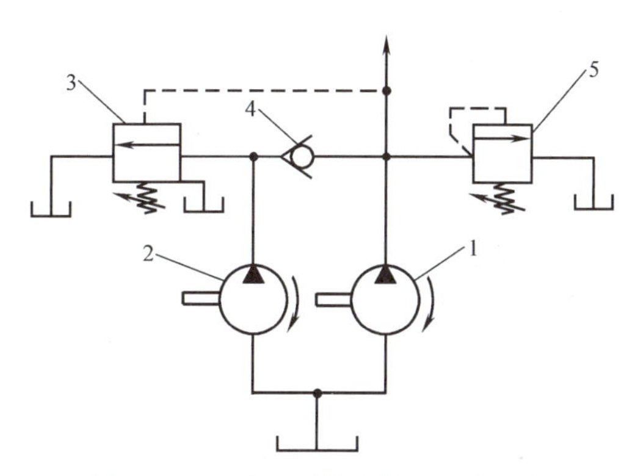

图 7-35　双液压泵供油快速运动回路

1—高压小流量泵　2—低压大流量泵　3—液控顺序阀　4—单向阀　5—溢流阀

为更好地利用各液压泵功率，提高作业速度，还可以采用合流阀使双液压泵合流的措施。如图 7-36 所示，采用三位五通手动换向阀实现双液压泵合流的目的，合流阀处于中位时，两泵卸荷，合流阀处于左位时，左侧液压泵合流右侧液压泵，使得右侧回路得到双泵供油；合流阀处于右位时，右侧液压泵合流左侧液压泵，使

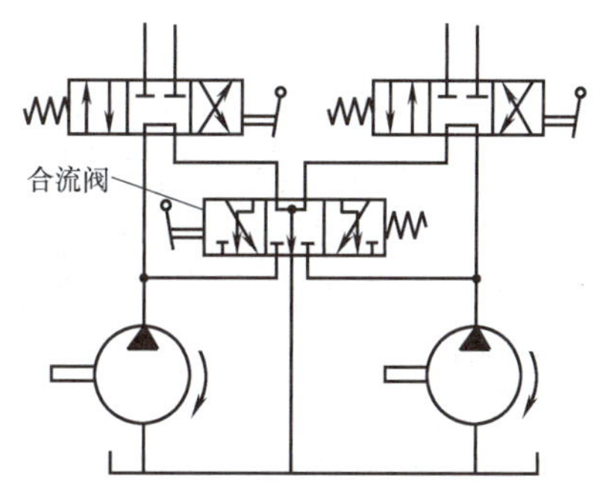

图 7-36　采用合流阀的快速运动回路

得左侧回路得到双泵供油。这一方案在具有变幅或举升机构的专用汽车中应用得较多，如全液压矿用自卸汽车的举升和转向系统、汽车起重机的卷扬回路等，均采用双液压泵合流的方式来改变流量。

3. 蓄能器供油快速运动回路

当液压系统在一个工作循环中只有很短的时间却需要大量供油时，可以采用蓄能器供油快速运动回路，如图 7-37 所示，当换向阀 5 在中位时，液压泵 1 起动后首先向蓄能器 4 供油。当蓄能器的充油压力达到设定值时，液控卸荷阀 2 打开，液压泵卸荷，蓄能器完成能量存储；当换向阀 5 动作后，液压泵和蓄能器同时经过换向阀向执行元件 6 供油，使执行元件快速运动，这时蓄能器 4 释放能量。蓄能器工作压力由液控卸荷阀 2 事先调整好，调整值应该高于系统的最高压力，以保证液压泵的油液能够全部进入系统。这种回路适合于在一个工作循环周期内有较长停歇时间的应用场合，以保证液压泵能完成对蓄能器的充液。例如：当自动变速器的操纵离合器或汽车起重机的卷筒离合器快速脱开时，可以采用类似的回路。

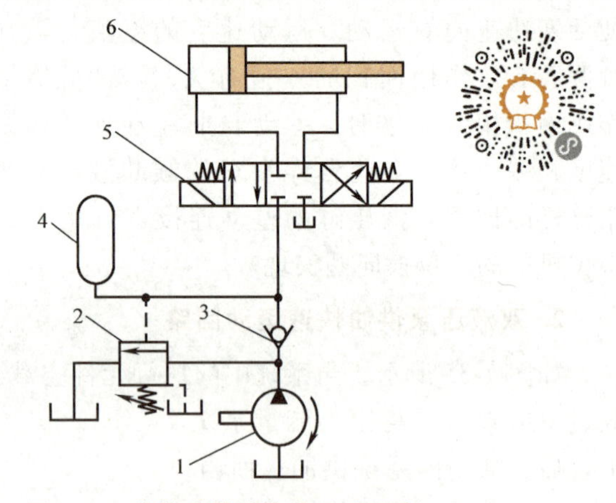

图 7-37 蓄能器供油快速运动回路

1—液压泵 2—液控卸荷阀 3—单向阀 4—蓄能器 5—换向阀 6—执行元件

三、速度换接回路

速度换接回路的功能是使执行元件在一个工作循环过程中，自动从一种运动速度转换到另一种运动速度（如由快速运动转换成正常运动），且尽可能使转换平稳，不出现前冲现象。

1. 行程阀速度换接回路

图 7-38 所示为行程阀与节流阀并联的快慢速换接回路。在图示状态下，液压缸 7 快进。当活塞所连接的挡块压下行程阀 6 时，行程阀关闭，液压缸右腔的油液必须通过可调式节流阀 5 才能流向油箱，活塞运动速度转换成慢速工进。当换向阀 2 左位接入回路时，压力油同时经单向阀 4 和节流阀进入液压缸右腔，活塞快速向左返回，完成一个“快进—工进—快退—停止”的工作循环。这种回路换接速度的快

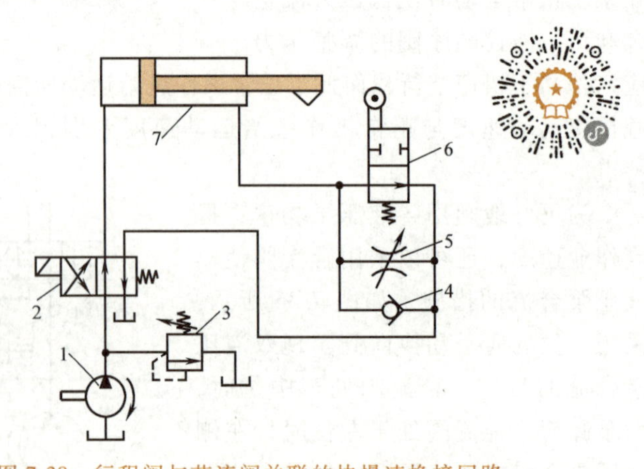

图 7-38 行程阀与节流阀并联的快慢速换接回路

1—液压泵 2—换向阀 3—溢流阀 4—单向阀 5—可调式节流阀 6—行程阀 7—液压缸

慢可以通过改变行程阀挡块的斜度来调整，因此速度换接比较平稳，换接点的位置比较准确；但行程阀的安装位置受到管路连接的限制，不能任意布置，管路连接也较为复杂。如果采用电磁阀代替行程阀，将会使安装位置方便灵活，但换向的平稳性较差。有些自卸汽车的举升机构采用类似的速度换接回路。

2. 两个调速阀并联的速度换接回路

图 7-39a 所示为两个调速阀并联的速度换接回路。在图示位置中，液压泵输出的压力油经调速阀 1 和换向阀 3 进入液压缸 4，输入液压缸 4 的流量由调速阀 1 调节，这是第一种工作速度。当需要第二种工作速度时，换向阀 3 的电磁铁通电，右位接入，进入液压缸 4 的流量则由调速阀 2 调节。两个调速阀可以单独调节，互不干扰。但是，一个调速阀工作时，另一个调速阀内无油通过，它的减压阀处于最大开口位置，在速度换接时大量油液通过该处，将使工作部件产生突然前冲现象。因此，该回路不宜用于在工作过程中的速度换接，只可用于速度预选的场合。

3. 两个调速阀串联的速度换接回路

图 7-39b 所示为两个调速阀串联的速度换接回路。当换向阀 6 左位接入回路时，液压泵输出的压力油经调速阀 1 进入液压缸 4，调速阀 2 被换向阀 5 短接，输入液压缸 4 的流量由调速阀 1 控制，这是第一种速度。当需要第二种速度时，换向阀 5 右位接入回路，泵输出的压力油先经过调速阀 1 后经过调速阀 2，由于通过调速阀 2 的流量调得比调速阀 1 的小，所以输入液压缸 4 的流量由调速阀 2 控制。在这种回路中，调速阀 1 一直处于工作状态，它在速度换接时限制了进入调速阀 2 的流量，因此它的速度换接平稳性比并联式的好。但由于油液经过两个调速阀，所以能量损失较大。

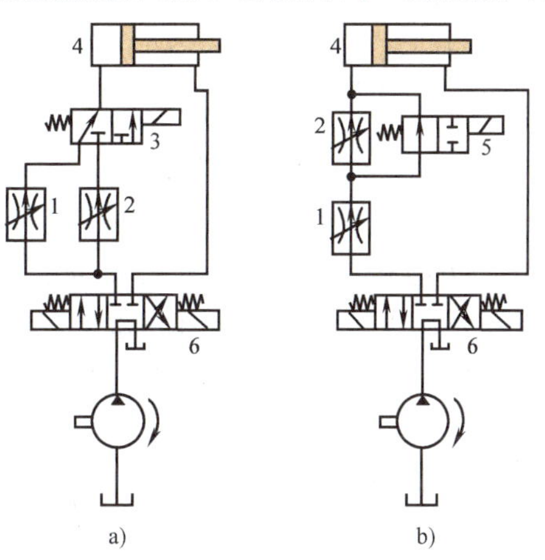

图 7-39 两个调速阀并联的速度换接回路

a）两个调速阀并联 b）两个调速阀串联

1、2—调速阀 3、5、6—换向阀

4—液压缸

4. 液压马达串、并联的速度换接回路

在行走车辆中，常直接用液压马达来驱动车轮，这时往往需要液压马达有两种转速以满足行驶条件的要求，在平地行驶时采用高速，上坡时采用低速以增加转矩。为此，采用两个液压马达串、并联的速度换接回路来达到上述目的。

液压马达串、并联的速度换接回路如图 7-40 所示。使用二位电磁换向阀 1 实现两个液压马达油路的串、并联连接，三位电磁换向阀实现液压马达的正反转，液压马达的调速用变量液压泵实现。在图示情况下，二位电磁换向阀 1 断电，无论三位电磁换向阀 2 左右电磁铁哪个通电，两个液压马达都并联连接，此时为低速，行走车辆有较大的牵引力；若二位电磁换向阀 1 通电，无论三位电磁换向阀 2 左右电磁铁哪个通电，两个液压马达都实现串联连接，

获得高速，但牵引力小。若两个液压马达的排量相等，并联时，进入每个液压马达的流量都为液压泵流量的一半，转速为串联时的一半，但输出转矩相应增加。串、并联连接时，回路的输出功率相同。

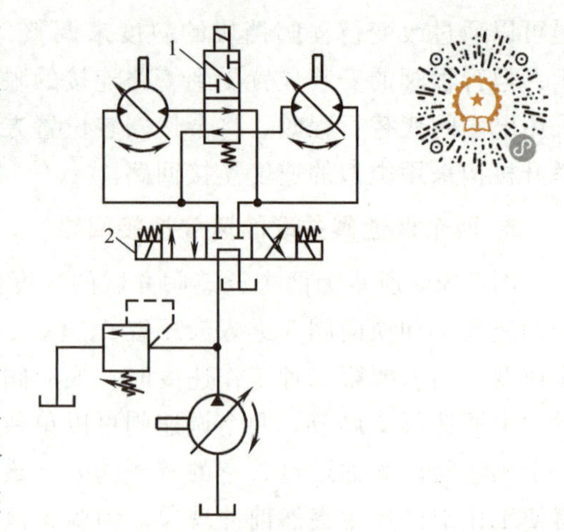

图 7-40　液压马达串、并联的速度换接回路

1—二位电磁换向阀

2—三位电磁换向阀

四、同步回路

同步回路用以实现多个执行元件的同步运动，即不论外负载如何都能保持相同的位置（位置同步）或相同的速度（速度同步）。由于回路泄漏、负载变化以及制造误差等因素的影响，完全同步是难以达到的，只能是基本同步。同步分位置同步和速度同步，对于开式系统，严格做到每一瞬间的位置同步是困难的，所以常采用速度同步控制。为获得高精度的位置同步，需采用闭式系统控制。本节介绍的都是汽车上常用的开环控制的同步运动回路，同步精度不高。

1. 容积式同步回路

容积式同步回路主要用相同的液压泵、执行元件（液压马达或液压缸）或机械连接的方法实现同步运动的回路。

（1）机械连接同步回路　这种同步回路利用刚性梁、齿轮、齿条等机械零件使两个液压缸的活塞杆间建立刚性的运动联系，来实现位置同步。

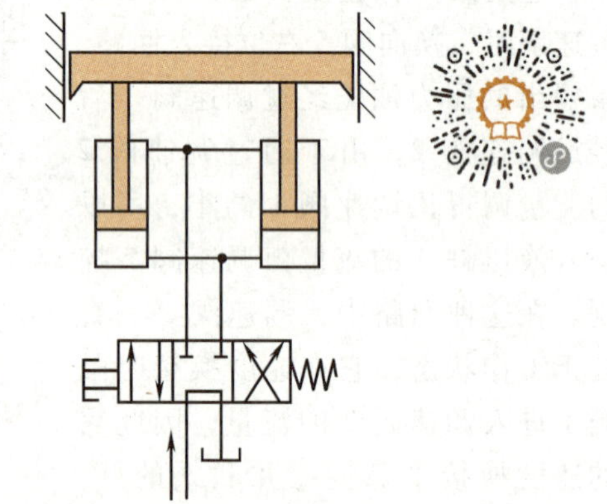

图 7-41　机械连接双缸同步回路

图 7-41 所示为机械连接双缸同步回路。两个液压缸利用刚性梁机械连接，靠连接刚度强行实现同步运动。这种同步方法结构简单、经济，但由于连接的机械零件在制造安装中有误差，不易获得很高的同步精度。这种方法仅限于用在两连接刚性较大、液压缸负载差别较小、不易发生卡住的结构中，如汽车起重机吊臂变幅液压缸和推土机铲刀液压缸就采用这样的同步回路。

（2）串联液压缸的同步回路　图 7-42 所示为两个液压缸串联的同步回路，第一个液压缸 1 回油腔排出的油液输入第二个液压缸 2。如果两个液压缸的有效工作面积相等，便可实现速度同步。这种同步回路的结构简单、效率高，能适应较大的偏载，但泵的供油压力高（至少为两缸工作压力之和）。然而，由于制造误差、内泄漏以及气体混入等因素的影响，这种同步回路的很难保证严格的同步，往往会产生同步失调现象。这个问题（同步失调哪怕是很微小的）若不加以解决，在多次行程后就将累积为显著的位置上的差别。为此，在采用串联液压缸的同步回路时，一般都具有位置补偿装置。

图 7-43 所示为带有补偿装置的两个液压缸串联的同步回路。这种同步回路可在行程终点处消除两缸的位置误差，其原理为：当换向阀 6 右位接入时，两液压缸活塞同时下行，若液压缸 1 的活塞先运动到底，它就触动行程开关 a 使换向阀 5 通电，压力油经换向阀 5 和液控单向阀 3 向液压缸 2 的 B 腔补油，推动活塞继续运动到底，误差即被消除。若液压缸 2 先到底，则触动行程开关 b 使换向阀 4 通电，控制压力油使液控单向阀反向通道打开，使液压缸 1 的 A 腔通过液控单向阀 3 回油，其活塞即可继续运动到底。这种串联式同步回路只适用于负载不大的液压系统，如高位举升自卸汽车就采用了两个液压缸串联的同步回路。

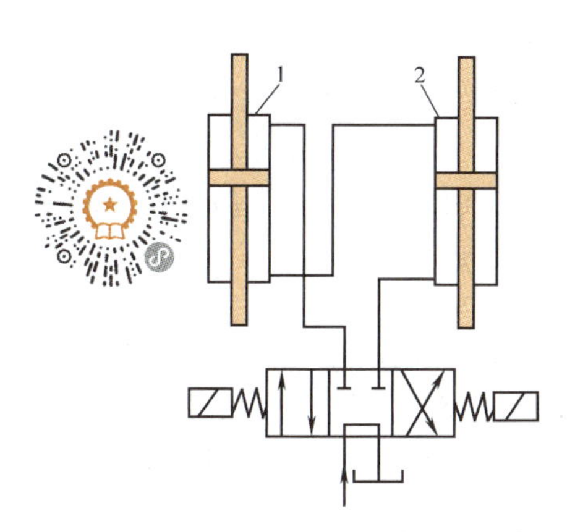

图 7-42 两个液压缸串联的同步回路

1、2—液压缸

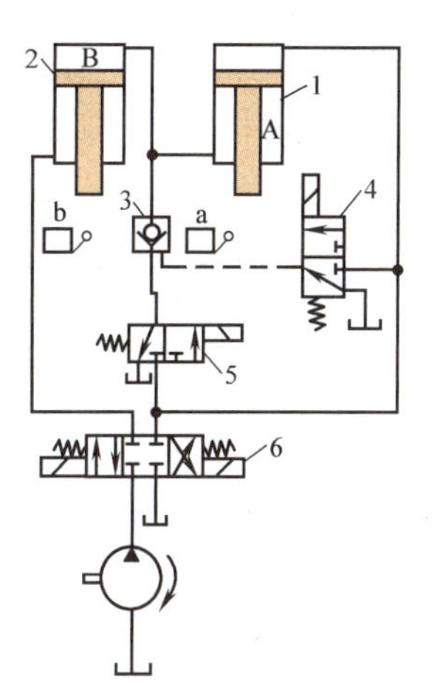

图 7-43 带补偿装置的两个液压缸串联的同步回路

1、2—液压缸 3—液控单向阀 4、5、6—换向阀

(3) 同步液压马达的同步回路 图 7-44 所示为利用两个同轴等排量的液压马达实现两个液压马达同步的回路。这里的液压马达仅用于累计流量，由于同轴等排量，所以通过马达的流量是相同的，则两个尺寸相同的液压马达可以实现同步。但难免因同步液压马达制造偏差引起排量的差别、作用于液压缸活塞上的负载不同引起的泄漏不同以及摩擦阻力不同等因素给同步带来影响，所以回路中设有单向阀和溢流阀组成的交叉溢流和补油装置，用来消除行程终端到达先后的偏差。如图 7-44 所示，在液压缸上行过程中，左缸先于右缸到达终点。这时右缸在继续行进到终点的过程中，进入左缸的多余油液必须经溢流阀排出，一直到两缸都到达终点为止；液压缸下行时情况也类似，不同的是先到达终点的液压缸须给液压马达补油，直至两缸都到达终点为止，所以这种机构没有累积误差。这种回路的同步精度为 2%~5%，比节流控制的要高。但由于所用液压马达一般为容积效率较高的柱塞式液压马达，所以费用较高，适用于工作行程较长的场合，如起重运输汽车的吊臂伸缩液压缸采用了同步液压马达的同步回路。

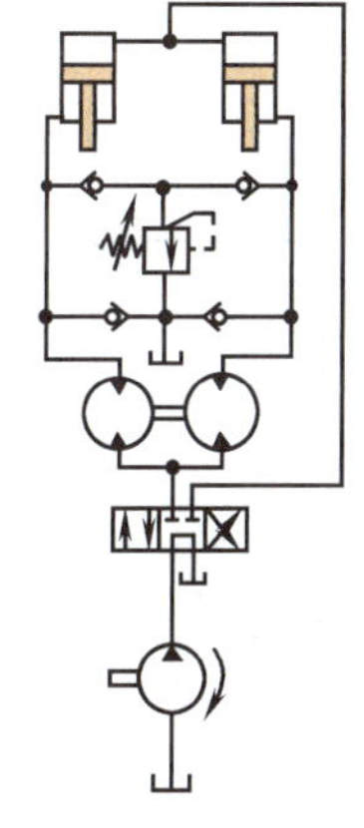

图 7-44 同步液压马达的同步回路

2. 节流式同步回路

节流式同步回路是采用节流方式（如分流集流阀、调速阀、比例或伺服阀）实现同步的。

（1）分流阀同步回路 图 7-45 所示为用分流阀控制两个并联液压缸同步运动的回路。两个尺寸相同的液压缸进油路上串接分流阀，换向阀装在分流阀之前，以避免不能同时换向和内泄漏不相同等因素对同步精度的影响。该分流阀能保证进入两液压缸的流量相等，从而实现速度同步，其工作原理如下：分流阀 8 中左右两个固定节流口的尺寸和特点相同，阀芯可依据液压缸负载变化自由地轴向移动，来调节 a、b 两处节流口的开度，保证阀芯左端压力 p_1 与右端压力 p_2 相等。这样可保持左固定节流口 4 两端压差（p_p-p_1）与右固定节流口 5 两端压差（p_p-p_2）相等，从而使进入两液压缸的流量相同，来实现两缸速度同步。例如：当阀芯处于某一平衡位置（$p_1=p_2$）时，若左液压缸的负载增大，p_1 也会随之增大；但是，p_1 在增大时，由于 $p_1>p_2$，阀芯右移，节流口 a 变大，b 变小，结果使 p_1 减小、p_2 增大，直到 $p_1=p_2$ 时阀芯才停留在新的平衡位置。只要 $p_1=p_2$，左右两固定节流口上的工作压差相等，流过节流阀的流量就相等，从而保证了两缸的速度同步。两缸反向时，它们分别通过各自的单向阀回油，不受分流阀控制。

分流阀同步回路采用分流阀自动调节进入两液压缸的流量，保证其同步。与采用调速阀控制的同步回路相比，该回路使用方便，精度较高，可达 2%～5%，分流阀的安装位置较灵活。但是，分流阀的制造精度及造价均较高，两液压缸负载不能相差很大。该回路属于单程同步回路。垃圾处理汽车液压系统采用了这样的同步回路。

分流阀同步回路中，如果用分流集流阀代替分流阀，就可实现双向同步。分流集流阀适用于两液压缸负载相差较大的同步系统，在完全偏载时仍能保证同步。但分流集流阀有一定的流量范围，低于规定流量过多时，分流精度将下降。阀上压降为 $(8\sim10)\times10^5$Pa，故不宜用于低压系统。这种方式的同步精度一般可达 1%～3%。

（2）电液比例阀同步回路 图 7-46 所示为电液比例阀同步回路。该回路中使用了一个

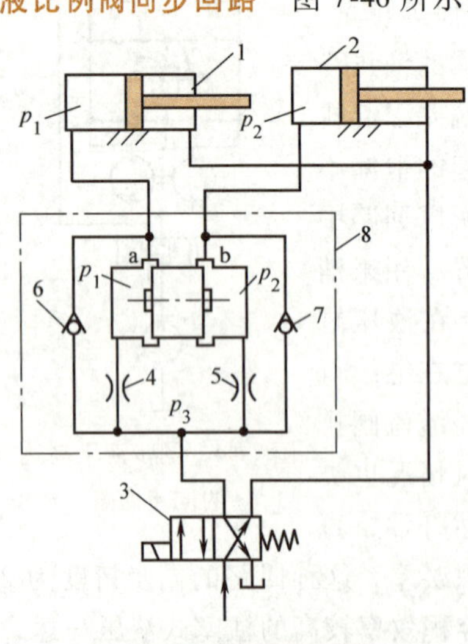

图 7-45 分流阀同步回路

1、2—液压缸 3—电磁换向阀

4、5—固定节流口 6、7—单向阀 8—分流阀

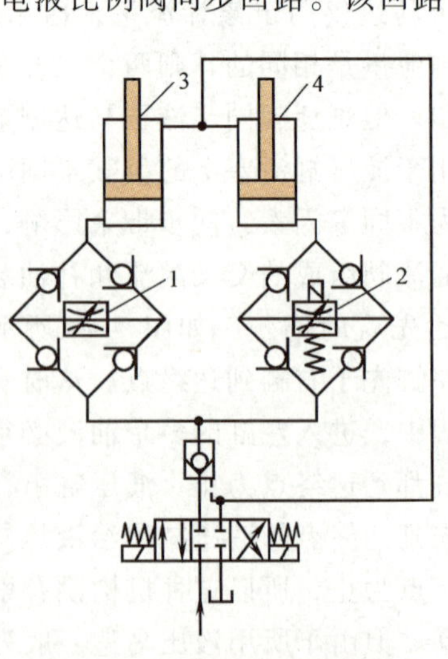

图 7-46 电液比例阀同步回路

1—调速阀 2—电液比例调速阀

3、4—液压缸

普通调速阀 1 和一个电液比例调速阀 2，各加一组单向阀组成的桥式回路，分别用来控制液压缸 3、4 的运动，则能起到正反向都同步的要求，并保证正反向时调速阀的流入、流出口不变。当两个液压缸出现位置误差时，检测装置就会发出信号，以调节比例阀的开度，实现同步。如果想使两液压缸在任何时候的位置误差都不超过 0.05～0.20mm，则只能使用电液伺服阀控制的同步回路。通过伺服阀和位移传感器的反馈信号持续不断地控制阀的开度，使通过的流量相同，从而实现两液压缸同步。

第三节　方向控制回路

在液压系统中，执行元件的起动、停止和改变运动方向，是靠各种方向阀控制进入执行元件的液压油的通、断和改变流向来实现的，而实现这些控制的回路称为方向控制回路。

一、换向回路

换向回路的作用主要是变换执行机构的运动方向，对执行机构换向的基本要求是具有良好的换向性能（平稳性和灵敏性）和必要的换向精度。

运动部件的换向，一般可采用各种换向阀来实现。在容积调速的闭式回路中，也可以利用双向变量泵控制油流的方向来实现液压缸（或液压马达）的换向；依靠重力或弹簧返回的单作用液压缸，可以采用二位三通换向阀进行换向；双作用液压缸的换向，一般都可采用二位四通（或五通）及三位四通（或五通）换向阀来进行换向。按不同用途可选用不同控制方式的换向回路。

电磁换向阀的换向回路应用最为广泛，尤其在自动化程度要求较高的液压系统中普遍采用。但电磁阀动作快，换向时会有冲击，且不宜进行频繁地切换，故适用于中、小型液压系统中。这种换向回路曾多次出现于前文许多回路中，这里不再赘述。

一般对于较简单的、换向不频繁的、不要求自动换向的液压系统，可采用手动换向回路。手动换向回路的结构紧凑、操作方便，可兼作起动、制动和调速等用，可用在汽车及其他行走车辆上的中、小功率液压系统中。

对于流量较大和换向平稳性要求较高的场合，电磁换向阀的换向回路已不能适应上述要求，往往以手动换向阀或机动换向阀作先导阀，而以液动换向阀为主阀的换向回路，或者采用电液动换向阀的换向回路。

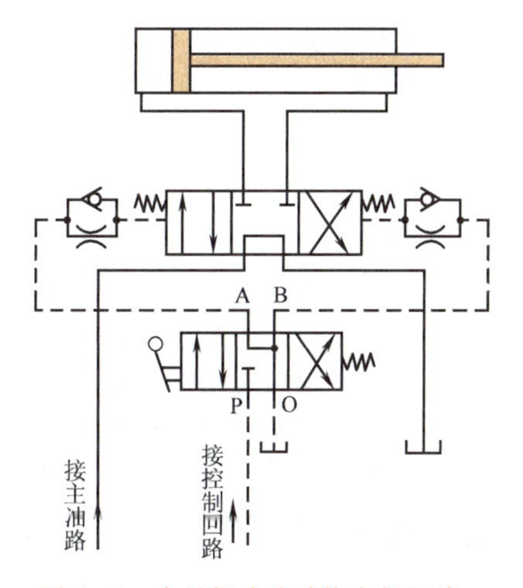

图 7-47　先导阀式液动换向阀回路

图 7-47 所示为一种比较简单的以手动换向阀作先导阀，而以液动换向阀为主阀的换向回路。图中的先导阀接控制回路，是一个旁路节流的 Y 型中位机能手动三位换向阀；主阀则是 M 型中位机能的液动三位换向阀，接主油路。操纵

先导阀接左或右位时，控制油液便推动主阀阀芯向右或左移动。由于节流阀的作用使移动速度较慢，从而使主阀阀芯的阀口缓慢打开，因此，通过主阀的流量缓慢变化，从而减小了换向冲击。又由于先导阀（手动换向阀）为旁路节流，控制油路中的油压随着阀内旁路节流口的关小而逐渐升高。同时，在主阀内通过控制油路的油压力与两边回位弹簧的作用力平衡，来控制主阀阀芯的位移量，即阀口的开度。因此，操纵先导阀的手柄就能控制主阀的移动方向和阀口开度，从而达到换向和调速的目的。当先导阀回至中位时，由于阀的中位机能是 Y 型，A、B、O 油口相通，主阀两端控制油压基本为零，阀芯靠弹簧力回至中位。于是执行元件被制动，工作油路卸荷。这种回路是通过操纵小阀来控制大阀动作的，因此具有放大作用，操作省力，换向平稳。例如：汽车自动变速器油路操纵系统就是通过调节汽车加速踏板来调节节气门阀（换向阀）的阀口开度，实现节流来控制换档阀（液控阀）换向，从而自动改变汽车的速度。

二、顺序回路

顺序回路用来控制多缸液压系统的动作顺序，使各缸按严格的顺序依次动作。根据控制方式的不同，常用压力控制和行程控制实现顺序动作。

1. 压力控制顺序动作回路

压力控制就是利用油液的压力作为发信源来控制液压执行元件的顺序动作，也就是利用油路本身的压力变化来控制阀门的启闭，从而实现执行元件的顺序动作。常用顺序阀及压力继电器来实现顺序动作。

图 7-48 所示为采用两个单向顺序阀的压力控制顺序动作回路，其中单向顺序阀 6 控制两液压缸前进时的先后顺序，单向顺序阀 3 控制两液压缸后退时的先后顺序。当换向阀 2 左位工作时，压力油进入液压缸 4 的左腔，右腔经单向顺序阀 3 中的单向阀回油，实现动作①；当液压缸 4 的活塞运动至终点时，油压升高，达到单向顺序阀 6 的调定压力时，单向顺序阀 6 开启。压力油进入液压缸 5 的左腔，右腔直接回油，实现动作②；当液压缸 5 的活塞右移到达终点后，换向阀右位接通，此时压力油进入液压缸 5 的右腔，左腔经单向顺序阀 3 中的单向阀回油，实现动作③；到达终点时，压力油升高打开单向顺序阀 3，实现动作④。这种顺序回路的可靠性在很大程度上取决于单向顺序阀的性能及其压力调整值。单向顺序阀的调整压力应比先动作的液压缸的工作压力高 0.8~1MPa，以免在系统产生压力波动时发生误动作。随车起重运输车支腿液压缸的动作顺序采用了上述单向顺序阀控制的顺序动作回路。

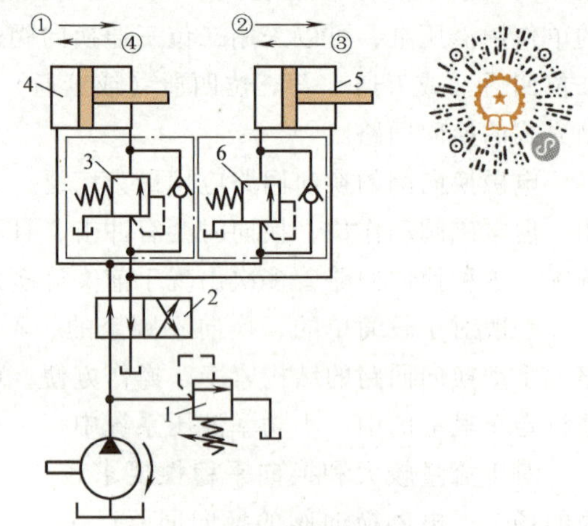

图 7-48　采用两个单向顺序阀的压力控制顺序动作回路

1—溢流阀　2—换向阀

3、6—单向顺序阀　4、5—液压缸

2. 行程控制顺序动作回路

行程控制是利用执行元件运动到一定位置（或行程）时，发出控制信号，使下一执行

元件开始运动。

图 7-49 所示是用行程开关和电磁换向阀控制的顺序动作回路，其动作顺序如下：第一步是电磁换向阀 7 通电后，液压缸 6 按箭头①的方向右行；第二步，当液压缸 6 右行到预定位置时，挡块压下行程开关 2，发出信号使右电磁换向阀 8 通电，则液压缸 5 按箭头②的方向右行；第三步，当液压缸 5 运行到预定位置时，挡块压下行程开关 4，发出信号使电磁换向阀 7 断电，则液压缸 6 按箭头③的方向左行；第四步，当液压缸 6 左行到原位时，挡块压下行程开关 1，使电磁换向阀 8 断电，则液压缸 5 按箭头④的方向左行，当它左行到原位时，挡块压下行程开关 3，发出信号表明工作循环结束。

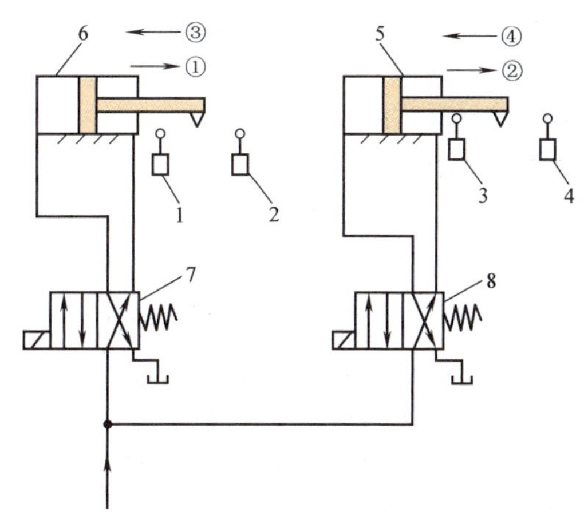

图 7-49　用行程开关和电磁换向阀控制的顺序动作回路

1、2、3、4—行程开关
5、6—液压缸　7、8—电磁换向阀

这种用电信号控制的顺序动作回路，使用、调整方便，改变电路后可以改变动作顺序，因此应用较广泛，特别适用于动作顺序循环经常变化的场合。回路工作的可靠性取决于电气元件的质量。目前，还可采用 PLC（可编程序控制器）编程来改变行程，这是一个发展趋势。

三、锁紧回路

若需要工作部件在运动过程中的某一位置上停留一段时间保持不动，如随车起重运输车为了工作可靠，伸出的支腿必须停止在原来支承的位置上，必须将执行元件的进、回油路关闭并锁紧，以防止其漂移或沉降。常用的锁紧回路有如下 3 种。

1. 换向锁紧回路

最简单的方法是利用换向阀的 O 或 M 型中位机能，将执行元件锁紧在任意位置上，这样的回路在前面的例子中已有很多应用。当换向阀阀芯处于中间位置时，液压缸的进、出油口均被关闭，活塞即被锁紧。这种锁紧回路由于换向阀的环状缝隙泄漏较大，密封性差，难以保证长时间闭锁，故只用于锁紧要求不高或短时停留的场合。

2. 液控单向阀锁紧回路

图 7-50 所示为液控单向阀锁紧回路，该回路是在液压缸进出油路都装上液控单向阀（又称液压锁）的双向锁紧回路。当换向阀 3 左位接入时，压力油经左边液控单向阀 4 进入液压缸 5 左腔，同时通过控制口打开右边的液控单向阀 6，使液压缸 5 右腔的回油可经右边液控单向阀及换向阀流回油箱，活塞向右运动。反之，活塞向左运动。到了需要停留的位置，只要使换向阀处于中位，因阀的中位机能为 H 型（Y 型也可），所以两个液控单向阀均关闭，使活塞双向锁紧。回路中由于液控单向阀的密封性好，泄漏极少，故锁紧的精度主要

取决于液压缸的泄漏。这种回路广泛用于起重运输汽车、工程机械等有锁紧要求的场合。回路中装有平衡阀的回路（图 7-19、图 7-20），具有限速和锁紧双重作用，当重物下降时起限速作用，当重物在中途停顿时起锁紧作用。

3. 机械制动器锁紧回路

由于液压马达存在泄漏，故液压马达及其所驱动的工作装置（起重机卷筒、转台）不能靠阀锁紧，一般要借助制动器获得可靠的锁紧。

图 7-51 所示为机械制动器锁紧回路。当三位四通电磁阀 2 的左位或右位起作用时，液压泵 1 的压力油进入液压马达 6 的左腔或右腔，同时制动液压缸 4 中的活塞在压力油的作用下缩回，使制动块 5 松开液压马达，于是液压马达正常旋转。当三位四通电磁阀 2 处于中位时（如图所示）泵卸荷，制动液压缸的活塞在弹簧力的作用下，将缸内油液经单向节流阀 3 排回油箱，制动块 5 压下，液压马达迅速制动。单向节流阀 3 的作用是控制制动块 5 的松开时间，使松闸较慢，以避免液压马达起动时的冲击。这种制动回路常应用于起重运输汽车的液压系统。

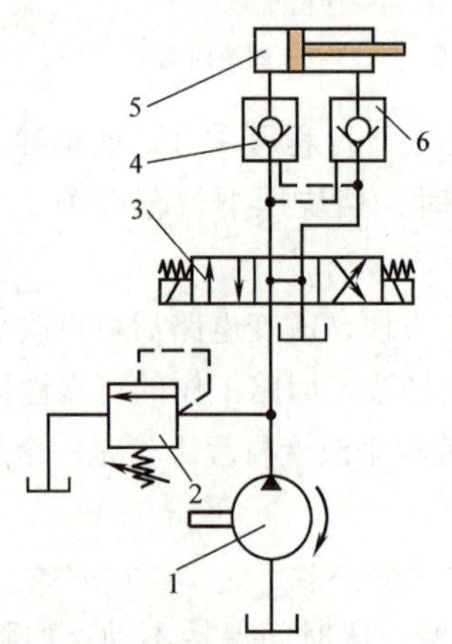

图 7-50 液控单向阀锁紧回路

1—液压泵 2—溢流阀 3—换向阀 4、6—液控单向阀 5—液压缸

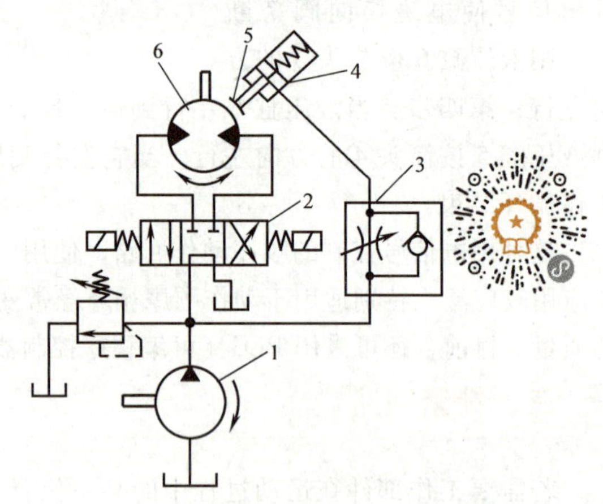

图 7-51 机械制动器锁紧回路

1—液压泵 2—三位四通电磁阀 3—单向节流阀 4—制动液压缸 5—制动块 6—液压马达

四、缓冲制动和补油回路

当执行机构在快速运动中突然制动或换向时，运动部件的惯性作用会产生很大的冲击载荷，使系统出现液压冲击和气穴现象。为此，液压系统必须考虑缓冲制动和补油措施。在汽车及其他行走车辆的液压系统中，一般同时考虑缓冲和补油。

图 7-52 所示为三种不同形式的缓冲制动和补油回路。其中，图 7-52a 所示为由一对过载阀 1、2 以相反方向连接在液压缸的两边油路上组成的缓冲制动和补油回路。当液压缸制动或换向时，惯性作用使一边油路过载，而在另一边低压油路中必然会造成某种程度的真空；此时，相应的过载阀立即打开，高压油向低压油槽溢出，起到了缓冲补油作用。这种回路结构简单，反应灵敏。汽车全液压转向机中设置的双向缓冲马达就是这种形式。

图 7-52b 所示为由四个单向阀和一个过载阀组成的桥式缓冲制动和补油回路。当右边油路过载，左边油产生负压（真空）时，右边油路的高压油将通过单向阀 4、过载阀 7 溢回油

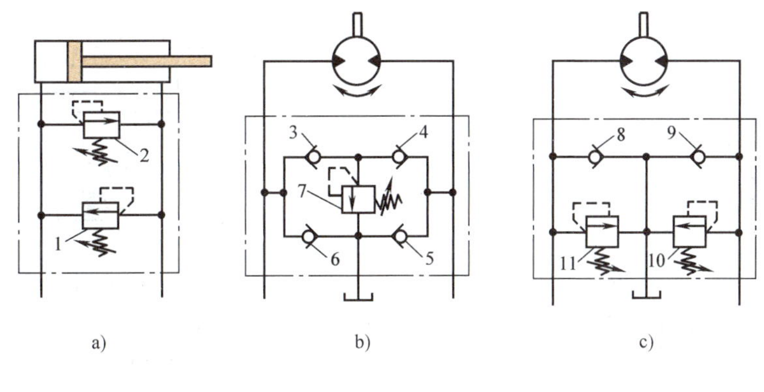

图 7-52　缓冲制动和补油回路

1、2、7、10、11—过载阀　3、4、5、6、8、9—单向阀

箱；而左边油路则可通过单向阀 6 从油箱补油。同理，若是左边油路过载，右边油路产生负压，也能获得缓冲补油。这种回路的缓冲和补油都比较充分，结构也比较简单，但由于两边油道共用一个过载阀，所以适用于液压马达两边油路过载压力调定值相同的场合，如汽车液压起重机回转机构的液压回路等。

图 7-52c 所示为由两个过载阀和两个补油单向阀组成的双向缓冲制动和补油回路。缓冲用溢流阀的调节压力应比主溢流阀的调节压力高 5%~10%，当出现液压冲击时产生的冲击压力使溢流阀打开实现缓冲。其中，右边油路由过载阀 10 防止过载，由单向阀 8 实现补油；左边油路则由过载阀 11 防止过载，由单向阀 9 补油。这种回路的特点是两边油路的过载压力可分别调整，适应性较好，应用比较普遍。

复习思考题

7-1　什么是液压基本回路？基本回路一般分为几种类型？各种类型包括哪些回路？

7-2　举例阐述减压回路、增压回路、缓冲制动和补油回路的应用场合。

7-3　举例说明三种使液压泵在原动机不停的情况下自动卸荷的工作形式。

7-4　利用节流阀的三种节流调速回路各有什么优缺点？各应用在何种场合？

7-5　采取什么措施可以限制液压执行机构的意外超速？如何使运动着的液压执行机构在任意需要的位置上停止并锁紧？

7-6　如何实现两液压缸的同步运动？

7-7　如何实现两液压执行机构的顺序动作？

7-8　图 7-53 所示的液压系统中，已知运动部件重量为 G，泵 1 和 2 的最大工作压力分别为 p_1、p_2，不计管路的压力损失，问：

1）阀 4、5、6、9 各是什么阀？各有什么作用？

2）阀 4、5、6、9 的调定压力如何？

3）系统包含哪些基本回路？

7-9　图 7-54 所示回路能实现“快进→工进→工退→快退→停止”工作循环，试回答以下问题：

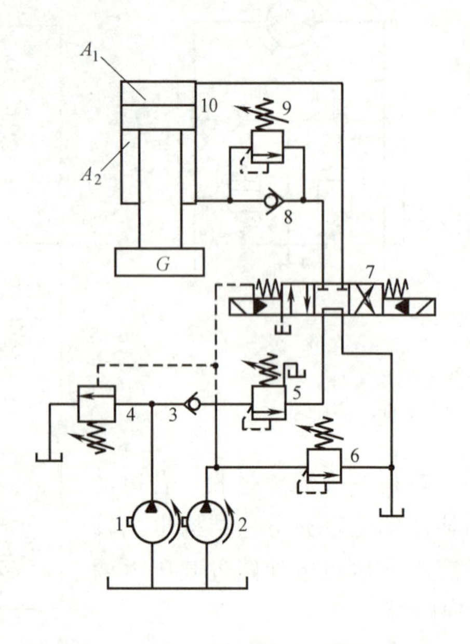

图 7-53　题 7-8 图

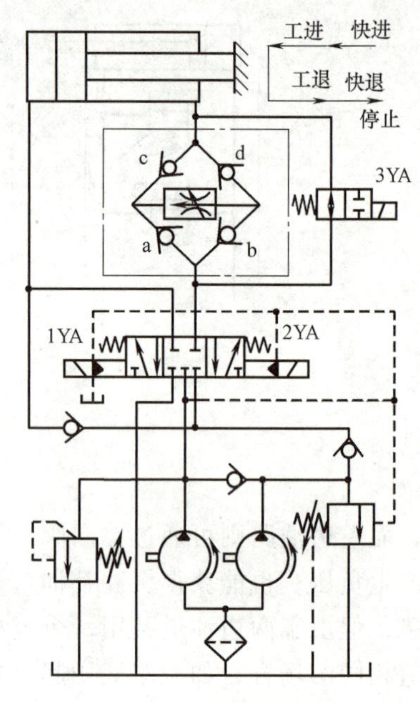

图 7-54　题 7-9 图

1）写出工作循环电磁铁动作循环表（“+”表示电磁铁通电，“-”表示电磁铁断电）。

2）分析桥式油路结构的作用。

3）试述该液压回路的工作特点。

7-10　分析图 7-55 所示液压回路如何实现给定的工作循环，并写出电磁铁动作循环表（“+”表示电磁铁通电，“-”表示电磁铁断电）。

7-11　如何实现重物的快速下降？

7-12　如图 7-56 所示，液压泵输出流量 q_{Vp} = 10L/min，液压缸无杆腔有效作用面积 $A_1 = 50\text{cm}^2$，液压缸有杆腔有效作用面积 $A_2 = 25\text{cm}^2$，溢流阀的调定压力 $p_Y = 2.4\text{MPa}$，负载 $F = 10\text{kN}$，节流阀阀口视为薄壁孔，流量系数 $C_q = 0.62$，油液密度 $\rho = 900\text{kg/m}^3$。试求：

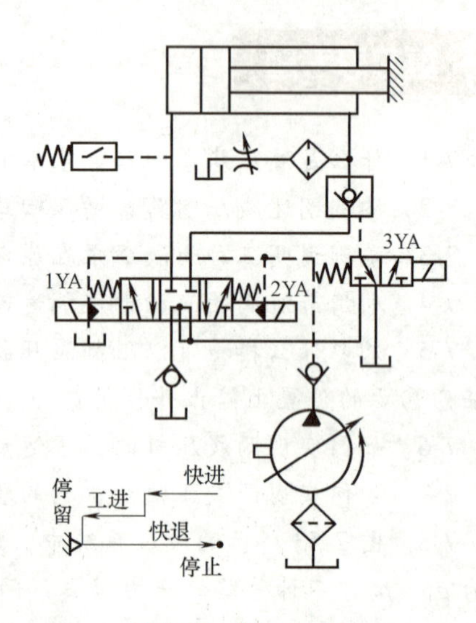

图 7-55　题 7-10 图

1）节流阀阀口通流截面面积 $A_T = 0.05\text{cm}^2$ 和 $A_T = 0.01\text{cm}^2$ 时的液压缸速度 v、液压泵压力 p_p、溢流阀压力损失 Δp 和回路效率 η_c。

2）当 $A_T = 0.01\text{cm}^2$ 时，若负载 $F = 0$，液压泵的压力 p_p 和液压缸两腔压力 p_1 和 p_2 各为多大？

3）当 $F = 10\text{kN}$ 时，若节流阀最小稳定流量为 $q_{V\min} = 50\times10^{-3}\text{L/min}$，所对应的 A_T 和液压缸速度 $v_{\min}$ 是多少？若将回路改为进口节流调速回路，则 A_T 和 $v_{\min}$ 多大？比较两种结果能说明什么问题？

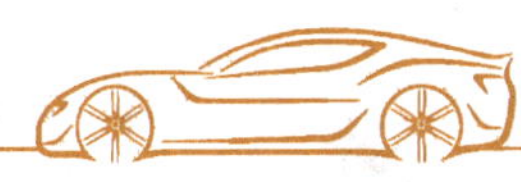

7-13　如图 7-57 所示，各液压缸完全相同，负载 $F_2>F_1$。已知节流阀能调节液压缸速度并不计压力损失。试判断在图 7-57a、b 所示的两个液压回路中，哪个液压缸先动？哪个液压缸速度快？试说明原因。

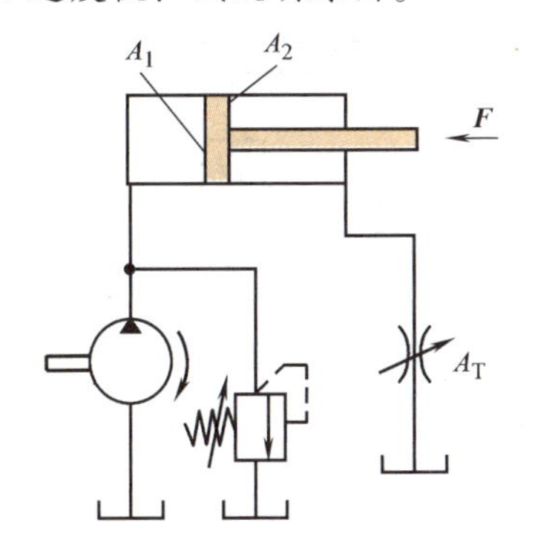

图 7-56　题 7-12 图

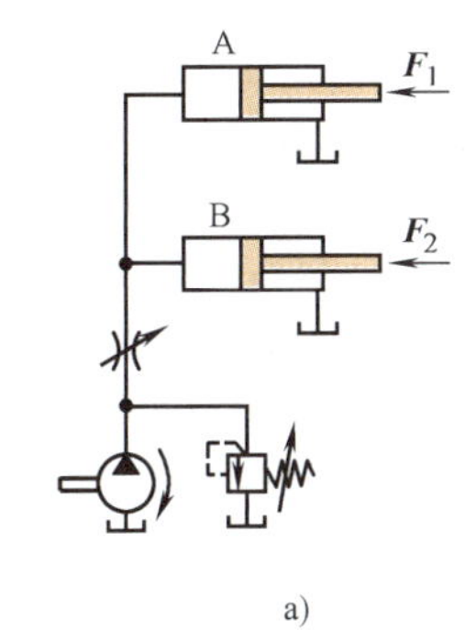

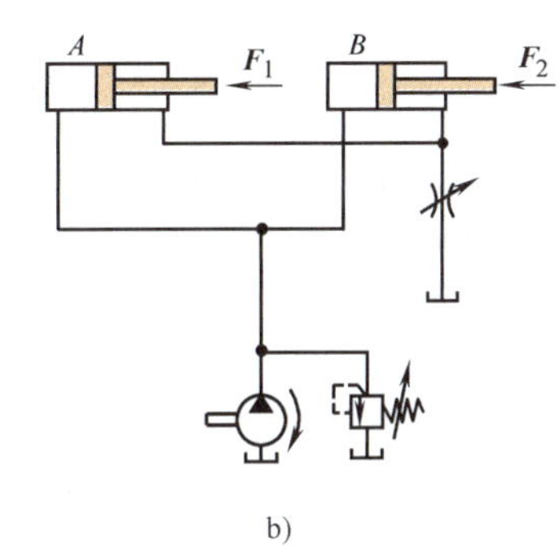

图 7-57　题 7-13 图

7-14　图 7-58 所示为采用调速阀的进口节流加背压阀的调速回路。负载 $F=9000\text{N}$，液压缸两腔有效作用面积 $A_1=50\text{cm}^2$，$A_2=20\text{cm}^2$，背压阀的调定压力 $p_B=0.5\text{MPa}$，液压泵的供油流量 $q_V=30\text{L/min}$。不计管道和换向阀的压力损失，试问：

1）欲使液压缸速度恒定，不计调压偏差，溢流阀最小调定压力 $p_{Y\min}$ 应为多大？

2）卸荷时的能量损失有多大？

3）若背压阀增加了 Δp_B，溢流阀调定压力的增量 Δp_Y 应为多大？

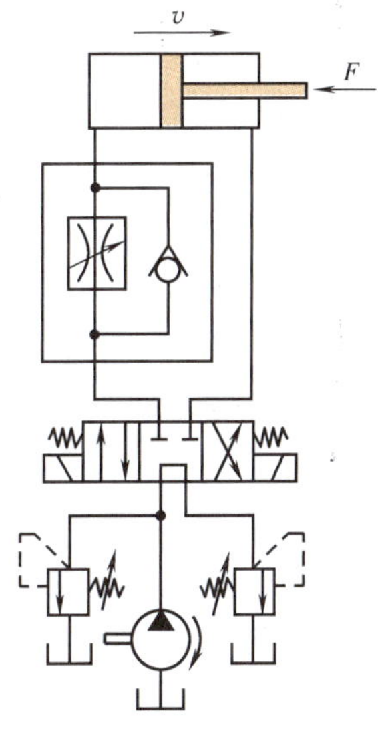

图 7-58　题 7-14 图

7-15　如图 7-59 所示，双泵供油。差动快速—工进速度换接回路有关数据如下：液压泵的输出流量 $q_{V1}=16\text{L/min}$，$q_{V2}=4\text{L/min}$；油液密度 $\rho=900\text{kg/m}^3$，运动黏度 $\nu=20\times10^{-6}\text{m}^2/\text{s}$，液压缸两腔有效作用面积 $A_1=100\text{cm}^2$，$A_2=60\text{cm}^2$，快进时的负载 $F=1\text{kN}$，油液流过方向阀时的压力损失 $\Delta p=0.25\text{MPa}$，连接液压缸两腔的油管 $ABCD$ 的内径 $d=1.8\text{cm}$，其中 ABC 段较长（$L=3\text{m}$）。计算时需考虑其沿程损失，其他损失及由速度、高度变化形成的影响均可忽略，试求：

1）快进时液压缸的速度 v 和压力表读数是多少？

2）工进时如果压力表读数为 8MPa，此时回路承受负载能力有多大（因流量很小，可不计损失）？液控顺序阀的调定压力宜选多大？

7-16　在图 7-60 所示的调速阀节流调速回路中，已知 $q_{Vp}=25\text{L/min}$，$A_1=100\times10^{-4}\text{m}^2$，$A_2=50\times10^{-4}\text{m}^2$，$F$ 由零增至 30kN 时活塞向右移动速度基本无变化，$v=0.2\text{m/min}$。若调速阀要求的最小压差为 $\Delta p_{\min}=0.5\text{MPa}$，试求：

1）不计调压偏差时溢流阀调整压力 p_Y 是多少？泵的工作压力是多少？

2）液压缸可能达到的最高工作压力是多少？

3）回路的最高效率为多少？

7-17　在图 7-61 所示回路中，若溢流阀的调整压力分别为 $p_{Y1}=6\text{MPa}$，$p_{Y2}=4.5\text{MPa}$，泵出口处的负载阻力为无限大，试问在不计管道损失和调压偏差的情况下：

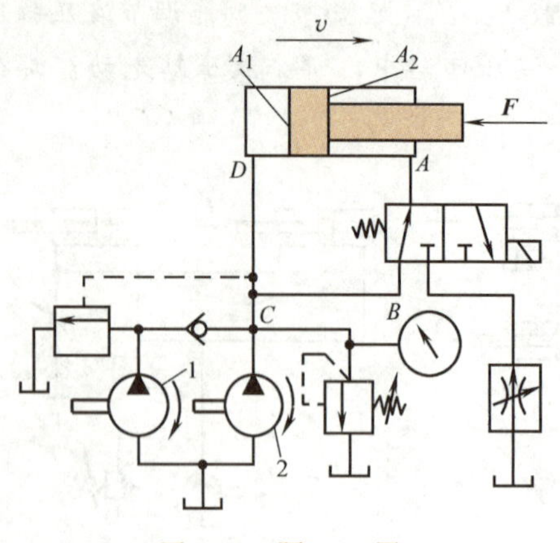

图 7-59 题 7-15 图

1、2—液压泵

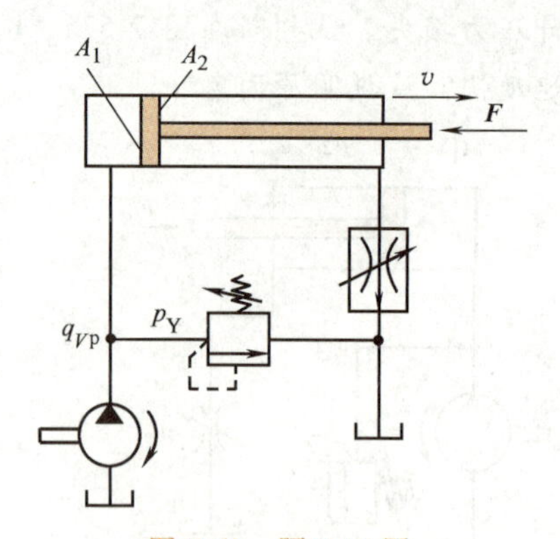

图 7-60 题 7-16 图

1）换向阀下位接入回路时，泵的工作压力为多少？B 点和 C 点的压力各为多少？

2）换向阀上位接入回路时，泵的工作压力为多少？B 点和 C 点的压力又是多少？

7-18 试说明图 7-62 所示的由行程阀与液动阀组成的自动换向回路的工作原理。

7-19 图 7-63 所示的调速回路中，泵的排量 $V_p = 105\text{mL/r}$，转速 $n_p = 1000\text{r/min}$，容积效率 $\eta_{V_p} = 0.95$；溢流阀调定压力 $p_Y = 7\text{MPa}$；液压马达排量 $V_M = 160\text{mL/r}$，容积效率 $\eta_{VM} = 0.95$，机械效率 $\eta_{mM} = 0.8$；负载转矩 $T = 16\text{N}\cdot\text{m}$；节流阀最大开度 $A_{T\max} = 0.2\text{cm}^2$（可视为薄壁孔口），其流量系数 $C_q = 0.62$；油液密度 $\rho = 900\text{kg/m}^3$。不计其他损失，试求：

1）通过节流阀的流量和液压马达的最大转速 $n_{M\max}$、输出功率和回路效率 η_{ci}，并解释为何效率很低。

2）若将 p_Y 提高到 8.5MPa，$n_{M\max}$ 将为多大？

7-20 试说明图 7-64 所示容积式调速回路中单向阀 A 和 B 的功用。在液压缸正反向移动时，为了向系统提供过载保护，溢流阀应如何接？试作图表示。

7-21 用双活塞杆液压缸、液控单向阀、三位四通 M 型中位机能电磁换向阀、溢流阀、定量泵等液压元件设计并绘制出锁紧回路。

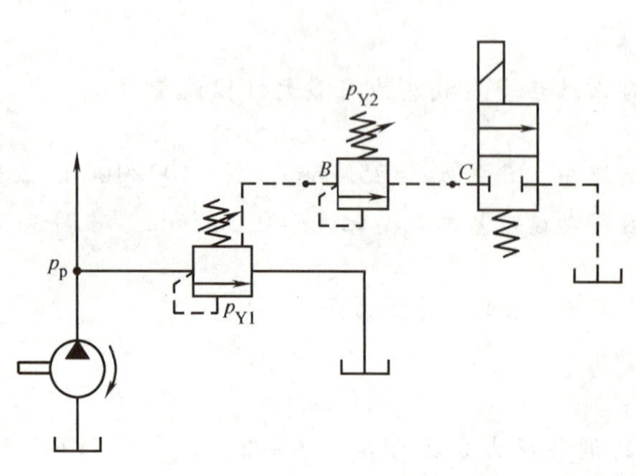

图 7-61 题 7-17 图

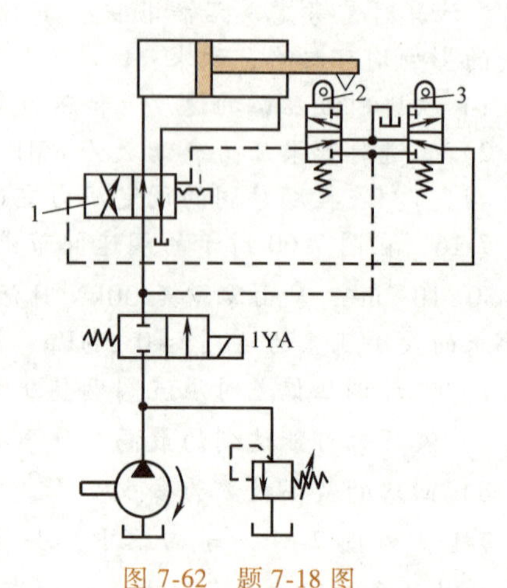

图 7-62 题 7-18 图

1—液动阀 2、3—行程阀

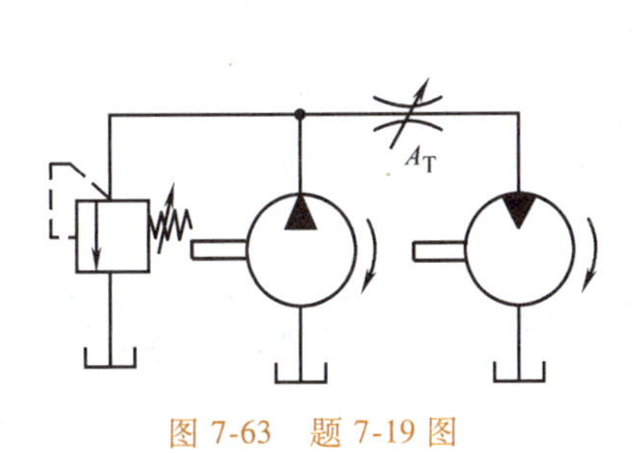

图 7-63　题 7-19 图

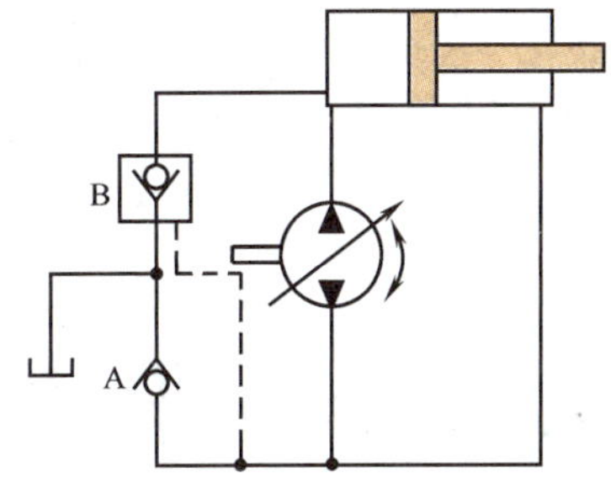

图 7-64　题 7-20 图

7-22　用单活塞杆液压缸、二位三通电磁换向阀、二位四通电磁换向阀、单向阀、压力阀、单作用定量泵等液压元件设计并绘制出液压缸能够实现工作进给、快速差动进给和退回的液压回路，同时说明工作原理。并根据具体参数要求：工作负载为 10kN，工作进给速度为 10mm/s，快速差动进给速度为 80mm/s，退回速度为 30mm/s，完成压力控制阀的选定及压力调定值的确定，并绘制 p-q 图；进行液压缸与油箱的设计。

7-23　某专业弯管机的工作机构如图 7-65 所示，工件材料为 10 钢、不锈钢、纯铜管，工件规格为 ϕ12～ϕ20mm。弯管机的工作循环为“快进—工进—快退—停止”。要求运动平稳，每班加工 800 根管子。实测确定的最大推力为 1.47×10^4N，快进行程为 0.1m，工进行程为 0.15m，快速进退速度为 3m/min，工进速度为 1.5m/min。试设计该弯管机的液压系统。

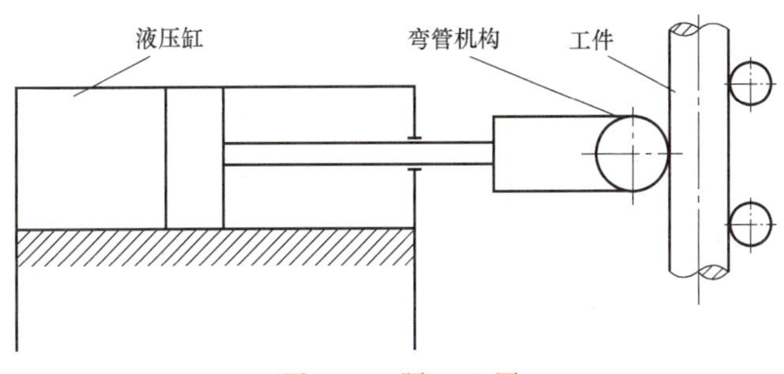

图 7-65　题 7-23 图

第八章　液力传动及液力传动装置

1. 教学目标

1）掌握液力偶合器和液力变矩器的结构组成和工作原理。

2）了解典型液力变矩器的工作特点。

2. 教学要点

知识要点	掌握程度	相关知识
液力偶合器和液力变矩器	掌握液力偶合器、液力变矩器的结构组成和工作原理；了解典型液力变矩器的工作特点	液力传动基本知识；流体力学基本知识；机械结构相关知识；液力偶合器、液力变矩器的工程应用

液力传动的工作原理在第一章已经介绍了，此处不再赘述。本章主要介绍液力偶合器和液力变矩器的结构组成、工作原理及类型。

第一节　液力偶合器

一、液力偶合器的组成

液力偶合器只起传递转矩的作用，而不能改变转矩的大小，所以有时也将其称为液力联轴器。液力偶合器安装在汽车发动机和机械变速器之间，即主离合器的位置上，其组成如图8-1a所示，结构简图如图8-1b所示。

液力偶合器的外壳3固定在发动机曲轴1的凸缘上。叶轮是液力偶合器的主动元件，称为泵轮，它和外壳3刚性连接，与发动机曲轴一起转动。与从动轴5相连的叶轮是液力偶合器的从动元件，称为涡轮。泵轮2和涡轮4都称为工作轮。在工作轮的环状壳体中，径向排列着许多叶片。涡轮装在密封的外壳中，与泵轮叶片端面相对，两者之间留有3~4mm间隙，没有刚性连接。泵轮和涡轮装合后形成环形空腔，其内部充有工作油液。通过轴线纵断面的环形，称为循环圆。

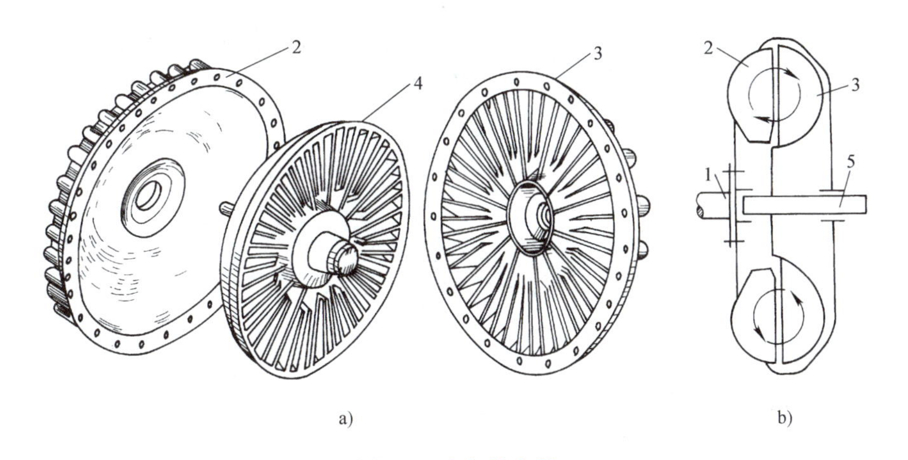

图 8-1　液力偶合器

a）组成　b）结构简图

1—发动机曲轴　2—泵轮　3—外壳　4—涡轮　5—从动轴

二、液力偶合器的工作原理

当工作轮转动时，其中的油液也被叶片带动一起转动。在离心力作用下，油液从叶片内缘向外缘流动。因此，叶片外缘处压力较高，而内缘处压力较低，其压差取决于工作轮的半径和转速。

由于泵轮和涡轮的半径相等，故当泵轮的转速大于涡轮的转速时，泵轮叶片外缘的液压力大于涡轮外缘的液压力。于是，油液不仅随工作轮绕其旋转轴线做圆周运动，而且在上述液压差的作用下，沿循环圆做如箭头所示方向的循环流动，其形成的流线如同一个首尾相连的环形螺旋线，如图 8-2 所示。

液力偶合器的传动作用：泵轮接收发动机传来的机械能，在油液从泵轮叶片内缘向外缘流动的过程中，将动能传递给涡轮。因此，液力偶合器实现传动的必要条件是油液在泵轮和涡轮之间循环流动，而循环流动的产生是由于两个工作轮的转速不等，使两轮叶片的外缘处产生液压差。因此，液力偶合器在正常工作时，泵轮转速总是大于涡轮转速。如果两者转速相等，则液力偶合器不起传动作用。

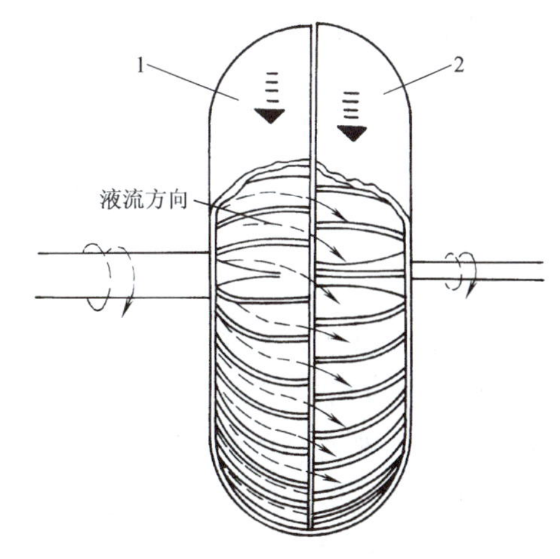

图 8-2　液力偶合器工作示意图

1—泵轮　2—涡轮

发动机起动后，可将变速器挂上一定档位，此时，发动机驱动泵轮转动，而与整车连接的涡轮暂时处于静止状态，内部油液立即产生绕工作轮轴线的圆周运动和循环流动。当液流冲到涡轮上时，对涡轮造成冲击力，因而对涡轮作用一个绕涡轮轴线的转矩，力图使涡轮与泵轮同向转动。对于一定的液力偶合器，发动机转速越大，作用在涡轮上的转矩也越大。

加大发动机的供油量，使其转速达到一定值时，作用于涡轮上的转矩足以克服汽车的起

步阻力，使汽车开始起步。随着发动机转速的增高，涡轮连同汽车不断加速。

由于油液在液力偶合器中做循环流动时，没有受到任何其他附加外力，故发动机作用于泵轮上的转矩与涡轮所接收并传递给从动轴的转矩相等，即液力偶合器只起传递转矩的作用，而不改变转矩的大小。

设泵轮转速为 n_B，涡轮转速为 n_W，n_W/n_B 为液力偶合器的转速比 i，则液力偶合器的传动效率为

$$\eta=\frac{P_W}{P_B}=\frac{M_W n_W}{M_B n_B} \tag{8-1}$$

式中 η——传动效率；

P_B——泵轮输入功率（W）；

P_W——涡轮输出功率（W）；

M_B——泵轮输入转矩（N·m）；

M_W——涡轮输出转矩（N·m）。

因作用在液力偶合器上的泵轮和涡轮的转矩相同，即 $M_B=M_W$，则

$$\eta=\frac{n_W}{n_B}=i \tag{8-2}$$

也就是说，液力偶合器的传动效率等于其转速比。涡轮与泵轮的转速差越大，转速比越小，传动效率越低；反之，转速比越大，传动效率越高。在发动机进入运转并挂上了档，而汽车尚未起步时，泵轮虽转动但涡轮转速为零，此时液力偶合器的传动效率为零；汽车刚起步时，车速较低，涡轮转速也低，因此传动效率低；随着汽车加速，涡轮转速逐渐提高，涡轮对泵轮的转速比增大，液力偶合器的传动效率也随之增高。理论上说，当涡轮转速等于泵轮转速时，传动效率为 100%。但实际上，若涡轮转速等于泵轮转速，则涡轮与泵轮外缘处的液压力相等，从而使得液力偶合器内的循环流动停止，泵轮与涡轮间不再有能量传递，传动效率为零。一般而言，液力偶合器的最高传动效率可达 97%左右，其传动效率曲线如图 8-3 所示。

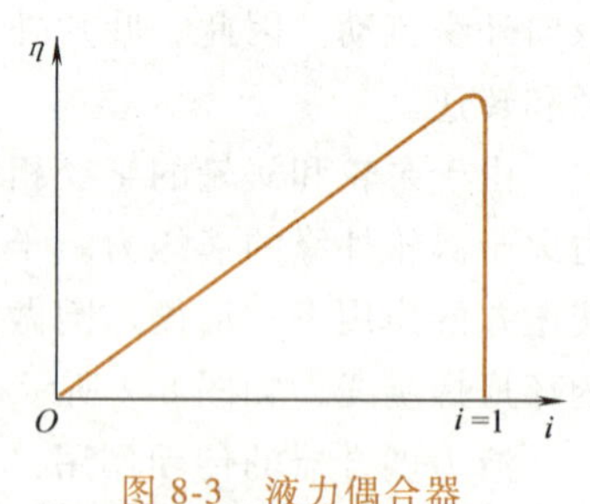

图 8-3 液力偶合器的传动效率曲线

由于液力偶合器以油液作为传动介质，使得汽车起步和加速平稳，能够衰减传动系统的扭转振动并防止传动系统过载，还能在暂时停车时不脱开传动系统而维持发动机的怠速运转。但因液力偶合器不能改变传递转矩的大小，使得相应的变速机构需增加档位。此外，由于液力偶合器不能使发动机与传动系统彻底分离，为解决换档问题，在液力偶合器和机械变速器之间还需安装一个换档用离合器，从而使得整个传动系统的质量增大，纵向尺寸增加。

20 世纪 60 年代英国生产的劳斯莱斯轿车、美国生产的奥兹莫比尔轿车以及苏联生产的吉姆轿车所用的自动变速器上，都安装过液力偶合器。但由于其上述缺点，近年来生产的轿车基本上不采用液力偶合器，而使用液力变矩器。

第二节　液力变矩器

一、液力变矩器的组成

普通液力变矩器由可转动的泵轮、涡轮以及固定不动的导轮三个基本元件组成，如图 8-4a 所示。汽车所用液力变矩器的工作轮一般都是由钢板冲压焊接而成的，而工程机械和一些军用车辆所用液力变矩器的工作轮则是由铝合金精密铸造而成的。与液力偶合器不同的是，在液力变矩器的泵轮和涡轮之间安装有导轮，并与泵轮和涡轮保持一定的轴向间隙，导轮通过导轮固定套管固定在变矩器壳体上。所有工作轮在装配后形成的环状体的断面称为变矩器循环圆（图 8-4b）。

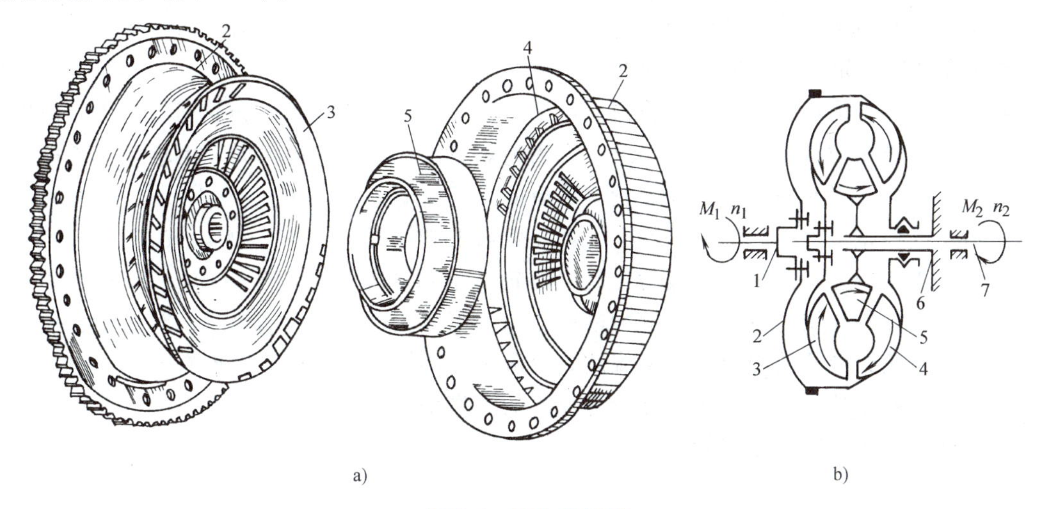

图 8-4　液力变矩器

a）组成　b）结构简图

1—发动机曲轴　2—变矩器壳体　3—涡轮　4—泵轮　5—导轮　6—导轮固定套管　7—从动轴

二、液力变矩器的工作原理

同液力偶合器一样，液力变矩器在正常工作时，储存于环形腔内的油液，除了有绕变矩器轴线的圆周运动外，还有在变矩器循环圆中如箭头所示的循环流动，故可将转矩从泵轮传至涡轮。

与液力偶合器不同的是，液力变矩器不仅能传递转矩，而且能在泵轮转矩不变的情况下，随着涡轮转速的不同自动改变涡轮输出的转矩值，即“变矩”。

液力变矩器之所以能起变矩作用，就是因为在结构上比偶合器多了一个导轮机构。在液体循环流动的过程中，固定不动的导轮给涡轮一反作用力矩，使涡轮输出的转矩不同于泵轮输入的转矩。

现以变矩器工作轮的展开示意图来说明液力变矩器的工作原理。如图 8-5 所示，工作轮循环圆中间流线将三个工作轮假想地展开，得到泵轮、涡轮和导轮的环形平面图（图 8-6）。各叶轮叶片的形状和进出口角度也显示于图中。

为便于说明起见，设发动机转速及负载不变，即泵轮的转速 n_B 及转矩 M_B 为常数。先以汽车起步工况为例进行讨论。

当发动机运转而汽车还未起步时，涡轮转速 n_W 为零，如图 8-6a 所示。油液在泵轮叶片带动下，以一定的绝对速度沿图中箭头 1 的方向冲向涡轮叶片，对涡轮有一作用力，产生绕涡轮轴的转矩，即液力变矩器的输出转矩。因为此时涡轮静止不动，液流则沿着叶片流出涡轮并冲向导轮，其方向如图中箭头 2 所示，该液流也对导轮产生作用力矩。然后，液流再从固定不动的导轮叶片沿箭头 3 的方向流回到泵轮中。当液流流过叶片时，对叶片作用有冲击力矩，根据作用力与反作用力的定律，液流此时也会受到叶片的反作用力矩，其大小与作用力矩相等，方向相反。作用力矩或反作用力矩的方向及大小与液流进出工作轮的方向有关。设泵轮、涡轮和导轮对液流的作用力矩分别为 M_B、M_W 和 M_D，方向如图中箭头所示。根据液流受力平衡条件，三者在数值上满足关系式 $M_W=M_B+M_D$，即涡轮转矩等于泵轮转矩与导轮转矩之和。显然，此时涡轮转矩 M_W 大于泵轮转矩 M_B，即液力变矩器起到了增大转矩的作用。也可以理解为增矩作用，当液流冲击进入涡轮时，对涡轮有一作用力矩，此为泵轮给液流的力矩；当液流从涡轮流出冲击导轮时，对导轮也有一作用力矩，因导轮被固定在变矩器壳体上，从而导轮给液流的反作用力矩通过液流再次作用在涡轮上，使得涡轮的转矩等于泵轮转矩与导轮转矩之和。

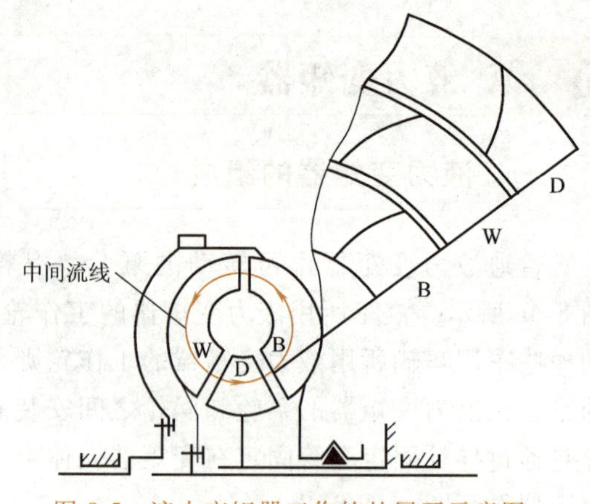

图 8-5 液力变矩器工作轮的展开示意图

B—泵轮 W—涡轮 D—导轮

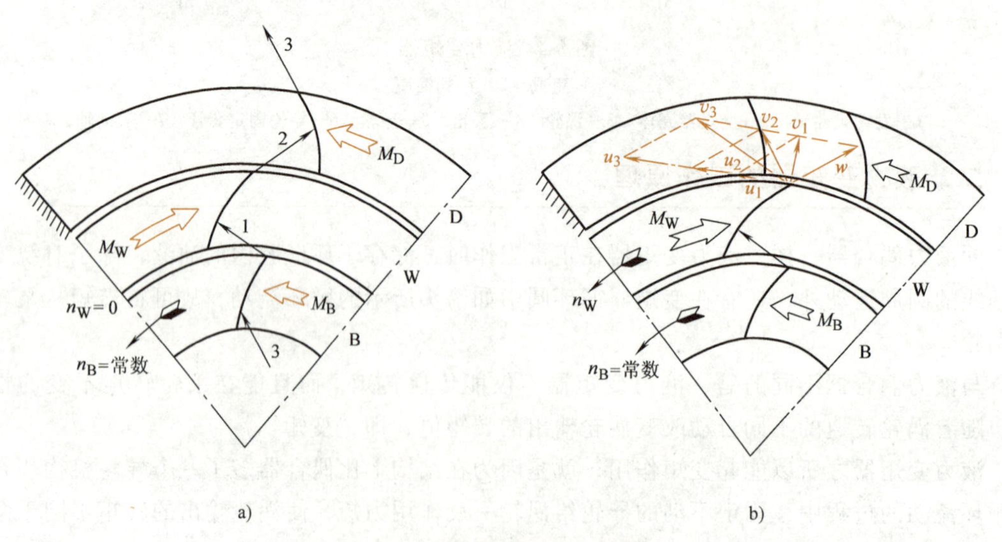

图 8-6 液力变矩器的工作原理

a）力矩图 b）速度图

当液力变矩器输出的转矩，经传动系统传到驱动轮上所产生的牵引力足以克服汽车起步阻力时，汽车起步并开始加速，与之相连的涡轮转速 n_W 也从零逐渐增加。定义液流沿叶片

方向流动的速度为相对速度 w，在叶轮的作用下具有沿圆周方向运动的速度为牵连速度 u，两者的矢量和为绝对速度 v。涡轮转速 n_W 不为零时，液流在涡轮出口处不仅具有相对速度 w，而且具有牵连速度 u_1，故冲向导轮叶片的液流的绝对速度 v_1 为两者的合成速度，如图 8-6b 所示。设泵轮转速不变，即液流循环流量基本不变，故涡轮出口处的相对速度 w 不变，变化的只是涡轮转速 n_W，即牵连速度 u 发生变化。由图可见，冲向导轮叶片的液流的绝对速度 v 将随牵连速度 u 的增加而逐渐向左倾斜，使导轮上所受转矩值逐渐减小。

当涡轮转速增大到一定值时，涡轮流出速度为 v_2 的液流正好沿导轮出口方向冲向导轮。由于液体流经导轮时方向不改变，故导轮转矩 M_D 为零，即涡轮转矩与泵轮转矩相等（$M_W=M_B$）。

若涡轮转速 n_W 继续增大，液流绝对速度 v 的方向继续向左倾斜，如图 8-6b 中 v_3 所示方向，液流冲击导轮叶片反面，导轮转矩方向与泵轮转矩方向相反，则涡轮转矩为前两者转矩之差（$M_W=M_B-M_D$），即液力变矩器输出转矩比输入转矩小。当涡轮转速 n_W 增大到与泵轮转速 n_B 相等时，工作油液在循环圆内的循环流动停止，不能传递动力。

液力变矩器在泵轮转速 n_B 不变的条件下，涡轮转矩 M_W 随其转速 n_W 变化的规律，即为液力变矩器的特性，如图 8-7 所示。

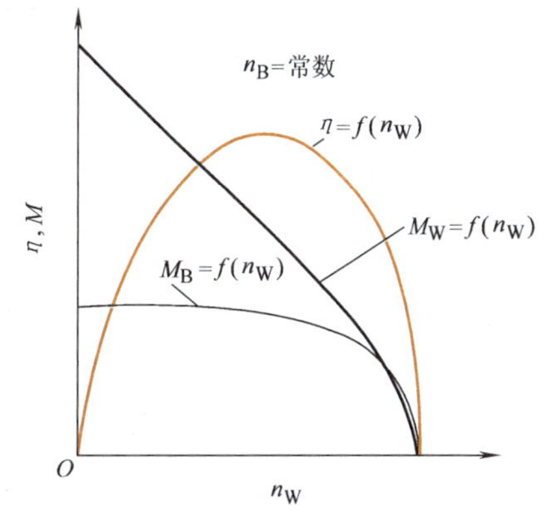

图 8-7　液力变矩器的特性曲线

由特性图曲线可看出，涡轮转矩是随涡轮转速的改变而连续变化的。当汽车起步、上坡或遇到较大阻力时，如果发动机的转速和负载不变，则车速将下降，即涡轮转速降低。于是，涡轮转矩相应增大，使驱动轮获得较大的力矩，保证汽车能克服增大的阻力而继续行驶。因此，液力变矩器本身就是一种能随汽车行驶阻力的不同而自动改变输出转矩的无级变速器。此外，液力变矩器同样也具备使汽车平稳起步、衰减传动系统的扭转振动、防止传动系统超载等作用。由图 8-7 也可看出，液力变矩器的传动效率曲线随涡轮转速变化成两头小、中间大的形态，最高传动效率接近 90%。

三、液力变矩器的类型

1. 三元件综合式液力变矩器

三元件综合式液力变矩器是一种典型的轿车用液力变矩器，三元件是指工作轮的数目为三个，即泵轮、涡轮和导轮，如图 8-8 所示。这种变矩器的壳体由前半部外壳与泵轮两部分焊接而成。壳体前端连接着装有起动齿圈的托盘，并用螺钉固定在发动机曲轴后端凸缘上。为了在维修拆装后保持液力变矩器与曲轴原有的相对位置，以免破坏动平衡，螺钉在圆周上的分布是不均匀的。泵轮及涡轮叶片和壳体均采用钢板冲压件焊接，导轮则用铝合金铸造，并安装在单向离合器外座圈上，通过单向离合器与变速器壳体连接。

单向离合器也称超越离合器或自由轮机构。常用单向离合器的结构如图 8-9 所示，它由外座圈、内座圈、滚柱和不锈钢叠片弹簧等组成。外座圈与导轮以铆钉或花键连接，内座圈与固定套管以花键相连，固定套管安装在壳体上，因而内座圈是固定不动的。外座圈的内表

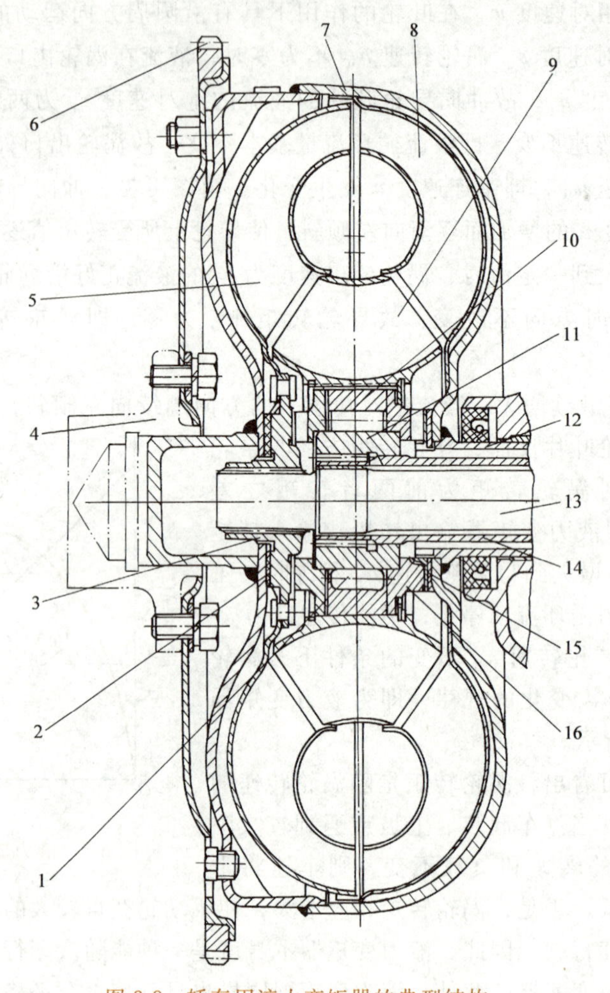

图 8-8 轿车用液力变矩器的典型结构

1—滚柱 2—塑料垫片 3—涡轮轮毂 4—曲轴凸缘 5—涡轮 6—起动齿圈 7—变矩器壳体 8—泵轮 9—导轮 10—单向离合器外座圈 11—单向离合器内座圈 12—泵轮轮毂 13—变矩器输出轴（齿轮变速器第一轴） 14—导轮固定套管 15—推力垫片 16—单向离合器盖

面有若干个偏心的圆弧面，叠片弹簧将滚柱压向内、外座圈之间滚道比较狭窄的一端，从而将内、外座圈楔紧。

当涡轮转速较低，与泵轮转速差较大时，从涡轮流出的液流冲击导轮，力图使导轮沿虚线箭头方向转动，此时滚柱被楔紧在滚道的窄端，导轮和单向离合器外座圈一起被卡紧在内座圈上，液流可获得导轮的反作用力矩，液力变矩器起增大输入转矩的作用。当涡轮转速升高到一定值时，液流对导轮的冲击力反向，即液流冲击导轮叶片背面，使导轮相对于内座圈沿实线箭头方向

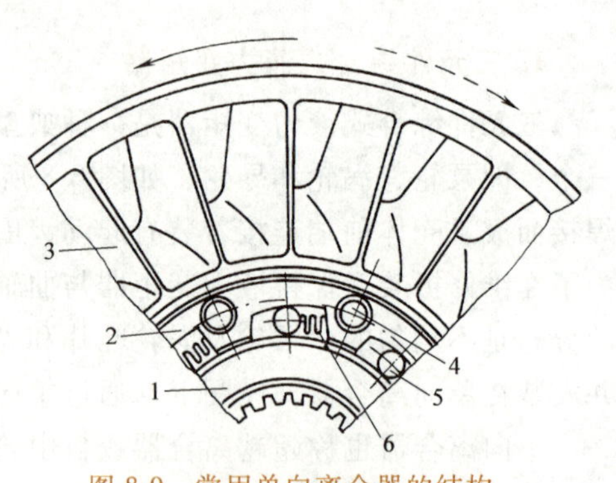

图 8-9 常用单向离合器的结构

1—内座圈 2—外座圈 3—导轮 4—铆钉 5—滚柱 6—叠片弹簧

转动，滚柱被挤向滚道宽的一端，单向离合器内、外座圈松开，导轮成为自由轮，与涡轮做同向转动，对液流不再有反作用力。此时，液力变矩器相当于只有泵轮和涡轮工作，如同液力偶合器一样。这种可以转换为液力偶合器工况工作的液力变矩器，称为综合式液力变矩器。

使用综合式液力变矩器的目的，在于当涡轮处于低速、中速段时，可利用液力变矩器增大输入转矩的特点；而在涡轮处于高速段时，可利用液力偶合器高效率的特点，即结合了普通液力变矩器和液力偶合器的优点。

为了增大液力变矩器的高效率工作范围，可将导轮分割成两个，分别装在各自的单向离合器上，从而形成双导轮，即四元件综合式液力变矩器，如图 8-10 所示。两个导轮具有不同的叶片进口角度，在低转速比时，两个导轮均被单向离合器锁住，按液力变矩器工况工作；在中转速比时，涡轮出口液流开始冲击第一导轮叶片背面，单向离合器松开，第一导轮与涡轮同向转动，仅第二导轮仍在起变矩作用；在高转速比时，涡轮出口液流冲击第二导轮叶片背面，其单向离合器松开，第二导轮也与涡轮做同向转动，液力变矩器全部转换为液力偶合器工况工作。20 世纪 60~80 年代，我国生产的红旗 CA770 高级轿车的液力变矩器，采用的就是双导轮结构。这种四元件综合式液力变矩器虽然可增大变矩器的高效率工作范围，但结构更加复杂，因此，近年来已经很少使用。

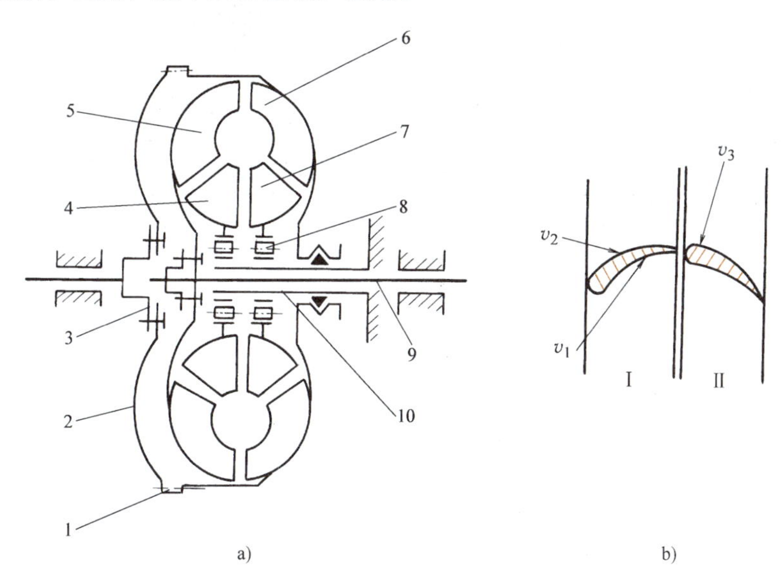

图 8-10 四元件综合式液力变矩器的结构

1—起动齿圈 2—变矩器壳 3—曲轴凸缘 4—第一导轮（Ⅰ） 5—涡轮 6—泵轮 7—第二导轮（Ⅱ） 8—自由轮机构 9—输出轴 10—导轮固定套管

2. 闭锁式液力变矩器

汽车使用液力变矩器具有很多优点，如提高了起步性能、加速性能和换档性能，增强了动力传动系统的减振隔振作用，减小了动载荷，延长工作寿命等。但是，由于液力变矩器存在着液力损失，与机械传动相比，其传动效率较低且效率曲线随工况发生变化，最高传动效率也只有 85%~90%，因而在正常行驶时油耗较高，经济性差。同时，因液力变矩器的传动效率低，损失的能量转变成热量，必须进行强制散热，从而增大了自动变速器的体积和质量。

汽车在平坦路面上行驶时，液力传动的优点不太明显；相反，若用机械传动则可以提高效率，改善经济性。根据以上想法，出现了闭锁式液力变矩器，它可以实现液力变矩器传动和机械传动两种工况，把两者的优点结合于一体。

闭锁式液力变矩器内有一个由液压操纵的闭锁离合器，或称锁止离合器。如图 8-11 所示，闭锁离合器的主动盘就是变矩器壳体，从动盘是可在轴向移动的压盘。通常，为了减小离合器分离和接合瞬间的冲击力（即动载），从动盘内圈上带有弹性减振盘，然后与涡轮输出轴相连。主动盘和从动盘相接触的工作面上有摩擦片。压盘右面的油液与泵轮、涡轮中的压力油相通，压盘左面的油液通过变矩器输出轴中间的控制油道与阀板总成上的锁止控制阀相通。

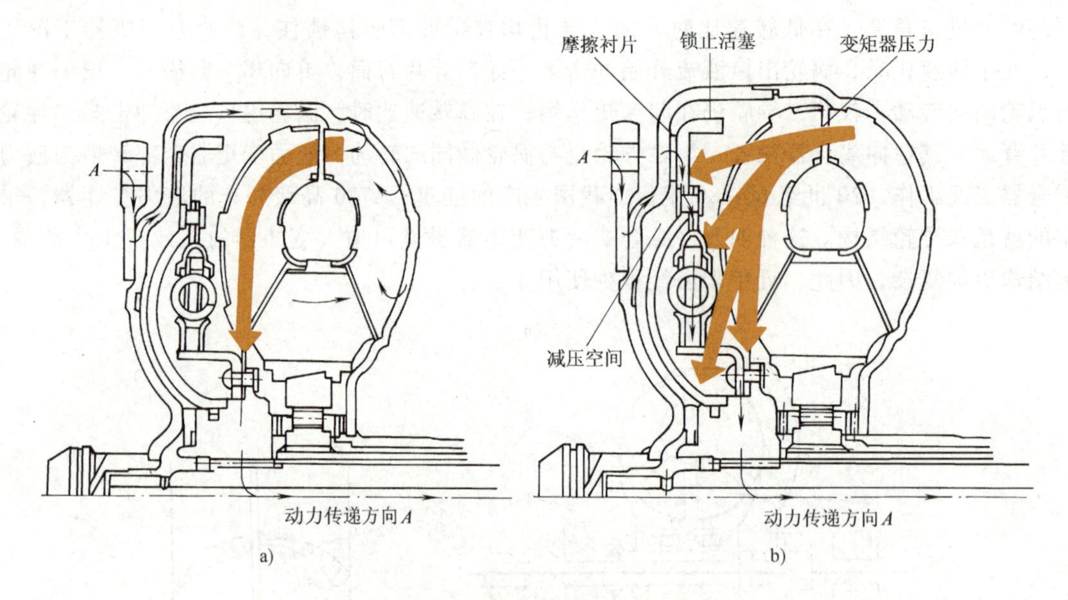

图 8-11 闭锁离合器的工作原理

a）闭锁离合器分离状态 b）闭锁离合器接合状态

当锁止控制阀接通液力变矩器压力油路时，压盘左、右两侧保持相同的压力，闭锁离合器处于分离状态，如图 8-11a 所示，动力要经液力变矩器传递，可充分发挥液力传动减振吸振、自动适应行驶阻力剧烈变化的优点，适用于汽车起步、换档或在坏路面上行驶的工况。

当锁止控制阀接通液力变矩器回油路时，压盘左侧的油压降低，而压盘右侧的油压仍较高，在此压差的作用下，压盘通过摩擦片压紧在主动盘上，闭锁离合器接合，如图 8-11b 所示。动力经闭锁离合器实现机械传动，液力变矩器输入（泵轮）轴与输出（涡轮）轴成为刚性连接，传动效率较高，提高了汽车的行驶速度和燃油经济性。当闭锁离合器接合时，导轮单向离合器脱开，导轮自由转动。泵轮和涡轮虽然是同速转动，但与导轮有一定的转速差，因此，在液力变矩器内仍有少量液流做循环流动，从而有一定的液力损失，即使实现机械传动，传动效率也略低于 100%。

锁止控制阀可以根据车速、节气门参数按比例转换的液压信号进行控制，现在较多采用的是根据车速、节气门参数按比例转换的电压信号，由微型计算机进行控制。

复习思考题

8-1　简述液力变矩器的组成和工作原理。

8-2　液力偶合器和液力变矩器的区别是什么？

8-3　液力变矩器有几种类型？它们的不同点是什么？

8-4　液力偶合器的传动效率如何计算？当车速由低到高变化时，液力偶合器传动效率怎么变化？

8-5　何为液力变矩器特性？如何绘制液力变矩器的特性曲线？

8-6　四元件综合式液力变速器由哪四个元件组成？其工作特性如何？

8-7　简述闭锁式液力变矩器的结构特点和工作特性。

第九章　汽车典型液压系统及其设计

1. 教学目标

1）掌握液压系统的分析步骤，初步掌握汽车液压系统的分析方法。

2）进一步加深对各种液压元件和液压基本回路综合应用的认识。

3）掌握液压系统的设计步骤与方法。

4）能进行中等复杂程度的（多运动执行元件、多控制回路、多功能要求等）汽车液压系统设计和计算。

2. 教学要点

知识要点	掌握程度	相关知识
汽车典型液压系统	了解汽车典型液压系统的传动形式和特点，掌握液压系统的分析步骤，能看懂并分析液压系统图	汽车制动系统、转向系统、悬架系统、自动变速器等知识，汽车电控知识，专用汽车及行走式工程机械的相关知识
汽车液压系统设计	掌握汽车液压系统的设计方法与步骤	液压设计手册和资料，汽车、行走式工程机械液压技术的应用

3. 教学提示

因学时关系，本章第二~五节可作为选讲或学生自学内容，但教师应全面熟悉此部分内容，有助于引导学生更好地理解液压传动在汽车中的应用和特点。

4. 思政目标

培养学生与时俱进的科研思维能力和一丝不苟的大国工匠精神，增强团队意识。

随着现代汽车发展的需要，液压系统与机械传动系统、电子控制系统相结合，广泛地应用于汽车的许多装置中，由于各装置的工作要求、工况特点等不同，其液压系统的组成、作用和特点等也不尽相同。本章将通过几个汽车典型液压系统，介绍液压技术在汽车上的应用，熟悉各种液压元件在系统中的作用和各种基本回路的构成，进而掌握分析汽车液压系统的基本步骤和方法。

分析一个较复杂的汽车液压系统，大致可以按以下步骤进行：

1）分析装置对液压系统的具体工作要求。

2）根据装置对液压系统的不同工作要求，以执行元件为中心将整个系统分解为能完成一定功能的若干个子系统或液压回路。

3）根据对执行元件的动作要求，找出组成各液压回路的执行元件，再逐步分析各液压回路的具体工作过程。执行元件动作要求的复杂程度不同，子系统或液压回路既可能是单一的基本回路，也可能是由多个基本回路组成的复杂回路。

4）根据装置中各执行元件间的互锁、同步、顺序动作和防干扰等工作要求，分析各液压回路之间的联系。

5）根据各液压回路的分析结果，归纳总结整个液压系统的特点，找出该液压系统的优缺点，为改进该装置提供参考依据。

第一节　汽车起重机液压系统

在汽车底盘上装设起重设备完成吊装任务的汽车称为汽车起重机，汽车起重机广泛地应用在运输、装卸和筑路等场地或临时吊装作业。随着液压元件的完善和液压技术的发展，液压汽车起重机的应用更加广泛，优势更加突出。液压汽车起重机可独立到达目的地，完成起重的作业循环通常是：起吊—回转—卸载—返回。

思政融入点 9-1

各执行元件动作独立性较强且需做复合动作的汽车起重机，多采用多泵多路液压系统。下面以 QY20B 型液压汽车起重机为例作一介绍。

如图 9-1 所示，QY20B 型液压汽车起重机为动臂式全回转（转台可任意旋转 360°）液压起重机，属于重型汽车起重机，可分为平台上部和平台下部两部分。整个液压系统的油箱、液压泵、前后支腿和稳定器液压缸布置在平台下部，其他液压元件都布置在平台上部，平台上部和下部的油路通过中心回转接头 14 连接。全部液压系统的动力元件为三联齿轮泵组 1，由取力器驱动，每台泵（1.1、1.2 和 1.3）各自供应独立的回路，也可根据需要采用合流措施增大工作流量。液压汽车起重机的主要液压回路有五个：支腿收放液压回路、回转机构液压回路、臂架变幅液压回路、伸缩臂液压回路和吊重起升液压回路，下面按液压汽车起重机作业的基本程序介绍各回路。

思政融入点 9-1 视频

一、支腿收放液压回路

汽车起重机作业时，因为轮胎是弹性的，若直接承受过大的力则会带来很大的安全隐患，因此必须先放下支腿。支腿是汽车起重机的必备工作装置，作用是提高稳定性和安全性，有的车辆自带水平仪，可把车体调整到水平状态，以适应不平的地面。支腿为 H 形，前后共四组，即每组支腿各有一个水平推力液压缸、一个垂直支承液压缸，工作时支腿外伸后呈 H 形，这种形式的支腿容易调平，对地面适应性好，在支反力变化过程中不会爬移。其动力元件为泵 1.1，支腿组合阀 6 由四种阀组成：溢流阀 6.1（作用是控制泵 1.1 和支腿液压回路的最大工作压力，调定为 16MPa）、选择阀 6.2（作用是控制液压油进入支腿收放回路或回转回路）、水平缸换向阀 6.3 和垂直缸换向阀 6.4，如图 9-2a 所示。

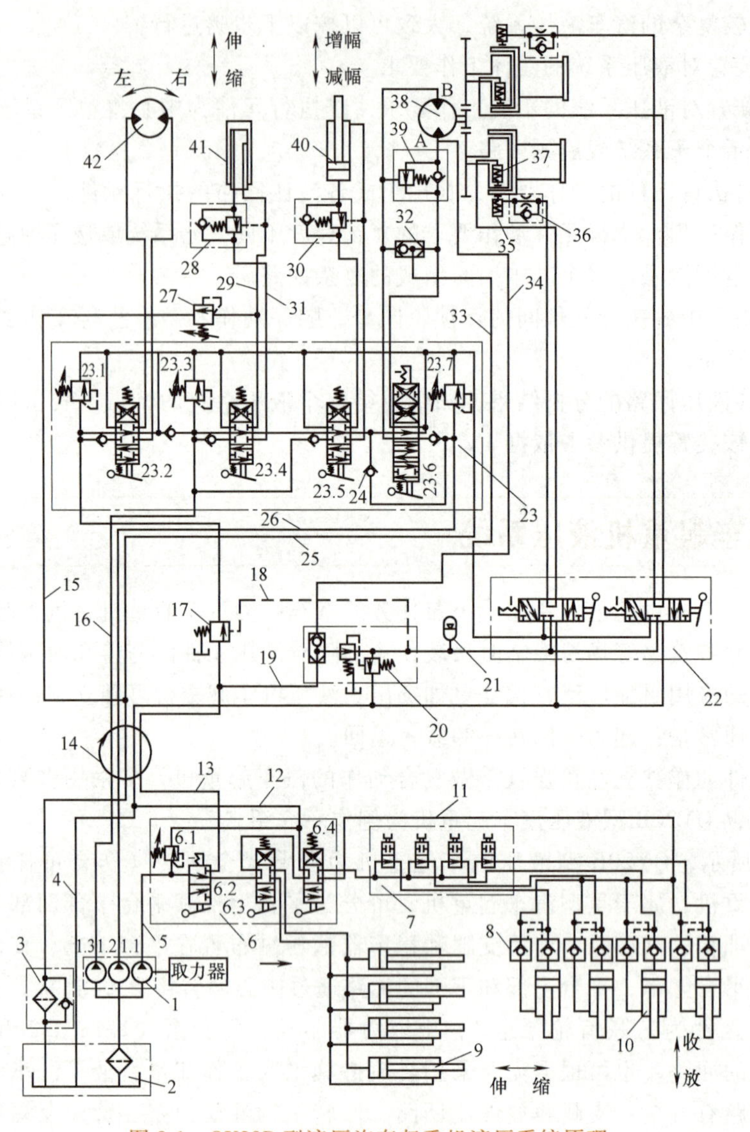

图 9-1 QY20B 型液压汽车起重机液压系统原理

1—三联齿轮泵组 2—油箱 3—回油精过滤器 4、5、11、12、13、15、16、18、19、25、26、29、31、33、34—管路 6—支腿组合阀 7—转阀 8—液压锁 9—支腿水平缸 10—支腿垂直缸 14—中心回转接头 17—外控顺序阀 20—组合阀 21—蓄能器 22—操纵阀 23—多路换向阀 24—单向阀 27—溢流阀 28、30、39—平衡阀 32—梭阀 35—制动液压缸 36—单向阻尼阀 37—离合器缸 38—起升马达 40—变幅缸 41—伸缩臂缸 42—ZBD40 型轴向柱塞马达

1. 水平缸的动作

当选择阀 6. 2 置于上位时，泵 1. 1 排出的油经管路 5、阀 6. 2、6. 3 至支腿水平缸 9（共四个，并联）。当水平缸换向阀 6. 3 置于上位时，液压油进入支腿水平缸 9 的无杆腔，四个并联的水平缸伸出；反之，水平缸缩回，如图 9-2b 所示。

2. 垂直缸的动作

当垂直缸换向阀 6. 4 置于上位时，液压油经转阀 7、液压锁 8，分别进入四个支腿垂直

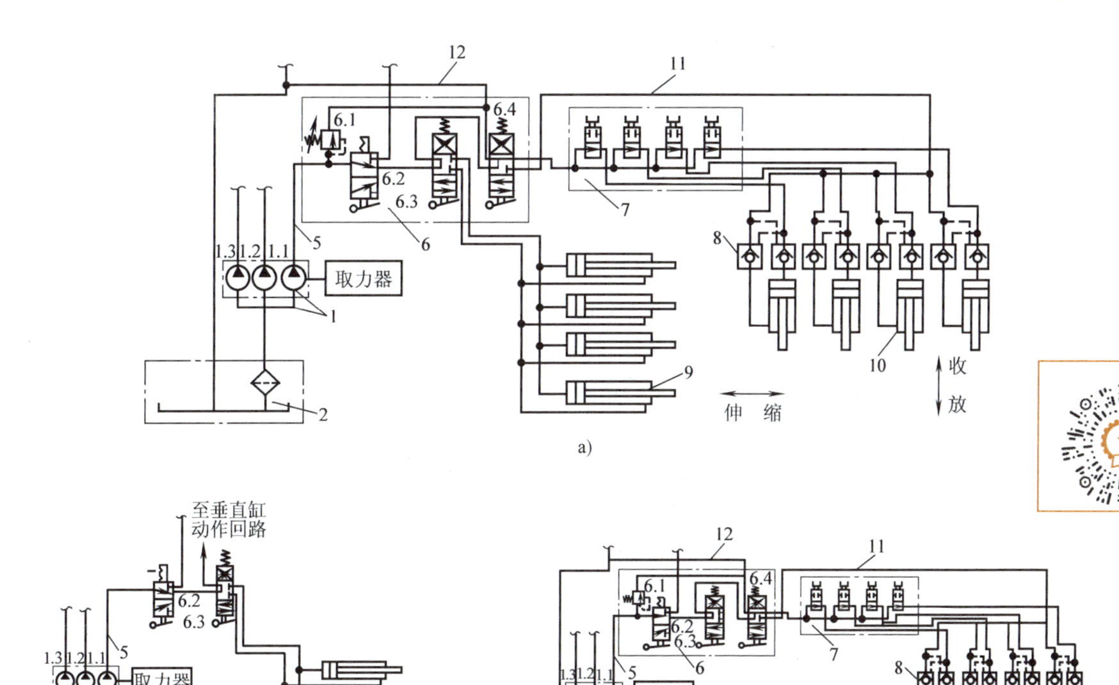

图 9-2　支腿收放液压回路（图注与图 9-1 相同）

a）支腿收放回路　b）水平缸动作回路　c）垂直缸动作回路

缸 10 的无杆腔，支腿伸出；反之，液压油经阀 6.4、管路 11、液压锁 8，分别进入四个支腿垂直缸 10 的有杆腔，支腿缩回。转阀 7 为两位开关转阀，共四个并且相互独立，如图 9-2c 所示。设置转阀的目的是调平车架，当需要调整单独一个支腿垂直缸 10 的伸出长度时，将相应的开关阀置于“通”位，再扳动垂直缸换向阀 6.4 即可，其余三个阀关闭，另外三个缸不工作，这样可根据水平仪将车体调整到水平状态。支腿垂直缸 10 上直接安装有液压锁 8，以防止起重作业时活塞杆因滑阀泄漏而自动缩回（软腿）。同时，如果管路破裂，此缸的活塞杆也不会突然缩回（掉腿），这样就防止了重大翻车事故的发生。液压锁 8 还可防止当行驶或停放时支腿在重力作用下自动下沉。为了保证起重机的稳定，一般要求对后支腿实行先放后收的操作，收放顺序可由操作者来控制，也可根据需要同时操纵前、后支腿的动作。液压汽车起重机还安装了稳定器，稳定器液压缸与后支腿液压缸的油路并联，当放后支腿时，稳定器液压缸的活塞杆会因负载阻力小而先于后支腿液压缸伸出，推动挡块将汽车与后桥刚性地连接起来，防止由于钢板弹簧下垂造成后轮胎不能离开地面的问题，从而改善作业稳定性。在收支腿时，由于车重的作用，支腿液压缸的活塞杆先收回，稳定器液压缸的活塞杆后收回，这样可使轮胎平稳着地。

二、回转机构液压回路

支腿放下将汽车起重机支稳后，就可将车体回转相应角度，将起重吊钩对准作业点，这样工作机构可在更大范围内进行作业。将选择阀6.2置于下位时，泵1.1排出的油经管路5、选择阀6.2、管路13、中心回转接头14通至上车。回路中设有外控顺序阀17，其调压范围是5~9MPa。管路13的液压压力小于5MPa时，顺序阀关闭，液压油只能经管路19、组合阀20向蓄能器21充液。若蓄能器的压力达到9MPa（达到工作油压要求），则顺序阀打开，液压油供给回转机构（蓄能器的功用在起升回路中说明）。

多路换向阀中的阀23.2为三位六通换向阀，当其阀芯处于中位时，从泵1.1流出的油经回油管和回油精过滤器3回到油箱2，此时处于停止位。将阀芯置于上位或下位时，液压油驱动ZBD40型轴向柱塞马达42沿顺时针或逆时针方向回转，再通过小齿轮与大齿轮啮合，驱动作业架回转，作业架转速为1~3r/min。回转时上下平台液压件靠中心回转接头14连接，可不受相对转动的影响。

整个作业架的转动惯量特别大，当作业架需停留在某一位置且不能滑动时，需要在回路中设有一单向阀和回转回路溢流阀23.1（调定压力为17.5MPa）。

三、臂架变幅液压回路

当回转停止后，操作者估计吊钩与重物的角度，此时需将臂架变幅液压回路进行调整。臂架变幅液压回路的作用是改变臂架的起落位置，使之与车体形成一定角度，增大起重机的工作范围。臂架变幅液压回路与伸缩臂液压回路并联，既可单独动作，也可与伸缩臂同时动作，动力元件为泵1.3。变幅缸40和三位六通换向阀23.5之间装有平衡阀30［作用：平衡阀就是使负载（重物）作用腔产生一定的背压，以平衡负载的作用力，此外，平衡阀也能起到液压锁的作用。因此，平衡阀是伸缩臂液压油路中必不可少的控制元件。在使用平衡阀时，应注意将它串联在高压分支油路中，控制压力油向低压分支供油（其控制压力为4.5MPa）］。

将阀23.5置于上位时，液压油经平衡阀30的单向阀进入变幅缸40的无杆腔，使活塞上移，吊臂上仰，吊起重物；将阀23.5置于下位时，液压油进入变幅缸40的有杆腔，使活塞下移，同时将平衡阀30的顺序阀推开，吊臂下落，放下重物。当吊臂由于重力超速下滑时，变幅缸40供油腔与控制油路中的压力降低，平衡阀30的顺序阀开度变小，以防止吊臂幅度的突然改变。

变幅回路和伸缩臂液压回路共用的是溢流阀23.3，调定压力为20MPa。

四、伸缩臂液压回路

对准作业点后操纵伸缩臂液压回路，使吊钩处于重物正上方。伸缩臂是一种举升和下放重物的机构，由伸缩臂缸41驱动。伸缩臂液压回路的液压油来自于泵1.3，它排出的液压油经中心回转接头14、管路16，进入伸缩臂换向阀23.4。

伸缩臂换向阀23.4置于下位时，液压油经平衡阀28中的单向阀进入伸缩臂缸41的无杆腔，使活塞上移，吊臂上仰，吊起重物；阀23.4置于上位时，液压油进入伸缩臂缸41的有杆腔，同时，液压油经控制油路将平衡阀28的顺序阀推开，该缸的无杆腔回油，使活塞下移，吊臂下落，放下重物。如果吊臂在外负载作用下，下落速度超过供油速度，则管路中的压力随之降低，平衡阀28的顺序阀开度变小，液压缸缩回速度即被有效地控制。伸缩臂液压回路中溢流阀27的调定压力为17MPa；阀23.4置于中位时，液压缸的有杆腔迅速卸

压，平衡阀迅速关闭，活塞停止下移并被锁定在该位置，此时，泵 1.3 的油通至变幅换向阀 23.5。

在阀 23.4 与伸缩臂缸 41 之间装有一个在重物下降时限制下降速度的平衡阀 28，形成平衡回路。

五、吊重起升液压回路

起升机构，即卷筒-吊索机构，作用是实现垂直起升和放下重物。液压起升机构用大转矩起升马达 38 通过减速器驱动卷筒，液压马达的转速可通过改变发动机的转速来进行调节。阀 23.6 为五位六通换向阀，五位是指快、慢两档起升，快、慢两档放下以及中位。

1. 慢档起升

操作者将阀 23.6 置于向上第一档时，泵 1.2 排出的液压油经中心回转接头 14、管路 26、阀 23.6 和平衡阀 39 中的单向阀进入起升马达 38 的油口 A（起升马达 38 驱动减速器和卷筒提升重物，实现举重上升），起升马达 38 以低转速工作，使重物慢速起升。泵 1.3 排出的油经阀 23.5 的中位排出后，经过阀 23.6 和管路 25 回到油箱 2。

2. 快档起升

操作者将阀 23.6 置于向上第二档时，泵 1.2 从阀 23.5 的中位排出液压油后，经过单向阀 24 与泵 1.3 的液压油合流进入起升马达 38 的油口 A，此时进入 A 口的流量增大，起升马达 38 以高转速工作，重物快速起升。B 口流出的油经过阀 23.6、管路 25 回到油箱 2。

3. 慢档放下

操作者将阀 23.6 置于向下第一档时，泵 1.2 的液压油进入起升马达 38 的油口 B，同时控制油推开平衡阀 39 的顺序阀，起升马达 38 以低转速工作，重物慢速下降。泵 1.3 排出的油经过阀 23.6 回到油箱 2。

4. 快档放下

操作者将阀 23.6 置于向下第二档时，泵 1.2 与泵 1.3 的液压油合流进入起升马达 38 的油口 B，起升马达 38 以高转速工作，重物快速下降。

阀 39 为平衡阀，当负载减小及重物的自重欲使起升马达超速旋转时会发挥作用，这时起升马达 38 的油口 B 的压力低于油口 A 的压力，平衡阀的顺序阀开度减小，起升马达转速受到限制，以防止负载超速下降；另一作用是当平衡阀 39 与阀 23.6 之间的管路破裂时，可防止负载突然下降。

综上所述，在起重机的臂架变幅和吊重起升等液压回路中，分别设置了平衡阀 28、30 和 39，保证了起重机操作安全、工作可靠和运动平稳。在吊重起升液压回路中安装的溢流阀 23.7 起安全作用，其调定压力为 21MPa。

思政融入点 9-2

六、吊重起升液压回路与其制动、离合的配合

吊重起升液压回路与其制动、离合的配合，对汽车起重机的操作较为重要。液压回路中设有两个操纵阀 22，分别用来控制主、副起升制动器与离合器。操纵阀 22 置于中位时，离合器缸 37（靠蓄能器 21 供给液压油）回油，离合器松开，制动液压缸 35（靠弹簧回位，弹簧回位时制动器抱紧）也回油，制动器抱死；操纵阀 22 置于左位时，离合器、制动器均

松开，重物下降；操纵阀22置于右位时，离合器抱死而制动器松开，重物上升。

第二节 自动变速器液压控制系统

汽车传动系统中的变速器控制自动化是汽车发展的高级阶段，自动变速器能根据车速与发动机负载的变化情况及时自动地进行传动比变换（换档），从而使操作简单省力，将驾驶人从频繁的换档操作中解脱出来，减轻驾驶人的疲劳强度，最大程度地消除了驾驶人换档技术的差异，使乘坐更加舒适，特别有利于在车流量较大道路上的行车安全，使发动机经常处于经济转速区域内运转，同时在城市工况下经济方便地传递动力，从而降低了油耗和排气污染。目前，汽车自动变速器可分为三种类型：电控液力机械自动变速器（Automatic Transmission，AT）、电控机械自动变速器（Automated Mechanical Transmission，AMT）和连续可变传动比自动变速器（Continuously Variable Transmission，CVT）。电控液力机械自动变速器（AT）是目前使用最普遍的一种自动变速器，主要由液力变矩器、行星齿轮变速器和电子液压换档控制系统三大部分组成。其中，电子液压换档控制系统由电控单元、传感器、液压控制回路和执行器组成。下面介绍液压控制系统。

一、液压控制系统的组成

自动变速器的自动控制是依靠由动力元件、执行机构和控制机构组成的液压控制系统来完成的。动力元件是液压泵；执行机构包括各离合器、制动器的液压缸；控制机构包括主油路调压阀、手动阀、换档阀及锁止离合器控制阀等，它们都安装在自动变速器上。

电控液力机械自动变速器中的液压控制系统由液压泵、阀体、蓄能器、执行机构和连接管路组成（图9-3），主要控制换档执行机构的工作，根据汽车运行状态将液压油调压后作用于液力变矩器、离合器及制动器。

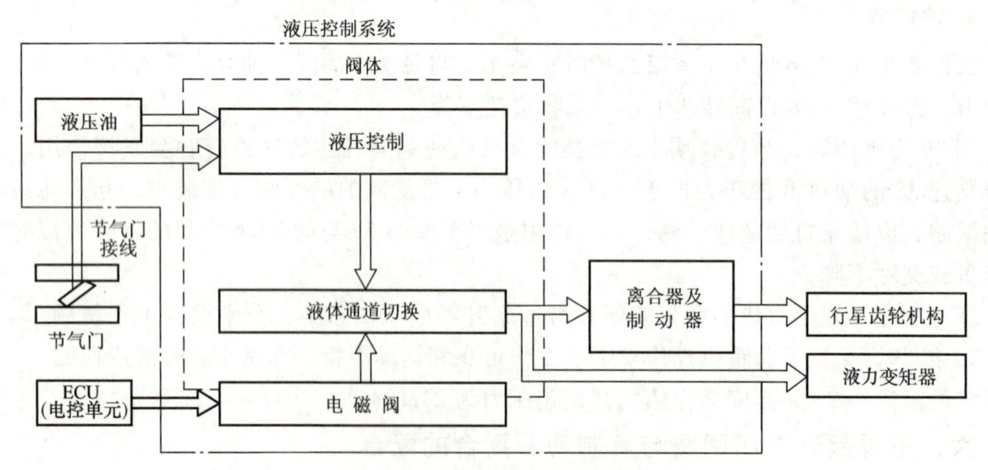

图9-3 液压控制系统的组成

二、液压控制系统各装置组成元件的结构与工作原理

电控液力机械自动变速器中的液压控制系统是与电子控制系统配合使用的，通常把它们合称为电液控制系统。其中，液压控制系统具有传递、操纵、控制以及冷却和润滑等功能。

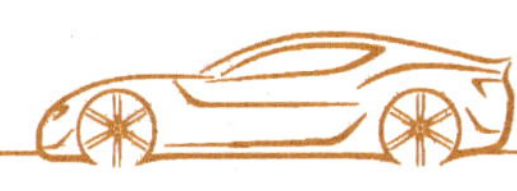

自动变速器的液压控制系统属于低压系统，其工作油压通常不会超过 200kPa。下面根据各组成元件分别叙述其工作原理。

1. 液压泵

液压泵是电控液力机械自动变速器中的动力源，其技术状态的好坏，对自动变速器性能的好坏及使用寿命有非常大的影响，所以它是自动变速器最重要的总成之一。液压泵位于液力变矩器和行星齿轮之间，由液力变矩器的泵轮通过一轴套驱动（故与发动机是同速的）。液压泵向控制机构、执行机构供给液压油以实现换档，同时还给液力变矩器提供冷却补偿油，以及向行星齿轮变速器供应润滑油。通常有内啮合齿轮泵、摆线齿轮泵和叶片泵等定量泵（也有少数汽车采用变量叶片泵），如图 9-4 所示。这三种泵的共同特点是：内部元件（转子）由液力变矩器花键毂或驱动轴驱动，外部元件与内部元件之间有一定的偏心距。

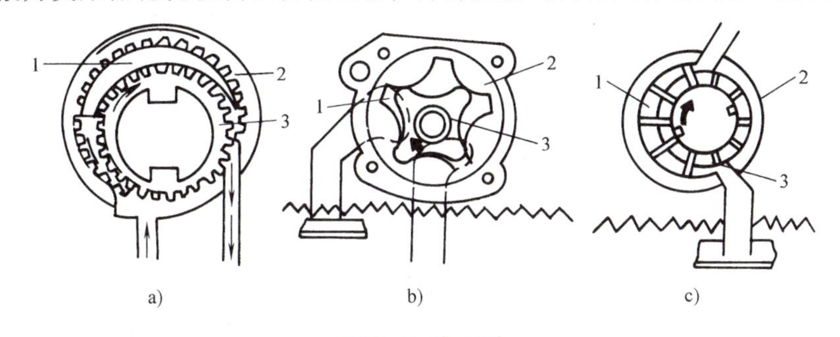

图 9-4 液压泵

a）半月形齿轮泵 b）转子泵 c）叶片泵

1—腔室 2—外部元件 3—内部元件

叶片泵的工作原理如图 3-9a 所示。叶片泵由转子、定子、叶片、配油盘和壳体组成。定子的内表面为圆形，在转子上均匀分布着径向槽，矩形叶片安装在槽内，并可在槽内滑进滑出。转子和定子之间的偏心距是 e。转子相对于定子旋转时，叶片靠离心力及叶片槽底部的液压油作用而紧贴在定子内壁上，相邻叶片间形成数个密封的泵室。当转子沿逆时针方向旋转时，左边的叶片逐渐伸出，相邻两叶片间容积增大，产生低压区，油液经配油盘吸油窗口进入工作容积，完成吸油。与此相反，容积减小的腔室是压油腔，变速器油从这里被压出液压泵，进入压力调节机构的油路。在吸油区和压油区之间，各有一段封油区把它们隔开。

随着转子的运转，液压泵不停地吸油、压油。大多数自动变速器都采用定容积泵，转子每转一圈，被液压泵吸入变速器的油液的容积固定不变，每个密封工作容积吸、压油各一次，故称为单作用叶片泵。半月形齿轮泵和转子泵为单作用叶片泵。叶片泵是泵量可变的容积泵，如果改变转子与定子之间的偏心距 e，也就改变了吸、压油腔的大小，叶片泵的输出流量就会发生变化。这种容积可调的液压泵能更好地符合自动变速器的工作要求：在换档过程中提供较多的油量，在正常行驶时减少液压泵的泵油量。变量泵的输出流量取决于自动变速器的需要，而不取决于发动机的转速，因此比定量泵更能减少功率的损失。在液压泵转速低、需要油液流量较大时，变量泵能够大流量输出。同样，在液压泵转速高、需要油液流量较小时，变量泵的输出流量可以相应地减少。一旦满足变速器的需要，变量泵就只输出保持调节油压所需要的流量。

变速器油进入液压泵前必须经过过滤器滤除异物和杂质，否则液压泵油路和各个控制阀

会过早磨损或发生堵塞。过滤器有粗过滤器、精过滤器和阀前专用过滤器。

当液压泵装在自动变速器前端时，使用液压泵应注意以下三个问题：

1）装有自动变速器的汽车在发动机熄火时，不能像装有机械变速器的汽车一样用人推车的办法起动发动机。因为装有自动变速器的汽车在发动机不工作时，液压泵不泵油，变速器内没有控制油压而无法工作。推车起动时，即使输出轴旋转，液压泵并不向液压控制系统提供工作压力。将变速杆置于“D”位或“R”位，行星齿轮仍处于空转状态，输出轴实际上是空转，当然曲轴也不会旋转，所以无法起动发动机。

2）装有自动变速器的汽车被牵引时，发动机不工作，液压泵也不工作，无压力油输出。长距离牵引，无润滑油供给齿轮系统，将会加剧磨损。因此，牵引距离不应超过 80km，牵引速度不得高于 30km/h，这在装有自动变速器的汽车使用手册中有明确的说明。

3）变速器齿轮系统有故障或严重漏油时，对后轮驱动的汽车，应将被牵引汽车的传动轴脱开；对于前轮驱动的汽车，应将前轮举升使其离开地面再牵引。

很多自动变速器一前一后装有两个液压泵，前泵较后泵流量大，前泵由液力变矩器驱动，后泵由变速器输出轴驱动。当发动机运转，汽车停车时或低速运行时，制动器和离合器传递的转矩较大，前泵产生供变矩器、冷却和润滑系统所必需的高压油，以防打滑。高速行驶时，后泵产生足够的流量以分担前泵的压力负担。此时，压力低到离合器刚能保持接合状态。同时，前泵只是循环工作液返回油盘或前泵的进口，处于待工作状态。如果汽车行驶速度下降，前泵立刻承担系统的主流量和压力。前泵和后泵转换靠回路中设置的两个单向阀来协调，使系统不损失流量和压力。

双泵液压系统的优点：一是汽车只要一运转，后泵就转动，减少了发动机功率消耗，从而减少了液力变矩器驱动前泵的动力消耗；二是用了后泵，只要变速器输出轴转动就会有油压输出，汽车可助推起动。

2. 主油路系统

（1）主油路调压阀 液压泵输出的液压油（实际上是自动变速器油 ATF）进入主油路系统，因为液压泵是由发动机直接驱动的，输出流量和压力都会受发动机运转状况（主要是转速的变化：如怠速时转速为 1000r/min 左右，最高车速时转速为 5000r/min 左右）的影响。这样，若主油路压力过高，会引起换档冲击或产生大量泡沫，液压泵会消耗更多的动力，发动机功率消耗也会增加；若主油路压力过低，又会使离合器、制动器等执行元件打滑。两者都会影响液压系统的正常工作，严重时还会使汽车无法行驶。因此，在主油路系统中必须设置主油路调压阀，将主油路压力控制在一定范围内。

主油路调压阀的主要作用是根据车速和发动机负载率的变化，将液压泵的压力精确地调至规定值，形成稳定的工作油压再输入主油路。自动变速器最重要、最基本的压力就是由主油路调压阀调节的管路压力，管路压力用来控制所有离合器和制动器的正常动作，同时也作为其他元件的压力源。其大小应满足主油路系统在不同工况、不同档位时，具有不同油压的功能要求：

1）当发动机节气门开度较小时，自动变速器传递的转矩较小，此时执行机构中的离合器、制动器不容易打滑，主油路压力可以适当降低；而当发动机节气门开度较大时，因传递的转矩增大，为防止离合器、制动器打滑，主油路压力要升高才能满足要求。

2）汽车以中、低速行驶时，自动变速器传递的转矩较大，为防止离合器、制动器打滑，主油路需要有较高的压力（1.05MPa）；而在高速行驶时，传递的转矩较小，可以降低主油路油压，以减小液压泵运转阻力。

3）使用倒档的机会较少，为减小自动变速器尺寸，将倒档执行机构做得较小，需要提高操纵油压（主油路油压升高到1.75MPa）来避免打滑。

主油路压力按其调节方式有下列三种：

1）由变速杆的位置调节主油路的压力。如上所述，在中、低档及倒档时需要增加主油路的压力，以满足汽车不同工况对油压的要求。

2）由档位及节气门开度调节主油路的压力。当节气门开度较小时，由于发动机输出功率小，可以适当降低操纵油压；而当节气门开度较大时，操纵油压要随之升高，这样在大负载时可以提供大的系统压力，以防止执行元件打滑。相应的主油路调压阀通常采用阶梯形滑阀，如图9-5所示，它由上部的阀芯、下部的柱塞套筒及调压弹簧组成。阀体所处的位置由A、C两端液压力共同作用决定：阀门的上端受来自液压泵的液压力作用；下端受柱塞下部C处来自调压电磁阀所控制的节气门液压力作用，以及调压弹簧的作用力。

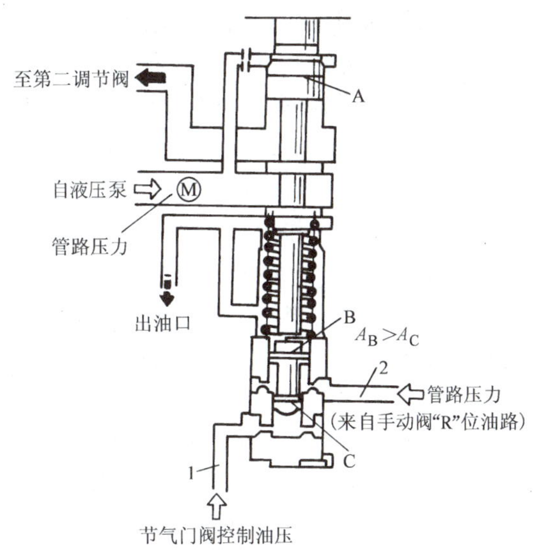

图9-5 主油路调压阀的工作原理

1、2—管路

当液压泵不工作时，由于弹簧的作用，调压阀处于最上端。若液压泵压力升高，作用在A处向下的液压力推动滑阀下移，打开出油口减压，液压泵输出的部分ATF（自动变速器油）经出油口排回油底壳或液压泵入口，从而使工作油压力被调整到额定值。当踩下加速踏板时（大负载时），节气门开度增大，发动机转速增加，液压泵转速随之增加，由其产生的液压力也升高，向下的液压力增大，但这时加速踏板控制的节气门阀液压力也增大，即推动滑阀向的力增大，推动滑阀上移，关闭出油口，使管路压力上升，满足大负载工况的需要。直到滑阀上端产生的压力与下端弹簧力及加速踏板控制的液压力产生的推力的合力平衡时，就会输出稳定的管路压力，满足发动机功率增加时主油路油压增大的要求。

倒档工况（变速杆置于“R”位）：倒档时，手动阀打开另一条油路，将液压油由管路2引入调压阀下部，因主调压阀柱塞的B腔有效作用面积A_B大于C腔有效作用面积A_C，使得向上推动滑阀的作用力增加，阀芯上移，出油口被关小，主油路压力增高，从而获得了高于“D”“2”“L”等前进档位的管路压力（倒档执行机构做得较小，而倒档的传动比较大，换档元件所要传递的转矩较大，需提高操纵油压来避免打滑）。

3）由档位、节气门开度和车辆行驶速度调节主油路的压力，目前这种应用方式是最广泛的。

（2）主油路副调压阀 主油路副调压阀（液力变矩器阀）的作用是根据汽车行驶速度

和节气门开度的变化，自动调节液力变矩器的液压力，并保证各摩擦副润滑的油压和流向液压油冷却装置的油压。实际上主油路副调压阀是一个限压滑阀，其作用是当发动机熄火后，主油路副调压阀在弹簧力的作用下，关闭液力变矩器的油路，防止 ATF 从液力变矩器外流而导致液力变矩器打滑或变速器换档时间滞后，以保证下一次起动时液力变矩器正常传递转矩。当发动机以怠速或较低转速运转时，主油路副调压阀在弹簧力的作用下，切断通向液压油冷却装置的油路，液力变矩器的油压为 0.2MPa。另外，当发动机转速升高时，油温会随着液力变矩器油压的升高而升高，摩擦损失增大，此时主油路副调压阀打开通向液压油冷却装置的油路以便进行冷却，保证 ATF 的正常油温（80~90℃）。

（3）换档阀组 换档阀组包括手动阀和换档阀。换档阀组通过改变液压操纵油路的方向来控制执行机构的工作，使自动变速器完成换档动作。

1）手动阀。驾驶室内的变速杆通过一定的连杆机构与手动阀相连，手动阀是安装在控制系统阀板总成中的多路换向阀，驾驶人操纵变速杆可以带动手动阀移动，其作用是根据不同的变速杆工作位置依次将管路压力油接入相应各档（“P”“R”“N”“D”“2”或“L”位）油路。变速杆的作用与普通手动变速器的变速杆不同，手动变速器变速杆的工作位置就是变速器的档位，手动变速器有几个档位，变速杆就有几个工作位置；而自动变速器的工作方式由自动变速器变速杆的工作位置决定，与档位数并不对应。对四档自动变速器，当将变速杆置于前进档“D”位时，变速器可根据换档信号在 1~4 档之间自动变换；当将变速杆置于前进低档“2”位（或 S 位）时，自动变速器只能在 1~2 档间自动变换；当变速杆置于前进低档“1”位（或 L 位）时，自动变速器只能限制在 1 档工作。

手动阀结构如图 5-10a 所示，该阀的左端通过连杆与变速杆相连。进油道与液压泵主油路相连，操纵变速杆，移动手动阀使其分别处于“P”“R”“N”“D”“2”和“L”（变速杆位置因车而异）等位置，液压油通向换档执行元件。当变速杆位于“N”位和“P”位时，由手动阀通往操纵油路的油道被关闭，操纵油路中无控制油压；当变速杆分别处于“D”“2”“L”或“R”位时，手动阀分别接通来自液压泵的管路压力至各档位的操纵油路，则液压系统按照驾驶人选择的档位完成相应的工作。

2）换档阀。换档阀（变速阀）的工作完全由换档电磁阀控制，其工作原理如图 5-11 所示（加压控制方式），液压油经电磁阀后到换档阀的左端。当电磁阀断开时，没有油压作用在换档阀左端，换档阀阀芯在右端弹簧力的作用下移向最左端（图 5-11a）；当电磁阀接通时，液压油作用在换档阀阀芯左端，使换档阀阀芯克服弹簧力右移（图 5-11b），从而改变油路，实现档位变换。

换档阀实际上是弹簧液压作用式的方向控制阀，只有两个工作位置，所以只能在两个档位（升档和降档）之间变换。据统计，汽车装备四档自动变速器时，不仅城市行驶时的百公里油耗小于装备五档手动机械变速器，而且高速行驶时的百公里油耗与同一汽车装备五档手动机械变速器相比，几乎没有差别（设置了超速档的缘故）。因此，目前自动变速器大多为四档变速器，必须设置三个换档阀，分别由对应的三个换档电磁阀来控制，并通过三个换档阀之间油路的互锁作用实现四个档位的变换。也有考虑到减少元件而采用两个换档电磁阀操纵三个换档阀的控制方式，因为采用两个换档电磁阀有 $2^2=4$ 种组合。这种换档控制的工作原理见表 9-1 中的原理图（采用泄压控制方式）。换档电磁阀 A 控制 1~2 档换档阀和 3~4 档换档阀，换档电磁阀 B 控制 2~3 档换档阀。电磁阀断电时泄油孔处于关闭状态，来自手

动阀的主油路液压油通过节流孔后作用在各换档阀右端（如图 5-11a 所示位置），使阀芯左移。电磁阀通电时泄油孔被打开，换档阀右端压力油被泄压，阀芯右移。

电磁阀与换档阀的具体工作情况见表 9-1。

表 9-1　电磁阀与换档阀的具体工作情况

换档阀	档位	换档情况	原理图
1~2 档换档阀	1	ECU 给出信号关闭换档电磁阀 A,而让换档电磁阀 B 通电,1~2 档换档阀阀芯左移,关闭 2 档油路;2~3 档换档阀阀芯右移,关闭 3 档油路,同时主油路油压作用在 3~4 档换档阀阀芯右端,让 3~4 档换档阀阀芯停留在右位,即只有 1 档油路连通,变速器挂入 1 档	来自手动阀的主油路 3 档油路 2 档油路 超速制动器油路 直接离合器油路 B A
	2	ECU 给出信号让换档电磁阀 A 和 B 同时通电,1~2 档换档阀右端油压下降,阀芯右移,打开 2 档油路,变速器挂入 2 档	来自手动阀的主油路 3 档油路 2 档油路 超速制动器油路 直接离合器油路 B A
2~3 档换档阀	3	2~3 档换档阀由换档电磁阀 B 控制,故此时不考虑换档电磁阀 A(换档电磁阀 A 通电)。ECU 给出信号让换档电磁阀 B 断电,2~3 档换档阀右端油压上升,阀芯左移,打开 3 档油路,变速器挂入 3 档。同时主油路油压作用在 1~2 档换档阀左端,而让 3~4 档换档阀阀芯左端控制油压泄压	来自手动阀的主油路 3 档油路 2 档油路 超速制动器油路 直接离合器油路 B A
	2	若要强制挂入 2 档,换档电磁阀 B 通电(换档电磁阀 A 通电)	

（续）

换档阀	档位	换 档 情 况	原 理 图
3~4 档换档阀	4	ECU 给出信号使换档电磁阀 A 和 B 均不通电，3~4 档换档阀阀芯右端控制压力升高，阀芯左移，关闭直接离合器油路，接通超速制动器油路，由于 1~2 档换档阀阀芯左端作用着主油路油压，虽然右端有液压油作用，但阀芯仍然保持在右端，不能左移	来自手动阀的主油路 3 档油路 B 2 档油路 A 超速制动器油路 直接离合器油路
	3	若要强制挂入 3 档，换档电磁阀 A 通电，换档电磁阀 B 不通电	

(4) 锁止控制系统 锁止控制系统的作用是控制液力变矩器的油压以及锁止离合器的工作，主要元件为锁止离合器控制阀。在一些新型的电控自动变速器上，锁止电磁阀采用脉冲式电磁阀（Pulse Width Modulated Solenoid），ECU 利用脉冲电信号占空比（在一个脉冲周期内，通电的时间占脉冲周期的百分数，其变化范围为 0~100%）大小来调节锁止电磁阀的开度，控制锁止离合器控制阀右端的油压，调节锁止离合器控制阀左移时排油孔的开度，从而控制锁止离合器活塞右侧油压的大小，如图 9-6 所示。

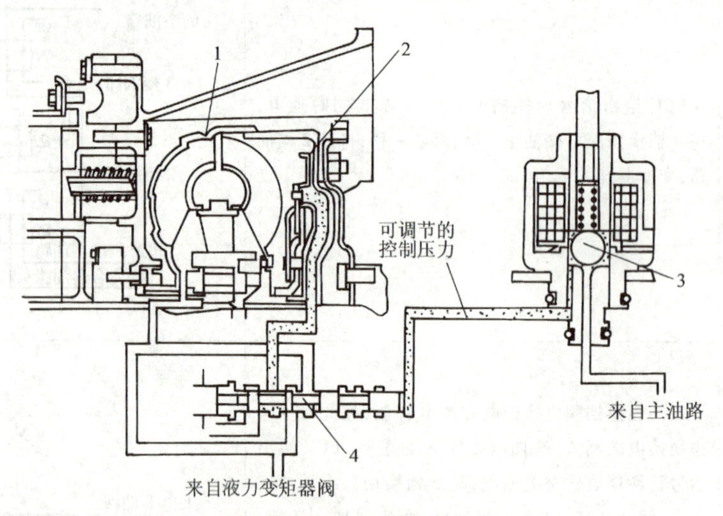

图 9-6 电控系统锁止离合器控制阀工作原理

1—液力变矩器 2—锁止离合器 3—脉冲线性式锁止电磁阀 4—锁止离合器控制阀

1）锁止离合器处于分离状态。当作用在锁止电磁阀上的脉冲电信号的占空比为 0 时，ECU 没有对电磁阀通电，电磁阀关闭，锁止离合器控制阀的右端无油压，其活塞左右两侧的油压相同，与液力变矩器分离，锁止离合器处于分离状态。自动变速器为液力传动工况，发动机动力全部经液力变矩器传递。

2）锁止离合器处于半接合状态。当作用在锁止电磁阀上的脉冲电信号较小时，电磁阀的开度小，锁止离合器控制阀右端的油压较小，锁止控制阀左移打开的排油孔开度也较小，故锁止离合器活塞左右两侧的油压差以及由此产生的锁止离合器接合力也较小，使锁止离合器处于半接合状态。

3）锁止离合器处于接合状态。脉冲电信号的占空比越大，锁止离合器活塞左右两侧的油压差以及锁止离合器接合力越大。当脉冲电信号的占空比达到一定数值时，流入液力变矩器的液压油作用于锁止离合器，使其与前盖一起旋转，锁止离合器即可完全接合。自动变速器为机械传动工况，发动机动力经锁止离合器直接传至行星齿轮变速器输入轴。锁止离合器锁止时刻称为锁止工作点。

这样，ECU 在控制锁止离合器接合时，通过改变脉冲电信号的占空比，让锁止电磁阀的开度逐渐变大，从而调节其接合速度，让接合力逐渐增大，减小锁止离合器接合时产生的冲击，使接合过程柔和。为防止锁止离合器因车速在锁止点附近变化而出现反复的闭锁、解锁情况，必须使锁止点与解锁点的车速不同，即有一个滞后，避免自动变速器频繁换档，减小锁止、解锁冲击，使车辆行驶更平稳。

（5）缓冲安全系统　自动变速器换档品质和汽车的乘坐舒适性，取决于执行机构各元件的工作性能。为此，在液压系统中设置了缓冲安全系统，以保证换档的可靠性和平顺性。为防止自动变速器在换档时出现冲击，装有许多起缓冲和安全作用的缓冲阀、蓄能器，这类装置统称为缓冲安全系统。

1）缓冲阀的作用是改善换档的平顺性。图 9-7 所示的缓冲阀由滑阀 1、弹簧 2 及阀座 3 组成。滑阀左右端面分别作用着来自于离心调速阀的液压油（经通道 P_3）和来自于节气门阀（由加速踏板控制）的液压油（经通道 P_2）。当强制降档（超车工况）时，由于车速较高，为防止车速突然变化，要求车速越高，低档制动器起作用的速度就越慢，这时 P_3 处液压较高，故滑阀向右移动，使 P_1 与 Q_1 之间的通道（图 9-7a）截面面积减小，进入低档制动器液压缸压力油的流速降低，使低档制动器以较慢的速度工作，减少动载，使换档平稳。

当驾驶人用松开加速踏板的方法强制升档时，缓冲阀的阀座右端节气门阀压力突然降低，阀座迅速右移，使 Q_1 与 Q_2 两通道相通（图 9-7b），缓冲阀立即中断对低档制动器液压缸的供油，主油路液压油迅速通过缓冲阀流向高档离合器，接合高速档。

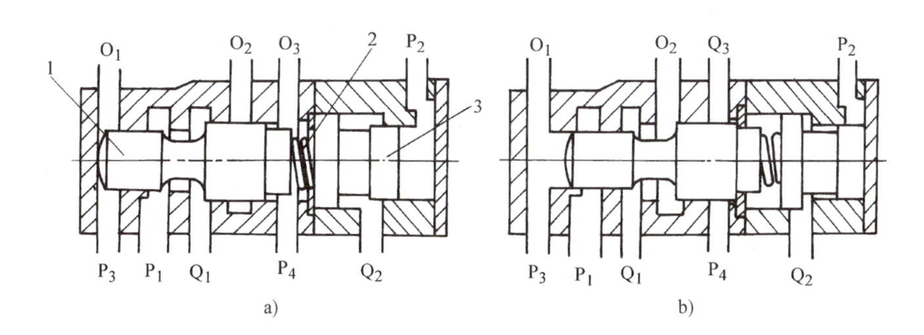

图 9-7　缓冲阀原理

a）控制阀在前进档位置　b）松开加速踏板

1—滑阀　2—弹簧　3—阀座

2）汽车自动变速器中装有蓄能器来缓冲换档冲击。蓄能器一般由减振活塞 B 和弹簧组成（图 9-8）。活塞两端面积不相等，其中面积小的一端装入弹簧，称为背压腔。它与离合器或制动器并联安装。液压油进入离合器或制动器活塞 A 工作腔的同时也进入蓄能器，将蓄能器活塞 B 压下，给蓄能器充油，以此方式降低活塞 A 工作腔的压力，防止离合器片或制动器片快速接合时引起冲击。

丰田 A40、A130 系列自动变速器装有三个蓄能器（图 9-9），分别与三个前进档换档执行元件（两个离合器和一个制动器）的油路相通，在各档动作时起作用。当变速器换档时，主油路在进入离合器等换档执行元件的同时也进入蓄能器的活塞下部。在液压油刚通入换档执行元件时，油压迅速增长，消除离合器、制动器等换档执行元件摩擦片间的自由间隙，随后压力增长到一定程度，克服蓄能器弹簧力与来自液压泵的管路压力使蓄能器活塞上升，容积增大，油路中部分液压油进入蓄能器工作腔，充油时间延长，油压的增大速度减缓，摩擦片逐渐接合，满足了离合器接合过程中液压缸压力增大先快后慢的要求，因而减小了换档冲击，使其接合柔和。显然，若没有蓄能器，摩擦片将在瞬间接合并被加载，从而造成较大的换档冲击。

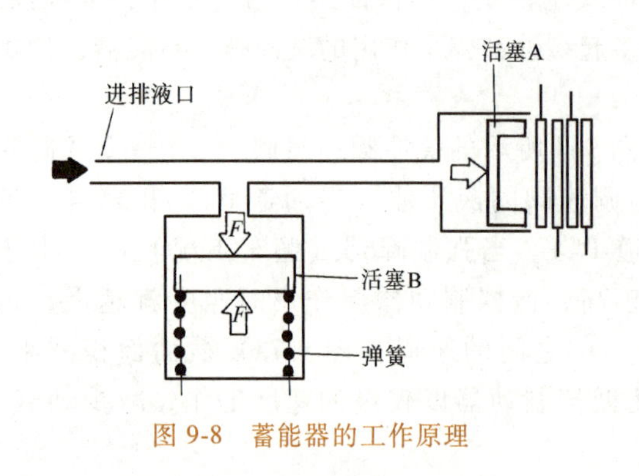

图 9-8 蓄能器的工作原理

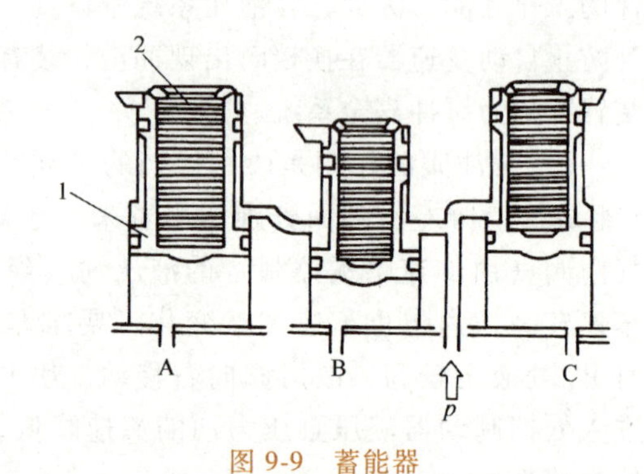

图 9-9 蓄能器

1—活塞 2—弹簧

A、B、C—通向换档执行元件的油路 p—节气门油压

三、SPC90 抱罐车电控液力机械自动变速器的液压控制系统

抱罐车是一种冶金渣处理专用运输车，主要用于处理高温的渣滓、钢液或其他固态物体。SPC90 抱罐车采用电液自动操纵方式，将车速、节气门开度等量转换成油压信号，由控制器进行自动换档；采用电液操纵代替液压操纵，驾驶人员操纵电开关来控制电磁换档阀，按照已定的特性进行自动变换档位。用电磁换向阀代替常规的液压换档阀，可以降低驾驶人员操作强度，提高生产率和行车的安全系数。

变速器的液压控制系统由液力变矩器、冷却器、控制阀组、过滤器和液压泵等组成，其系统原理如图 9-10 所示。液压泵安装在液力变矩器壳体上，当发动机运转时，液压油从变速器油池吸入，然后流经机油过滤器后分为两路：一路为高压油，压力稳定在 1.69~1.96MPa，进入变速器的方向控制阀和档位选择阀，根据阀芯的不同位置，高压油进入相应的离合器，从而得到不同的档位和方向；另一路为低压油，经调压阀调压后油压降为 0.5MPa，调压阀为变速器控制阀提供所需压力，以使离合器接合。调压阀阀芯被弹簧顶着，使其处于关闭位置，当达到一定压力时，阀芯克服弹簧压力，油液进入液力变矩器壳体后，流过导轮座与液力变矩器叶片之间的缝隙，然后流至位于涡轮轴与液力变矩器座之间的回路。油液流出液力变矩器后流向冷却器，再流至变速器，最后靠自身重力落到变速器机油盘中。

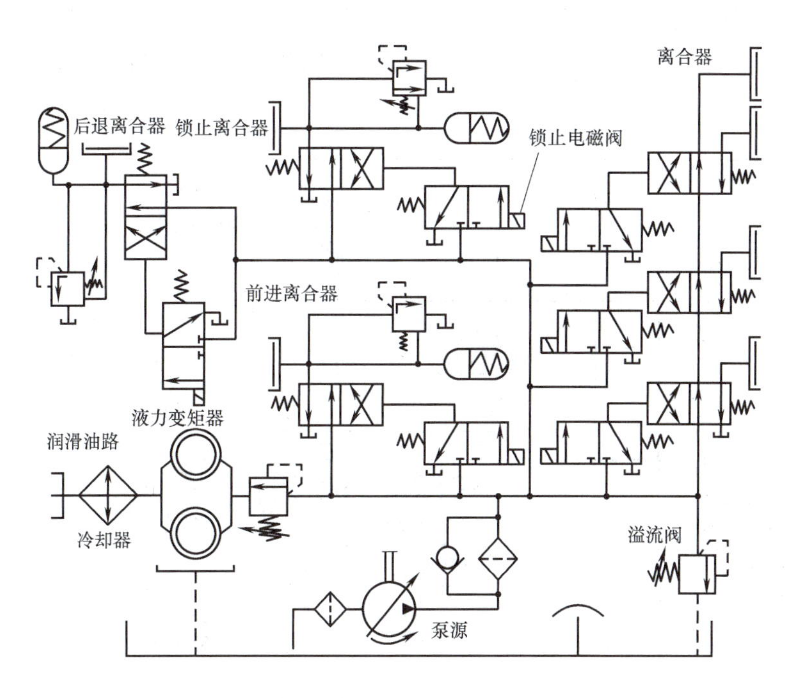

图 9-10　SPC90 抱罐车电控液力机械自动变速器的液压控制系统

发动机动力从飞轮输出，经过泵轮盖传至泵轮。泵轮与液力变矩器涡轮相对安装，它与液力变矩器的输出轴相连，作用是收集其外圆处的油液，然后从中央排出。泵轮油液流到涡轮叶片和导轮中，使液力变矩器的输出转矩倍增。液力变矩器的导轮位于泵轮与涡轮之间，它的作用是收集从涡轮内部排出的油液，并使其进入泵轮中，完成完整的流动循环。抱罐车传动控制阀安装在变速器壳体上，由方向选择阀和档位选择阀组成。

抱罐车方向选择阀是一个三位五通的滑阀，三个位置分别对应前进档、后退档和空档。当方向选择阀处于空档位置时，通往前进档和后退档离合器的压力回路被切断，离合器处于分离状态，系统液压油经调压阀，最终进入变速器油池；当方向选择阀处于前进档位置时，通往前进档离合器的回路被接通。从方向选择阀上流出的液压油通过传动轴上的油道，进入前进档离合器。液压油推动活塞，克服回位弹簧压力而移动，推动摩擦片组，使内外摩擦片彼此压紧，前进档离合器接合，此时变速器处于前进档；当方向选择阀处于后退档位置时，通往前进档离合器的压力油被切断，前进档离合器液压油经快速排油阀排出，内外摩擦片因压力消失而脱开，前进档离合器分离，此时变速器处于后退档。档位选择阀由两个滑阀组成，有五个位置，与方向控制阀配合，组成四个前进档与四个后退档。

四、电控机械自动变速器

电控机械自动变速器在现有的手动变速器基础上增加了一套自动换档机构，融合了液力自动变速器和手动变速器的优点。

电控机械自动变速器自动换档机构已成功应用的有两类：一类是以电动机为主的电控换档机构；另一类是以液压缸为主的电液控制系统。目前应用最多的是电液控制系统，它可用于高转矩范围，有最快的换档速度，而且与其他液压系统可实现最佳配合（如与液力变矩

器的匹配），电液驱动方式的自动变速器已经实现了产品化。图 9-11 所示为电控机械自动变速器的液压控制系统，整个系统有三个液压缸，分别实现离合器接合控制及选档、换档控制。

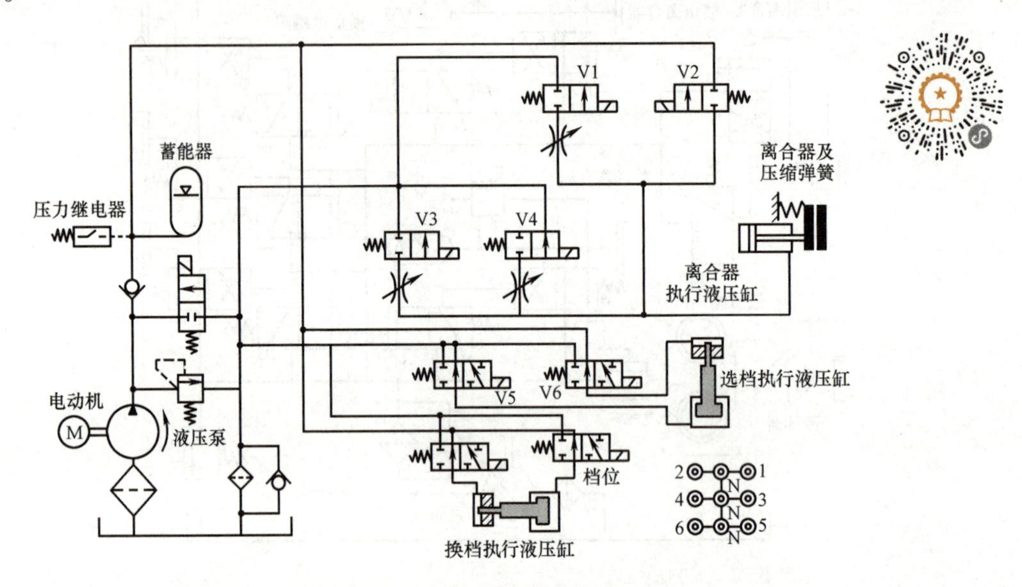

图 9-11 电控机械自动变速器的液压控制系统

电控机械自动变速器具有机械继承性强、传动效率高、燃油经济性高、操作简单等优点，同时具有保护现有手动变速器生产投资的优点，是非常适合我国国情的机、电、液一体化高新技术产品。在几种自动变速器中，电控机械自动变速器的性能价格比最高，在中低档乘用车和商用车上应用前景广阔。

第三节 汽车防滑液压控制系统

一、汽车防抱制动系统（ABS）的基本组成和工作原理

（一）ABS 的基本组成

ABS（Anti-Lock Brake System）是在普通制动系统的基础上，采用电子控制技术，增加了一套防止车轮制动时抱死的机电液一体化控制装置。其主要功用是在汽车制动过程中不断调整制动油压，在制动过程中实时判定车轮的滑移率，自动调节作用在车轮上的制动力，防止车轮抱死，从而获得最佳制动效能。由于采用 ABS 减少了车轮抱死的机会，因此也减少了制动过程中出现相对地面漂浮现象的机会，提高了安全性，同时消除了在紧急制动过程中轮胎严重磨损的情况。

思政融入点

9-3

在一般的制动情况下，驾驶人踩在制动踏板上的力较小，车轮不会被抱死，ECU 无控制信号输出，这时，制动力完全由驾驶人踩在制动踏板上的力来控制，和普通制动系统的工作方式相同。在紧急制动或在松滑路面行驶制动时，在车轮将要被抱死的情况下，ECU 就会输出控制信号，通过执行机构（即制动压力调节器）

控制制动器的制动力，使车轮不被抱死。

图 9-12 所示为典型的 ABS，其在普通制动系统的基础上增加了 ABS 电控单元（即 ABS ECU）、ABS 传感器和 ABS 执行机构三部分。

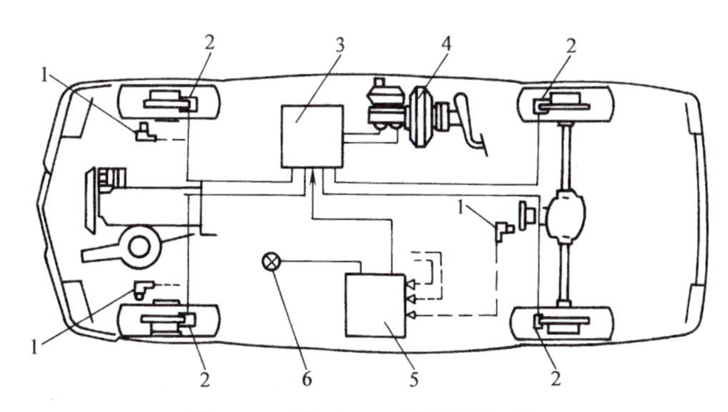

图 9-12　典型 ABS 的结构组成

1—轮速传感器　2—轮缸　3—液压调节器　4—制动主缸　5—ABS ECU　6—警告灯

1. ABS ECU

ABS ECU 接收车速、轮速、减速等传感器的信号，计算出车速、轮速、滑移率和车轮的减速度、加速度，并将这些信号加以分析，判断各车轮的滑移情况后，向 ABS 执行机构下达控制指令来调节各车轮制动器的制动油压。当 ABS 出现故障时，ABS ECU 使警告灯 6 点亮，同时切断通往执行机构的电源，使 ABS 停止工作，此时制动系统以普通模式工作。

2. ABS 传感器

ABS 采用的传感器包括轮速传感器和汽车减速度传感器（G 传感器）两种。ABS 轮速传感器利用电磁感应原理（或霍尔原理）检测车轮速度，并把轮速转换成脉冲信号送至 ECU。一般轮速传感器都安装在车轮上，有些后轮驱动的车辆将检测后轮速度的传感器安装在差速器内，通过后轴转速来检测，故又称为轴速传感器。目前，国内外 ABS 控制车速范围是 15~160km/h，并将逐渐扩大到 8~260km/h，甚至更大。霍尔传感器适应面更广，现已得到广泛的应用。

汽车减速度传感器用来检测汽车制动时的减速度，以识别冰雪、覆油等易滑路面。

3. ABS 执行机构

ABS 执行机构主要由制动压力调节器和 ABS 警告灯组成。

制动压力调节器主要由电磁阀、液压泵和蓄能器等组成。制动压力调节器串接在制动主缸和轮缸之间，通过电磁阀直接或间接地控制轮缸的制动压力。根据工作原理的不同，液压制动系统装用的制动压力调节器有循环式（压力调节器通过电磁阀直接控制制动压力）和可变容积式（压力调节器通过电磁阀间接控制制动压力）两种。

（1）循环式制动压力调节器　循环式制动压力调节器通过在制动主缸与轮缸之间串联的电磁阀直接控制制动压力。循环式制动压力调节器主要由电磁阀、电动液压泵和蓄能器等组成。在普通制动模式下，液压泵不工作，来自制动主缸的制动液经电磁阀直接进入制动轮缸，使制动轮缸内的制动压力随着制动主缸内压力的变化而变化。

循环式制动压力调节器的基本结构如图 9-13 所示。

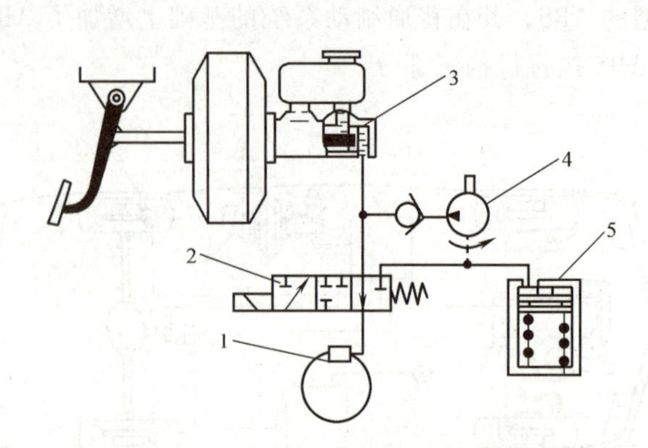

图 9-13 循环式制动压力调节器的基本结构

1—制动轮缸 2—电磁阀 3—制动主缸 4—电动液压泵 5—蓄能器

1）电磁阀。循环式制动压力调节器的电磁阀多采用三位三通电磁阀（有三个液压孔，具有三种工作状态）。在四通道制动控制系统中，每个轮缸有一个三位三通电磁阀；在三通道制动控制系统中，每个前轮有一个三位三通电磁阀，两后轮共享一个三位三通电磁阀。

ECU 控制电磁阀线圈确定电磁阀位置。阀上有三个孔分别通向制动主缸、制动轮缸和蓄能器。电磁线圈流过的电流受 ECU 控制，能使阀处于“三位”，即“升压”“保压”“减压”三种位置，如图 9-14 所示。

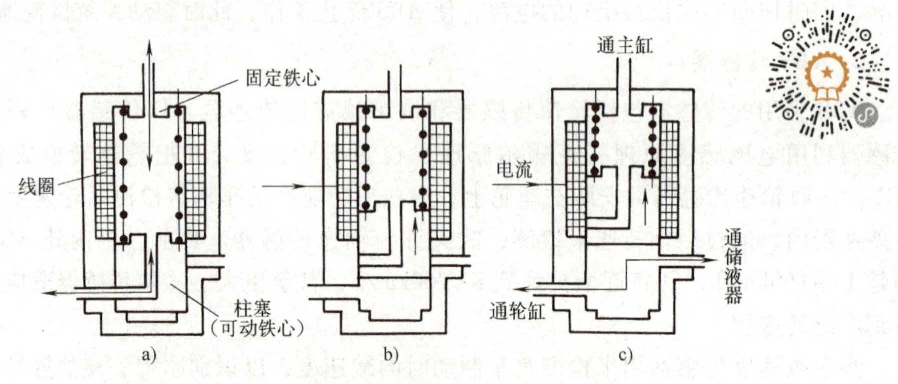

图 9-14 三位三通电磁阀的基本结构与工作原理

a）电流为 0 b）电流小 c）电流大

2）回油泵与蓄能器。回油泵与蓄能器如图 9-15 所示。回油泵由偏心轮（由电动机驱动）驱动柱塞上下运动，泵内有两个上下布置的单向阀，上阀为进油阀，下阀为出油阀。柱塞下行时，封闭出油孔，推开进油阀，使泵腔内压力升高；柱塞上行时，轮缸及蓄能器的压力油推开进油阀进入泵体内，柱塞室内压力升高而推开出油阀，将制动液泵出。回油泵受 ABS ECU 控制，在循环式制动压力调节器降低压力的过程中，将从轮缸流出的制动液经蓄能器泵回主缸，以防止 ABS 工作时制动踏板行程发生变化。

蓄能器为一个内装活塞和弹簧的液压缸，位于回油泵与电磁阀之间，用于储存高压制动液。从液压泵流入的制动液进入蓄能器压缩弹簧，使蓄能器容积增大，以暂时储存制动液。

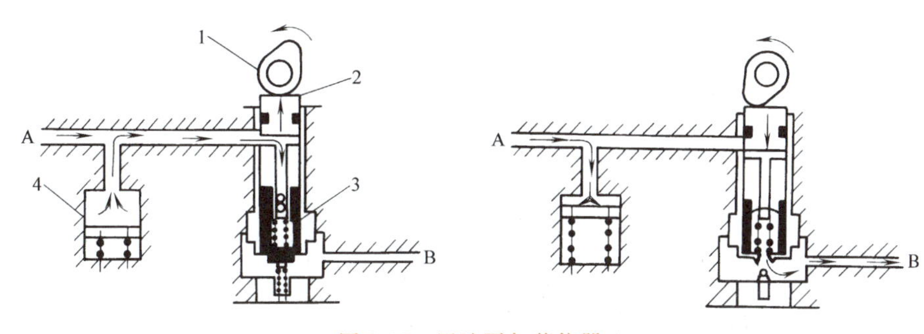

图 9-15 回油泵与蓄能器

1—偏心轮 2—柱塞 3—回油泵 4—蓄能器 A—通轮缸 B—通蓄能器

有的蓄能器也采用囊式蓄能器，如图 9-16 所示。在容器中由膜片将容器分隔为两腔，膜片后部充有压力约为 6. 9MPa 的高压氮气，上腔与回油泵和电磁阀回油口相连。从液压泵流入的液压油进入蓄能器上腔，作用在气囊上，使氮气压缩，上腔容积增大以暂时储存制动液和能量。

图 9-16 囊式蓄能器

如果回油泵出油口压力过低，说明回油泵或蓄能器发生了故障，压力警示开关闭合，发出警示信号。

3）循环式制动压力调节器的工作过程。汽车在制动过程中，ECU 控制流经制动压力调节器电磁线圈的电流的大小，使 ABS 处于“升压”“保压”和“减压”三种状态。

① 常规（升压）制动过程。如图 9-17 所示，电磁线圈电流为“0”，电磁阀处于“升压”位置。制动主缸与轮缸直接连通，轮缸压力的增减由制动主缸直接控制，回油泵不工作，ABS 不工作。

② 保压制动过程。当 ECU 向电磁线圈通较小的保持电流（约为最大电流的一半）时，电磁阀内的柱塞上移，电磁阀处于“保压”位置，如图 9-18 所示。电磁阀将所有通道截断，同时截断液压泵电动机电源使其停止工作，使制动轮缸内的制动压力保持现有状态。

③ 减压制动过程。当 ECU 向电磁线圈通较大电流时，电磁阀内的柱塞下移，电磁阀处于“减压”位置。电磁阀将轮缸与回油通道或储液器接通，轮缸中的制动液流经电磁阀进入储液器，使轮缸油压下降，如图 9-19 所示。同时，回油泵工作，将储液器内的制动液泵送到主缸。

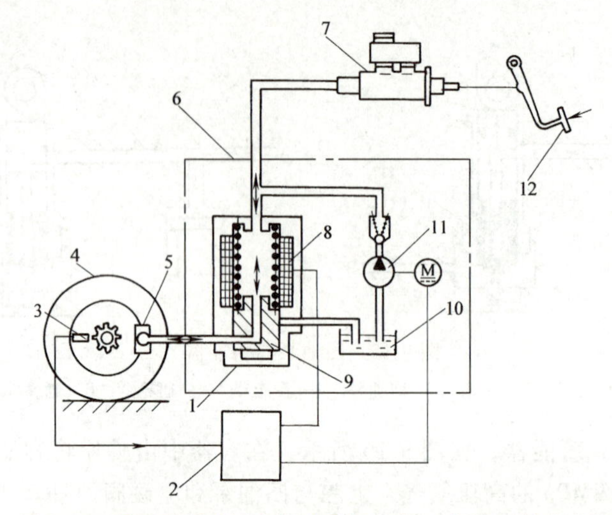

图 9-17 循环式制动压力调节器的常规（升压）制动过程

1—电磁阀 2—ECU 3—传感器 4—车轮 5—轮缸 6—液压部件 7—主缸 8—线圈 9—阀芯 10—储液器 11—回油泵 12—踏板

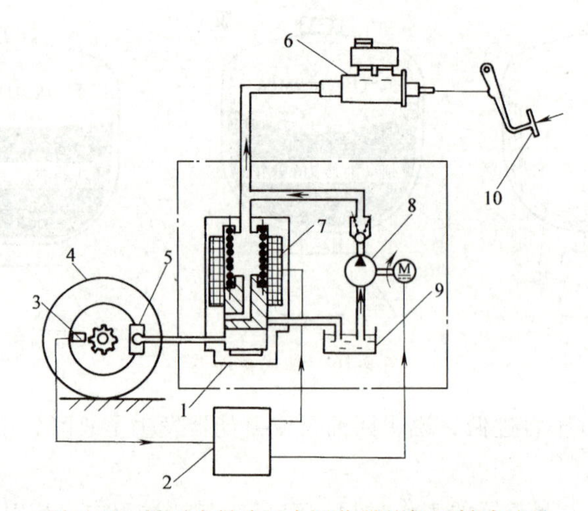

图 9-18 循环式制动压力调节器的保压制动过程

1—电磁阀 2—ECU 3—传感器 4—车轮 5—轮缸 6—主缸 7—线圈 8—回油泵 9—储液器 10—踏板

（2）可变容积式制动压力调节器 可变容积式制动压力调节器，是在汽车原有制动系统管路上增加一套液压控制装置，改变制动管路中的容积，间接控制制动压力的变化。这种液压控制装置的特点是，制动压力油路和 ABS 控制压力油路是相互隔开的。

可变容积式制动压力调节器主要由电磁阀、控制活塞、电动液压泵、蓄能器等组成。其基本工作原理如下：

① 常规制动过程。如图 9-20 所示，常规制动时，ECU 切断电磁线圈的电流，电磁阀回位将控制活塞工作腔与回油管路、储液器接通，控制活塞在弹簧的作用下被推至最左端将单向阀顶开，使主缸与轮缸通过管路接通，主缸的制动液直接进入轮缸，轮缸压力随主缸压力的变化而增减。

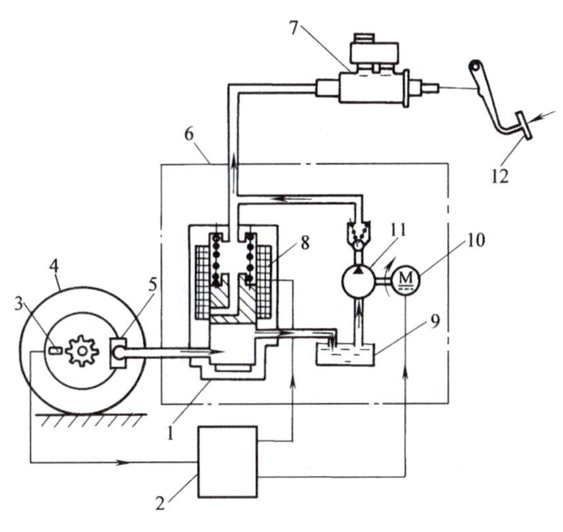

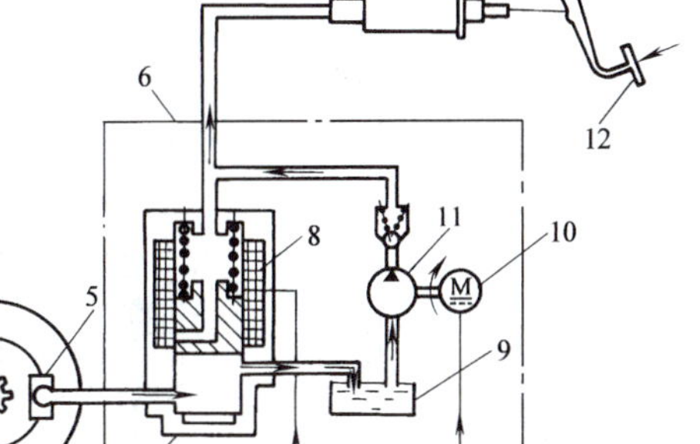

图 9-19　循环式制动压力调节器的减压制动过程

1—电磁阀　2—ECU　3—传感器　4—车轮　5—轮缸　6—液压部件

7—主缸　8—线圈　9—储液器　10—电动机　11—回油泵　12—踏板

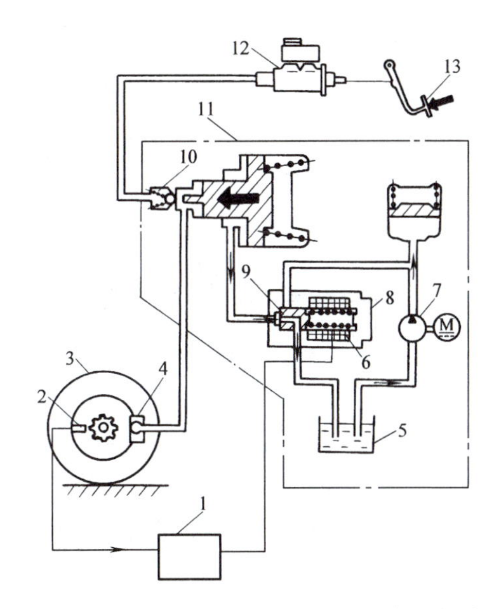

图 9-20　可变容积式制动压力调节器的常规制动过程

1—ECU　2—传感器　3—车轮　4—轮缸　5—储液器　6—线圈

7—液压泵　8—电磁阀　9—柱塞　10—单向阀　11—液压部件　12—主缸　13—踏板

② 减压制动过程。如图 9-21 所示，减压时，ECU 向电磁线圈通入最大电流，电磁阀内的柱塞在电磁力作用下移至最右边，蓄能器与控制活塞工作腔管路接通而推动控制活塞右移，单向阀关闭，主缸与轮缸之间的通路被单向阀切断。由于控制活塞的右移，轮缸侧容积增大，从而使制动压力减小。

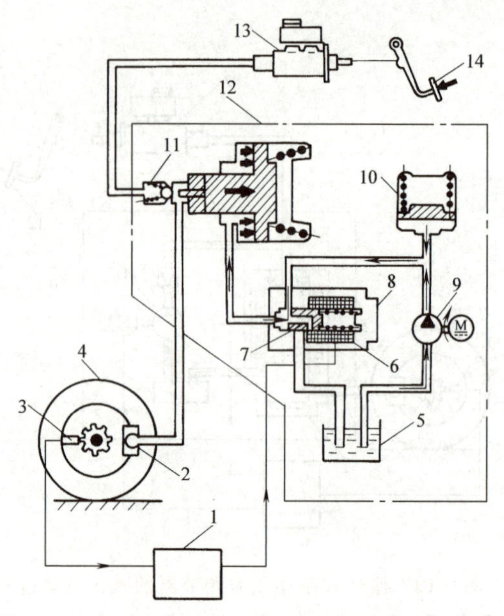

图 9-21 可变容积式制动压力调节器的减压制动过程

1—ECU 2—轮缸 3—传感器 4—车轮 5—储液器 6—线圈 7—柱塞
8—电磁阀 9—液压泵 10—蓄能器 11—单向阀 12—液压部件 13—主缸 14—踏板

③ 保压制动过程。如图 9-22 所示，ECU 向电磁线圈通入较小电流，电磁线圈的电磁力减小，柱塞移至左边，蓄能器、回油管及控制活塞工作腔管路相互关闭。此时控制活塞左侧的油压不再变化，控制活塞在油压和强力弹簧的共同作用下保持在一定位置不动，单向阀仍处于关闭状态，轮缸侧管路的容积也不发生变化，制动压力保持不变。

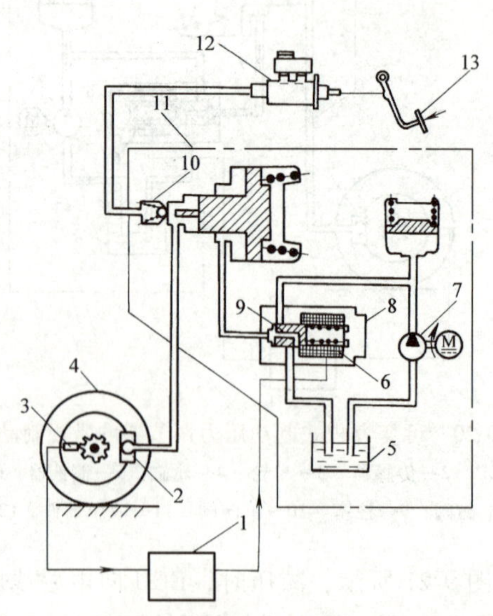

图 9-22 可变容积式制动压力调节器的保压制动过程

1—ECU 2—轮缸 3—传感器 4—车轮 5—储液器 6—线圈 7—液压泵
8—电磁阀 9—柱塞 10—单向阀 11—液压部件 12—主缸 13—踏板

④ 增压制动过程。如图 9-23 所示，需要增压时，ECU 对电磁阀的电磁线圈断电，柱塞回到左端的初始位置（常规制动模式时的位置），控制活塞工作腔与回油管路接通，控制活塞左侧油压解除，活塞左侧控制液流回储液器。控制活塞左移至最左端顶开单向阀，来自主缸的制动液直接进入轮缸，压力将随主缸压力的增大而增大。

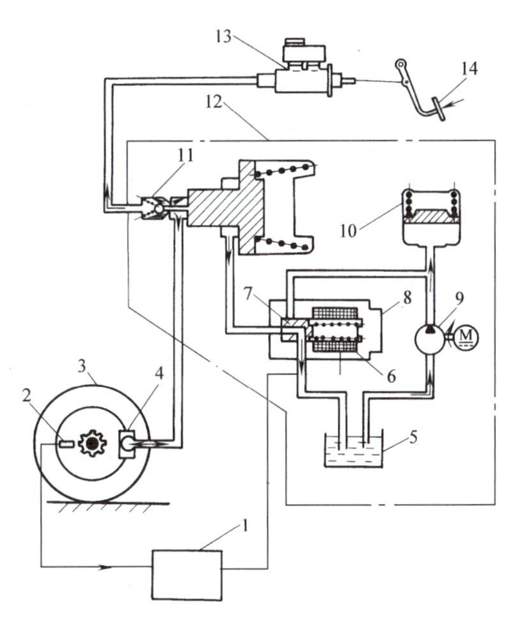

图 9-23　可变容积式制动压力调节器的增压制动过程

1—ECU　2—传感器　3—车轮　4—轮缸　5—储液器　6—线圈　7—柱塞　8—电磁阀　9—液压泵　10—蓄能器　11—单向阀　12—液压部件　13—主缸　14—踏板

ABS 警告灯的作用是在 ABS 出现故障时，由 ABS ECU 控制其点亮，向驾驶人发出警报信号，并可由 ABS ECU 控制闪烁，显示故障码。

4. ABS 的分类

ABS 的分类见表 9-2。

表 9-2　ABS 的分类

序号	控制方式	应用情况	图　例
1	四传感器四通道/四轮独立控制方式	通过各轮速传感器的信号分别对各车轮制动压力单独进行控制，适用于双制动管路为前后轮独立布置形式的汽车，日本本田车系采用该控制系统。它适用于左、右侧车轮附着系数相近的路面，制动距离和操纵性好，但在左、右轮所处路面条件不同时方向稳定性较差，原因是同一轴上左、右轮的制动力不同，使汽车产生较大的偏转力矩而发生制动跑偏	前轮　控制通道　后轮　轮速传感器
2	四传感器四通道/前轮独立-后轮低选择控制方式	后轮一般采用低选择控制，即以易抱死的车轮为标准，给两后轮施加相等的制动力控制车轮转动。该控制方式应用于 X 型制动双管路汽车，因为左、右后轮不是同一制动管路，因此需要采用四个通道。这种方式的操纵性、稳定性较好，但制动性能稍差	前轮　后轮

（续）

序号	控制方式	应用情况	图例
3	四传感器三通道/前轮独立-后轮低选择控制方式	用于双制动管路前后布置形式的后轮驱动汽车。采用四个轮速传感器实现两前轮的单独控制和两后驱动轮的低选择控制，其性能与控制方式2相同，操纵性、稳定性较好，但制动性能稍差。我国许多国产车型采用此控制方式	前轮 后轮
4	三传感器三通道/前轮独立-后轮低选择控制方式	用于双制动管路前后独立布置且采用后轮驱动形式的汽车。前轮有单独的轮速传感器，后轮轮速由差速器上的测速传感器检测，按低选择控制方式用一条制动管路对后轮进行制动控制，其性能与控制方式3相近	前轮 后轮
5	四传感器二通道/前轮独立控制方式	用于X型双制动管路汽车的简易控制系统。前轮独立控制，制动液通过比例阀（PV阀）按一定比例减压后传至对角后轮。与三通道、四通道的ABS相比，其后轮制动力有所减小，制动性能稍有下降，但后轮侧滑较小。该控制方式属于双通道式，可减少压力调节器个数，成本较低，应用较少	前轮 后轮 PV阀（比例阀）
6	四传感器二通道/前轮独立-后轮低选择控制方式	在通往后轮的两通道上增加一个低选择阀（SLV阀）代替控制方式5中的PV阀。SLV阀的存在可使汽车在不对称路面制动时，高附着系数侧前轮的高压不直接传至低附着系数的侧对角后轮，而只升至与低附着系数侧前轮相同的压力，从而防止低附着系数侧后轮抱死。这种控制方式的效果接近三通道或四通道控制的ABS	前轮 后轮 SLV阀（低选择阀）
7	一传感器一通道/后轮近似低选择控制系统制动方式	用于制动管路前后布置且采用后轮驱动形式的汽车。在后轮制动器总管路中只设置一个制动压力调节器，只对后轮采用近似低选择的控制方式。由于没有对前轮进行控制，故前轮易抱死，转向操纵性差，制动距离较长，但结构简单，装车成本更低，应用于一些轻型载货汽车上	前轮 后轮

（二）ABS的工作原理

通过轮速传感器测量车轮转速并将这一数据传送到ECU上，ECU利用轮速传感器信号来计算车速。在制动过程中，车轮转速可与固化在ECU中的理想减速度的特性曲线相比较。如果ECU判断出车轮减速度太大或车轮即将抱死，它就将信号传送给液压执行装置。液压执行装置根据来自ECU的信号能够迅速地对制动器进行保压、减压、升压或常规制动，动作频率能达到10次/s以上。ABS的功用就是控制实际的制动过程，使之接近于理想制动过程。

在一般制动情况下，防抱制动系统与常规制动器的工作方式完全相同，驾驶人踩在制动踏板上的力较小，通过制动轮缸对盘式制动器或鼓式制动器施加压力，车轮不会被抱死，制动力完全由驾驶人踩在制动踏板上的力来控制，ECU不输出控制信号。如果在紧急情况下制动（经常会一脚踩到底）或在湿滑路面上制动（只需要很小的踏板力，车轮就会抱死），控制装置将车轮转速与车辆的减速度进行比较。如果车轮即将抱死，ECU就向液压执行装置

输出信号来调节制动器的制动力，使车轮不致被抱死。

一般有三种控制方式：

1）以车轮滑移率为控制参数的 ABS（防抱死性能好，但电路结构复杂，成本较高）。

2）以车轮角减速度为控制参数的 ABS（控制精度稍差，但系统简单，易实现）。

3）以车轮角减速度和滑移率为控制参数的 ABS（综合了前两种控制方式的优点，控制更精确，得到了广泛的应用）。

二、汽车驱动防滑系统（ASR）的基本组成和工作原理

（一）ASR 的基本组成

随着对汽车行驶性能要求的不断提高，不但要求在制动过程中防止车轮抱死，而且要求在驱动过程中防止汽车打滑，特别是防止汽车在左、右车轮处于不同附着系数的路面打滑或在转弯时驱动轮的滑转。为了保证汽车操纵稳定性和维持汽车的最佳驱动力，从而提高行驶的平顺性，采用了汽车驱动防滑系统（Acceleration Slip Regulation，ASR）。ASR 是对 ABS 的完善和补充。

1. ASR ECU

ASR 和 ABS 的一些信号输入和处理都是相同的，为减少电子元件的使用量，使结构更加紧凑，ASR ECU 与 ABS ECU 通常集成在一起，成为 ABS/ASR ECU，如图 9-24 所示。与 ABS ECU 一样，ASR ESU 配以输入输出电路及电源，其控制模式与 ABS ECU 相似，有控制和监测功能。

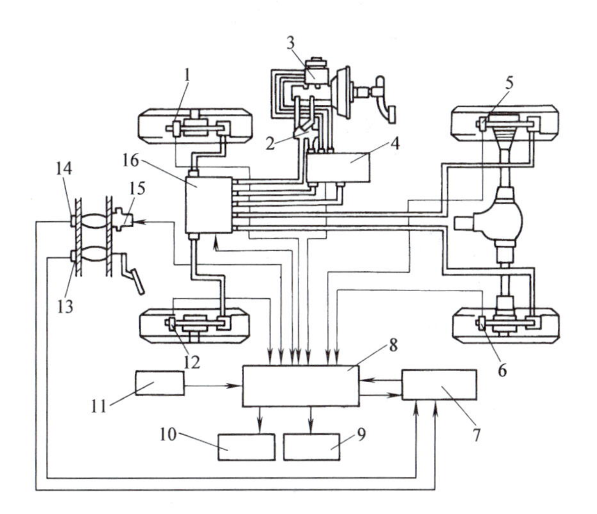

图 9-24　典型 ASR 的结构组成

1—右前轮速传感器　2—比例阀和差压阀　3—主缸
4—ASR 制动压力调节器　5—右后轮速传感器
6—左后轮速传感器　7—发动机控制计算机
8—ABS/ASR 控制计算机　9—ASR 关闭指示灯
10—ASR 工作指示灯　11—ASR 选择开关
12—左前轮速传感器　13—主节气门位置传感器
14—辅助节气门位置传感器　15—辅助节气门驱动步进电动机　16—ABS 制动压力调节器

2. ASR 传感器

ASR 与 ABS 共用轮速传感器，而节气门位置传感器则与发动机电子控制系统共享。ASR 选择开关是 ASR 专用的信号输入装置，将 ASR 选择开关关闭，ASR 就不起作用了。

3. ASR 执行机构

（1）ASR 制动压力调节器　在通往驱动轮制动轮缸的管路中增设了一个 ASR 制动压力调节器，ASR 制动压力源是蓄能器，通过电磁阀来调节驱动轮制动压力的大小。ASR 制动压力调节器对滑转车轮施加制动压力并且控制制动压力的大小，将滑转车轮的滑转率控制在目标范围之内。ASR 制动压力调节器的结构形式有单独方式和组合方式两种。

1）单独方式的ASR制动压力调节器。单独方式是指将ASR制动压力调节器和ABS制动压力调节器在结构上各自分开，如图9-25所示。

在ASR不起作用、电磁阀不通电时，阀处于左位，调压缸的右腔与储液器相通，因而压力低，调压缸的活塞被回位弹簧推至最右侧，活塞左侧中央的通液孔使ABS制动压力调节器与驱动轮制动分泵相通。因此，在ASR不起作用时，对ABS的正常工作不产生任何影响。

当驱动轮出现滑转而需要对驱动轮实施制动时，ASR ECU输出控制信号，使电磁阀通电而移到右侧，调压缸右腔与储液器隔断而与蓄能器相通，蓄能器中具有一定压力的制动液向左推动调压缸的活塞，使ABS制动压力调节器与驱动轮轮缸的液压通道关闭，调压缸左腔的压力随活塞的左移而增大，驱动轮轮缸的制动压力也随之增大。

当保持驱动轮的制动压力时，ECU给电磁阀通最大电流的一半，阀处于中间位置，使调压缸与储液器到蓄能器的液压通道都被隔断，调压缸活塞保持不动，即驱动轮制动轮缸的制动压力维持不变。

当减小驱动轮的制动压力时，ECU使电磁阀断电，阀在回位弹簧的作用下回到左侧，使调压缸右腔与蓄能器隔断而与储液器相通，调压缸右腔压力下降，在回位弹簧作用下活塞右移，使驱动轮轮缸的制动压力下降。

2）组合方式的ASR制动压力调节器。组合方式是指ASR制动压力调节器与ABS制动压力调节器在结构上整合为一体。ABS/ASR组合制动压力调节器的工作原理如图9-26所示。

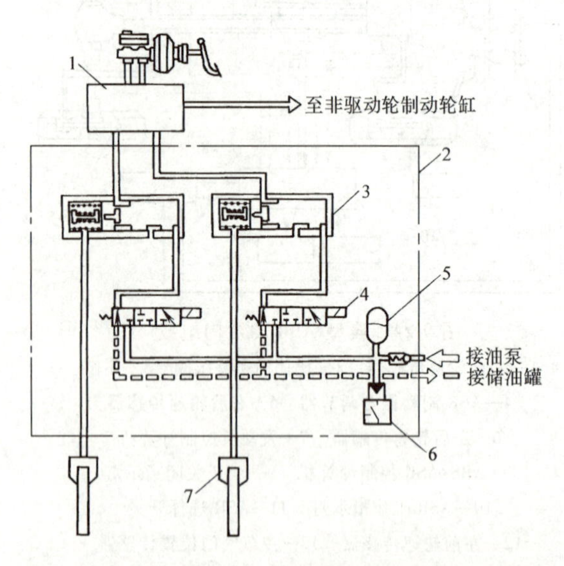

图9-25 单独方式的ASR制动压力调节器的工作原理

1—ABS制动压力调节器 2—ASR制动压力调节器
3—调压缸 4—三位三通电磁阀 5—蓄能器
6—压力开关 7—驱动轮轮缸

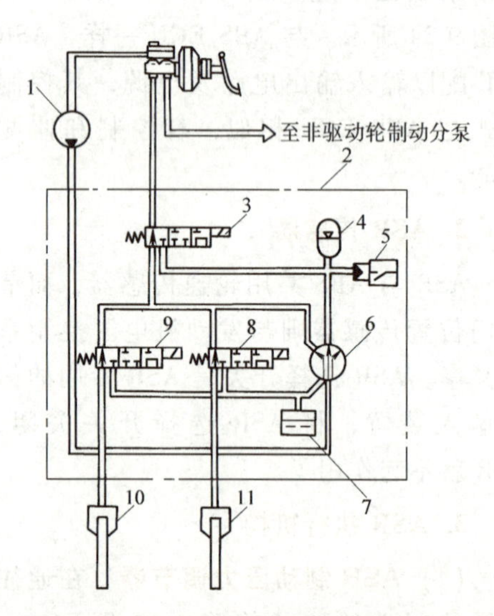

图9-26 ABS/ASR组合制动压力调节器的工作原理

1—液压泵 2—ABS/ASR组合制动压力调节器
3、8、9—电磁阀 4—蓄能器 5—压力开关 6—循环泵
7—储液器 10、11—驱动轮制动器

在ASR不起作用时，电磁阀3不通电。如果汽车在制动过程中车轮抱死，ABS发挥作用，通过控制电磁阀8、9来调节制动压力。

当驱动轮出现滑转时，ASR 控制器使电磁阀 3 通电，阀芯移到右位，电磁阀 8、9 不通电，阀芯仍处在左位，蓄能器的液压油通入驱动轮轮缸，使制动力增大。

当需要保持驱动轮的制动压力时，ASR 控制器使电磁阀 3 通最大电流的一半，阀芯移到中位，切断主缸与蓄能器的油路，使驱动轮轮缸的制动压力维持不变。

当需要减小驱动轮的制动压力时，ASR 控制器使电磁阀 8、9 通电，电磁阀 8、9 的阀芯移到右位，将驱动轮轮缸与储液器连通，制动力下降。

如果需要对左、右驱动轮的制动力实施不同的控制，ASR ECU 分别对电磁阀 8、9 实行不同的控制，也就是对驱动轮制动力进行增大、保持和减小的调节。

(2) 节气门驱动装置 应用最广的方法是 ASR ECU 通过改变发动机节气门的开度来控制发动机的输出功率。在 ASR 不起作用时，节气门处于全开位置。当需要减小发动机的驱动转矩来控制车轮滑转时，ASR ECU 就输出控制信号，使节气门驱动装置工作（节气门驱动装置一般由步进电动机和传动机构组成。步进电动机根据 ASR ECU 输出的控制脉冲转动规定的转角，通过传动机构带动节气门转动），减小节气门的开度使发动机进气量减少，从而达到控制发动机的输出功率、抑制驱动轮滑转的目的。

（二）ASR 的工作原理

汽车行驶时，ECU 根据轮速传感器产生的驱动轮及非驱动轮的转速信号，确定驱动轮的滑转率。如果 ECU 判断滑转率超出了目标范围，ECU 再综合参考节气门开度信号、发动机转速信号、转向信号等因素确定控制方式，向相应执行机构发出指令，驱动节气门的步进电动机，减小节气门的开度，使发动机的输出转矩减小，驱动轮上的驱动力矩也随之减小，从而将驱动轮的滑转率控制在目标范围之内。

（三）ABS 与 ASR 的比较

ABS 是在车速大于 80km/h 时制动才发挥作用，ASR 则是在汽车行驶的过程中发挥作用，但当车速大于 120km/h 时一般不发挥作用。

第四节 汽车电控液压悬架系统

一、汽车电控液压悬架系统的组成和工作原理

汽车悬架是车架（车身）与车桥（或车轮）之间弹性连接的部件，主要由弹性元件、导向装置及减振器三个基本部分组成。原始的悬架是不能进行控制调节的被动悬架，在多变环境或性能要求高且影响因素复杂的情况下，被动悬架难以满足期望的性能要求。随着电液控制、计算机技术的发展，以及传感器、微处理器和电液控制元件制造技术的提高，出现了可控的智能悬架系统，即电子控制悬架系统。

电子控制悬架系统既能使车辆具有舒适性，又能保证车辆具有良好的操纵稳定性；而对于传统的悬架系统，一旦参数选定，在车辆行驶过程中就无法进行调节，因此进一步提高悬架系统的性能受到很大限制。目前轿车上采用的电子控制悬架系统基本上具有三个功能：一是具有车高调节功能。不管车辆负载在规定范围内如何变化，都可以保证车高一定，可大大减小汽车在转向时产生的侧倾。当车辆在凸凹不平的道路上行驶时，可提高车身高度；当车

辆高速行驶时，又可降低车身高度，以减小风阻并提高其操纵稳定性。二是具有衰减力调节功能。其作用是提高车辆的操纵稳定性，在急转弯、急加速和紧急制动时可以抑制车辆姿态的变化（减小俯仰角、后仰角、侧倾角）。三是具有控制悬架系统减振力和弹性元件的弹性或刚性系数的功能。利用弹性元件弹性或刚性系数的变化，控制车辆起步时的姿势。

电子控制悬架系统按悬架系统结构形式，可分为电控空气悬架系统和电控液压悬架系统两种。在此主要介绍电控液压悬架系统的组成和工作原理。

电控液压悬架系统由液压泵、压力控制阀、液压悬架缸、传感器、ECU 等组成。图 9-27 所示为电控液压悬架系统的工作原理。作为动力源的液压泵输出液压油，供给各车轮的液压悬架缸，使其独立工作。当汽车转向发生侧倾时，汽车外侧车轮液压缸的油压升高，内侧车轮液压缸的油压降低，油压信号被送至 ECU，ECU 根据此信号来控制车身的侧倾。由于在车身上分别装有上下、前后、左右、车高等高精度的加速度传感器，这些传感器信号送入 ECU 并经分析后，对油压进行调节，可使转弯时的侧倾最小。同理，在汽车紧急制动、急加速或在恶劣路面上行驶时，液压控制系统对相应液压缸的油压进行控制，使车身的姿势变化最小。电控液压悬架系统的液压控制油路如图 9-28 所示。

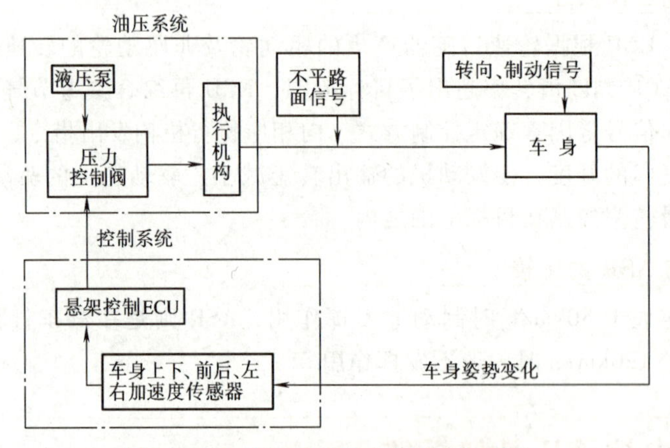

图 9-27 电控液压悬架系统的工作原理

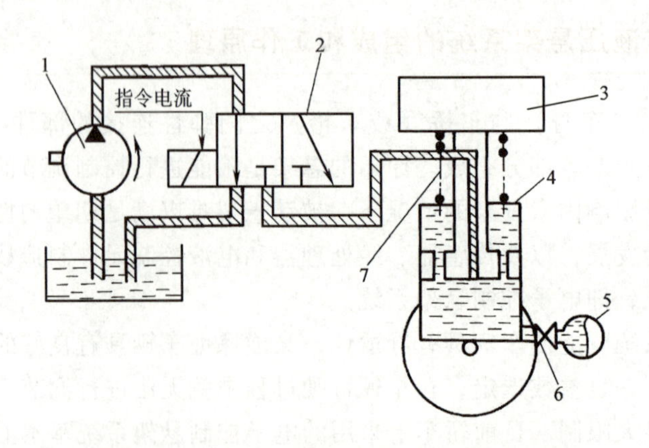

图 9-28 电控液压悬架系统的液压控制油路

1—液压泵 2—调压阀 3—车身 4—液压缸 5—缓冲腔 6—衰减阀 7—螺旋弹簧

二、车高控制系统

车高控制系统是在被动悬架的基础上加装水平高度调节机构形成的，它能够根据车身负载的变化自行调节，使车身高度不随乘员和载货的变化而改变，保证悬架始终都有合适的工作行程。

车高控制系统的执行机构通常由空气或油气弹簧组成，一般分为空压式与液压式两类。液压式又分为液压千斤顶式和液压气动式，可与普通弹簧并联使用。图 9-29 所示为液压千斤顶式车身高度调节机构，车高控制系统根据车高选择开关及车速等信号调节车身高度。

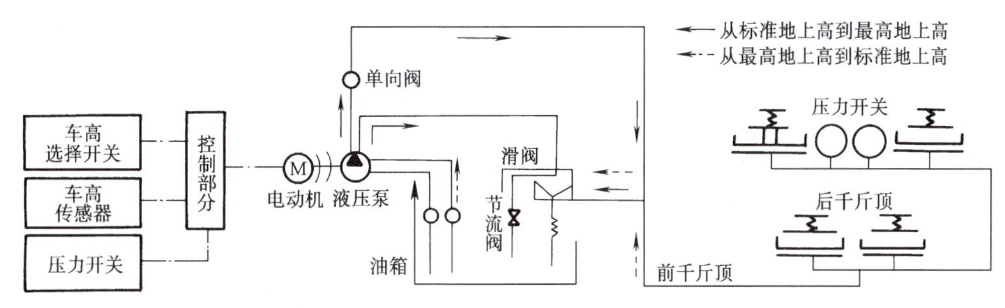

图 9-29　液压千斤顶式车身高度调节机构

液压气动机械控制式车身高度调节机构如图 9-30 所示。从液压泵输出的液压油经压力调节器储存于主储液筒中，通过调节阀将液压油供给液压缸，进行车身高度调整。

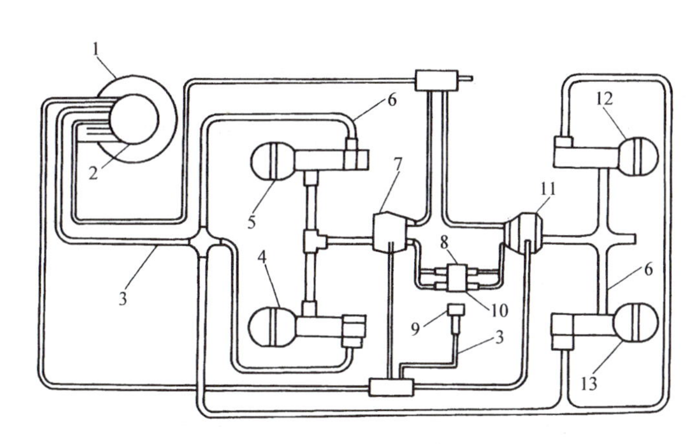

图 9-30　液压气动机械控制式车身高度调节机构

1—油箱　2—液压泵　3—管路　4、5、12、13—带气体弹簧的液压缸　6—漏液回收回路

7—高度调节阀（前桥）　8—前桥制动阀　9—优先控制阀　10—后桥制动阀　11—高度调节阀（后桥）

由于车高控制系统的主要特点是车载变化不影响悬架工作行程，它对车辆性能改进的潜力是与车载变化范围成正比的。因此，这种悬架通常用于一些车载变化较大的重型货车和大型客车，也有些用于高级豪华轿车。

三、自适应悬架系统

自适应悬架系统的刚度和阻尼特性可根据车辆的行驶条件进行自适应调节。当汽车在正常路面行驶时，自适应悬架系统的刚度和阻尼应设置得较低，以保证乘坐舒适性。在急转弯、快速起动及紧急制动时，提高阻尼可减少车身姿态变化。在凸凹不平及坏路面行驶时，提高阻尼力能快速吸收车身的振动，并降低轮胎接地点力的变化，减少轮胎动负载。

手动调节悬架系统的阻尼一般通过驾驶人在仪表板上的“舒适”或“运动”两档之间调整，有的车辆则根据行驶速度自动调节，低速时“软”，高速时“硬”等。低阻尼用于车辆正常行驶工况，高阻尼用于车辆转弯、加速或制动工况。具体控制内容为：侧倾控制，即转向角或转向速度一定时，提高阻尼力，以降低侧倾速度；抗点头控制，即通过制动油压或制动信号灯监测信号，当制动信号灯处于“ON”状态时，系统切换至高阻尼状态；振动控制，即道路状况由加速信号及车身相对高度信号识别，或用超声波传感器直接检测道路状况，系统设置在低阻尼状态，以减小车身与车轴的振动，提高乘坐舒适性和轮胎接地性。

CitroenXM 采用的液力主动控制自适应悬架系统如图 9-31 所示。根据加速/减速信号，转向盘转角、悬架运动或车速等信号使悬架系统切换为高阻尼状态，阻尼由低到高的切换过程通常需几分之一秒。当恢复正常行驶时，将悬架系统再切换回“软”设置，由“硬”设置切换到“软”设置时，通常会有一定时间的滞后。高速行驶时，车高下降 15mm，以增强稳定性；在坏路面行驶时，车高上升 15mm，以提高舒适性。在正常行驶条件下的低阻尼设置时，中心控制阀打开，允许液体流向三个管路。此时液体可横穿车辆，这样除了液体在管路内由于塑性黏滞而产生的反作用力外，系统几乎无侧倾刚度。在坏路面或车辆转弯、紧急制动时的高阻尼设置情况下，中心控制阀关闭，这时每一悬架单元以传统的被动悬架形式单独作用。

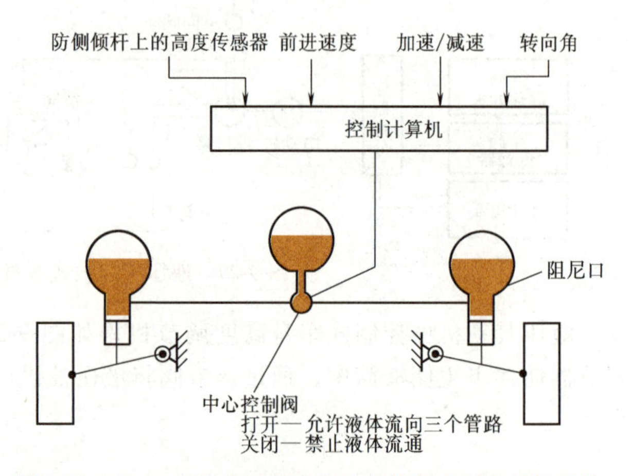

图 9-31　CitroenXM 采用的液力主动控制自适应悬架系统

第五节　液压助力转向系统

在汽车转向系统中增设助力装置后，就称为“助力转向”。采用助力转向的目的是使转向操纵轻便，改善响应特性。一般来说，在停车或车速较低时，转向盘的操纵很费力，随着车速增加逐渐变得轻快。因此，如果将停车或低速时的转向操纵力设计得较小，则在高速行驶时转向就会发飘。为了实现在各种行驶条件下，操纵转向盘所需的力都处于最佳值，就需要采用助力转向装置。目前的助力转向装置均以液压为助力，利用液压泵产生液压，再经过控制阀来调节液压油的流量，根据汽车的行驶状态控制转向系统。在转向时，转向动作仍由驾驶人来完成，但作用在转向机构上的力则由助力装置提供，因而能使转向轻便省力。

助力转向装置按控制方式，可分为机械控制式和电子控制式两种。机械控制式助力转向系统是根据车速或发动机转速来进行控制的。最早采用的是在液压系统内，利用螺线管来改变油路通道面积，以此来控制助力转向系统的压力。车速传感器采用凸轮式机械传感器，采

用机械控制式的车型，如北京切诺基越野汽车的助力转向系统。电子控制式助力转向系统是根据车速、转向盘转角及转动速度和车轮侧滑量来进行控制的。由电控装置控制液压油的流量，再由液压油控制执行机构（如电磁阀或步进电动机）进行转向动作，可以精确地控制助力转向系统液压油的流量，这是机械控制式无法比拟的。目前，大多中高档轿车上均采用电子控制式助力转向系统，如日本丰田皇冠、雷克萨斯（Lexus）轿车。

电子控制助力转向系统是由传感器、电控单元（ECU）和激励器组成的。传感器主要检测操作者的转向意图，通常采用扭杆式转角传感器，只要扭力杆转角偏离平衡位置达到4°，不管是向左还是向右，传感器都能检测出来。目前有些车型采用行星齿轮组作为传动元件，检测精度可进一步提高。

一、液压助力转向系统的概述和分类

目前，国产装载质量5t以上的载货汽车、自动汽车及其变形车，一般都装有转向助力装置；在轻型汽车、豪华旅行车、中高档轿车上也流行选装助力转向系统。随着汽车工业的发展，新技术的不断应用，中低档轿车转向系统逐渐向轻便型发展，开始加装助力转向系统。近年来，国外先进的汽车企业纷纷推出助力转向系统。

液压助力转向系统是以液体的压力为助力完成转向动作的，工作介质多用油液，工作压力一般为8~15MPa。与气压助力转向比较，液压助力转向的工作压力高、助力缸尺寸小、结构紧凑、质量小；由于油液具有不可压缩性，所以液压助力转向系统灵敏度高、刚性好；油液的阻尼作用可以吸收路面冲击；助力装置也无须润滑。缺点是结构复杂，对加工精度和密封要求高等。

液压助力转向系统按液流的形式分为常流式和常压式两种。

1）常流式是指汽车在行驶中转向盘保持不动，控制阀中的滑阀在中间位置时油路保持畅通，即油液从油罐吸入液压泵，又被液压泵排出，经控制阀回到油罐，一直处于常流状态。液压泵空转时，助力缸的两腔都与回油路相通，只有当驾驶人转动转向盘时，控制阀中的滑阀才移动，关闭了常流油路。液压泵排出的油液经控制阀进入助力缸的一腔，在地面转向阻力的作用下产生压力，推动助力缸活塞起助力作用。这种形式的助力转向系统的机构相对简单，液压泵常处在不工作状态，所以它的寿命较长，消耗的功率也较小，在国内外的应用比较广泛。目前，国产和进口的大部分汽车都采用常流式助力转向系统，如图9-32所示。

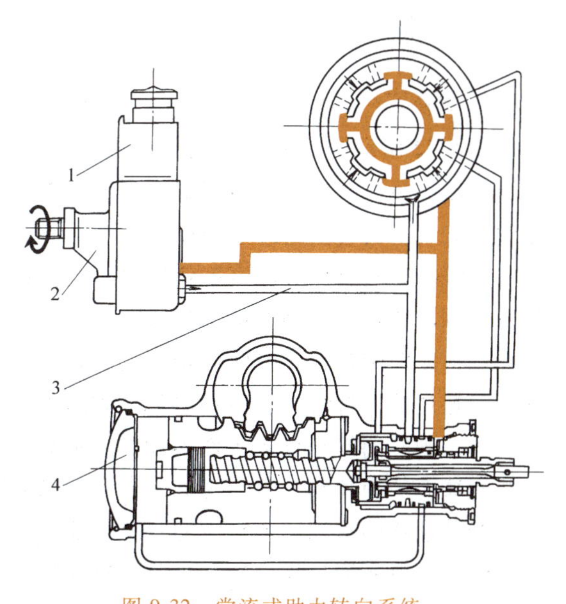

图9-32　常流式助力转向系统

1—转向油罐　2—转向液压泵　3—转向管路　4—整体式助力转向器

2）常压式是指汽车在行驶中，无论转向盘转动或不转动，整个液压系统一直保持高压。通常用蓄能器保持压力，控制阀是常闭的。平时液压泵工作以提高蓄能器的压力，达到最大工作压力后，液压泵自动卸荷而空转。当驾驶人转动转向盘，通过转向摇臂带动控制阀中的滑阀移动时，高压油便立即进入助力缸的一腔，推动助力缸活塞起加力作用。与常流式相比，常压式液压元件多，结构复杂；蓄能器用氮气作为工作介质，增加了充氮的工序；对系统的密封要求更高；液压泵的磨损较大，降低了液压泵的使用寿命；由于转向时不论转向阻力大还是小，使用压力总是等于蓄能器的压力，所以在转向阻力较小时，消耗的功率也较大。由于这些问题的存在，限制了它的使用，目前常压式助力转向系统应用较少。

液压助力转向系统按控制阀形式可分为滑阀式和转阀式两种。

按助力缸、控制阀和转向器的相互位置可分为整体式和分置式两种：助力缸、控制阀和转向器合为一体的为整体式，助力缸和转向器分开布置的为分置式。

按控制阀的位置可分为三种形式：控制阀装在转向器上的为半整体式，控制阀装在助力缸上的为联阀式，控制阀装在转向器和助力缸之间的拉杆上的为联杆式。

整体式助力转向系统结构紧凑、管路少、支架小、质量小、易于布置，因而在部分重、中型汽车和绝大多数高级轿车上应用。它的缺点是不能用于吨位较大的重型汽车上，目前使用的整体式助力转向系统的前轴负载要小于或等于 8t。

分置式助力转向系统结构简单，可以分开布置，根据不同车型的需要将控制阀灵活地布置在转向器、助力缸或拉杆上。另外，可以选用现有的转向器，加装控制阀、助力缸及液压泵和管路等，组成助力转向系统。但这种系统的管路布置要比整体式复杂得多，零件的数量也增加了。然而，这种系统有一个显著的特点，即承受载荷的限制较小，特别是对于超重型汽车和特种汽车，可以视需要增加助力缸的数目，增大缸径或改变助力缸的位置，以满足转向阻力矩增大的需要。

二、液压助力转向系统的组成和工作原理

1. 整体式助力转向系统

图 9-32 所示为一个整体式助力转向系统，该助力转向系统由转向油罐、转向液压泵、转向管路、整体式助力转向器组成。控制阀可以是滑阀式结构，也可以是转阀式结构，此处介绍转阀式助力转向器的工作原理。

直线行驶时转向液压泵不停地随发动机转动，由于无转向动作，控制阀处于常开的中间位置，油液通过控制阀直接回到转向油罐。

当向转向轴输入一个转向指令时，由于转向轴（阀芯）与转向螺杆经扭杆连接，转向螺杆又通过转向螺母（齿条活塞）、齿扇轴、摇臂、拉杆与车轮连在一起，此时若地面转向阻力大，则转向螺杆以下各件不动；转向轴（阀芯）在外力作用下将克服扭杆弹性产生一个相对阀套的角位移，使转阀每个台肩一侧油路全开，另一侧全闭。这样液压泵供来的油沿被打开的油路向液压缸中相应的一腔供油，充满油的一腔继续被供油，推动齿条活塞移动。而此时齿条活塞通过齿扇轴、摇臂、拉杆与车轮相连，由于地面转向阻力较大，在活塞上产生阻力阻止其移动，使该腔油压升高，直到油压在活塞一侧产生的推力足够大，超过地面转向阻力在其上形成的阻力后开始移动，通过这些中间传力件带动车轮转向。车轮转向阻力减小，在活塞上产生的阻力也会减小，工作腔油压也会相应降低，降到仍能维持车轮继续转

动。此时，另一腔的油在活塞推动下沿回油路回到转向油罐。转向轴停止转动时，在扭杆弹簧恢复力和油压力的继续作用下，阀芯和阀套回到中间常开位置，液压泵供来的油不再流入任何一腔，直接回到转向油罐，直到下一次转向动作开始又重复上述过程。因此，整体式助力转向系统是一个典型的液压随动系统，所有的工作过程都是在动态下实现的。

2. 半整体式助力转向系统

图 9-33 所示为半整体式助力转向系统的工作原理，该转向系统中的转向器大都是滑阀式结构。

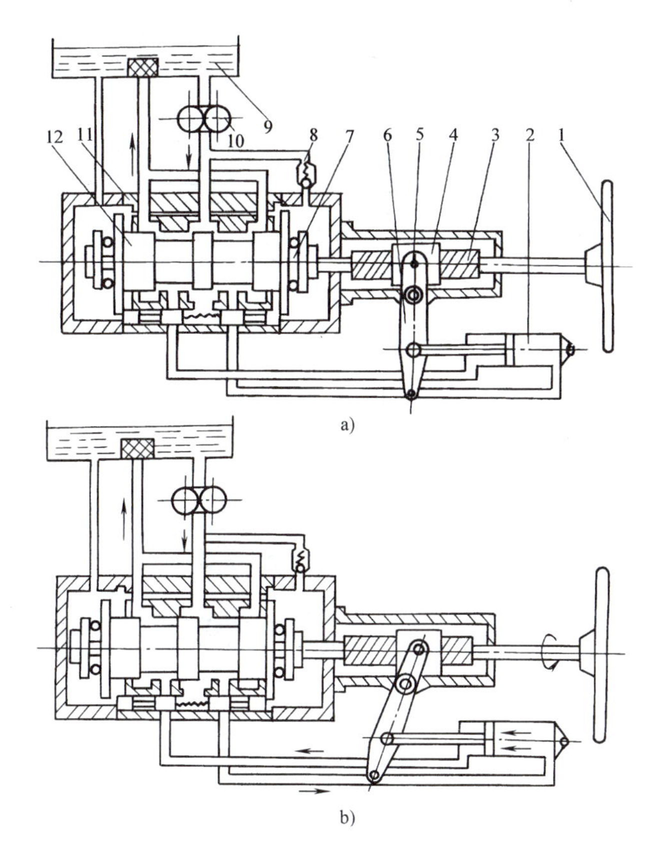

图 9-33　半整体式助力转向系统的工作原理

a）保持转向盘不动时　b）向左转动转向盘时

1—转向盘　2—助力缸　3—转向螺杆　4—转向螺母　5—摇臂轴　6—转向摇臂
7—复位装置　8—单向阀　9—油罐　10—转向液压泵　11—阀体　12—滑阀

当转向盘保持不动时，控制阀中的滑阀 12 在定心弹簧作用下位于阀体 11 的中间常开位置，如图 9-33a 所示。从转向液压泵 10 供来的油液经管路流入控制阀进油孔、中间台肩两侧与阀体台肩之间的缝隙，再经回油孔和回油管路流回油罐 9。这时，助力缸 2 的活塞两边均与油罐 9 相通，活塞两边无压差，不产生移动，不起转向助力作用。

当向左转动转向盘时，如图 9-33b 所示，由于地面转向阻力较大，在转动开始时，与车轮刚性连接的转向螺母 4 保持不动，势必使转向螺杆 3 受到转向螺母 4 的轴向作用力，在克服定心弹簧张力之后带动滑阀 12 向左移动。这样就关闭了滑阀 12 中间台肩左侧的缝隙，开

大了右侧的缝隙，使转向液压泵 10 供来的油液通过分配阀，沿管路流入助力缸 2 活塞的右腔，活塞因受外界阻力作用被推动左移，带动转向摇臂 6 摆动和带动拉杆使车轮左转。同时，助力缸 2 活塞左侧的油液被排出，经管路流到控制阀，再经阀体回油孔和回油管路流回油罐 9。同理，转向盘向右转动也是如此。

这种形式的助力转向系统，传递“路感”的反作用室多在控制阀内。在紧急情况下液压助力装置失灵时，这种形式的助力转向系统均有构成小循环回路的装置，使得油液得以流通而不致造成阻力，以免影响强制手动转向。

3. 联阀式助力转向系统

图 9-34 所示为联阀式助力转向系统的工作原理，该系统的控制阀与助力缸合为一体。当转向盘 1 保持不动时（直线行驶或固定前轮转角），助力缸 14 前部控制阀中的滑阀 12 在复位装置 13 中的定心弹簧作用下，位于阀体 11 的中间常开位置，如图 9-34a 所示。油液从液压泵 9 供来，经过油管流入阀体 11 的进油孔，再经过滑阀 12 中间台肩与阀体台肩之间的缝隙、回油孔回油管路流回到油罐 8。此时，助力缸 14 活塞两边均与油罐 8 相通，活塞两边无压差，不起转向助力作用。

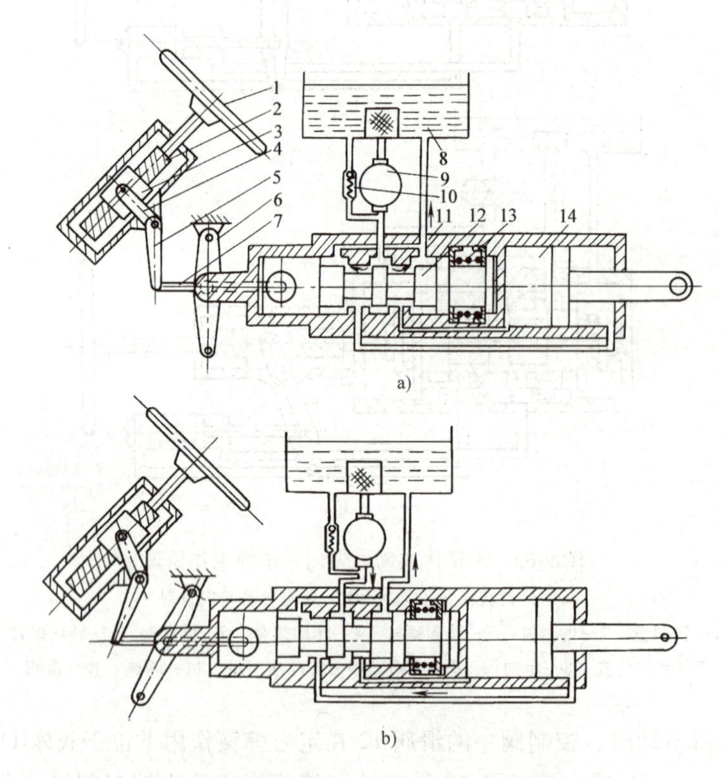

图 9-34 联阀式助力转向系统的工作原理

a）保持转向盘不动时 b）向左转动转向盘时

1—转向盘 2—螺杆 3—螺母 4—摇臂轴 5—摇臂 6—中间摇臂 7—副拉杆 8—油罐 9—液压泵 10—单向阀 11—阀体 12—滑阀 13—复位装置 14—助力缸

当向左转动转向盘时，如图 9-34b 所示。转向盘 1 的转动通过转向器使摇臂 5 摆动，带动副拉杆 7 操纵助力缸 14 前部的控制阀。由于地面阻力较大，与车轮刚性连接的助力缸 14

前端控制阀阀体11先保持不动，而副拉杆7势必带动滑阀12克服定心弹簧的张力向左移动，关闭了滑阀12中间台肩左侧的缝隙，开大了右侧的缝隙，油液经阀体11上的孔道直接流进助力缸前腔，因受外界阻力的作用产生压力，推动缸体左移，从而带动中间摇臂6摆动，通过直拉杆使车轮向左转动。同时，助力缸后腔的油液排出，经动力缸外侧的管路回到阀体，经阀体上的回油孔和回油管路流回油罐。同理，转向盘向右转向也是如此。

三、全液压助力转向系统

以抱罐车全液压助力转向系统为例分析全液压助力转向系统的特性，分析全液压助力转向系统特性时假设如下：油液的密度、黏度、弹性模量、阻尼孔的特征系数都为定值；泄漏流量不计，系统中换向阀及单向阀的局部损失忽略不计；回油阻力不计，沿程阻力忽略不计；两个转向液压缸活塞的位移及速度存在一定函数关系。

如图9-35b所示，A表示转向器流量放大节流口，B表示转向器转阀内部的节流口，C和D分别表示计量液压马达进口和出口的节流口，E表示转向器流量经过放大阀时的节流口，F和G表示流经方向阀时的节流口。

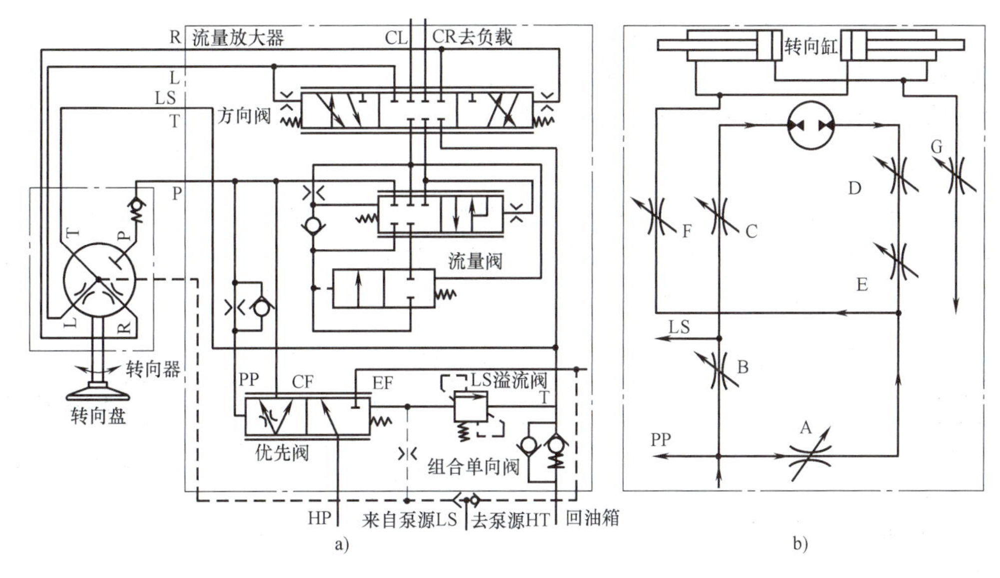

图9-35　全液压助力转向系统

a）全液压助力转向系统的液压原理图　b）全液压助力转向系统的液压系统图

转阀阀芯、阀套相对转角与阀芯外圆上的弧线位移相对应，若把摆线副理想化（不考虑摆线副泄漏，认为进入摆线副的流量全部进入转向液压缸的工作腔），则进入计量液压马达的流量约为进入转向液压缸的1/8，即流量放大器的流量放大倍数为8。

该系统对于小排量的转向器来说稳定性好，但响应速度较慢。对于大排量的转向器来说稳定性较差，但响应速度较快。

第六节　液压系统设计及其实例

液压系统是液压设备的一个组成部分，它与主机的关系密切，两者的设计通常需要同时

进行。液压系统的设计原则是，必须从实际出发，重视调查研究，注意吸取国内外先进技术，力求设计出的液压系统质量小、体积小、效率高、工作可靠、结构简单、操作和维修保养方便、经济性好。液压系统的设计步骤为：

思政融入点 9-4

1）明确设计要求。

2）分析系统工况，进行总体规划。

3）草拟液压系统原理图。

4）选择液压元件。

5）验算液压系统性能。

一、液压系统设计

1. 设计要求

1）主机用途、操作过程、周期时间、工作特点、性能指标和作业环境的要求。

2）液压系统必须完成的动作、运动形式、执行元件的载荷特性、行程和对速度的要求。

3）动作的顺序、控制精度、自动化程度和连锁要求。

4）防尘、防寒、防爆、噪声控制要求。

5）效率、成本、经济性和可靠性要求等。

2. 总体规划

（1）确定液压执行元件 液压执行元件的类型、数量、安装位置和与主机的连接关系，对主机的设计有很大影响，所以在考虑液压设备的总体方案时，确定液压执行元件和主机整体结构布局是同时进行的。常用液压执行元件的类型、特点和应用见表 9-3。

表 9-3 常用液压执行元件的类型、特点和应用

类型		特 点	应 用	可选用或需设计
柱塞缸	单出杆	结构简单，制造容易；靠自重或外力回程	液压机、千斤顶，小缸径柱塞缸用于机床中的定位和夹紧	选用或自行设计
	双出杆	结构简单，杆在两处有导向，可做得细长	液压机、注塑机动梁回程缸	自行设计
活塞缸	双出杆	两杆直径相等，往返速度和输出力相同；两杆直径不等，往返速度和输出力不同	磨床；往返速度相同或不同的机构	选用或自行设计
	单出杆	一般连接，往返速度和输出力不同；差动连接，可以实现快进	各类机械	选用，非产品型号缸自行设计
复合增速缸		可获得多种输出力和往返速度，结构紧凑，制造较难	液压机、注射机、数控机床的换刀机构	自行设计
复合增压缸		体积小，输出力大，行程小	模具成形挤压机、金属成形压印机、六面顶压机	选用或自行设计
多级液压缸		行程是缸长的数倍，节省安装空间	汽车车厢举倾缸、起重机臂伸缩缸	选用
叶片式摆动缸		单叶片式转角<360°；双叶片式转角<180°。体积小，密封较难	机床夹具、流水线转向调头装置、装载机翻斗	选用

（续）

类型	特　　点	应　　用	可选用或需设计
齿轮马达	转速高，转矩小，结构简单，价廉	钻床、风扇传动	选用
摆线齿轮马达	速度中等，转矩范围大，结构简单，价廉	塑料机械、煤矿机械、挖掘机行走机械	选用
叶片马达	转速高，转矩小，转动惯量小，动作灵敏，脉动小，噪声低	磨床回转工作台、机床操纵机构	选用
轴向柱塞马达	速度大，可变速，转矩中等，低速平稳性好	起重机、绞车、铲车、内燃机车、数控机床	选用
内曲线径向马达	转矩很大，转速低，低速平稳性很好	挖掘机、拖拉机、冶金机械、起重机、采煤机牵引部件	选用

（2）绘制液压系统工况图　对液压系统进行工况分析，就是要查明它的每个执行元件在各自工作过程中的运动速度和负载的变化规律。这是满足主机规定的动作要求和承载能力所必须具备的。液压系统承受的负载可由主机的规格规定，由样机通过试验测定，也可由理论分析确定。当由理论分析确定液压系统的实际负载时，必须仔细考虑它所有的组成项目，如工作负载（切削力，挤压力，弹性、塑性变形抗力，重力等）、惯性负载和阻力负载（摩擦力，背压力）等，并把它们绘制成图，如图 9-36a 所示。同样，液压执行元件在各动作阶段内的运动速度也须相应地绘制成图，如图 9-36b 所示。设计简单的液压系统时，这两种图可以省略不画。

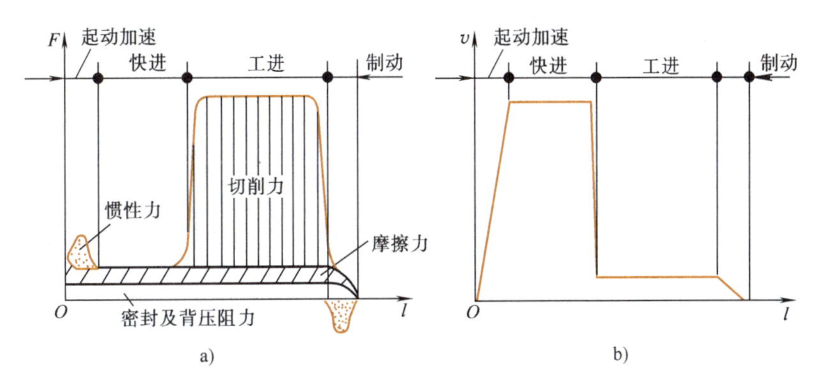

图 9-36　液压系统执行元件的负载图和速度图

a）负载图　b）速度图

（3）确定液压系统的工作压力　液压系统的工作压力由设备类型、负载大小、结构要求和技术水平决定。液压系统的工作压力高、省材料、机构紧凑、质量小是液压系统的发展方向，但要注意妥善处理泄漏、噪声控制和可靠性问题。液压系统的工作压力可根据负载来选取，见表 9-4；也可根据设备类型选取，见表 9-5。

表 9-4　按负载选取液压系统的工作压力

负载 F/kN	<5	5~10	10~20	20~30	30~50	>50
工作压力 p/MPa	<0.8~1	1.5~2	2.5~3	3~4	4~5	5~7

表 9-5 按设备类型选取液压系统的工作压力

设备类型	工作压力/MPa	压力等级	说明
机床、压铸机、汽车	<7	低压	低噪声、高可靠性系统
农业机械、工矿车辆、注塑机、船用机械、搬运机械、工程机械、冶金机械	7~21	中压	一般系统
液压机、冶金机械、挖掘机、重型机械	21~31.5	高压	空间有限、响应速度快、大功率时可以降低成本
金刚石压力机、耐压试验机、飞机、液压机具	>31.5	超高压	追求大作用力，减小质量

（4）确定液压执行元件的控制和调速方案 根据确定的液压执行元件、速度图或动作线路图，选择适当的方向控制、速度换接、差动连接回路，以实现对执行元件的控制。需要无级调速或无级变速时，可参考表 9-6 选择方案。有级变速比无级调速使用方便，适用于速度控制精度低，但要求速度能够预置，以及在动作循环过程中有多种速度自动变换的场合。具体参见液压基本回路（第七章）的内容。完成上述的选择，所需液压泵的类型就基本确定了。

表 9-6 无级调速和无级变速的种类、特点及应用

种类			特点及应用
无级调速	容积调速	手动变量泵-液压缸	系统简单，压力恒定，一般不能在工作中进行调节，效率高，适用于各种场合，应用最广
		变量泵-定量马达	输出转矩恒定，调速范围大，元件泄漏对速度刚性影响大，效率高，适用于大功率场合
		定量泵-变量马达	输出功率恒定，调速范围小，元件泄漏对速度刚性影响大，效率高，适用于大功率场合
		变量泵-变量马达	输出特性综合了上述两种马达调速回路的特性，调速范围大，但结构复杂，价格高，适用于大功率场合
	节流调速	定量泵-进油节流调速	结构简单，价廉，调速范围大，效率中等，不能承受负值负载，适用于中等功率场合
		定量泵-回油节流调速	结构简单，价廉，调速范围大，效率低，适用于低速、小功率场合
		定量泵-旁路节流调速	结构简单，价廉，调速范围小，效率高，不能承受负值负载，适用于高速、中等功率场合
	容积-节流调速	限压式变量泵-进油（回油）节流调速	调速范围大，效率较高，价格较高，适用于中、小功率场合，不宜长期在低速下工作
	恒功率变量泵-液压缸		泵的输出流量随压力自动减小，适用于快、慢速自动转换的场合和节能系统
无级变速	恒压变量泵-液压缸		泵的压力达到设定值时输出流量为零，自动防止系统过载

（5）计算液压执行元件的主要参数 根据液压系统负载图和已确定的工作压力计算：液压缸内径、活塞杆直径；柱塞缸的柱塞直径、柱塞杆直径（计算方法见第四章）。若采用

液压马达，还需计算出液压马达的排量（计算方法见第三章）。

3. 拟定液压系统原理图

液压系统草图能够从作用原理和结构组成上具体体现设计任务中提出的各项要求，它包含三项内容：确定液压系统类型、选择液压回路和拼搭液压系统。

1）液压系统在类型上究竟采用开式还是采用闭式，主要取决于它的调速方式和散热要求。一般而言，凡备有较大空间可以存放油箱且不另设置散热装置的系统，要求结构尽可能简单的系统，以及采用节流调速或容积-节流调速的系统，都宜采用开式；凡容许采用辅助泵进行补油并通过换油来达到冷却目的的系统，对工作稳定性和效率有较高要求的系统，以及采用容积调速的系统，都宜采用闭式。

2）最终的液压回路是根据液压系统的设计要求和工况图从众多成熟方案中评比挑选出来的。挑选时既要保证满足各项主题要求，也要符合节省能源、减小发热、减小冲击等原则。挑选工作首先从对主机主要性能起决定性作用的调速回路开始，然后根据需要考虑其他辅助回路。例如：对于有垂直运动部件的系统，要考虑平衡回路；对于有快速运动部件的系统，要考虑缓冲和制动回路；对于有多个执行元件的系统，要考虑顺序动作、同步或互不干扰回路；对于有空运转要求的系统，要考虑卸荷回路。挑选回路时若出现多种可能的方案，宜平行展开，反复对比，不要轻易做出取舍决定。

3）拼搭液压系统是指把挑选出来的各种液压回路综合在一起，增添必要的元件或辅助油路，使之成为完整的液压系统，最后检查这个液压系统能否圆满地实现所要求的各项功能，是否需要进行补充或修正，以及有无作用相同或相近的元件或油路可以合并等。这样才能使拟订的液压系统结构简单、紧凑，工作安全、可靠，动作平稳，效率高，使用和维护方便。综合得好的液压系统方案应全部由标准元件组成，至少应使自行设计的专用元件减少到最低限度。

对可靠性要求特别高的液压系统而言，拟订液压系统草图时还要考虑“结构储备”问题，即在液压系统中设置一些必要的备用元件或备用回路，以便在工作元件或工作回路发生故障时它们能立即“上岗顶班”，确保系统持续运转，工作不受影响。

4. 选择液压元件

（1）液压泵 液压泵的最大工作压力必须等于或超过液压执行元件的最大工作压力与进油路上的总压力损失之和。液压执行元件的最大工作压力可以从工况图中找到；进油路上的总压力损失可以通过估算求得，也可以按经验资料估计，见表9-7。

表9-7 进油路上的总压力损失经验值

系统结构情况	总压力损失/MPa
一般节流调速及管路简单的系统	0.2~0.5
进油路有调速阀及管路复杂的系统	0.5~1.5

液压泵的流量必须大于或等于几个同时工作的液压执行元件总流量的最大值与回路中的泄漏量之和。液压执行元件总流量的最大值可以从工况图中找到（当液压系统中备有蓄能器时，此值应为一个工作循环中液压执行元件的平均流量）；而回路中的泄漏量则可按总流量最大值的10%~30%估算。

在参照产品样本选择液压泵时，它额定压力应比上述最大工作压力高25%~60%，以便留有压力储备；额定流量则只需满足上述最大流量即可。液压泵在额定压力和额定流量下工作时，其驱动电动机的功率一般可以直接从产品样本上查到。电动机功率也可以根据具体工况计算出来，有关的算式和数据见《液压工程手册》。

(2) 阀类元件 阀类元件的规格按液压系统的最大压力和通过该阀的实际流量从产品样本上选定。选择节流阀和调速阀时还要考虑它的最小稳定流量是否符合设计要求。各类阀都应使其实际通过的流量最多不超过其公称流量的120%，以免引起发热、噪声和过大的压力损失。对于可靠性要求特别高的液压系统而言，阀类元件的额定压力应高出其工作压力较多。

(3) 其他辅件 油箱、热交换器、油管等其他辅件，可参照《液压设计手册》选取。

5. 验算液压系统性能

验算液压系统性能的目的在于判断设计质量，或从几种方案中评选最佳设计方案。液压系统的性能验算是一个复杂的问题，目前只是采用一些简化公式进行近似估算，以便定性地说明情况。当设计中能找到经过实践检验的同类型液压系统作为对比参考，或有可靠的试验结果可供使用时，液压系统的性能验算就可以省略。

液压系统性能验算的项目很多，常见的有回路压力损失验算和发热温升验算。

(1) 回路压力损失验算 回路压力损失包括管路内的沿程损失和局部损失，以及阀类元件处的局部损失三项。管路内的两种损失可用前面章节介绍的有关公式估算，阀类元件处的局部损失须从产品样本中查出。计算液压系统的回路压力损失时，不同的工作阶段要分开计算。回油路上的压力损失一般都要折算到进油路上去。根据回路压力损失调整压力和回路效率，对不同方案来说都具有参考价值。但在进行这些估算时，回路中的油管布置情况必须先行明确。

(2) 发热温升验算 这项验算是用热平衡原理来对油液的温升值进行估计。单位时间内进入液压系统的热量 H_i 是液压泵输入功率 P_i 和液压执行元件有效功率 P_o 之差。假如这些热量全部从油箱散发出去，不考虑液压系统其他部分的散热效能，则油液温升的估算公式可以根据不同的条件分别从有关手册中查找。

当验算出来的油液温升值超过允许数值时，必须考虑在液压系统中设置适当的冷却器。油箱中油液允许的温升值随主机的不同而不同：一般机床为25~30℃，工程机械为35~40℃。

二、液压系统设计计算举例

以一台卧式单面多轴钻孔组合机床为例，要求设计出驱动它的动力滑台的液压系统，以实现“快进-工进-快退-停止”的工作循环。已知：机床上有16个主轴，加工14个 ϕ13.9mm 的孔，2个 ϕ8.5mm 的孔；刀具材料为高速钢，工件材料为铸铁，硬度为240HBW；机床工作部件总重 $G=9810$N；快进、快退速度 $v_1=v_3=7$m/min，快进行程长度 $l_1=100$mm，工进行程长度 $l_2=50$mm，往复运动的加速、减速时间不超过0.2s；动力滑台采用平导轨，其静摩擦因数为 $f_s=0.2$，动摩擦因数为 $f_d=0.1$；液压系统中的执行元件使用液压缸。

该液压系统的设计过程如下所述。

1. 负载分析

(1) 工作负载 由切削原理可知，高速钢钻头钻铸铁孔时的轴向切削力 F_t 与钻头直径

D、每转进给量 f 和铸件硬度 HBW 之间的经验算式为

$$F_t = 25.5Df^{0.8}(\mathrm{HBW})^{0.6} \tag{9-1}$$

根据组合机床的加工特点，查组合机床设计参考图册，钻孔时的主轴转速 n 和每转进给量 f 可选用下列数值：

对 ϕ13.9mm 的孔来说，$n_1 = 360\mathrm{r/min}$，$f_1 = 0.147\mathrm{mm/r}$。

对 ϕ8.5mm 的孔来说，$n_1 = 550\mathrm{r/min}$，$f_1 = 0.096\mathrm{mm/r}$。

代入式（9-1）中求得

$$F_t = (14\times25.5\times13.9\times0.147^{0.8}\times240^{0.6}+2\times25.5\times8.5\times0.096^{0.8}\times240^{0.6})\mathrm{N} = 30468\mathrm{N}$$

（2）惯性负载　$F_m = \dfrac{G}{g}\dfrac{\Delta v}{\Delta t} = \dfrac{9810}{9.81}\times\dfrac{7}{60\times0.2}\mathrm{N} = 583\mathrm{N}$

（3）阻力负载

静摩擦阻力　$F_{fs} = 0.2\times9810\mathrm{N} = 1962\mathrm{N}$

动摩擦阻力　$F_{fd} = 0.1\times9810\mathrm{N} = 981\mathrm{N}$

由此得出液压缸在各工作阶段的负载，见表 9-8。

表 9-8　液压缸在各工作阶段的负载

工况	负载组成	负载 F/N	推力(F/η_m)/N
起动	$F=F_{fs}$	1962	2180
加速	$F=F_{fd}+F_m$	1564	1738
快进	$F=F_{fd}$	981	1090
工进	$F=F_{fd}+F_t$	31449	34943
快退	$F=F_{fd}$	981	1090

注：1. 液压缸的机械效率取 0.9。

2. 不考虑动力滑台上颠覆力矩的作用。

2. 负载图和速度图的绘制

负载图按上述数值绘制，如图 9-37a 所示。速度图按已知数值 $v_1 = v_3 = 7\mathrm{m/min}$，$l_1 = 100\mathrm{mm}$，$l_2 = 50\mathrm{mm}$，快退行程 $l_3 = l_1 + l_2 = 150\mathrm{mm}$ 和工进速度 v_2 等绘制，如图 9-37b 所示，其中 v_2 由主轴转速及每转进给量求出，即 $v_2 = n_1 f_1 = n_2 f_2 \approx 53\mathrm{mm/min}$。

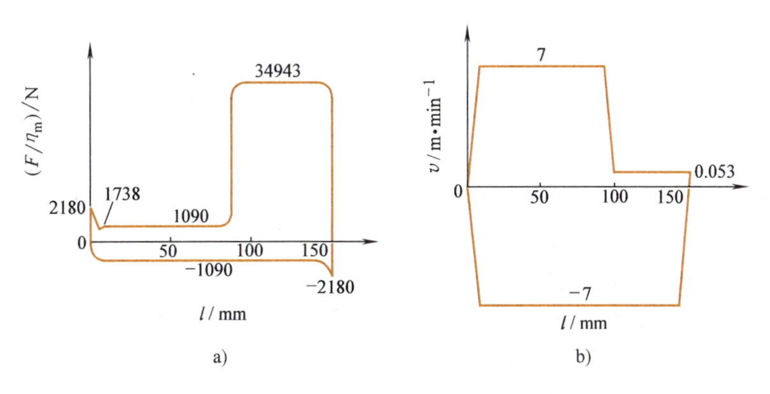

图 9-37　组合机床液压缸的负载图和速度图

a）负载图　b）速度图

3. 液压缸主要参数的确定

由表9-4和表9-5可知，组合机床液压系统在最大负载约为35kN时，宜取 $p_1=4\text{MPa}$。

鉴于动力滑台要求快进、快退速度相等，这里的液压缸可选用单杆式的，并在快进时做差动连接。这种情况下液压缸无杆腔有效作用面积 A_1 应为有杆腔有效作用面积 A_2 的两倍，即活塞杆直径 d 与缸筒直径 D 成 $d=0.707D$ 的关系。

在钻孔加工时，液压缸回油路上必须具有背压 p_2，以防孔被钻通时动力滑台突然前冲，根据《液压设计手册》查得 $p_2=0.8\text{MPa}$。快进时液压缸虽做差动连接，但由于油管中有压降 Δp 存在，有杆腔的压力必须大于无杆腔，估算时可取 $\Delta p=0.5\text{MPa}$；快退时回油腔中有背压，这时 p_2 也可按0.8MPa估算。

由工进时的推力计算液压缸面积，即

$$F/\eta_m=A_1p_1-A_2p_2=A_1p_1-(A_1/2)p_2$$

代入数值求得

$$A_1=97\text{cm}^2,\ D=7.86\text{cm}$$

圆整后，取标准值得 $D=11\text{cm}$、$d=8\text{cm}$。由此求得液压缸两腔的有效作用面积为 $A_1=95.03\text{cm}^2$，$A_2=44.77\text{cm}^2$。经检验，活塞杆的强度和稳定性均符合要求。

根据上述 D 与 d 的值，可估算液压缸在各个工作阶段中的压力、流量和功率，见表9-9；并据此绘制工况图，如图9-38所示。

表9-9 液压缸在各个工作阶段中的压力、流量和功率

工况		负载 F/N	回油腔压力 p_2/MPa	进油腔压力 p_1/MPa	输入流量 q_V/L·min^{-1}	输入功率 p/kW	计算式
快进	起动	2180	$p_2=0$	0.434	—	—	$p_1=(F+A_2\Delta p)/(A_1-A_2)$ $q_V=(A_1-A_2)v_1$ $P=p_1q_V$
	加速	1738	$p_2=p_1+\Delta p$ ($\Delta p=0.5\text{MPa}$)	0.791	—	—	
	恒速	1090		0.662	35.19	0.39	
工进		34943	0.8	4.054	0.5	0.034	$p_1=(F+p_2A_2)/A_1$ $q_V=A_1v_2$ $P=p_1q_V$
快退	起动	2180	$p_2=0$	0.487	—	—	$p_1=(F+p_2A_2)/A_2$ $q_V=A_2v_3$ $P=p_1q_V$
	加速	1738	0.5	1.45	—	—	
	恒速	1090		1.305	31.34	0.68	

4. 液压系统图的拟订

（1）液压回路的选择 首先选择调速回路。由图9-38中的一些曲线得知，这台组合机床液压系统的功率小，动力滑台运动速度低，工作负载变化小，可采用进口节流的调速形式。为了解决进口节流调速回路在孔钻通时动力滑台突然前冲的现象，回油路上要设置背压阀。

由于液压系统选用了节流调速的方式，液压系统中油液的循环必然是开式的。

从工况图中可以清楚地看到，在这个液压系统的工作循环内，液压缸交替地要求油源提供低压、大流量和高压、小流量的油液。最大流量与最小流量之比约为70，而快进、快退所需的时间 t_1 和工进所需的时间 t_2 分别为

$$t_1 = l_1/v_1 + l_3/v_3 = 2.14\text{s}$$

$$t_2 = l_2/v_2 = 56.6\text{s}$$

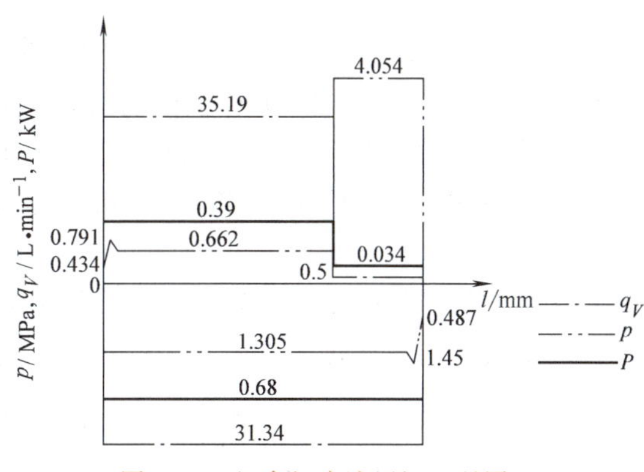

图 9-38　组合机床液压缸工况图

即 $t_2/t_1 \approx 26$。因此，从提高液压系统效率、节省能量的角度上来看，采用单个定量泵作为油源显然是不合适的，宜采用国内比较成熟的产品——双联式定量叶片泵作为油源，如图 9-39a 所示。

然后选择快速运动和换向回路。液压系统中采用节流调速回路后，不管采用什么油源形式都必须有单独的油路直接通向液压缸两腔，以实现快速运动。在本液压系统中，单杆液压缸要做差动连接，所以它的快进、快退换向回路应采用图 9-39b 所示的形式。

差动连接的实现也可采用 P 型中位机能三位四通换向阀，如图 9-39c 所示。但考虑到动力滑台停止时泵的卸荷问题，宜单独设置泵的卸荷通路，而不影响动力滑台的停止状态，故采用五通阀较为合适。如图 9-39b 所示，换向阀中位时，工作油路接油箱，动力滑台停止，而接液压泵的中间通路则处于断开状态，可以在此油路中设置压力控制阀，在不影响动力滑台停止的状态下进行压力卸荷。在图 9-39d 所示回路中，在动力滑台停止状态下，实现液压泵卸荷较为困难，故本例中采用五通阀。

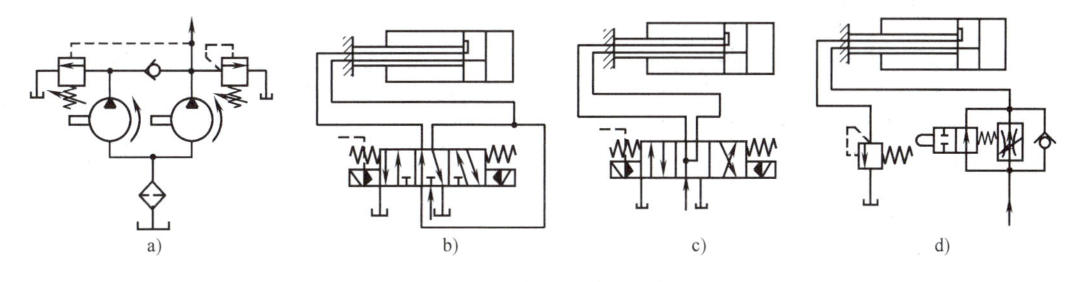

图 9-39　液压回路的选择

a）油源　b）换向回路（五通）　c）换向回路（四通）　d）速度换接回路

再选择速度换接回路。由工况图中的 q_V-l 曲线得知，当滑台从快进转为工进时，输入液压缸的流量由 35.19L/min 降为 0.5L/min，滑台的速度变化较大，宜选用行程阀来控制速度的换接，以减小液压冲击，如图 9-39c 所示。当滑台由工进转为快退时，回路中通过的流量很大：进油路中为 31.34L/min，回油路中为 31.34×(95/44.77)L/min = 66.50L/min。为了保证换向平稳，可采用电液换向阀式换接回路，如图 9-39b 所示。

最后考虑压力控制回路。系统的调压问题已在油源中解决。

(2) 液压回路的综合　把上面选出的各种回路组合在一起，就可以得到图 9-40 所示的液压回路（未设置双点画线框内的元件）。该回路在工作中还存在问题，必须进行如下的修改和整理：

1）为了解决动力滑台工进时图中进油路、回油路相互接通而无法形成压力的问题，必须在液动换向回路中串接一个单向阀 a，将工进时的进油路、回油路隔断。

2）为了解决动力滑台快进时回油路接通油箱而无法实现液压缸差动连接的问题，必须

在回油路上串接一个液控顺序阀 b，以阻止油液在快进阶段返回油箱。

3）为了解决机床停止工作时系统中的油液流回油箱，导致空气进入系统，从而影响滑台运动平稳性的问题，必须在电液换向阀的出口处增设一个单向阀 c。

4）为了便于系统自动发出快退信号，在调速阀输出端须增设一个压力继电器 d。

5）如果将液控顺序阀 b 和背压阀的位置对调一下，就可以将顺序阀与油源处的卸荷阀合并。

经过这样一番修改和整理后的液压系统如图 9-41 所示，它在各方面都比较合理、完善。

5. 液压元件的选择

（1）液压泵 液压缸在整个工作循环中的最大工作压力为 4.054MPa，如取进油路上的总压力损失为 0.8MPa（见表 9-7），压力继电器的调整压力高出系统最大工作压力 0.5MPa，则小流量泵的最大工作压力为

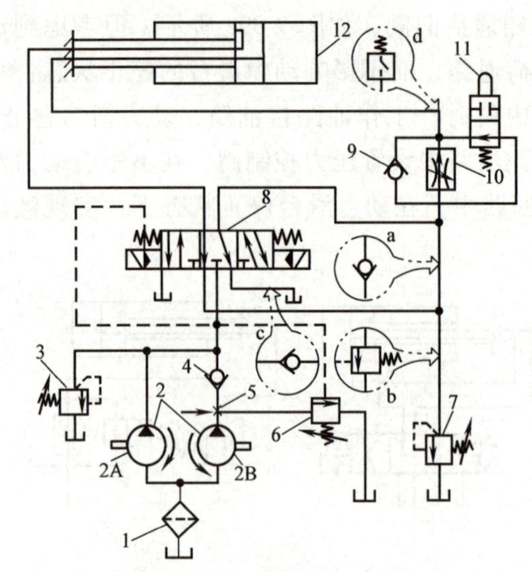

图 9-40 液压回路的综合和整理

1—过滤器 2—双联叶片泵 2A—小流量泵

2B—大流量泵 3—溢流阀 4、9—单向阀

5—压力表开关 6—卸荷阀 7—背压阀

8—三位五通电液阀 10—调速阀

11—行程阀 12—液压缸

a、c—单向阀 b—液控顺序阀 d—压力继电器

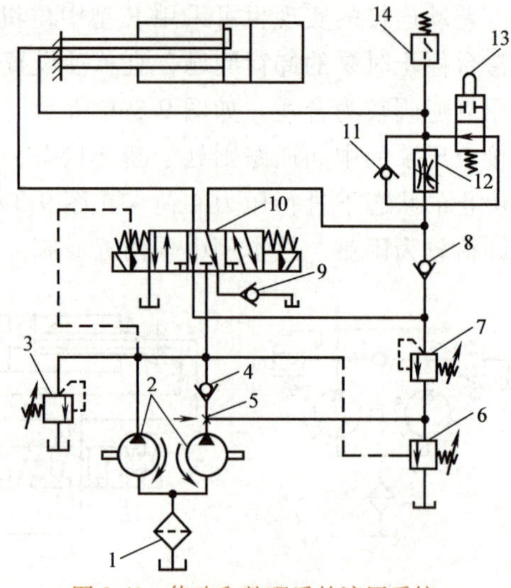

图 9-41 修改和整理后的液压系统

1—过滤器 2—双联叶片泵 3—溢流阀

4、8、9、11—单向阀 5—压力表开关

6—顺序阀 7—背压阀 10—三位五通电液阀

12—调速阀 13—行程阀 14—压力继电器

$$p_{p1}=(4.054+0.8+0.5)\text{MPa}=5.354\text{MPa}$$

大流量泵是在快速运动时才向液压缸输油的，由工况图可知，快退时液压缸中的工作压力比快进时大，取进油路上的总压力损失为 0.5MPa，则大流量泵的最高工作压力为

$$p_{p2}=(1.305+0.5)\text{MPa}=1.805\text{MPa}$$

两个液压泵应向液压缸提供的最大流量为 35.19L/min，若回路中的泄漏按液压缸输入流量的 10%估计，则两个泵的总流量应为 $q_{Vp}=1.1\times35.19\text{L/min}=38.71\text{L/min}$。由于溢流阀的最小稳定溢流量为 3L/min，而工进时输入液压缸的流量为 0.5L/min，所以小流量泵的流量规格最小应为 3.5L/min。

根据以上压力和流量的数值查阅产品目录，最后确定选取 PV2R12 型双联叶片泵。

由于液压缸在快退时输入功率最大，这相当于液压泵输出压力为 1.805MPa、流量为 40L/min 时的情况。若取双联叶片泵的总效率为 0.75，则液压泵驱动电动机所需的功率为

$$P=p_{p}q_{p}/\eta_{p}=1.805\times(40/60\times10^{-3})/0.75\times10^{3}\text{kW}=1.6\text{kW}$$

根据此数值查阅电动机产品目录，最后选取 Y100L-8 型电动机，其额定功率为 2.2kW。

（2）阀类元件及辅助元件 根据液压系统的工作压力和通过各个阀类元件及辅助元件的实际流量，可选出这些元件的型号及规格，见表 9-10。

（3）油管 各元件间连接管路的规格由元件接口处尺寸决定，液压缸进、出油管则按输入、排出的最大流量计算。由于液压泵具体选取之后，液压缸在各个阶段的进、出流量已与原定数值不同，所以要重新计算，见表 9-11。

表 9-10 元件的型号及规格

序号	元件名称	估计通过的流量 /L·min⁻¹	型 号	规 格	生产厂家
1	过滤器	40	YYL-105-10	21MPa,90L/min	新乡 116 厂
2	双联叶片泵	—	PV2R12	14MPa,35.5L/min 和 4.5L/min	阜新液压件厂
3	溢流阀	4.5	YF3-E10B	16MPa,10mm 通径	高行液压件厂
4	单向阀	35	AF3-Ea10B		
5	压力表开关	—	KF3-E3B	16MPa,3 测点	
6	顺序阀	35	XF3-E10B	16MPa,10mm 通径	
7	背压阀	<1	YF3-E10B		
8	单向阀	44	AF3-Ea10B		
9	单向阀	75	AF3-Ea20B	16MPa,20mm 通径	
10	三位五通电液阀	75	35DYF3Y-E10B	16MPa,10mm 通径	
11	单向阀	75	AXQF-E10B		
12	调速阀	<1			
13	行程阀	84			
14	压力继电器	—	PF-B8C	14MPa,8mm 通径	榆次液压件厂

注：表中序号与图 9-41 中的元件序号相同。

表 9-11 液压缸输入、排出流量及运动速度

工况	快 进	工 进	快 退
输入流量/L·min⁻¹	$q_{V1}=(A_1q_{Vp})/(A_1-A_2)$ $=(95\times42)/(95-44.77)$ $=79.43$	$q_{V1}=0.5$	$q_{V1}=q_{Vp}=42$
排出流量/L·min⁻¹	$q_V=(A_2q_{V1})/A_1$ $=(44.77\times79.43)/95$ $=37.43$	$q_V=(A_2q_{V1})/A_1$ $=(44.77\times0.5)/95$ $=0.24$	$q_V=(A_1q_{V1})/A_2$ $=(95\times42)/44.77$ $=89.12$
运动速度/m·min⁻¹	$v_1=q_{Vp}/(A_1-A_2)$ $=(42\times10)/(95-44.77)$ $=8.36$	$v_1=q_{V1}/A_1$ $=(0.5\times10)/95$ $=0.053$	$v_1=q_{V1}/A_2$ $=(42\times10)/44.77$ $=9.38$

根据这些数值，当油液在压力管中流速取 3m/min 时，按式（6-8）计算液压缸无杆腔和有杆腔相连的油管内径为

$$d=2\times\sqrt{(79.43\times10^{6})\ /\pi\times3\times10^{3}\times60}\ \text{mm}=23.7\text{mm}$$

$$d'=2\times\sqrt{(42\times10^{6})\ /\pi\times3\times10^{3}\times60}\ \text{mm}=17.2\text{mm}$$

这两根油管都按国家标准选用内径为 20mm、外径为 28mm 的无缝钢管。

（4）油箱 油箱容积按式 $V=\xi q_{V_p}$ 进行估算，其中：ξ 为经验系数，低压系统取 2~4，中压系统取 5~7，高压系统取 6~12；q_{V_p} 为液压泵的额定流量。经计算后得油箱的容积为 240L，查《机械设计手册》，取最靠近的标准值 $V=250$L。

6. 液压系统的性能验算

（1）回路压力损失验算 由于系统的具体管路布置尚未确定，整个回路的压力损失无法估算，截止型阀类元件对压力损失所造成的影响可以在有关设计手册中查得，供调定系统中某些压力值时参考，这里估算从略。

（2）油液温升验算 工进在整个工作循环中所占的时间比例达 96%，所以系统发热和油液温升可用工进时的情况来计算。

工进时液压缸的有效功率为

$$P_o=p_2q_{V2}=Fv=\frac{31449\times0.053}{10^3\times60}\text{kW}=0.0278\text{kW}$$

这时大流量泵通过顺序阀 6 卸荷，小流量泵在高压下供油，所以两个泵的总输出功率为

$$P_i=\frac{p_{p1}q_{V_{p1}}+p_{p2}q_{V_{p2}}}{\eta}$$

$$=\frac{0.3\times10^6\times\left(\frac{36}{63}\right)^2\times\frac{36}{60}\times10^{-3}+4.978\times10^6\times\frac{6}{60}\times10^{-3}}{0.75\times10^3}\text{kW}$$

$$=0.74\text{kW}$$

由此得液压系统的发热量为

$$H_i=P_i-P_o=(0.74-0.03)\text{kW}=0.71\text{kW}$$

按式 $\Delta T=\frac{H_i}{\sqrt[3]{V^2}}\times10^3$ 计算得油液温升近似值 $\Delta T=\frac{0.71\times10^3}{\sqrt[3]{250^2}}$℃ $=18$℃。温升没有超出允许范围，液压系统中不需要设置冷却器。

复习思考题

9-1 怎样阅读和分析一个液压系统？

9-2 读懂图 9-1“QY20B 型液压汽车起重机液压系统原理”后，指出该型汽车起重机有哪几个重要的液压回路，其特点有哪些，描述各种类型阀所起的作用。

9-3 自动变速器液压控制系统由哪几部分组成？在使用中应注意哪些问题？

9-4 换档阀是否为方向控制阀？如果是，有几个工作位置？

9-5　简述 ABS 的液压系统的组成和工作原理。

9-6　ABS 有哪些类型？

9-7　液压式 ABS 制动压力调节器在系统中有何作用？有哪些主要类型？

9-8　试述制动压力调节器工作的一般过程。

9-9　简述 ASR 的液压系统的组成和工作原理。

9-10　ASR 制动压力调节器在系统中有何作用？有哪些主要类型？

9-11　简述汽车电控液压悬架系统的组成和工作原理。

9-12　简述液压千斤顶式车高控制系统的工作原理。

9-13　试述整体式液压助力转向系统的工作原理。

9-14　试述常流式液压助力转向系统和常压式液压助力转向系统的区别。

9-15　液压系统的设计包括哪几个步骤？各是什么？

9-16　一台卧式钻孔组合机床要求具有如下工作循环：快进—工进—快退—停止。机床的切削阻力为 25kN，工作部件的重力为 9.8kN，快进和快退速度均为 7m/min 左右，快进行程为 100mm，工进行程为 50mm。动力平台采用平面导轨，其静、动摩擦因数分别为 0.2 和 0.1，往复运动的加、减速时间要求不大于 0.2s。试设计此机床的液压系统。

9-17　图 9-42 所示为油压机系统，其工作循环为“快速下降—压制—快速退回—原位停止”。已知：液压缸无杆腔面积 $A_1=100cm^2$，有杆腔面积 $A_2=50cm^2$，移动部件自重 $G=5000N$；快速下降时的外负载 $F=1000N$，速度 $v_1=6m/min$；压制时的外负载 $F=5000N$，速度 $v_2=0.2m/min$；快速退回时的外负载 $F=1000N$，速度 $v_3=12m/min$。管路压力损失、泄漏损失、液压缸的密封摩擦力以及惯性力等均忽略不计。

1）液压泵 1 和 2 的最大工作压力及流量各为多少？

2）阀 3、4、6 各起什么作用？它们的调整压力各为多少？

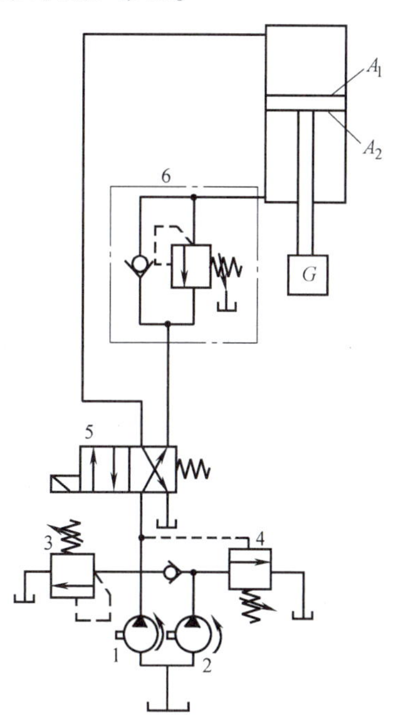

图 9-42　题 9-17 图

9-18　设计一台卧式钻、镗组合机床的液压系统。该机床用于加工铸铁箱体零件的孔系，运动部件总重 $G=10000N$，液压缸机械效率为 0.9，加工时最大切削力为 12000N，工作循环为“快进—工进—快退—原位停止”。快进行程为 0.4m，工进行程为 0.1m。快进和快退时间均为 0.1m/s，工进速度为 $3\times10^{-4}\sim5\times10^{-3}m/s$，采用平导轨，静摩擦因数为 0.2，动摩擦因数为 0.1，起动时间为 0.2s，要求动力部件可以手动调节，快进转工进平稳、可靠。

第十章 气压传动

1. 教学目标

1）了解气动元件、气动基本回路的组成和特点。

2）熟悉气压传动系统的分析方法和在汽车上的应用。

2. 教学要点

知识要点	掌握程度	相关知识
气动元件	了解气压传动的执行元件、控制元件、逻辑元件、辅助装置及附件等的结构组成，掌握其工作原理和特点	气压传动基本知识、机械结构和传动的相关知识、液压与气压元件图形符号的国家标准
气动基本回路	了解方向控制回路、压力控制回路等的结构组成，熟悉其工作原理及特点	气压传动基本知识、气动元件知识
气压传动在汽车上的应用	了解汽车上典型气压传动系统的应用和特点	汽车气压防抱死制动系统、汽车主动空气动力悬架系统

气压传动系统的工作原理及组成在第一章已介绍了，在此不再赘述。本章主要介绍气压传动系统中的各个组成部分，如气动元件、气动基本回路及气压传动在汽车上的应用。

第一节 气动元件

一、执行元件

气动系统常用的执行元件为气缸和气马达，气缸用于实现直线往复运动，气马达用于实现连续回转运动。

1. 气缸的组成和工作原理

（1）气缸的组成 气缸主要由缸筒、活塞、活塞杆、缸盖及密封件等组成。图 10-1 所示为双作用气缸的结构。

(2) 气缸的工作原理　以图 10-1 所示双作用气缸为例，双作用是指活塞的往复运动均由压缩空气来驱动。在单伸出活塞杆的动力缸中，因无杆腔的活塞有效作用面积较大，当空气压力接入无杆腔时，提供一慢速且作用力大的行程为工作进程；返回时则相反，提供一快速且作用力小的行程为工作回程。此类气缸的使用最为广泛，一般应用于包装机械、食品机械、加工机械等设备上。

2. 气马达的工作原理

图 10-2 所示为叶片式气马达的工作原理。叶片式气马达一般有 3~10 个叶片，它们可以在转子的槽内做径向移动。转子和输出轴固连在一起，装入偏心的定子中。当压缩空气从 A 口进入定子腔后，一部分进入叶片底部，将叶片推出，使叶片在气压推力和离心力的综合作用下，紧靠在定子内壁上；另一部分进入密封工作腔，作用在叶片的外伸部分，产生扭转力矩。由于叶片外伸面积不等，转子受到不平衡力矩而沿逆时针方向旋转。气体由定子孔 C 排出，剩余的残余气体经孔 B 排出。改变压缩空气输入的进气方向（B 孔进气），气马达则反向旋转。

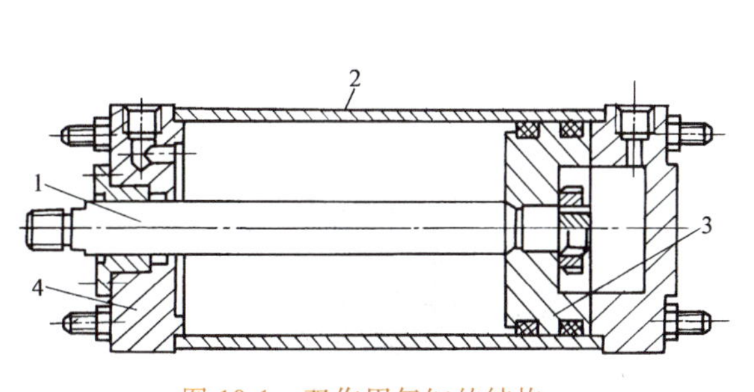

图 10-1　双作用气缸的结构

1—活塞杆　2—缸筒　3—活塞　4—缸盖

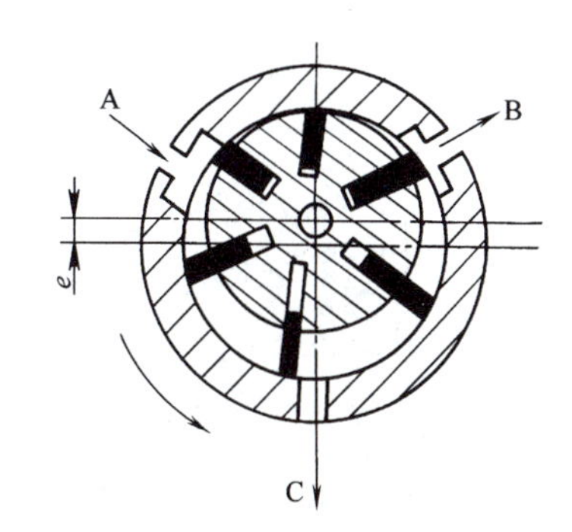

图 10-2　叶片式气马达的工作原理

二、控制元件

控制元件按其作用和功能分为压力控制阀、流量控制阀和方向控制阀三类。

1. 压力控制阀

压力控制阀主要有减压阀、溢流阀和顺序阀。

(1) 减压阀　减压阀的作用是降低系统中的压力，以适应执行装置的需要，并使这一部分压力保持稳定。按结构的不同，减压阀分为直动式和先导式两种。

1）直动式减压阀。图 10-3a 所示为直动式减压阀的结构，其工作原理是：阀处于工作状态时，压缩空气从左侧入口流入，经进气阀口 11 后再从阀出口流出。当沿顺时针方向旋转手柄 1 时，调压弹簧 2、3 推动膜片 5 下凹，再通过阀杆 6 带动阀芯 9 下移，打开进气阀口 11，压缩空气通过进气阀口 11 的节流作用，使输出压力低于输入压力，以实现减压作用。与此同时，有一部分气流经阻尼孔 7 进入膜片室 12，在膜片下部产生一向上的推力。当推力与弹簧的作用相互平衡、阀口开度稳定后，减压阀就输出一定压力的气体。进气阀口 11 开度越小，节流作用越强，输出压力也越低。

若输入压力瞬时升高，经进气阀口 11 后的输出压力随之升高，使膜片室内的压力也升高，破坏了原有的平衡，使膜片上移，部分气流经溢流孔 4、排气口 13 排出。在膜片上移的同时，阀芯在复位弹簧 10 的作用下也随之上移，减小进气阀口 11 开度，节流作用加大，输出压力下降，直至膜片两端作用力重新达到平衡为止，输出压力基本恢复到原数值。相反，输入压力下降时，进气阀口开度增大，节流作用减小，输出压力上升，基本恢复到原数值。

图 10-3b 所示为直动式减压阀的图形符号。

2）先导式减压阀。图 10-4a 所示为先导式减压阀的结构，它由先导阀和主阀两部分组成。当气流从左端流入阀体后，一部分经进气阀口 9 流向输出口，另一部分经固定节流孔 1 进入中气室 5，经喷嘴 2、挡板 3、孔道反馈至下气室 6，再经阀杆 7 的中心孔及排气孔 8 排至大气。

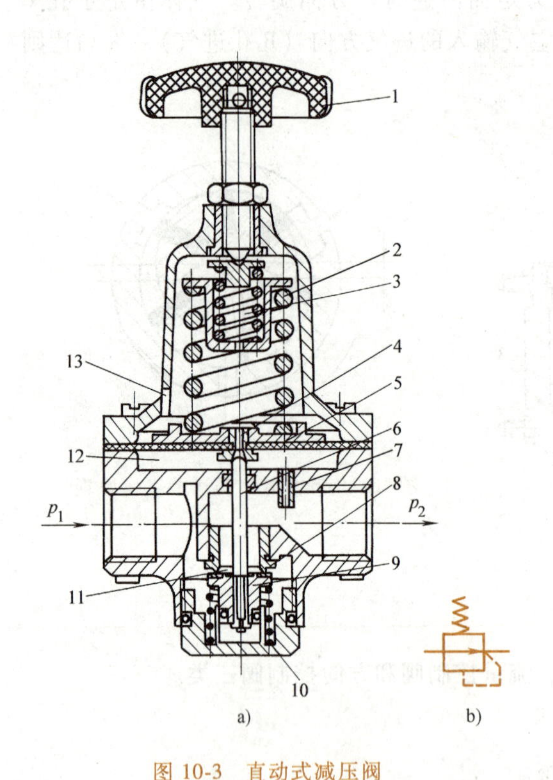

图 10-3 直动式减压阀

a）结构 b）图形符号

1—手柄 2、3—调压弹簧 4—溢流孔 5—膜片 6—阀杆 7—阻尼孔 8—阀座 9—阀芯 10—复位弹簧 11—进气阀口 12—膜片室 13—排气口

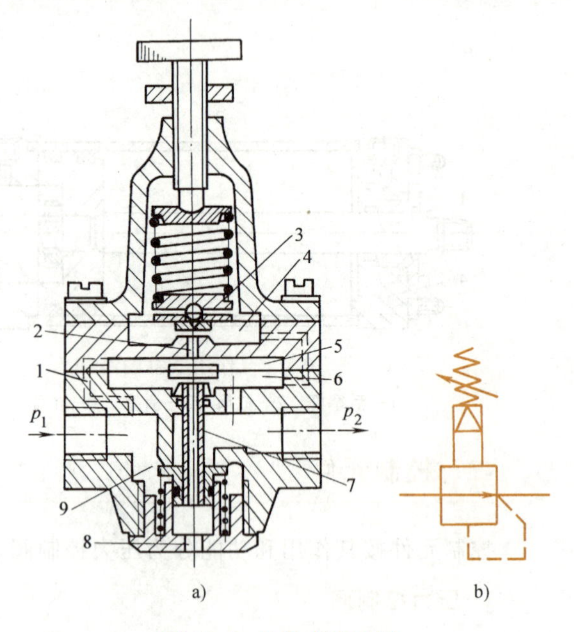

图 10-4 先导式减压阀

a）结构 b）图形符号

1—固定节流孔 2—喷嘴 3—挡板 4—上气室 5—中气室 6—下气室 7—阀杆 8—排气孔 9—进气阀口

把手柄旋到一定位置，使喷嘴 2 与挡板 3 间的距离在工作范围内，减压阀就进入工作状态。中气室 5 的压力随喷嘴与挡板间距离的减小而增大，于是推动阀芯打开进气阀口 9，即有气流流到出口，同时经孔道反馈到上气室 4，与调压弹簧相平衡。

若输入压力瞬时升高，输出压力也相应升高，通过孔口的气流使下气室 6 的压力也升

高，破坏了膜片原有的平衡，使阀杆7上升，节流阀口减小，节流作用增强，输出压力下降，使膜片两端的作用力重新平衡，输出压力恢复到原来的调定值。

当输出压力瞬时下降时，经喷嘴与挡板的放大也会引起中气室5的压力明显升高，而使阀芯下移，阀口开大，输出压力升高并稳定到原数值上。

选择减压阀时，应根据气源压力确定阀的额定输入压力，气源的最低压力应高于减压阀最高输出压力0.1MPa以上。减压阀一般安装在空气过滤器之后，油雾器之前。

图10-4b所示为先导式减压阀的图形符号。

(2) 溢流阀　溢流阀的作用是当系统压力超过调定值时自动排气，使系统的压力下降，以保证系统安全。溢流阀有直动式和先导式两种。

1）直动式溢流阀。如图10-5所示，将P口与系统连接，O口通大气。当系统中的空气压力升高且大于溢流阀调定压力时，气体推开阀芯，从O口排至大气，使系统压力稳定在调定值，保证系统安全。当系统压力低于调定值时，在弹簧的作用下阀口关闭。开启压力的大小与调整弹簧的预压缩量有关。

2）先导式溢流阀。如图10-6所示，先导式溢流阀为减压阀，由它减压后的空气从上部K口进入阀内，代替直动式的弹簧控制溢流阀。先导式溢流阀适用于管路通径较大及远距离控制的场合。选用溢流阀时，其最高工作压力应略高于所需控制的压力。

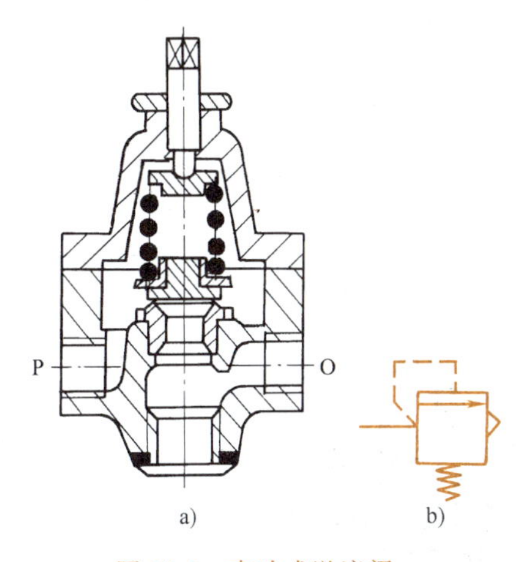

图10-5　直动式溢流阀

a）结构　b）图形符号

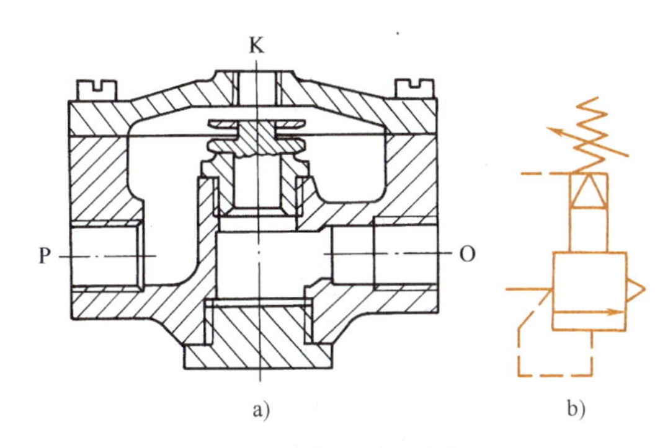

图10-6　先导式溢流阀

a）结构　b）图形符号

(3) 顺序阀　顺序阀的作用是依靠气路中压力的大小来控制执行机构按顺序动作。顺序阀常与单向阀并联结合成一体，称为单向顺序阀。

图10-7所示为单向顺序阀的工作原理。当压缩空气由P口进入阀左腔4，作用在活塞3上的力小于调压弹簧2上的力时，阀处于关闭状态。当作用在活塞上的力大于调压弹簧上的力时，活塞被顶起，压缩空气经阀左腔4流入阀右腔5，由A口流出，然后进入其他控制元件或执行元件，此时单向阀6关闭。当切换气源时（图10-7b），阀左腔4的压力迅速下降，顺序阀关闭，此时阀右腔5的压力高于阀左腔4的压力，在气体压差作用下打开单向阀6，压缩空气由阀右腔5经单向阀6流入阀左腔4，最后排出。图10-7c所示为单向顺序阀的图形符号，图10-8所示为单向顺序阀的结构。

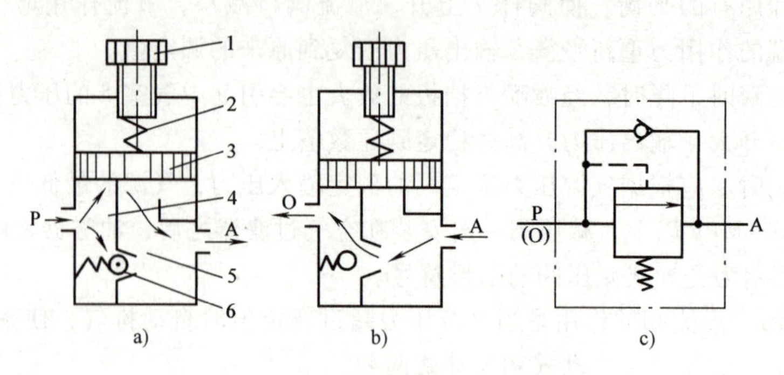

图 10-7 单向顺序阀的工作原理

a）开启状态 b）关闭状态 c）图形符号

1—调压手柄 2—调压弹簧 3—活塞 4—阀左腔 5—阀右腔 6—单向阀

2. 流量控制阀

流量控制阀主要有节流阀、单向节流阀和排气节流阀等。

（1）节流阀 节流阀的作用是通过改变阀的通流截面面积来调节流量。

图 10-9a 所示为节流阀的结构，气体由输入口 P 进入阀内，经阀芯 3 与阀体 4 内腔间的节流口，从输出口 A 流出。当调节螺杆使阀芯 3 上下移动时，节流口通流截面面积发生改变，进而调节了流量。

图 10-9b 所示为节流阀的图形符号。

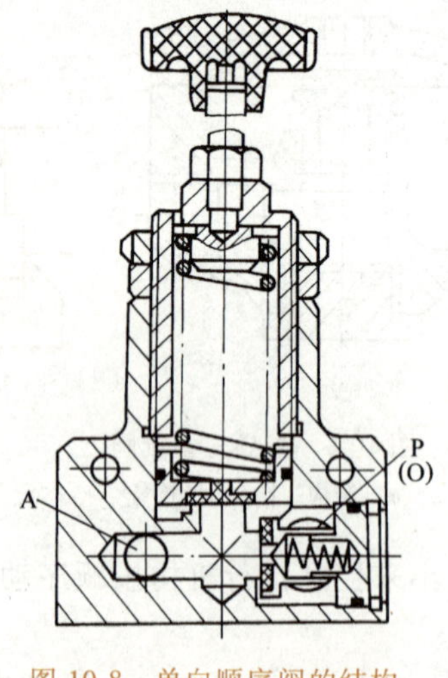

图 10-8 单向顺序阀的结构

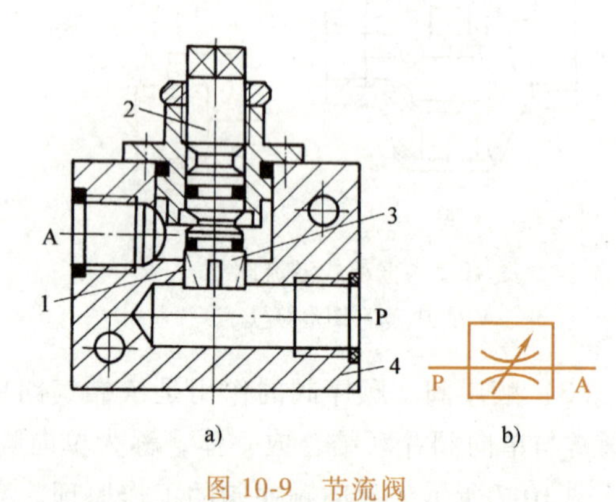

图 10-9 节流阀

a）结构 b）图形符号

1—阀座 2—调节螺杆 3—阀芯 4—阀体

（2）单向节流阀 单向节流阀是由单向阀和节流阀并联而成的组合式控制阀。图 10-10 所示为单向节流阀的工作原理，当气流由 P 口至 A 口正向流动时，单向阀在弹簧和气压作用下关闭，气流经节流阀节流后流出；而当由 A 口至 P 口反向流动时，单向阀打开，不节流。图 10-11 所示为单向节流阀的结构与图形符号。

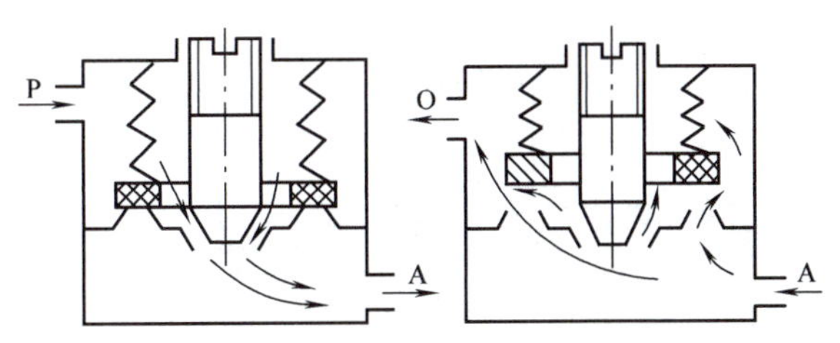

图 10-10　单向节流阀的工作原理

(3) 带消声器的节流阀　带消声器的节流阀是安装在元件的排气口处，用来控制执行元件排入大气中气体的流量并降低排气噪声的一种控制阀。图 10-12 所示为带消声器的节流阀的结构与图形符号。

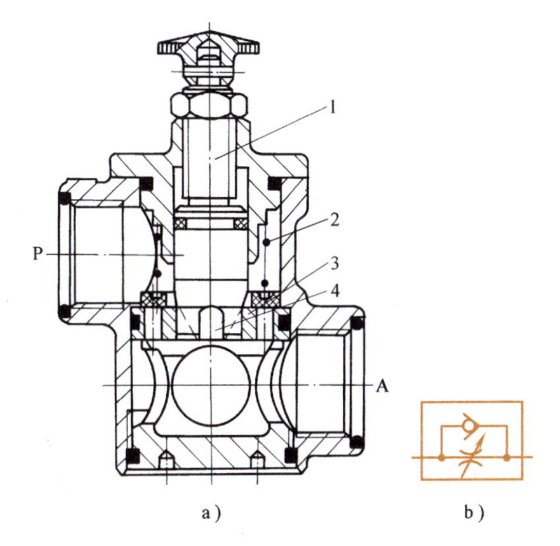

图 10-11　单向节流阀的结构与图形符号

a）结构　b）图形符号

1—调节杆　2—弹簧　3—单向阀　4—节流口

3. 方向控制阀

方向控制阀主要有单向型和换向型两种，其阀芯结构主要有截止式和滑阀式。

(1) 单向型控制阀　单向型控制阀包括单向阀、梭阀、双压阀和快速排气阀。其中，单向阀与液压单向阀类似，这里不再重复。

1）梭阀。梭阀相当于两个单向阀的组合。图 10-13a 所示为梭阀的结构，它有两个输入口 P_1、P_2，一个输出口 A，阀芯 2 在两个方向上起单向阀的作用。当 P_1 口进气时，阀芯将 P_2 口切断，P_1 口与 A 口相通，A 口有输出。当 P_2 口进气时，阀芯将 P_1 口切断，P_2 口与 A 口相通，A 口也有输出。当 P_1 口和 P_2 口都有进气时，活塞移向低压侧，高压侧进气口与 A 口相通。若两侧压力相等，则先加入压力一侧与 A 口相通，后加入一侧关闭。图 10-13b 所示为梭阀的图形符号。

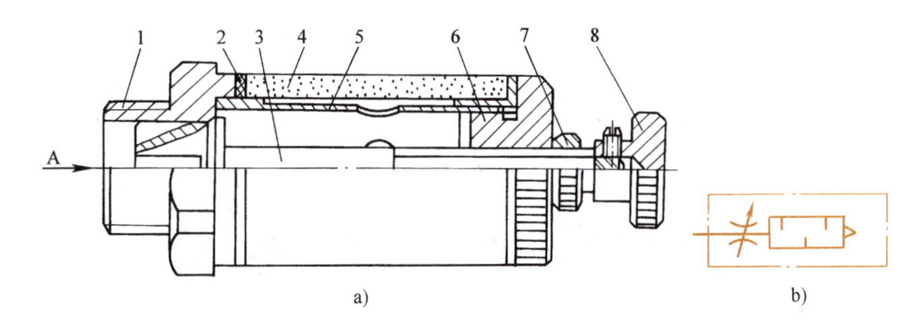

图 10-12　带消声器的节流阀的结构与图形符号

a）结构　b）图形符号

1—阀座　2—垫圈　3—阀芯　4—消声套　5—阀套　6—锁紧法兰　7—锁紧螺母　8—旋钮

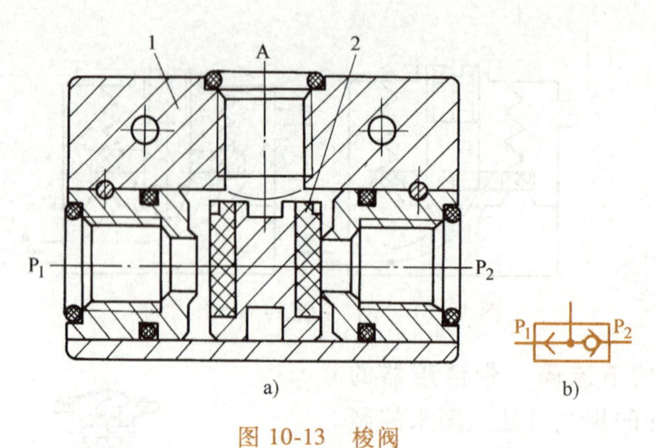

图 10-13 梭阀

a）结构 b）图形符号

1—阀体 2—阀芯

2）双压阀。双压阀也相当于两个单向阀的组合。图 10-14a 所示为双压阀的结构，它有 P_1 和 P_2 两个输入口和一个输出口 A，只有当 P_1、P_2 口同时有输入时，A 口才有输出，否则 A 口无输出；而当 P_1、P_2 口压力不等时，则关闭高压侧，低压侧与 A 口相通。图 10-14b 所示为双压阀的图形符号。

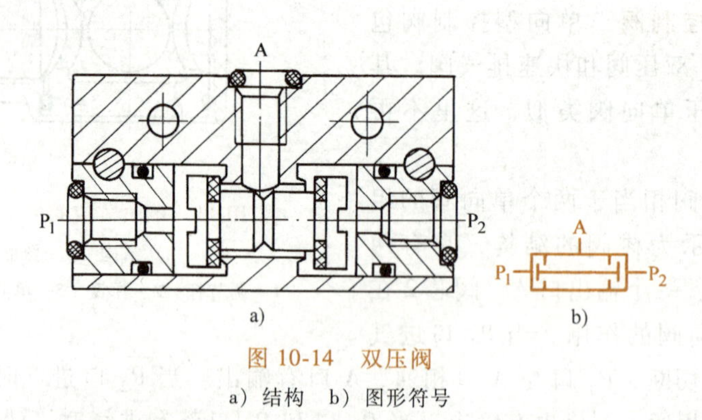

图 10-14 双压阀

a）结构 b）图形符号

3）快速排气阀。快速排气阀的作用是使气动元件或装置快速排气。图 10-15a 所示为膜片式快速排气阀的结构。当 P 口进气时，膜片 1 被压下封住排气口，气流经膜片四周的小孔

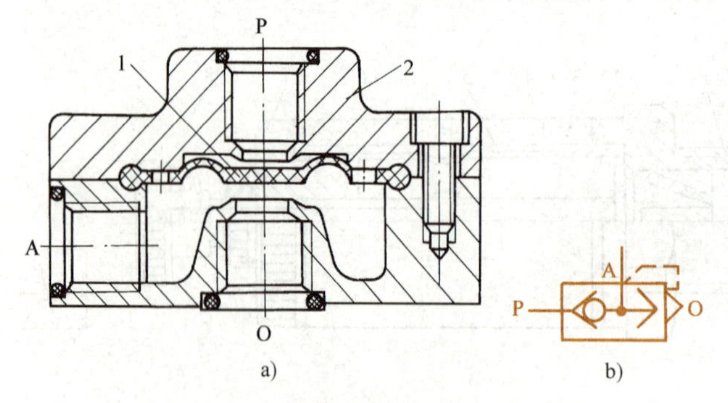

图 10-15 膜片式快速排气阀

a）结构 b）图形符号

1—膜片 2—阀体

和 A 口流出。当气流反向流动时，A 口气压将膜片顶起封住 P 口，A 口气体经 O 口迅速排掉。图 10-15b 所示为膜片式快速排气阀的图形符号。

(2) 换向型控制阀 换向型控制阀用来改变压缩空气的流动方向，从而改变执行元件的运动方向。按照控制方式不同分为电磁控制、机械控制、手动控制以及时间控制阀等。

换向型控制阀的结构和工作原理与液压阀中的方向控制阀基本相似，切换位置和接口数也分几位几通，图形符号也基本相同，在此不再赘述。

三、逻辑元件

逻辑元件是一种以压缩空气为工作介质，通过元件内部可动部件的动作，改变气流流动的方向，从而实现一定逻辑功能的流体控制元件。逻辑元件按工作压力分为高压、低压和微压三种。按结构形式分类，主要包括截止式、膜片式、滑阀式和球阀式等类型。

1. “是门”和“与门”元件

图 10-16 所示为“是门”和“与门”元件的结构。图中 P 为气源口，a 为信号输入口，S 为信号输出口。当 a 无信号输入时，阀片 6 在弹簧及气源压力作用下上移，关闭阀口，封住 P 与 S 的通路，S 无输出；当 a 有信号输入时，膜片 3 在输入信号作用下推动阀芯 4 下移，封住 S 与排气孔通道，同时接通 P 与 S 的通路，S 有输出，即元件的输入和输出始终保持相同的状态。

当气源口 P 改为信号口 b 时，则成为“与门”元件，即只有当 a 和 b 同时有输入信号时，S 才有输出，否则 S 无输出。

2. “或门”元件

图 10-17 所示“或门”元件的结构。当只有 a 有信号输入时，阀片 3 被推动下移，打开上阀口，接通 a 与 S 的通路，S 有输出；当只有 b 有信号输入时，b 与 S 接通，S 也有输出。显然，当 a、b 均有信号输入时，S 一定有输出。显示活塞 1 用于显示输出的状态。

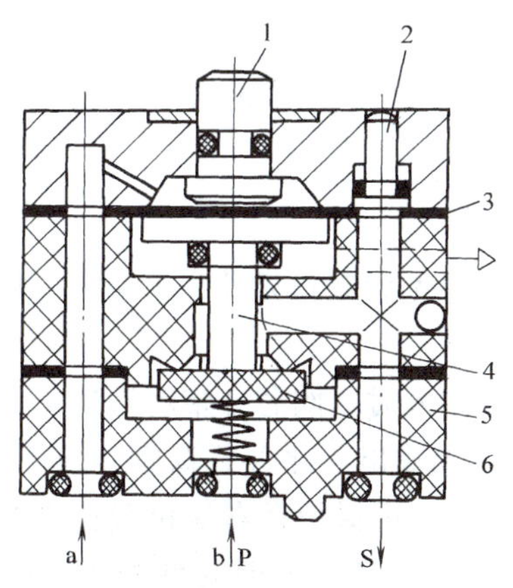

图 10-16 “是门”和“与门”元件的结构

1—手动按钮 2—显示活塞 3—膜片 4—阀芯 5—阀体 6—阀片

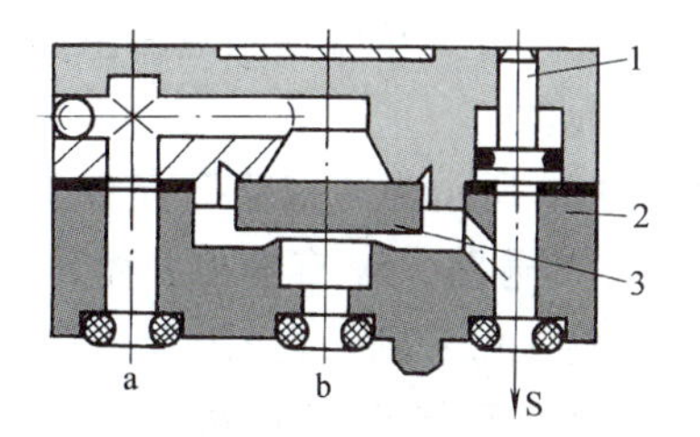

图 10-17 “或门”元件的结构

1—显示活塞 2—阀体 3—阀片

3. “非门”和“禁门”元件

图 10-18 所示为“非门”和“禁门”元件的结构。图中 a 为信号输入口，S 为信号输出

口，P 为气源口。当 a 无信号输入时，阀片 1 在气体压力作用下上移，打开下阀口，关闭上阀口，使 P 与 S 接通，S 有输出；当 a 有信号输入时，膜片 6 在输入信号作用下，推动阀杆 3 及阀片 1 下移，打开上阀口，关闭下阀口，S 无输出，显然，此时为“非门”元件。若用信号口 b 代替气源口 P，该元件就成为“禁门”元件。在 a、b 均有输入信号时，阀片 1 及阀杆 3 在 a 输入信号的作用下封住 b 口，S 无输出；在 a 无信号输入而 b 有信号输入时，S 就有输出，即 a 输入信号对 b 输入信号起“禁止”作用。

4. “或非”元件

图 10-19 所示为“或非”元件的结构。P 为气源口，S 为输出口，a、b、c 为三个信号输入口。当三个信号输入口均无信号输入时，阀芯 3 在气源压力作用下上移，开启下阀口，接通 P 与 S 的通路，S 有输出；当三个信号输入口中只要有一个有信号输入，就会使阀芯下移关闭下阀口，截断 P 与 S 的通路，S 无输出。

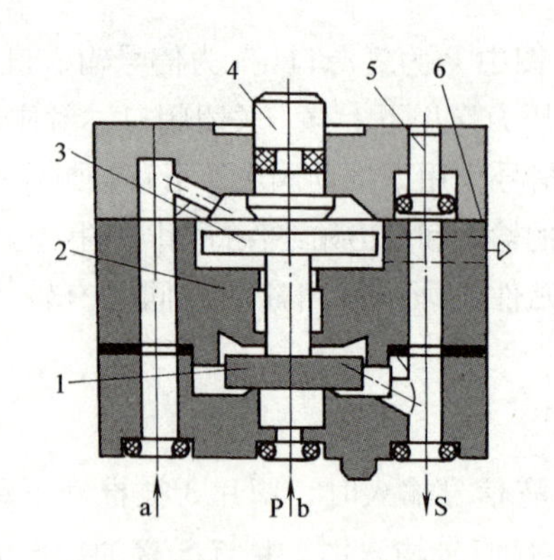

图 10-18 “非门”和“禁门”元件的结构

1—阀片 2—阀体 3—阀杆 4—手动按钮 5—显示活塞 6—膜片

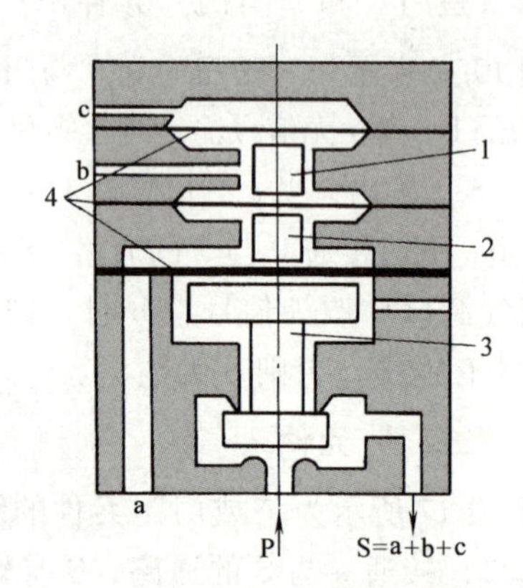

图 10-19 “或非”元件的结构

1、2—阀柱 3—阀芯 4—膜片

“或非”元件是一种多功能逻辑元件，用它可以组成“与门”“或门”“非门”“双稳”等逻辑元件。

5. 记忆元件

记忆元件分为单输出和双输出两种。双输出记忆元件称为双稳元件，单输出记忆元件称为单记忆元件。

图 10-20 所示为“双稳”元件的结构。当 a 有信号输入时，阀芯 2 带动滑块 4 右移，接通 P 与 S_1 的通路，S_1 有输出，而 S_2 与排气孔 O 相通，无输出。此时“双稳”处于“1”状态，在 b 输入信号到来之前，a 信号虽然消失了，但阀芯 2 仍保持在右端位置；当 b 有信号输入时，接通 P 与 S_2 的通路，S_2 有输出，S_1 与排气孔 O 相通，此时元件处于“0”状态，b 信号消失后，a 信号未到来前，元件一直保持此状态。

图 10-21 所示为单记忆元件的结构。当 b 有信号输入时，膜片 1 使阀芯 2 上移，将小活塞 4 顶起，打开气源通道，关闭排气口，使 S 有输出。若 b 信号撤销，膜片 1 复原，阀芯 2 在输出端压力作用下仍能保持在上面的位置，S 仍有输出，对 b 置“1”信号起记忆作用；当 a 有信号输入时，阀芯 2 下移，打开排气通道，小活塞 4 下移，切断气源，S 无输出。

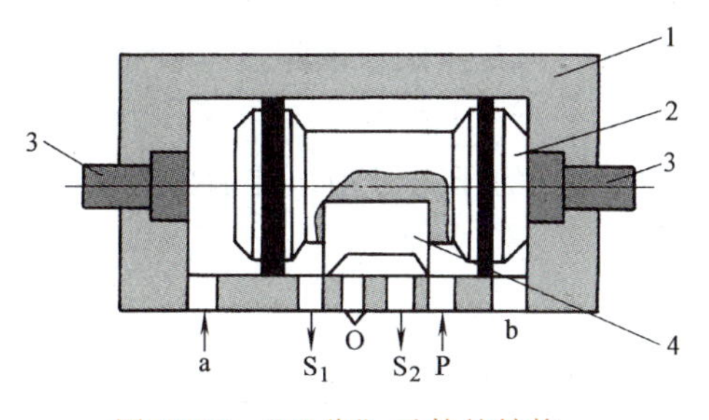

图 10-20　“双稳”元件的结构

1—阀体　2—阀芯　3—手动按钮　4—滑块

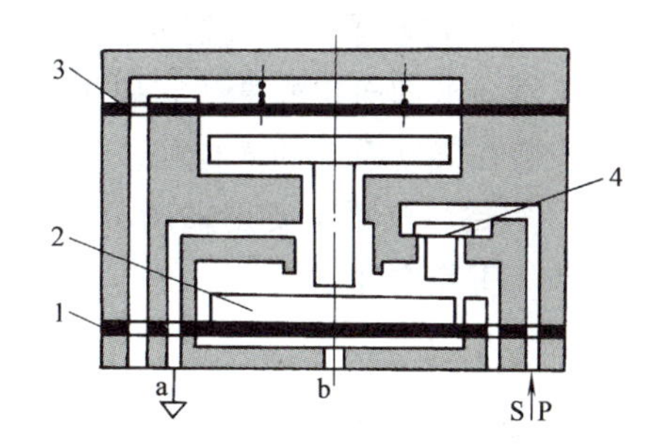

图 10-21　单记忆元件的结构

1、3—膜片　2—阀芯　4—小活塞

四、其他辅助装置及附件

1. 气源装置

气源装置是用来产生具有足够压力和流量的压缩空气并将其净化、处理及储存的一套装置。图 10-22 所示为常见的气源装置，其主要由以下元件组成：

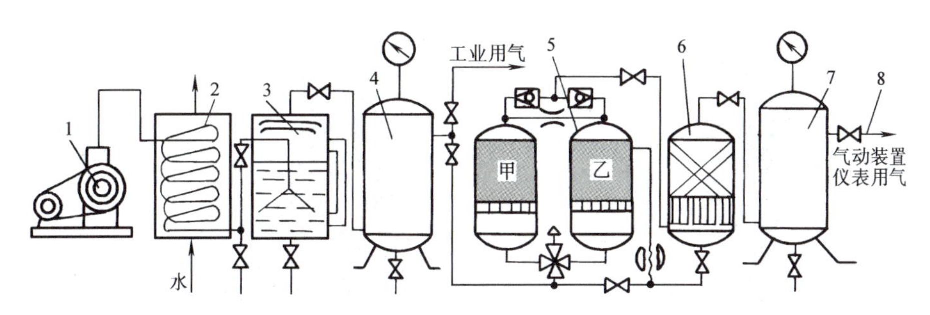

图 10-22　气源装置的组成

1—空气压缩机　2—后冷却器　3—除油器　4、7—气罐　5—干燥器　6—空气过滤器　8—输气管路

(1) 空气压缩机　空气压缩机是将机械能转变为气体压力能的装置，是气动系统的动力源，一般有活塞式、膜片式、叶片式、螺杆式等类型。其中，气动系统最常使用的机型为活塞式压缩机。在选择空气压缩机时，其额定压力应等于或略高于所需的工作压力，其流量应等于系统设备最大耗气量并考虑管路泄漏等因素。

(2) 后冷却器　后冷却器安装在空气压缩机的出口管路上，将空气压缩机排出的压缩气体温度由 140~170℃降至 40~50℃，使其中水汽、油雾气凝结成水滴和油滴，以便经除油器析出。

后冷却器一般采用水冷换热装置，其结构形式有列管式、散热片式、套管式、蛇管式和板式等。其中，蛇管式冷却器最为常用。

(3) 除油器　除油器的作用是分离压缩空气中凝聚的水分、油分等杂质，使压缩空气得到初步净化。其结构形式有环形回转式、撞击折回式、离心旋转式和水浴式等。

(4) 干燥器　干燥器的作用是满足精密气动装置用气，把初步净化的压缩空气进一步净化，以吸收和排除其中的水分、油分等杂质，使湿空气变成干空气。干燥器的形式有潮解式、加热式和冷冻式等。

(5) 空气过滤器 空气过滤器的作用是滤除压缩空气中的水分、油滴及杂质，以达到气动系统所要求的净化程度。它属于二次过滤器，大多与减压阀、油雾器一起构成气源处理装置，安装在气动系统的入口处。

(6) 气罐 气罐主要用来调节气流，减小输出气流的压力脉动，使输出气流具有流量连续性和气压稳定性。

2. 气动附件

(1) 油雾器 油雾器是气压系统中一种特殊的注油装置，其作用是把润滑油雾化后，经压缩空气携带进入系统中各润滑部位，满足润滑的需要。

图 10-23a 所示为油雾器的结构。当压缩空气从输入口进入后，大部分从主气道流出，一小部分通过小孔 A 进入阀座 7 腔中，此时特殊单向阀 5（其工作原理如图 10-24 所示）在压缩空气和弹簧作用下处在中间位置。气体又进入储油杯 10 的上腔 C，使油液受压后经吸油管 8 将单向阀 9 顶起。因钢球上方有一个边长小于钢球直径的方孔，所以钢球不能封死上管路，而使油源源不断地进入视油器 3 内，再滴入喷嘴 1 腔内，被主气道中的气流从小孔 B 中引射出来。进入气流中的油滴被高速气流击碎雾化后经输出口输出。视油器 3 上的节流阀 2

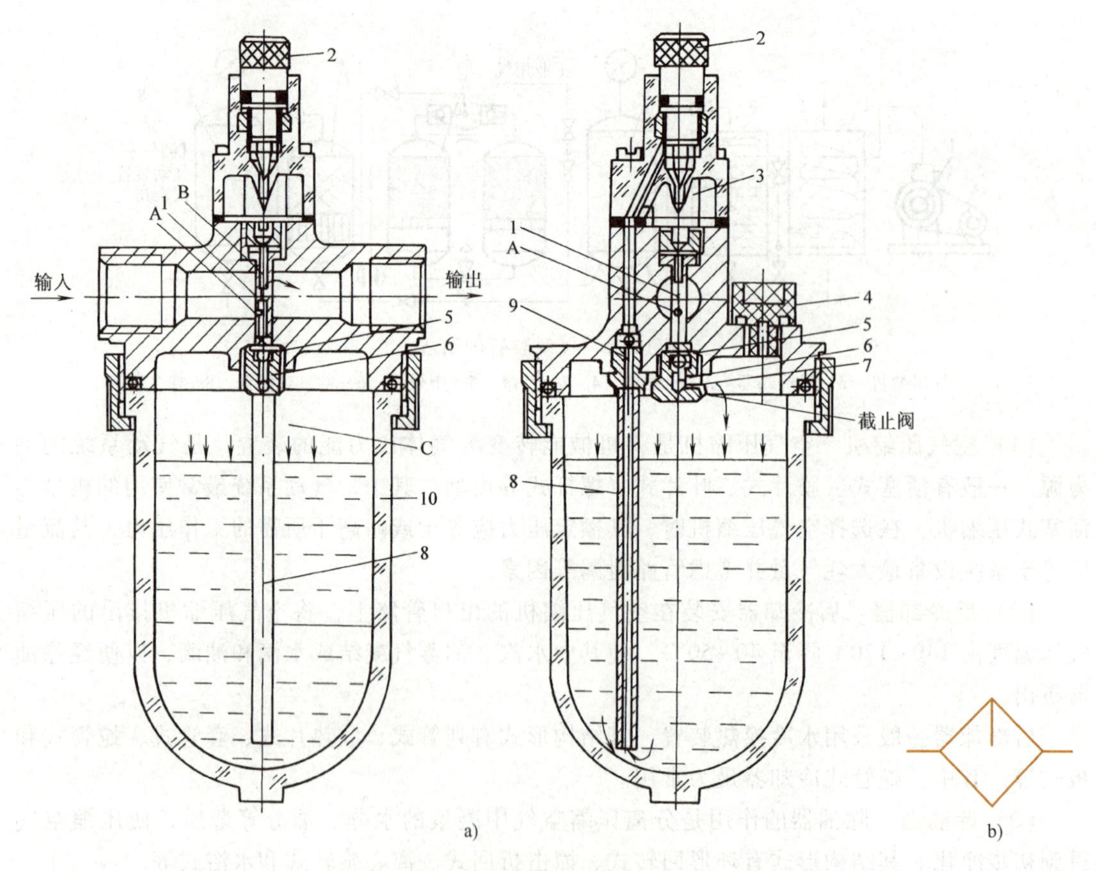

图 10-23 油雾器

a）结构 b）图形符号

1—喷嘴 2—节流阀 3—视油器 4—油塞 5—特殊单向阀 6—弹簧 7—阀座

8—吸油管 9—单向阀 10—储油杯

可调节滴油量，使滴油量在 0~200 滴/分钟的范围内变化。当旋松油塞 4 后，储油杯 10 的上腔 C 与大气相通，此时特殊单向阀 5 的背压降低，输入气体使特殊单向阀 5 关闭，从而切断了气体与上腔 C 的通路，气体不能进入上腔 C，单向阀 9 也由于 C 腔压力降低处于关闭状态，气体也不会从吸油管 8 进入 C 腔。因此，可以在不停气源的情况下通过油塞 4 给油雾器加油。图 10-23b 所示为油雾器的图形符号。

（2）消声器　消声器的作用是排除压缩气体高速通过气动元件排到大气时产生的刺耳噪声污染。图 10-25 所示为膨胀干涉吸收型消声器。气流经对称斜孔 5 分成多束进入扩散室 1 的 A 腔后膨胀，减速后与反射套 2 碰撞，然后反射到 B 腔，在消声器中心处，气流束互相撞击、干涉。当两个声波相位相反时，使声波的振幅互相减弱达到消耗声能的目的。最后，声波通过消声器内壁的消声材料 3，残余声能由于与消声材料的细孔相摩擦而变成热能，进而达到降低噪声的效果。

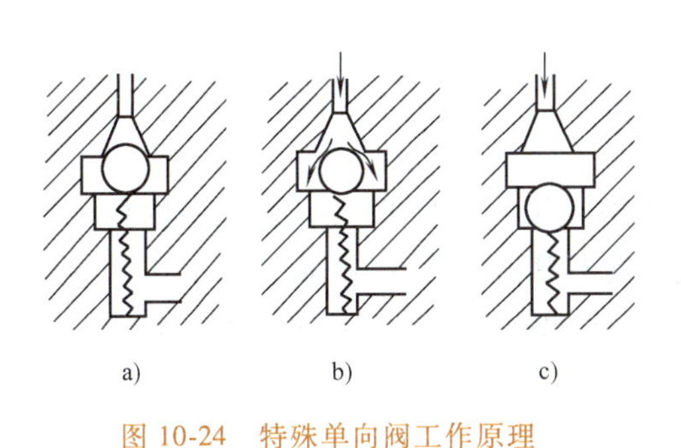

图 10-24　特殊单向阀工作原理

a）不工作时　b）工作进气时　c）加油时

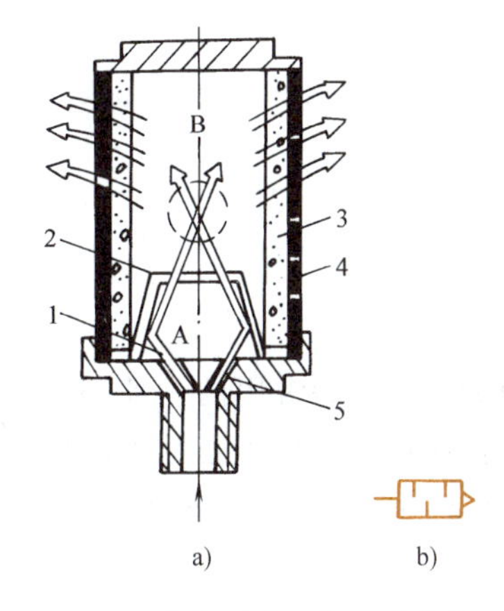

图 10-25　膨胀干涉吸收型消声器

a）结构原理　b）图形符号

1—扩散室　2—反射套　3—消声材料　4—壳体　5—对称斜孔

第二节　气动基本回路

气动系统与液压系统一样，都是由一些具有不同功能的基本回路组成的。气动基本回路按其控制目的、控制功能分为方向控制回路、压力控制回路和速度控制回路等。复杂的气动系统是由气动基本回路有机地组合在一起而构成的，因此掌握气动基本回路是设计和分析气动系统的基础。

一、方向控制回路

1. 单作用气缸换向回路

图 10-26 所示为单作用气缸换向回路。在图 10-26a 所示回路中，当电磁铁通电时，气压作用于活塞上，使活塞杆伸出工作；而当电磁铁断电时，活塞杆在弹簧作用下缩回。在图 10-26b 所示回路中，电磁铁断电后能自动复位，故能使气缸停留在整个行程中的任意位置。

2. 双作用气缸换向回路

图 10-27 所示为双作用气缸换向回路，该回路中换向阀的换向受到外界的信号控制，在图 10-27a 所示回路中，在换向阀左右两侧分别输入控制信号，使换向阀改变工作位置，使气缸活塞杆进行伸出和缩回。在图 10-27b 所示回路中，除能使气缸活塞杆进行伸出和缩回外，还可使其停留在行程中的任意位置上。

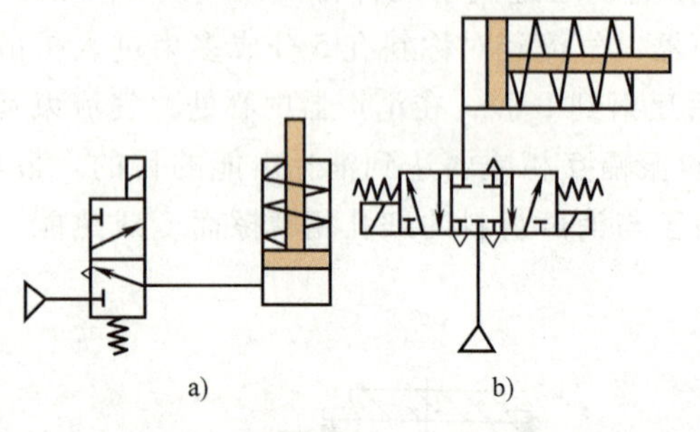

图 10-26 单作用气缸换向回路

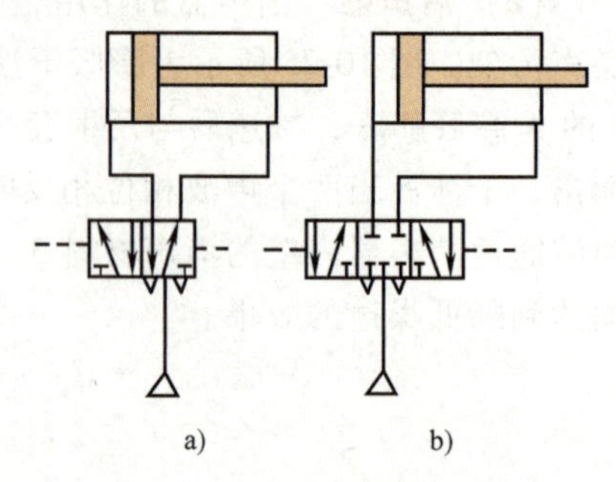

图 10-27 双作用气缸换向回路

二、压力控制回路

1. 调压回路

图 10-28a 所示为常用的一种调压回路，该回路利用减压阀来改变系统中的压力。图 10-28b 所示为可提供两种压力的调压回路，气缸有杆腔压力由调压阀 4 调定，无杆腔压力由调压阀 5 调定。采用此回路符合工作中实际情况的需要，即工作进程和工作回程的负载不同。

2. 增压回路

如图 10-29 所示，工作进程时，压缩空气经电磁阀 1 进入增压缸 2 的大活塞端，推动活塞杆把串联在一起的小活塞端的液压油压入工作缸 5 的无杆腔中，得到一较大的压力；工作回程时，压缩空气进入增压缸 3 的大活塞端达到增压的目的。工作缸 5 在工作进程和回程时都能得到高压，其增压比 $n=D^2/D_1^2$。节流阀 4 用于调节活塞运动的速度。

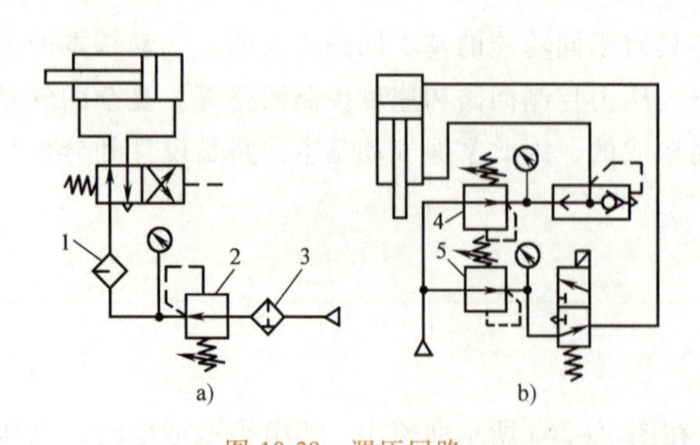

图 10-28 调压回路

1—油雾器 2、4、5—调压阀 3—过滤器

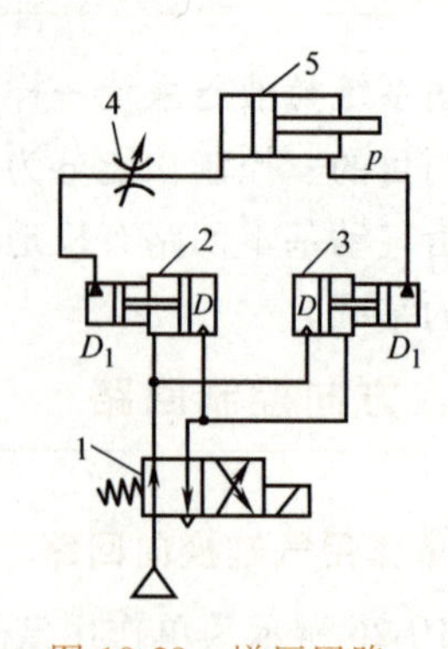

图 10-29 增压回路

1—电磁阀 2、3—增压缸 4—节流阀 5—工作缸

D—大活塞直径 D_1—小活塞直径

三、速度控制回路

1. 节流调速回路

图 10-30 所示为采用单向节流阀实现排气节流的速度控制回路，通过调节节流阀的开度来调节气缸工作进程和回程的运动速度。

2. 缓冲回路

图 10-31 所示为缓冲回路。当活塞向右运动时，有杆腔的气体经机控换向阀和三位五通换向阀排出。当活塞运动到末端时，活塞杆压下机控换向阀，气体改经节流阀和三位五通换向阀排出，对活塞的运动起到缓冲作用，调整活塞杆与机控换向阀的接触时间，可改变缓冲的开始时刻。

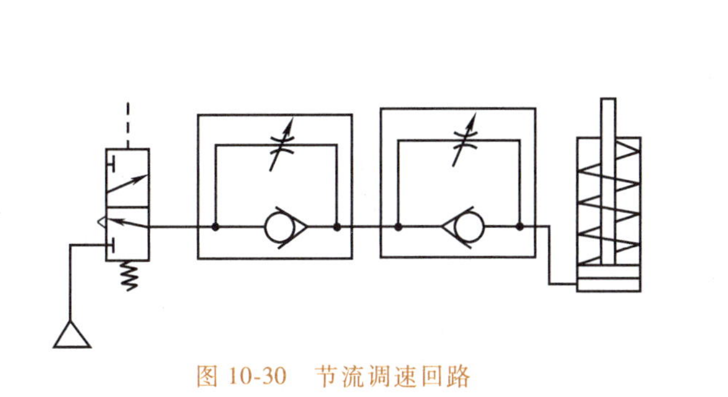

图 10-30　节流调速回路

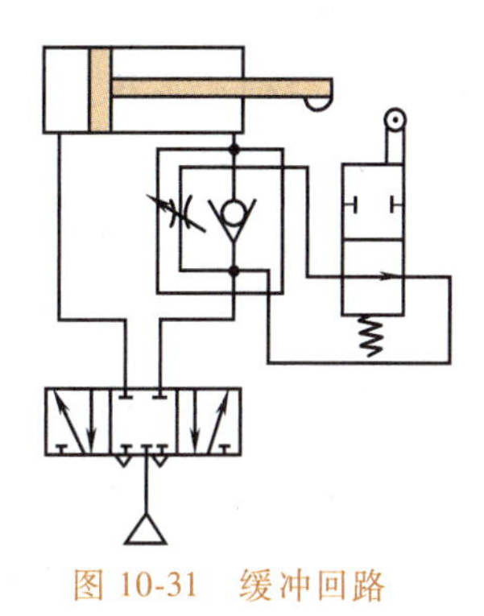

图 10-31　缓冲回路

四、其他回路

1. 同步动作回路

图 10-32 所示为简单的同步动作回路，它把两缸活塞杆通过刚件 C 焊接成一体，从而迫使 A、B 两缸同步运动。

图 10-33 所示为气液转换同步动作回路。此回路气缸 1 下腔与气缸 2 上腔相连，内部注满液压油，通过保证气缸 1 下腔的有效面积和气缸 2 上腔的有效面积相等来实现同步。回路中接放气装置 3 用于放掉混入油中的气体。

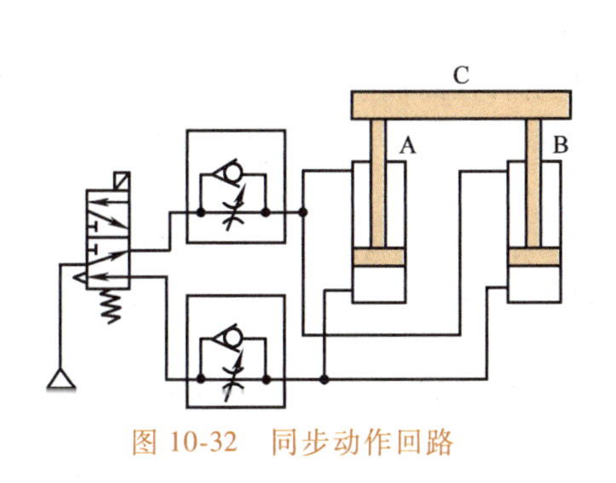

图 10-32　同步动作回路

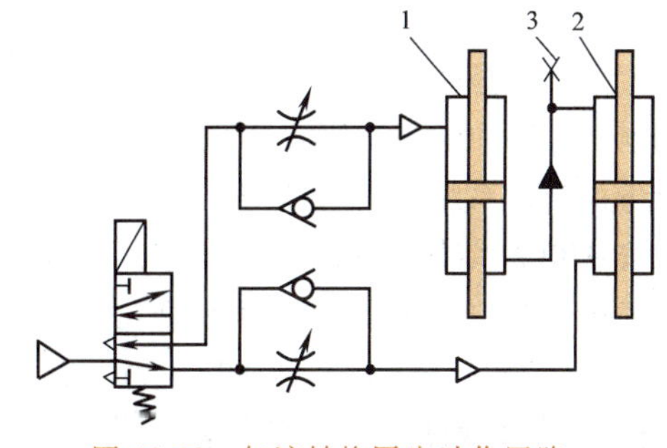

图 10-33　气液转换同步动作回路

1、2—气缸　3—接放气装置

2. 安全保护回路

(1) 互锁回路 图 10-34 所示为互锁回路，主控阀（二位四通阀）的换向受三个串联的机控三通阀控制，只有三个机控三通阀都接通时主控阀才能换向，气缸才能动作。

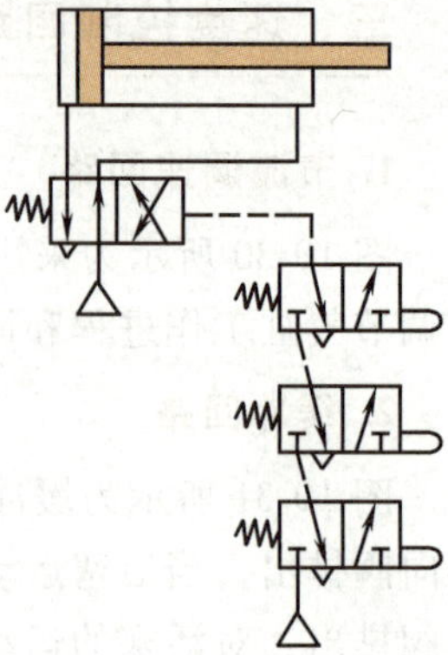

图 10-34 互锁回路

(2) 过载保护回路 图 10-35 所示为过载保护回路。当活塞右行遇到障碍或其他原因使气缸过载时，左腔压力升高；当超过预定值时，打开顺序阀 3，使换向阀 4 换向，换向阀 1、2 同时复位，气缸返回，以保护设备安全。

3. 往复动作回路

图 10-36 所示为常用的单往复动作回路。按下手动换向阀 1 后，气动换向阀 3 换向，活塞右行。当撞块碰到机控阀 2 的行程开关时，气动换向阀 3 复位，活塞自动返回，完成一次往复动作。

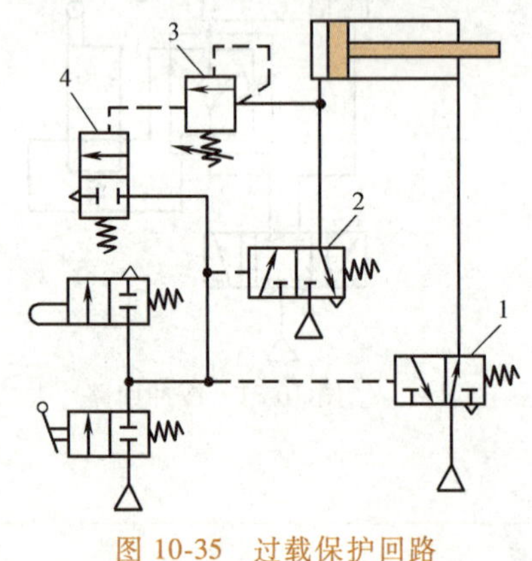

图 10-35 过载保护回路

1、2、4—换向阀 3—顺序阀

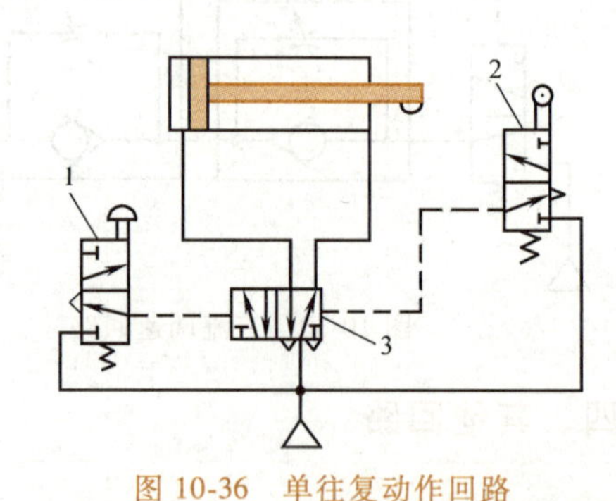

图 10-36 单往复动作回路

1—手动换向阀 2—机控阀 3—气动换向阀

第三节 气压传动在汽车上的应用

一、汽车气压防抱制动系统

汽车在行驶过程中，经常要用制动的方式来降低车速，或在很短的距离内停车，但是过度制动会使车轮抱死。如果前轮先抱死，汽车将失去转向能力；如果后轮先抱死，汽车有可能出现侧滑甚至调头的危险。为了防止制动时车轮抱死后在路面上进行纯粹的滑移，提高汽车在制动过程中的转向操纵能力和方向稳定性，缩短制动距离，设置了汽车防滑控制系统，称为防抱制动系统，简称 ABS。

按 ABS 的结构及原理，分为液压 ABS、气压 ABS 和气顶液 ABS。本节只介绍气压 ABS。

气压 ABS 主要用于中、重型载货汽车上，所装用的 ABS 主要分为两类：一类是用于四轮后驱动气压制动汽车上的 ABS，另一类是用于汽车列车上的 ABS。

1. 四轮后驱动气压制动汽车 ABS

四轮后驱动气压制动汽车上的 ABS，一般采用四传感器、四通道、四轮独立控制，如图

10-37 所示。每个车轮配有一个轮速传感器和一个制动压力调节器（PCV 阀），前轮 PCV 阀串联在快放阀与前轮制动气室之间，后轮 PCV 阀串联在继动阀与后轮制动气室之间。PCV 阀根据 ABS ECU 的指令将压缩空气充入、排出或封闭制动气室，从而实现制动压力的“增压”“减压”和“保持”过程。

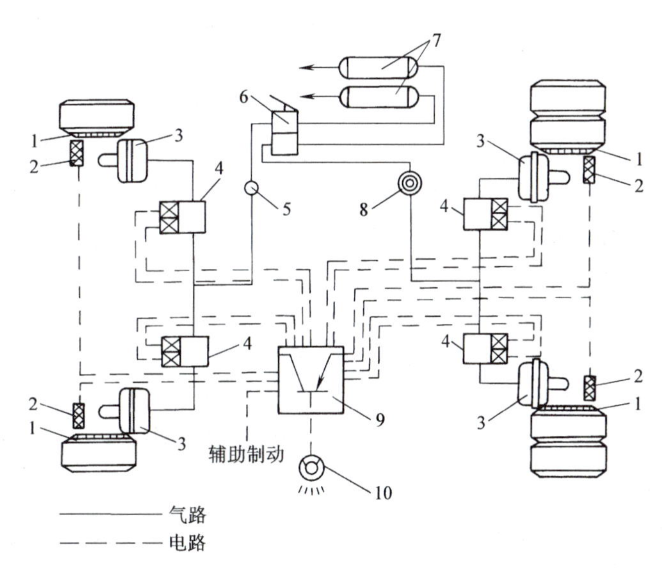

图 10-37 四轮后驱动气压制动汽车上的 ABS

1—齿圈 2—轮速传感器 3—制动气室 4—制动压力调节器（PCV 阀） 5—快放阀 6—制动总阀 7—储气筒 8—继动阀 9—ABS ECU 10—警告灯

2. 汽车列车 ABS

四轮后驱动牵引车和单轴半挂车上的 ABS 如图 10-38 所示。牵引车和单轴半挂车上分别

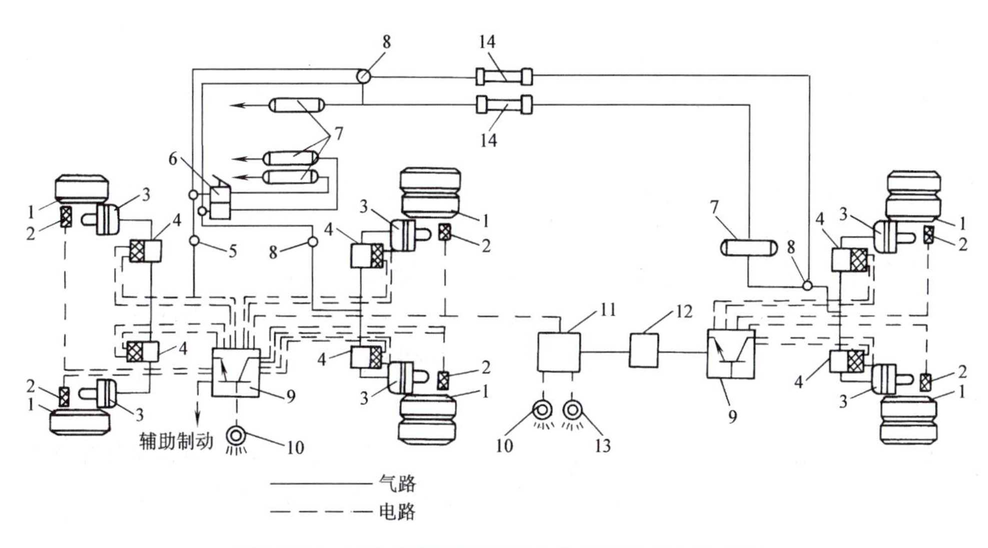

图 10-38 四轮后驱动牵引车和单轴半挂车上的 ABS

1—齿圈 2—轮速传感器 3—制动气室 4—制动压力调节器（PCV 阀） 5—快放阀 6—制动总阀 7—储气筒 8—继动阀 9—ABS ECU 10—警告灯 11—信号控制 12—5 端子连接器 13—信号灯 14—空气软管

安装着两套独立的 ABS 控制系统，牵引车采用四传感器、四通道、四轮独立控制方式，单轴半挂车采用两传感器、两通道、两轮独立控制方式，对制动压力的控制原理与四轮后驱动气压制动汽车 ABS 基本相同。牵引车与单轴半挂车的 ABS 之间用专用的 ABS 连接器连接，牵引车 ABS 通过连接器向单轴半挂车 ABS 供电，同时通过连接器将单轴半挂车 ABS 工作的有关故障信息传递给牵引车，并由驾驶室中仪表盘上的信号灯和警告灯显示。

二、汽车主动空气动力悬架系统

汽车主动空气动力悬架系统能够根据本身的负载情况、行驶状态和路面情况等，主动地调节悬架系统的阻尼力、汽车车身高度和行驶姿势、弹性元件的刚度等多项参数。这类悬架系统大多采用空气弹簧或油气弹簧作弹性元件，通过改变弹簧的空气压力或油液压力的方式来调节弹簧的刚度，使汽车的相关性始终处于最佳状态。

汽车主动空气动力悬架系统主要由传感器、ECU、高度控制器、空气悬架等组成。传感器和 ECU 在此不做介绍，本节主要介绍高度控制器和空气悬架。

图 10-39 所示为利用空气弹簧调节车身高度的空气压力回路。当要降低车身高度时，需将空气弹簧中的空气量减少，系统将空气弹簧中的空气排向储气筒的低压腔而不排入大气。因此，该系统又称封闭式悬架系统。三菱 GALANT 轿车采用的就是这样的车身高度调节回路。该回路由空气压缩机、空气干燥器、储气筒、流量控制电磁阀、前后悬架控制用电磁阀、空气弹簧和它们之间的连接管路等组成。下面介绍其工作原理。

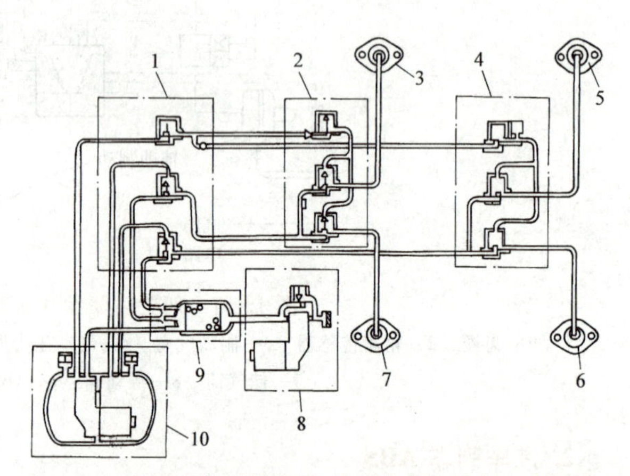

图 10-39 利用空气弹簧调节车身高度的空气压力回路

1—流量控制电磁阀 2—前悬架控制用电磁阀 3—右前带减振器的空气弹簧 4—后悬架控制用电磁阀 5—右后带减振器的空气弹簧 6—左后带减振器的空气弹簧 7—左前带减振器的空气弹簧 8—空气压缩机 9—空气干燥器 10—储气筒

1. 气压的建立

发动机起动后，当处于充电状态时（如果发电机没有发电，此时空气压缩机将不工作，以防蓄电池放电），直流电动机将带动空气压缩机工作。空气经过滤后，从进气阀进入气缸，被压缩后的空气由排气阀流向空气干燥器，经干燥后空气进入储气筒。储气筒内有空气压力调节装置，气压达到规定值时，空气压缩机将进气阀打开，使空气压缩机空转，防止消耗发动机的功率。储气筒的气压一般保持在 750~1000kPa 左右。

2. 车身高度的升高

当 ECU 发出提高车身高度的指令时，流量控制电磁阀和前、后悬架控制用电磁阀的进气阀打开，储气筒的空气进入空气弹簧使其气压升高。当车身高度上升至规定高度时，各电磁阀关闭。

3. 车身高度的降低

当 ECU 发出降低车身高度的指令时，流量控制电磁阀和前、后悬架控制用电磁阀的排

气阀打开，空气弹簧中的空气经这些阀门流向储气筒的低压腔。当车身降低至预定调节高度时，各电磁阀关闭。

4. 空气的内部循环

由于该回路是一个封闭系统，从空气弹簧排出的空气并不排入大气中，而是排入储气筒的低压腔。因此，当储气筒中需要提高气压时，低压腔中压力较高的空气又经空气压缩机进气阀进入气缸，被压缩和干燥后，进入储气筒的高压腔。这样有助于提高充气效率，减少能量消耗，防止过多的水分进入系统污染元器件。

该回路的各空气弹簧为并联独立式布置，各空气弹簧可以单独进行充、排气操作，互不干扰空气的流动。各控制电磁阀均由 ECU 进行控制。空气弹簧有三种工作状态，即低、正常和高。一般的行驶状态下，车身高度保持正常；车速超过 120km/h 时，车身高度为低；在 100km/h 以下时，车身高度为正常；在坏路上行驶时，车身高度为高；其他的车身高度由汽车的行驶状态来决定。

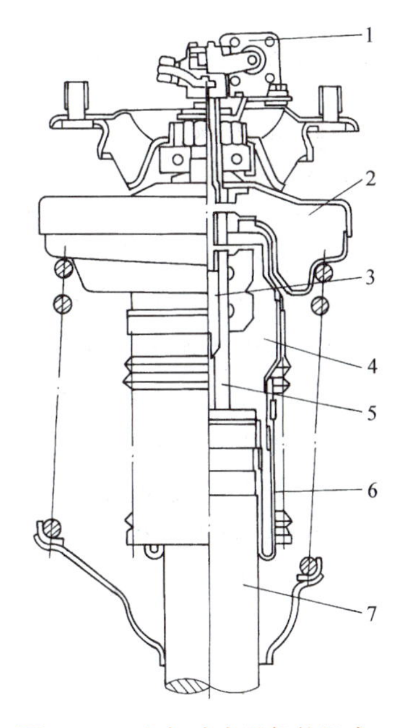

图 10-40　空气动力悬架的组成

1—执行器　2—副气室　3—减振器阻尼调节杆　4—主气室　5—减振器活塞杆　6—滚动膜　7—减振器

空气动力悬架由空气弹簧（由主气室和副气室组成）、减振器、执行器、滚动膜等组成，如图 10-40 所示。空气弹簧是在一个密封的容器内充入压缩气体，利用气体的可压缩性实现其弹簧作用。当弹簧上的载荷增加时，容器内的定量气体受压缩，气压升高，则弹簧的刚度增大；反之，载荷减小时，弹簧内的气压下降，刚度减小。步进电动机带动空气控制阀，通过改变主、副气室之间通路的大小，使悬架的刚度可以在低、中、高三种状态下变化。

悬架刚度的调节原理如图 10-41 所示。当阀芯开口转到“低”位置时，气体通路大孔被打开，主气室的气体经过阀芯的中间孔、阀体侧面通路与副气室的气体相通，两气室间的流量增大，相当于参与工作的气体容积增加，悬架刚度减弱。

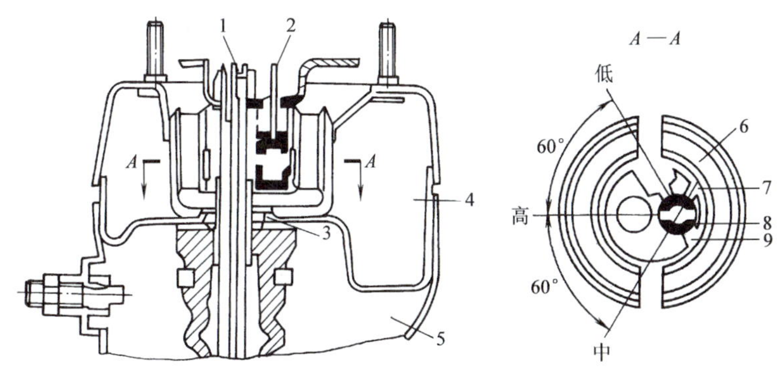

图 10-41　悬架刚度的调节原理

1—阻尼调节杆　2—气阀控制杆　3—主、副气室通路　4—主气室　5—副气室　6—气阀体　7—气体通路小孔　8—阀芯　9—气体通路大孔

当阀芯开口转到“中”位置时，气体通路小孔被打开，主、副气室间的流量变小，悬架刚度增加。

当阀芯开口转到“高”位置时，主、副气室间的通路被切断，只有主气室单独承担缓冲任务，悬架刚度进一步增加。

复习思考题

10-1 简述气压传动系统的组成和工作原理。

10-2 气动元件都包括哪些？有哪些元件与液压传动不同？不同点是什么？

10-3 试述汽车气动防抱死制动系统的组成和工作原理。

10-4 简述汽车主动空气动力悬架系统的组成和工作原理。

10-5 什么是油雾器？油雾器有什么作用？

10-6 单作用气缸的内径 $D=63\text{mm}$，复位弹簧的最大反力为150N，工作压力 $p=0.5\text{MPa}$，气缸效率为0.4，该气缸的推力为多少？

10-7 气压传动与液压传动中的减压阀、节流阀相比，在原理、结构和使用上有何异同？

10-8 公共汽车车门采用气动控制，驾驶人和售票员各有一个气动开关，控制汽车车门的开关。试设计车门的气控回路，并说明其工作过程。

复习思考题答案与提示（部分）

第二章

2-9：由流量连续性方程可求解。$v_1 = 0.012\text{m/s}$；$v_2 = 0.037\text{m/s}$；$q_{V2} = 24.4\text{L/min}$。

2-10：用理想流体的伯努利方程求解。1）$p_1 < p_2$；2）$\Delta p = 0.291\text{MPa}$。

2-11：由力矩平衡及帕斯卡原理求解。$F_0 = 361.87\text{N}$。

2-12：由作用在阀芯上下面的外力平衡求解，液压力作用在阀芯上下面的面积是相同的。$F_t = 314\text{N}$。

2-13：由理想液体的伯努利方程和连续性方程求解。$q_V = A_1 v_1 = A_1 A_2 \sqrt{\dfrac{2gh\left(\dfrac{\rho_{汞}}{\rho} - 1\right)}{A_1^2 - A_2^2}}$。

2-14：判断流态，计算沿程压力损失，然后根据实际液体的伯努利方程求解。$H_{\max} = 1.485\text{m}$。

2-15：判断液流在不同管段中的流态，计算沿程压力损失及局部压力损失，列进出口两端伯努利方程求解。$\Delta p = p_1 - p_2 = 1.2\text{MPa}$

2-16：1）$F = 0.636\text{N}$；2）$F = 0.551\text{N}$。

2-17：由于缸套与柱塞间存在环形缝隙，从而使液体经环形缝隙产生泄漏，而泄漏的速度即为柱塞下落的速度，据此求得柱塞下落的时间。1）$t = 20.8\text{s}$；2）$t = 8.3\text{s}$。

2-18：0.02s 关闭时，$\Delta p_r = 1.8\text{MPa}$，$\Delta p_{\max} = 3.8\text{MPa}$；0.05s 关闭时，$\Delta p_r = 0.72\text{MPa}$，$\Delta p_{\max} = 2.72\text{MPa}$。

注：由此题可以看出阀关闭时间对压力峰值的影响。电液动换向阀的换向时间可以调节，用以降低高压大流量系统中的压力冲击。

第三章

3-7：作为马达使用和作为泵使用时，两者的机械损失转矩相同。$\eta_m = 86.96\%$。

3-8：1）$\eta_V = 93.75\%$；2）$P = 84.77\text{kW}$；3）$\eta_m = 92.8\%$；4）$T = 852.5\text{N}\cdot\text{m}$。

第四章

4-5：图 4-17a，$F = \dfrac{\pi p(D^2 - d^2)}{4}$，$v = \dfrac{4q_V}{\pi(D^2 - d^2)}$，向左运动，活塞杆受拉；图 4-17b，$F = \dfrac{\pi p d^2}{4}$，$v = \dfrac{4q_V}{\pi d^2}$，向右运动，活塞杆受压；图 4-17c，$F = \dfrac{\pi p(D^2 - d^2)}{4}$，$v = \dfrac{4q_V}{\pi d^2}$，向右运动，活塞杆受压。

4-6：$d = 0.7D = 70\text{mm}$，强度和刚度安全。

4-7：$q'_V = 32\text{L/min}$；$q = 64\text{L/min}$。

4-9：设计步骤：确定液压缸内径和活塞杆直径；确定液压缸壁厚和外径；活塞杆的强度和刚度验算；螺栓强度的校核。液压缸结构如附图 1 所示。

第五章

5-18：内控内排式电液动换向阀，即进入到电磁阀中的控制油液和进入到液动阀的主油

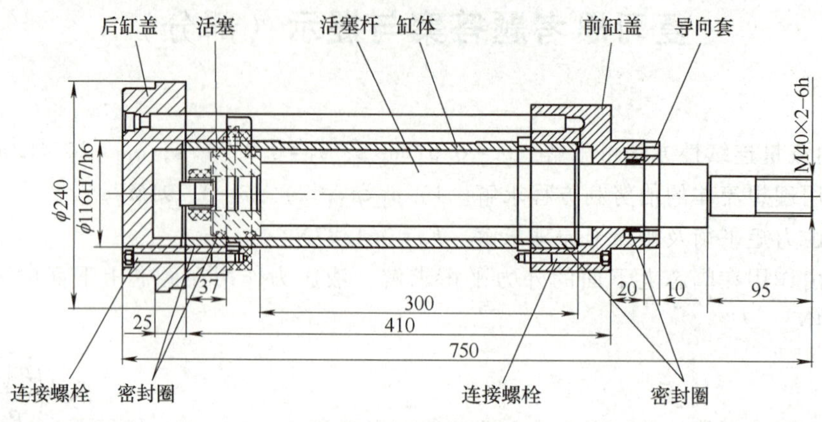

附图 1 液压缸结构

液均来自同一压力源，而中位机能为 M 型，故控制油液直接流回油箱而无法进入到电磁阀中去推动液动阀工作，所以液压缸不动。

5-20：1）压力表读数为泵的出口压力；2）压力表读数为零；3）压力表读数为零。

5-23：1）$p_{max}=5MPa$；2）$p_{max}=3MPa$；3）$p_{max}=0.5MPa$。

5-25：运动时：图 5-43a，$p_A=p_B=2MPa$；图 5-43b，$p_A=3MPa$，$p_B=2MPa$。

停止时：图 5-43a，$p_A=5MPa$，$p_B=3MPa$；图 5-43b，$p_A=p_B=5MPa$。

5-27：液压泵工作压力 $p_p=\Delta p+p$。当 $p_p<p_Y$ 时，溢流阀处于关闭状态，泵流量全部进入液压缸。如果节流阀开口逐渐减小，活塞运动速度不变，但泵工作压力逐渐升高。当$p_p=p_Y$时，溢流阀开启，部分油液通过溢流阀流回油箱，泵工作压力为 1.4MPa 保持不变。溢流阀常开时，节流阀开口变化，活塞运动速度才变化。当节流阀开口面积大于 $0.18cm^2$ 时，溢流阀处于关闭状态，调节 A_T 不会使活塞运动速度变化，此时 $v=0.12m/s$；当节流阀开口面积小于 $0.18cm^2$ 时，溢流阀处于开启状态，调节 A_T 会使活塞运动速度变化。

第七章

7-12：判断溢流阀是否开启，然后计算各参数。

1）当 $A_T=0.05cm^2$ 时，$v=0.03m/s$；$p_p=2.16MPa$；$\Delta p=3.25\times10^5Pa$；$\eta_c=93\%$。

当 $A_T=0.01cm^2$ 时，$v=0.01m/s$；$p_p=2.4MPa$；$\Delta p=2.4MPa$；$\eta_c=26.12\%$。

2）$p_p=p_1=2.4MPa$；$p_2=\Delta p=4.8MPa$。

3）$A_T=3.19\times10^{-4}cm^2$；$v_{min}=3.33\times10^{-4}m/s$；若将回路改为进口节流调速回路，$A_T=4.5\times10^{-4}cm^2$；$v_{min}=1.67\times10^{-4}m/s$。通过回油节流和进油口节流比较，进油口节流压力损失小，最小稳定速度也小。

7-13：图 7-57a：A 缸先动，完成工作后 B 缸再动，由速度-负载特性可知，当节流口开度一定时，负载越大，速度越小。

图 7-57b：A 缸先动，完成后 B 缸再动。与进油口节流负载特性一样，所以当节流口开度一定时，负载越大，速度越小，负载越小，速度越大。

7-14：1）$p_{Ymin}=2.5MPa$；2）$P=2.5\times10^{-10}N\cdot m/s$；3）$\Delta p_Y=0.4\Delta p_B$。

7-15：1）$v=8.3\times10^{-2}m/s$，压力表读数为 2.88MPa。

2）$F=78.5\text{kN}$，液控顺序阀的压力为$<8\text{MPa}$。

7-16：1）$p_{Y}=3.25\text{MPa}$，$p_{p}=3.25\text{MPa}$。

2）$p_{2\max}=6.5\text{MPa}$。

3）$\eta=7.4\%$。

7-17：1）泵的工作压力为 6MPa，$p_{B}=p_{C}=6\text{MPa}$。

2）泵的工作压力为 4.5MPa，$p_{B}=4.5\text{MPa}$，$p_{C}=0$。

7-19：1）$n_{\text{Mmax}}=520\text{r/min}$，$p_{输出}=0.87\text{kW}$，$\eta_{ci}=7.5\%$，回路效率低的原因：泵的内泄漏，马达内泄漏，节流阀压力损失。

2）$n_{\text{Mmax}}=576\text{r/min}$。

7-20：单向阀 A 起补油的作用；单向阀 B 既起补油的作用，又起锁紧液压缸的作用。液压回路如附图 2 所示。

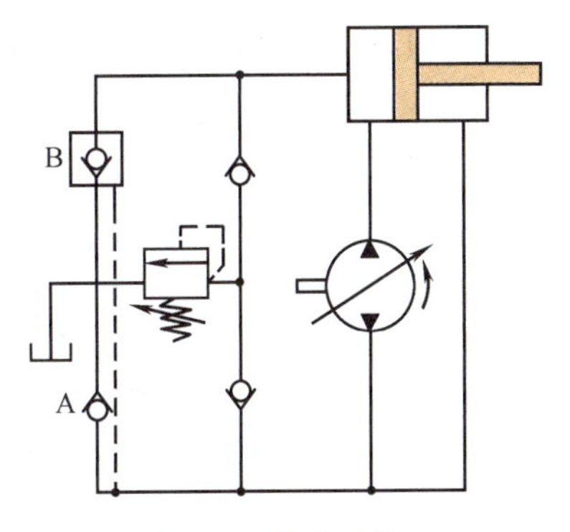

附图 2　液压回路

附录　常用液压与气压元件图形符号

（摘自 GB/T 786.1—2021）

附表 1　基本符号、管路及连接

名　称	符　号	名　称	符　号
工作管路		直接排气	
控制管路 泄漏管路		带连接排气	
连接管路		不带单向阀快换接头，断开状态	
交叉管路		带一个单向阀快换接头，断开状态	
软管总成		带两个单向阀快换接头，断开状态	
组合元件框线		不带单向阀快换接头，连接状态	
管口在液面以上的油箱		带一个单向阀快换接头，连接状态	
管口在液面以下的油箱		带两个单向阀快换接头，连接状态	
管端连接于油箱底部		三通旋转接头	1 2 3　1 2 3

附表 2　泵、马达及缸

名　称	符　号	名　称	符　号
定量液压泵或马达		双向变量液压泵或马达，带外泄油路	
单向定量液压泵		双向定量液压泵	
单向变量液压泵		双向变量液压泵	

（续）

名　　称	符　　号	名　　称	符　　号
手动泵，由操纵杆控制，是限制转盘角度的泵		双向流动，带外泄油路单向旋转的变量泵	
机械或液压伺服控制的变量泵		静液压传动装置驱动单元，由一个单向旋转输入的双向变量泵和一个双向旋转输出的定量马达组成	
单向定量液压马达		双向定量液压马达	
单向变量液压马达		双向变量液压马达	
连续增压器，将气体压力 p_1 转换为较高的液体压力 p_2		空气压缩机	
气马达		双向定流通，固定排量，双向旋转的气马达	
限制摆动角度，双向流动的摆动执行器或旋转驱动装置		单作用的摆动执行器或旋转驱动装置	
单作用伸缩缸		双作用伸缩缸	
双作用单杆缸		双作用双杆缸	
单作用单杆缸，靠弹簧力回程，弹簧腔带连接油口		单作用柱塞缸	
单作用增压器，将气体压力 p_1 转换为更高的液体压力 p_2		单作用气-液压力转换器，将气体压力转换为等值的液体压力	
波纹管缸		软管缸	

附表3 控制机构和控制方法

名称	符号	名称	符号
带有可拆卸把手和特定要素的控制机构	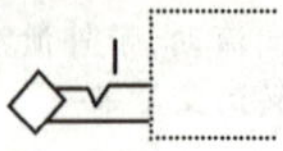	具有可调行程限制装置的推杆	
带有定位装置的推或拉控制机构	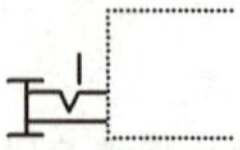	带有手动越权锁定的控制机构	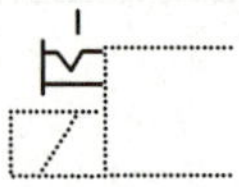
具有5个锁定位置的旋转控制机构	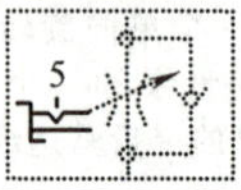	使用步进电动机的控制机构	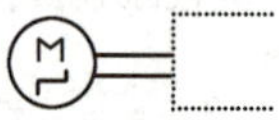
用于单向行程控制的滚轮杠杆	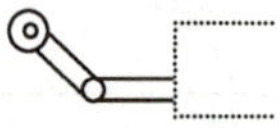	带有一个线圈的电磁铁，动作背离阀芯	
带有一个线圈的电磁铁，动作指向阀芯	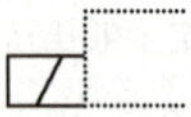	带有一个线圈的电磁铁，动作指向阀芯，连续控制	
带有两个线圈的电气控制装置，一个动作指向阀芯，另一个动作背离阀芯	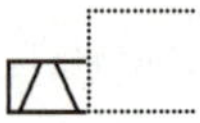	带有两个线圈的电气控制装置，一个动作指向阀芯，另一个动作背离阀芯，连续控制	
带有一个线圈的电磁铁，动作背离阀芯，连续控制	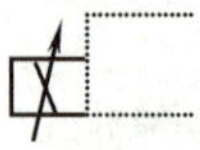	外部供油的电液先导控制机构	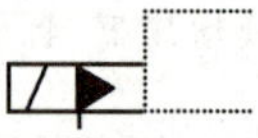
电控气动先导控制机构	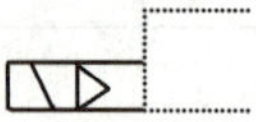	外部供油的带有两个线圈的电液先导控制机构，双向工作，连续工作的双先导控制机构	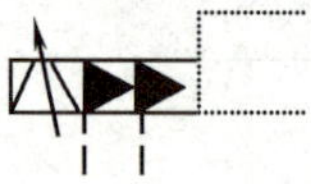
机械反馈	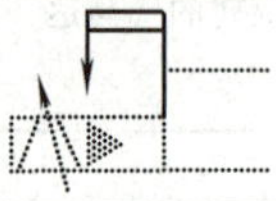	气压复位，从阀进气口提供内部压力	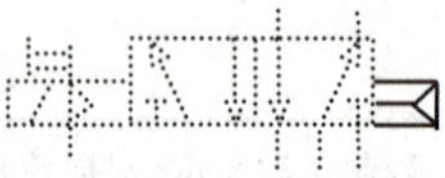
气压复位，从先导口提供内部压力 注：为更易理解，图中标识出外部先导线		气压复位，外部压力源	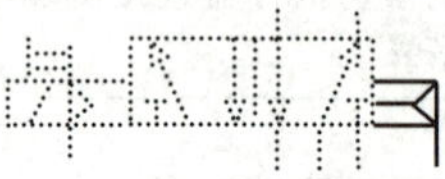

附表4 控制元件

名称	符号	名称	符号
直动式溢流阀	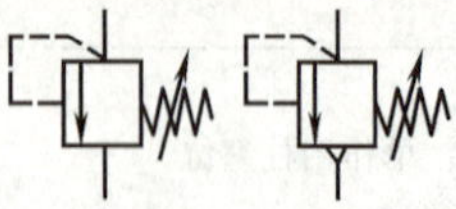	溢流减压阀	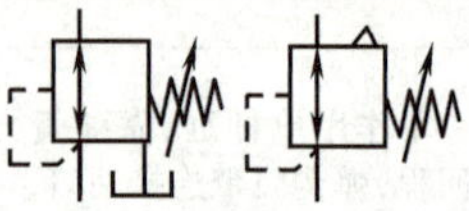
先导式溢流阀	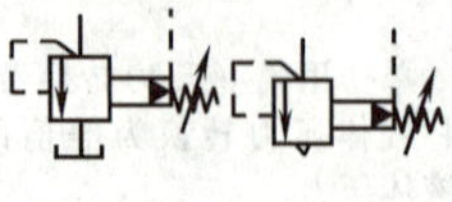	比例溢流阀（直动式，通过电磁铁控制弹簧来控制）	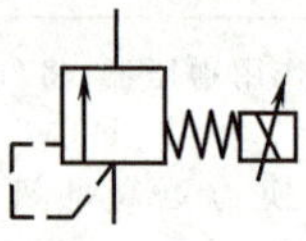
比例溢流阀（带有电磁铁位置反馈的先导控制，外泄型）	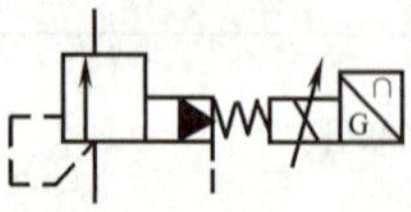	二通减压阀（直动式，外泄型）	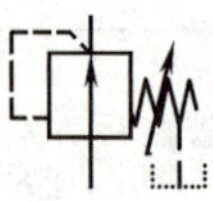

（续）

名　　称	符　　号	名　　称	符　　号
二通减压阀（先导式，外泄型）		顺序阀（直动式，手动调节设定值）	
先导式顺序阀		顺序阀（带有旁通单向阀）	
直动式卸荷阀		集流阀（将两路输入流量合成一路输出流量）	
分流阀（将输入流量分成两路输出流量）		节流阀	
单向节流阀		单向阀（只能在一个方向自由流动）	
液控单向阀		双液控单向阀	
梭阀（逻辑为“或”，压力高的入口自动与出口接通）		快速排气阀	
调速阀		温度补偿调速阀	
旁通型调速阀		二位二通方向控制阀	
单向调速阀		二位二通方向控制阀	

（续）

名　　称	符　　号	名　　称	符　　号
二位四通方向控制阀		二位五通方向控制阀	
三位四通方向控制阀		三位四通方向控制阀（电液先导控制，先导级电气控制，主级液压控制，先导级和主级弹簧对中，外部先导供油，外部先导回油）	
三位五通方向控制阀		三位四通方向控制阀（弹簧对中，双电磁铁控制）	

附表5　辅助元件

名　　称	符　　号	名　　称	符　　号
过滤器		带有磁性滤芯的过滤器	
带有自动排水的凝结式过滤器		手动排水分离器	
带有手动排水分离器的过滤器		离心式分离器	
油雾分离器		空气干燥器	
油雾器		气源调节器	
消声器		声音指示器	
液位指示器（油标）		温度计	
压力表		流量计	

（续）

名　称	符　号	名　称	符　号
不带冷却方式指示的冷却器		加热器	
蓄能器		气罐	
压力开关（机械电子控制）		压力传感器（输出模拟信号）	
液压油源		气源	
电动机		原动机	
单作用压力气液转换器（将气体压力转换为等值的液体压力）		真空发生器	

参考文献

[1] 张西振，惠有利. 轿车 ABS/ASR 系统检修培训教程［M］. 北京：机械工业出版社，2002.
[2] 宋福昌. 电控液力自动变速器的结构与维修［M］. 北京：国防工业出版社，2000.
[3] 戴冠军. 现代汽车新结构、新技术使用维修手册［M］. 北京：国防工业出版社，2001.
[4] 过学迅. 汽车自动变速器结构和原理［M］. 北京：机械工业出版社，2001.
[5] 成大先. 机械设计手册：第 4 卷［M］. 4 版. 北京：化学工业出版社，2002.
[6] 成大先. 机械设计手册：第 5 卷［M］. 4 版. 北京：化学工业出版社，2002.
[7] 陈家瑞. 汽车构造：下册［M］. 北京：人民交通出版社，2002.
[8] 吴际璋. 汽车构造［M］. 北京：人民交通出版社，1997.
[9] 刘延俊. 液压与气压传动［M］. 北京：机械工业出版社，2002.
[10] 姜继海，宋锦春，高常识. 液压与气压传动［M］. 北京：高等教育出版社，2002.
[11] 唐银启. 工程机械液压与液力技术［M］. 北京：人民交通出版社，2003.
[12] 杨国平，刘忠. 现代工程机械液压与液力实用技术［M］. 北京：人民交通出版社，2003.
[13] 贺利乐. 建设机械液压与液力传动［M］. 北京：机械工业出版社，2004.
[14] 周士昌. 液压系统设计图集［M］. 北京：机械工业出版社，2003.
[15] 方桂花，王建新，张玉宝，等. 液压传动［M］. 北京：地震出版社，2002.
[16] 贾铭新. 液压传动与控制［M］. 北京：国防工业出版社，2001.
[17] 许福玲，陈尧明. 液压与气压传动［M］. 北京：机械工业出版社，2000.
[18] 曹玉平，阎祥安. 液压传动与控制［M］. 天津：天津大学出版社，2007.
[19] 王庆国. 二通插装阀控制技术［M］. 北京：机械工业出版社，2001.
[20] 贾铭新. 液压传动与控制解难和练习［M］. 北京：国防工业出版社，2003.
[21] 李春明. 汽车底盘电控技术［M］. 北京：机械工业出版社，2004.
[22] 付百学. 汽车电子控制技术：下册［M］. 北京：机械工业出版社，2010.
[23] 王积伟，章宏甲，黄谊. 液压与气压传动［M］. 2 版. 北京：机械工业出版社，2017.
[24] 刘延俊. 液压与气压传动［M］. 3 版. 北京：机械工业出版社，2019.
[25] 姜继海，胡志栋，王昕. 液压传动［M］. 5 版. 哈尔滨：哈尔滨工业大学出版社，2015.
[26] 张雅琴，姜佩东. 液压与气动技术［M］. 3 版. 北京：高等教育出版社，2014.
[27] 张春阳. 液压与气压传动技术［M］. 北京：中国人民大学出版社，2012.
[28] 黄志坚，刘芳. 汽车液压识图及故障维修［M］. 北京：化学工业出版社，2013.
[29] 齐晓杰，安永乐，王强，等. 汽车液压、液力与气压传动［M］. 3 版. 北京：化学工业出版社，2014.
[30] 张应龙. 汽车维修识图（机械图 · 液压图 · 电路图）及实例详解［M］. 北京：化学工业出版社，2013.
[31] 赵景波. 汽车底盘控制系统［M］. 北京：北京大学出版社，2016.
[32] 王霄锋. 汽车悬架和转向系统设计［M］. 北京：清华大学出版社，2015.
[33] 谭本忠. 汽车自动变速器原理与维修图解教程［M］. 2 版. 北京：机械工业出版社，2016.

《汽车液压与气压传动》信息反馈表

尊敬的老师：

您好！感谢您多年来对机械工业出版社的支持和厚爱！为了进一步提高我社教材的出版质量，更好地为我国高等教育发展服务，欢迎您对我社的教材多提宝贵意见和建议。另外，如果您在教学中选用了本书，欢迎您对本书提出修改建议和意见。

一、基本信息

姓名：__________ 性别：__________ 职称：__________ 职务：____________

邮编：____________ 地址：____

任教课程：____

电话：______-_________________（H）________________（O）

电子邮件：________________ 手机：____________

二、您对本书的意见和建议

（欢迎您指出本书的疏误之处）

三、您对我们的其他意见和建议

请与我们联系：

100037 北京百万庄大街22号·机械工业出版社·高教分社 宋编辑 收

电话：010-8837 9216（O）

E-mail：song6161302@163.com